网络消费纠纷

裁判规则与案例解析

李文超 ◎ 著

人民法院出版社

图书在版编目（CIP）数据
网络消费纠纷裁判规则与案例解析 / 李文超著. 北京 : 人民法院出版社, 2024. 9. -- ISBN 978-7-5109-4220-4
Ⅰ. D923.85
中国国家版本馆CIP数据核字第2024ET5883号

网络消费纠纷裁判规则与案例解析
李文超　著

策划编辑　李安尼
责任编辑　赵芳慧
封面设计　王子莹
出版发行　人民法院出版社
地　　址　北京市东城区东交民巷27号（100745）
电　　话　（010）67550628（责任编辑）　67550558（发行部查询）
65223677（读者服务部）
客服QQ　2092078039
网　　址　http://www.courtbook.com.cn
E - mail　courtpress@sohu.com
印　　刷　天津嘉恒印务有限公司
经　　销　新华书店

开　　本　787毫米×1092毫米　1/16
字　　数　397千字
印　　张　22.75
版　　次　2024年9月第1版　2024年9月第1次印刷
书　　号　ISBN 978-7-5109-4220-4
定　　价　78.00元

前 言

近年来，随着我国数字经济的蓬勃发展，网络消费已经成为社会大众的基本消费方式，网络消费纠纷案件也快速增长。可以说网络消费问题关系到千家万户，关系到人民群众的切身利益。但很多消费者在纠纷发生后不知道如何维护自身权益，不知道如何检索查阅相关类案裁判文书，有的法院网络消费纠纷的裁判观点并不相同，在对案件的事实认定和法律适用上存在差异，等等。

在此背景之下，大约从2022年3月开始，笔者就想从网络消费纠纷这一领域入手，全面分析自己从事审判工作中涉及网络消费纠纷的典型案例，从立案、管辖、合同、平台责任等方面认真梳理相关法律法规，形成一部兼具理论视角与实务面相的专著。后来机缘巧合，偶逢人民法院出版社教普部李安尼副主任盛情约稿，于是在她好意鞭策和精心帮助下，经过一年多的写作，就有了本书。

在多年的民商事审判工作生涯中，网络消费纠纷一直是笔者最感兴趣并关注的领域。每每遇到困惑的案件，笔者都会进行类案检索并将类案进行对比分析，再加以吸收、借鉴，形成自己承办案件的裁判文书，久而久之就形成了些许思考。因此，本书也是对这些年关注、学习和思考网络消费权益保护的一个阶段性总结。

本书根据我国《民法典》《消费者权益保护法》《电子商务法》《广告法》及《最高人民法院关于审理网络消费纠纷案件适用法律若干问题的规定（一）》等规定，从网络消费纠纷典型案例切入，全面论述了网络消费纠纷案件的诉讼主体、管辖、合同权利义务、违约责任、欺诈认定、主播、虚拟财产、平台责任等司法实务热点和理论难点相关问题。全书还详细分析了网络消费纠纷案件中涉及的主播打赏、直播营销、网络游戏等前沿的司法实践问题。在写作过程中，本书将所研究的案件类型限定在信息网络买卖合同纠纷

(产品责任纠纷)、网络服务合同纠纷中，与《最高人民法院关于审理网络消费纠纷案件适用法律若干问题的规定（一）》基本保持一致。在典型案例的撰写上，不论多么前沿的理论问题，笔者都通过具体的案例最终从权利如何救济的角度进行了分析，力求让本书呈现给读者的是既有理论分析，又有实践操作思路的融合作品。这样写作的好处在于，一方面让理论分析有所依托，从而更接地气；另一方面让实践思路有所升华，从而更具有一般借鉴意义。最后的结果或许就是，本书既可能会被理论研究者纳入法眼，也多半会被实践从业者收入书橱。若果真如此，则笔者窃喜也。

同时，作者根据自身丰富的审判实践，在书中大量援引司法实务案例，以权利救济为导向对生效案例进行分析与点评，让读者深刻了解《民法典》《消费者权益保护法》《电子商务法》《广告法》及《最高人民法院关于审理网络消费纠纷案件适用法律若干问题的规定（一）》等法律、司法解释的新理念和新精神，全面掌握网络消费处理的司法审判规则。

基于以上研究思路，本书主要包括如下九章内容。

第一章是网络消费纠纷案件的主体，主要有原告适格和被告适格两部分内容。根据我国《民事诉讼法》第122条的规定，起诉必须符合下列条件：(1)原告是与本案有直接利害关系的公民、法人和其他组织；(2)有明确的被告；(3)有具体的诉讼请求和事实、理由；(4)属于人民法院受理民事诉讼的范围和受诉人民法院管辖。根据该条规定，原告应当与本案“有直接利害关系”，被告应当“明确”。这种差异化的起诉标准可以概括为“原告适格、被告明确”。笔者在案件审理中，常常发现纠纷即便进入法院，当事人往往也不清楚如何列明诉讼的主体身份，不仅影响案件正常审理，也对当事人及时、快速维权产生很大的负面影响。例如，信息网络买卖合同中收货人不是购物账号注册人的情况下是否可以提起诉讼，网店的实际经营人是否可以代为主张权利，未成年人打赏之后其父母是否可以作为原告起诉主播，对于平台内标记为“自营”的商品应当如何列明被告，等等。很多案件到了庭审阶段当事人仍然在争议诉讼主体问题，为此，笔者在审理中特意留意了这类案件，通过8个典型案例来分析阐释相关的法律规定和法院裁判规则、思路等。

第二章是网络消费纠纷案件的管辖，主要有合同管辖的一般规定、互联网法院集中管辖的特别规定两部分内容。本书中的网络消费纠纷案件主要包括信息网络买卖合同纠纷（产品责任纠纷）和网络服务合同纠纷，这两类案件管辖规则较为特殊。这是因为2018年9月7日《最高人民法院关于互联网法院审理案件若干问题的规定》实施，正式确立了互联网法院集中管辖的11类案件范围。因为有集中管辖的特殊规则，在司法案件中，最先遇到的是当事人双方约定管辖与最高人民法院关于互联网法院集中管辖的冲突处理问题，后来案件中陆续开始出现当事人选择法院问题、“拉管辖”问题以及在格式合同中约定管辖效力判断问题，等等。这些问题不仅在当事人之间争议较大，而且在不同地区的法院之间往往也认识不同，为此，本章通过8个典型案例来梳理分析网络消费纠纷案件中管辖冲突的裁判规则，希望能帮助网络消费者和经营者熟悉特殊的集中管辖规定。

第三章是网络消费合同主要内容的认定，主要有合同订立、合同效力、合同履行以及合同变更四个部分的内容。合同是依法成立的协议。合同中应当明确各方的权利和义务，以减少纠纷的发生。确定各方权利义务的关键在于合同的条款必须具体、明确、无歧义，且不能违反法律法规。司法实践中，常见的争议包括合同是否成立、是否有效、是否存在违约等。本章重点选取了14个典型案例，以点带面深入分析了网络消费合同主要内容争议中的司法认定规则。

第四章是网络消费纠纷中常见的违约行为。合同内容不仅应写明双方信息与合同约定的内容，同时还应明确双方在合同订立过程中的权益与责任。而合同责任主要以违约条款的形式展现，目前很多民事合同因缺乏违约条款或违约条款不够规范等，出现条款不可操作的问题，导致被违约一方的合法权益受到侵害，陷入被动局面。网络消费纠纷中的违约行为，较为常见的如商品或服务网页信息宣传瑕疵、合同履行瑕疵等，这部分的审理难点是违约行为如何与欺诈行为相区分。为此，本章选取了8个典型案例，并进行了详细论述分析，同时方便与第五章的欺诈行为相比较。

第五章是网络消费纠纷中欺诈的认定，主要有消费者、经营者及其行为的认定，欺诈及其惩罚性赔偿的适用以及不认定为欺诈的情形三个部分的内容。网络消费欺诈行为严重侵害消费者的知情权、公平交易权、安全权、个人信息保护权等合法权益，消费者作为弱势一方，往往面临举证困难、缺乏维权信息、维权程序烦琐、求偿难等问题。目前，我国关于消费欺诈问题的规定散见于各个法律法规，对于网络消费欺诈的民事责任没有统一的规定，法律适用中存在不统一、不明确的问题。随着网络直播等新型带货模式的兴起，部分案件中对于消费者、经营者的定义出现较大争议，例如，职业索赔人是否为消费者，带货主播是否为经营者，等等。在信息网络买卖合同纠纷中，欺诈认定几乎是大多数案件的争议焦点，因此本章围绕 21 个案例详细分析了欺诈的构成要件及相关法律规定。

第六章是网络消费纠纷中的主播。从学术界现有关于网络主播权益保障的相关研究来看，对直播行业用工关系的法律调整亦持有不同观点，比如认为可以完善劳动关系认定标准、构建非标准劳动者概念模型等。从目前的司法裁判实践来看，主播应处于何种法律地位并无定论，尚缺乏统一的司法裁判适用规则。本章围绕主播劳动关系认定、主播违约行为认定等常见实践问题，选取了 5 个典型案例加以分析研究。

第七章是网络消费纠纷中的直播打赏，主要有用户与主播、平台之间的法律关系，网络直播打赏法律关系性质的认定以及网络直播打赏行为的效力认定等内容。网络直播打赏是近年来兴起的重要网络娱乐形式，也产生了很多纠纷。例如，网络直播打赏通常情况下属于网络服务合同关系，这一观点得到了理论界和实务界的广泛认可，越来越多的法院判决认定网络直播打赏属于网络服务合同纠纷，也有法院判决将网络直播打赏归入无名合同范畴。对于打赏行为的效力，有的法院认为，如果主播明知用户已经结婚仍然与其保持不正当关系，则该种交往行为违背公序良俗，进而仍需判断该种违背公序良俗的不正当关系与直播打赏行为是否存在直接的关联性，等等。本章选取了 5 个典型案例加以分析阐释，希望对消费者维护自身权益产生一定的指引作用。

第八章是网络消费纠纷中的虚拟财产保护。《民法典》第 127 条对虚拟财产的保护作出了总则性规定，相对应的具体内容的法律法规还没有建立完善。互联网时代，各种虚拟货币（包括比特币、游戏货币等）、各类电子账号（包括网店账号、电子邮箱、手机号、QQ 号、微信账号、微博账号、游戏账号）、游戏装备、个人网上积分下载权限等虚拟财产的花样和种类层出不穷，虚拟财产成为社会生活的必需品，也都具有一定的经济价值，实践中，权利主体对虚拟财产的司法保护需求非常突出。为此，本章围绕虚拟财产认定、平台安全保障义务、交易行为及合同约定的效力等梳理了 7 个典型案例，供读者参考。

第九章是网络消费纠纷案件中的平台责任。伴随着平台经济的快速发展，由平台型企业运营的大型互联网平台，借助强大的网络效应，在社会经济运行和民众日常生活中发挥着越来越重要的基础性作用，成为各类社会资源配置和人际连接、互动的中枢。司法实践中，平台一般均采取多种方式保障消费者合法权益：一是对于入驻商家而言，明确告知入驻商家发布的商品信息应合法、真实，否则会将商品或入驻商家按照平台规则进行处罚。二是对于通过网络交易平台购物的消费者而言，平台明确提示并告知消费者，网络交易平台上的信息系入驻商家自行发布，且可能存在风险和瑕疵，要求消费者自行分辨入驻商家所发布的交易信息。鉴于网络信息与交易实物相分离的特点，消费者对商品信息应谨慎判断。通过对消费者进行充分的合理提醒，证明自身不存在任何侵犯消费者权益的主观故意。三是对于自认权益受损的消费者，平台可以提供调处服务。但平台的调处仅能依据买卖双方的要求及提供的证据，在平台能力所及的范围内，以普通人的认知水平进行判断。如双方对调处决定不服可以通过其他途径解决纠纷。四是根据平台相关规则采取合理的必要措施，包括严格排查商品，采取下架措施及处罚等。笔者检索了中国裁判文书网、人民法院案例库等，在网络消费纠纷中判定平台承担民事责任的案例非常少。本章选取了10个相关案例，围绕平台责任的认定进行了分析阐释，供各位读者参考。

李文超

2024年9月1日

目　录

第一章　网络消费纠纷案件的主体

第二章　网络消费纠纷案件的管辖

第三章　网络消费合同主要内容的认定

第四章　网络消费纠纷中常见的违约行为

第五章　网络消费纠纷中欺诈的认定

第六章　网络消费纠纷中的主播

第七章　网络消费纠纷中的直播打赏

第八章　网络消费纠纷中的虚拟财产保护

第九章　网络消费纠纷案件中的平台责任

第一章　网络消费纠纷案件的主体

民事诉讼主体，是指参与民事诉讼活动的当事人。在民事诉讼中，诉讼主体是人民法院、原告、被告和第三人。通常所提到的民事诉讼主体，是指诉讼当事人，即原告、被告、第三人以及上诉案件中的上诉人、被上诉人。合格的当事人直接关系到诉讼的结果，法院要对当事人主体资格进行审查并作出判断，这就是当事人诉讼资格是否适格的问题，即案件的原告、被告、第三人是否是本案正当当事人，是否是因民事上的权利义务关系发生纠纷以自己的名义进行诉讼活动，并受法院裁判约束的利害关系人。在民事诉讼中，诉讼主体有权进行使诉讼程序发生、变更和消灭的诉讼行为。

《民事诉讼法》第122条规定："起诉必须符合下列条件：（一）原告是与本案有直接利害关系的公民、法人和其他组织；（二）有明确的被告；（三）有具体的诉讼请求和事实、理由；（四）属于人民法院受理民事诉讼的范围和受诉人民法院管辖。"第126条规定："人民法院应当保障当事人依照法律规定享有的起诉权利。对符合本法第一百二十二条的起诉，必须受理。符合起诉条件的，应当在七日内立案，并通知当事人；不符合起诉条件的，应当在七日内作出裁定书，不予受理；原告对裁定不服的，可以提起上诉。"

根据上述规定的涉及当事人的起诉条件，原告应当与本案"有直接利害关系"，被告应当"明确"。这种差异化的起诉标准可以概括为"原告适格、被告明确"。

一、原告适格的判断

判断原告是否与本案具有"直接利害关系"是原告是否适格的根本依据。在理论上，我国有学者认为直接利害关系人等同于正当当事人：直接利害关系是与发生争议的案件以及与自己有直接关联的一种权利义务关系。最高人民法院在（2020）最高法民终765号二审民事裁定书中认为，所谓与本案有直接利害关系是指“原告是因其自身权益直接与他人发生纠纷提起诉讼，请求人民法院保护的民事权益也必须是属于原告自己享有，或者依法由其管理、支配的”。以合同履行纠纷为例，最高人民法院认为，具有直接利害关系的原告必须为案涉合同的当事人，非合同当事人主张权利须证明其拥有代位权、撤销权，或与合同一方存在委托关系，否则应裁定驳回起诉。最高人民法院在（2018）最高法民终370号二审民事裁定书中认为：“合同是各方民事权利和义务的形式和载体，除法律规定的行使代位权、撤销权等特殊情形外，合同只对缔约当事人具有法律约束力，也即合同之外的其他人不得请求享有合同权利，这就是合同的相对性。”①

如何理解“直接利害关系”？一般来讲，“直接利害关系”是指公民、法人或者其他组织的财产权、人身权、其他权益直接遭到他人的侵害或者直接与之发生权利、义务归属的争议。作为民事案件的起诉条件，当事人与案件具有“直接利害关系”，应理解为案件事实径行对当事人主张的权益产生影响，当事人可作为争议法律关系的一方主体。如争议事实借助其他事实、行为方与当事人所主张的权益发生实际联系，则不符合上述规定中“直接利害关系”的情形。

《最高人民法院关于适用〈中华人民共和国民事诉讼法〉的解释》第208条第3款规定：“立案后发现不符合起诉条件或者属于民事诉讼法第一百二十七条规定情形的，裁定驳回起诉。”民事诉讼法学理论将“原告主体适格”视为“诉讼要件”，即原告不具有诉讼主体资格属于诉讼要件的缺失，不适格的原告提起的诉讼，原则上法院不予受理，受理之后也应裁定驳回起诉。

二、被告明确的判断

根据《民事诉讼法》第122条的规定，区别于原告的“直接利害关系”，被告仅需满足“明确”的标准即可。《最高人民法院关于适用〈中华人民共和国民事诉讼法〉的解释》第209条第1款规定：“原告提供被告的姓名或者名称、住所等信息具体明确，足以使被告与他人相区别的，可以认定为有明

① 张长健、曾婉玲：《民事诉讼中原被告主体适格问题研究》，载《中国律师》2022年第10期。

确的被告。”有观点认为，被告的“明确性”意味着特定性，不要求适格。只要在起诉时可以特定被告，送达起诉状副本等材料，建立起民事诉讼法律关系，便已经具备被告明确的条件。换言之，只要被告“明确”，就符合“诉讼要件”，法院不应以被告不是争议的法律关系中的义务主体或责任主体为由，裁定驳回原告对被告的起诉。但在司法实践中也存在部分法院认为此处的被告“明确”强调的是适格性，即如果被告并非权利义务关系的主体，便不具有明确性，法院应当裁定驳回起诉。

最高人民法院（2021）最高法知民终455号民事二审民事裁定书进一步明确：“原告提起民事诉讼，必须有明确的被告，这里‘明确的’在法律上的要求是，人民法院可以根据原告的起诉将被告特定化，包括两层含义，第一，被告主体必须明确，如果是自然人的，必须确定其姓名、性别、年龄、住所等身份信息；如果是法人、非法人组织的，必须明确其名称、住所等主体信息。第二，被告可能承担民事责任，即原告应当提交初步证据证明对于其提出的具体诉讼请求，被告可能承担民事责任。否则，起诉的目的就会落空，诉讼也就无法进行。至于原告的诉讼请求能否得到人民法院支持，被告是否承担民事责任，并非人民法院受理民事案件的必要条件。”①

因此，从立法语言上看，原告的“诉讼要件”为“与本案有直接利害关系”，而被告仅要求“明确”，这种区别对待的背后因素应该是考虑原告受限于法律知识的匮乏，如果对被告的起诉审查标准过于严苛，将导致许多案件无法进入实体审判程序，致使原告诉讼维权成本增大。从诉讼要件上看，原告主体是否适格应准确理解“直接利害关系”的含义，既包括实体法上原告权益是否与诉讼标的存在联系，也包括权益受到侵犯是否必然作用于权益所有者从而给其带来损失；被告主体是否适格应该正确理解“明确被告”的标准，即在立案审查时应坚持“明确”即特定性。

① 张长健、曾婉玲：《民事诉讼中原被告主体适格问题研究》，载《中国律师》2022年第10期。

01. 争议事实与原告所主张的权益未发生实际联系，不符合“直接利害关系”

——肖某与浙江淘某网络有限公司、浙江天某网络有限公司网络侵权责任纠纷案

［案号］

（2020）京0491民初9268号

［案情简介］

原告肖某系淘某用户，2020年4月12日，原告在天某App进行搜索发现：在天某App搜索框输入“格某仕官方旗舰店”，点击店铺，显示“喵，没有找到呢”；在天某App搜索框输入“格某仕官方旗舰店”进行销量排序，显示“喵，没有找到呢”；在天某App搜索框输入“格某仕微波炉”，点击店铺，前十名中未出现“格某仕官方旗舰店”；点击进入“格某仕官方旗舰店”，销量前两名微波炉月销量分别为5119笔、2678笔，但在搜索框输入“微波炉”，点击销售进行排序，“格某仕官方旗舰店”的前两款产品均未在相应销量排序位置出现，亦未在天某“微波炉销量榜”中出现。“格某仕官方旗舰店”型号为P70D20N1P－G5（WO）的微波炉，其原价为299元，折后售价为279元。而在搜索框输入“格某仕微波炉”进行价格从低到高排序，最低价格产品折后售价为289元。原告认为，浙江淘某网络有限公司（以下简称淘某公司）、浙江天某网络有限公司（以下简称天某公司）通过合同手段和技术手段实施的“二选一”行为侵害原告肖某作为消费者的自主选择权、公平交易权。

法院经审理认为，本案中原告以网络侵权责任纠纷为案由进行诉讼，并称其作为消费者的自由选择权与公平交易权受到不当限制与侵害，要求淘某公司、天某公司停止侵权行为。因此，原告是否与本案有直接利害关系成为本案审理的先决条件，亦是本案审查的焦点问题。根据《民事诉讼法》第119条[①]规定，起诉必须符合“原告是与本案有直接利害关系的公民、法人和

① 《民事诉讼法》2023年修正后，该条序号调整为第122条。

其他组织”的条件。

原告诉称两被告经营的淘某、天某购物平台多次以与平台内经营者签订所谓的“独家合作协议”的合同手段，以及修改后台参数、数据断流等流量屏蔽和降低店铺权重的技术手段，排除商家入驻，限制入驻平台与其他平台进行交易，减少原告比较、选择商品的机会，侵犯了原告作为消费者所享有的自主选择权、公平交易权。第一，原告所主张的案件事实均是依据案外第三方商户与电商平台签署合作协议或入驻情况的新闻报道，并不能证明其主张两被告的侵权行为径行对原告权益产生影响，抑或原告肖某财产权、人身权、其他权益直接遭到两被告的侵害或者直接与之发生权利、义务归属的争议。第二，原告提供的证据显示其注册淘某平台的时间为2013年10月，截至原告肖某向法院起诉时，其未提供在淘某平台或天某平台的实际交易中因原告肖某所主张“二选一”行为致使公平交易权与自由选择权受到不当限制与损害的事实证据。综上所述，原告在本案中不具备适格的原告主体资格，故裁定驳回原告的起诉。

［**案例解析**］

本案的争议焦点是当事人肖某是否可以基于“直接利害关系”从而作为适格的原告提起诉讼。

根据本案案情，原告与本案不存在“直接利害关系”。就我国现有规范而言，“直接利害关系”不存在完全统一的判断标准，由司法机关根据具体个案行使自由裁量权进行判断。一般来说，案件的诉讼标的（该案件所争议的法律关系）的主体实际上也就是具有直接利害关系的主体。在本案中，原告与二被告之间并未产生网络买卖合同等合同关系，原告所提起的亦为侵权之诉，因此应当考察的是原告与二被告淘某公司、天某公司间是否存在侵权关系。本案原告主张两被告侵犯其作为消费者的自主选择权和公平交易权，此处先对这两项权利之概念作一简述。自主选择权规定于我国《消费者权益保护法》第9条，即消费者自主选择商品和服务的权利，强调的是消费者作为法律关系中往往相对弱势的一方当事人的意思表示真实的权利，并且含有排除外界诱导、欺骗、胁迫等干涉的意味；公平交易权规定于《消费者权益保护法》第10条，即消费者获得质量、价格等方面的公平交易条件，并且拒绝经营者强制交易的权利。本案中，原告欲主张侵权关系存在，必须满足侵权关系的基本构成要件，而原告所提供的证据实际上无法证明其确实受到了损害：对于自主选择权和公平交易权，一般应当先有“选择”或“交易”的事实，才能对其是否受到侵害进行认定，而原告所提供的证据主要为App界面上所显示的情况，无法证明其存在切实的交易，更难以认定自主选择权和公平交易权受到侵害；另外，原告所主张的证据主要包括案外第三方商户与电商平台签署合作协议或入驻情况的新闻报道，由于此类证据事实都是当事人之外的第三方对于其他事件的言辞叙述与评论，所以其无论对于原告在诉请中主张的自主选择权、公平交易权，还是对于其他财产权、人身权，都无法建立其直接的联系，对本案来说并不具有相关性。

关于本案，应当看到的是，一方面，近年来确有许多网络平台借助其在网络消费环境中的优势地位进行“二选一”等不正当经营行为，对自由选择权、公平交易权，严重侵蚀消费者的利益，应当予以即时和必要的规制，我国也相继通过制定《电子商务法》《民法典》等契机在制度上对此进行了回应；但另一方面对此也不宜盲目扩大诉讼的范围，对于不符合直接利害关系的主体适格要求的一些典型情形，仍应驳回，并通过公益诉讼等机制的完善加以治理，实现消费者的合法权益与经营者的自主经营权之间的平衡。

[规范指引]

《中华人民共和国民事诉讼法》（2023年9月1日修正）

第一百二十二条 起诉必须符合下列条件：

（一）原告是与本案有直接利害关系的公民、法人和其他组织；

（二）有明确的被告；

（三）有具体的诉讼请求和事实、理由；

（四）属于人民法院受理民事诉讼的范围和受诉人民法院管辖。

02. 个体工商户作为网络店铺运营主体的，自然人无权代为提起诉讼

——林某某与北京空某变换科技有限公司网络服务合同纠纷案

［案号］

（2022）京0491民初30286号

［案情简介］

原告林某某在抖某平台开通了抖某小店并交纳保证金2000元。2022年7月13日，被告北京空某变换科技有限公司作为平台运营方以侵犯他人著作权为由，扣除原告保证金2000元，并将原告店铺置于停业整顿状态、冻结原告全部货款。原告认为抖某平台判罚过重，起诉至法院。

法院经审查认为，原告林某某在庭前谈话中主张其与被告构成网络服务合同法律关系，故本案应属网络服务合同纠纷。《民事诉讼法》第122条规定："起诉必须符合下列条件：（一）原告是与本案有直接利害关系的公民、法人和其他组织；（二）有明确的被告；（三）有具体的诉讼请求和事实、理由；（四）属于人民法院受理民事诉讼的范围和受诉人民法院管辖。"根据原告证据显示，原告以其经营的个体工商户"莆田市城厢区某百货商行"作为店铺运营主体，在被告经营的抖某平台上注册店铺，并因被告扣除保证金、冻结货款提起本案诉讼。本案中，原告并非本案网络服务合同的相对方，原告未能举证证明其系与本案有直接利害关系的公民，因此不具有提起本案诉讼的主体资格。故裁定驳回原告林某某的起诉。

［案例解析］

本案的争议焦点是原告林某某作为实际经营网络店铺的自然人，就其店铺所涉及的纠纷能否以自己的名义作为适格的原告提起诉讼。

本案中，林某某实际上并非适格的原告。根据我国《民事诉讼法》及相关规定，原则上案件所争议之法律关系的主体就是案件的适格当事人，仅在涉及第三人利益的确认之诉、公益诉讼等特殊情况下才会突破这一原则。本案的诉讼标的是原告声称的其因在抖某平台上注册店铺而与被告北京空某变换科技有限公司订立的网络服务合同，因此，就本案的争议焦点而言，该网

络服务合同的当事人（与北京空某变换科技有限公司订立合同的当事人）就是本案的适格原告。根据原告提供的证据，原告所注册的店铺运营主体为“莆田市城厢区某百货商行”，是原告本人所经营的个体工商户。就个体工商户的性质而言，学界过往对此存在一定争议，第一种观点认为，既然《民法典》明确将个体工商户纳入自然人范畴，故也只能认为个体工商户的法律地位与自然人等同，即自然人说；第二种观点主张赋予个体工商户法人或者准法人地位；第三种观点认为，个体工商户兼具部分自然人属性和部分法人属性，不能直接归为二者之一，而是一类特殊的权利主体。此外，还有“个体商人说”“商自然人说”“经营行为说”“微型企业说”等观点。不过在诉讼的地位上，我国《最高人民法院关于适用〈中华人民共和国民事诉讼法〉的解释》第59条对于个体工商户的地位已经进行了明确，其规范内容是如个体工商户有字号，应以字号为当事人，同时列明经营者之信息；如其并无字号，则应以个体工商户的经营者为当事人，其中登记经营者与实际经营者不一致的应列为共同被告。根据这一司法解释的规定，本案中，合同是由个体工商户“莆田市城厢区某百货商行”所签订，这一个体工商户是有字号的，因此应当直接以该字号为当事人。而在本案中，原告是以个体工商户的经营者本人这一自然人身份直接起诉的，因此其对于本案是不适格的原告，应当裁定驳回其起诉。

本案的裁判贯彻了我国民事诉讼法司法解释所指出的规则，进一步明确了涉及个体工商户案件中当事人资格的认定。不过，在本案中，我们不仅应看到个体工商户在涉及纠纷时所应当采取的适格当事人的认定原则，也应当进一步看到个体工商户作为一种典型的民事主体的特殊性。

［规范指引］

《中华人民共和国民事诉讼法》（2023年9月1日修正）

第一百二十二条 起诉必须符合下列条件：

（一）原告是与本案有直接利害关系的公民、法人和其他组织；

（二）有明确的被告；

（三）有具体的诉讼请求和事实、理由；

（四）属于人民法院受理民事诉讼的范围和受诉人民法院管辖。

《最高人民法院关于适用〈中华人民共和国民事诉讼法〉的解释》（2022 年 4 月 1 日修正）

第五十九条　在诉讼中，个体工商户以营业执照上登记的经营者为当事人。有字号的，以营业执照上登记的字号为当事人，但应同时注明该字号经营者的基本信息。

营业执照上登记的经营者与实际经营者不一致的，以登记的经营者和实际经营者为共同诉讼人。

03. 虽不是涉案账号实名认证主体，但其是涉案订单的实际付款人和使用人，可以作为信息网络买卖合同相对方提起诉讼

——操某某与京某世纪信息技术有限公司信息网络买卖合同纠纷案

[案号]

（2022）京 0491 民初 10803 号

[案情简介]

原告操某某使用其女儿实名认证的京某账号“cj××××”在京某平台“格力（GREE）企业购京某自营旗舰店”下单购买涉案商品，并以其本人实名认证的尾号为 9931 的建设银行信用卡完成付款，订单收货人为其妻子黄某，购买商品为家庭生活使用。被告辩称，经核实，原告下单账户为“cj××××”，该账户实名认证为“黄某”，非本案原告“操某某”，认为原告主体不适格。法院审理认为，虽原告不是涉案账号实名认证主体，但其是涉案订单的实际付款人和使用人。可认定原告为涉案商品的实际购买人，从被告京某世纪信息技术有限公司处购买涉案产品，双方之间形成信息网络买卖合同关系。

[案例解析]

本案的争议焦点是当事人适格的问题，具体而言，即网络买卖合同中使用非自己实名认证账号的订单实际付款人、使用人能否作为适格的原告，就

该涉案合同提起诉讼的问题。

本案中，原告作为实际付款人和使用人，属于适格的诉讼当事人。根据我国《民事诉讼法》及其相关规定，案件所争议之法律关系的主体就是该案件的适格当事人。本案中，案件争议的法律关系（诉讼标的）是在“格力（GREE）企业购京某自营旗舰店”购买涉案商品的信息网络买卖合同，其中一方当事人为店铺方京某世纪信息技术有限公司，即为本案被告；所认定的另一方当事人即为本案的适格原告。信息网络买卖合同需要通过网络账户这一特殊媒介，本案的最大疑点也来自网络消费的这一特性：虽然确实是原告作出了购买、付款的行为，原告也能证明其是涉案商品的实际使用者，但原告购买涉案商品所使用的账号的实名认证信息也确实并非其本人。关于此类情形，可以回归合同和法律行为本身的理论进行分析认定。与其他合同一样，网络信息买卖合同也属于法律行为的一种，是以意思表示为要素、依意思表示而能够发生某些私法上的效果的行为。在本案中，虽然原告购买涉案商品所用账号之实名认证信息并非本人，但是购买商品的意思表示行为却无疑是原告本人作出的，被告也正常受领了此意思表示，这一信息网络买卖合同能够正常在原告与被告二者之间成立。另外还可注意到的一点是，本案显然也不存在代理、冒名等情形：代理即代理人以被代理人的名义实施法律行为，形成代理人、被代理人和相对人的三方结构，在本案中，原告之意并非以其所使用账号之实名信息认证人的名义作出法律行为，不能认定为代理行为；冒名行为是冒名人谎称自己是被冒名人而实施法律行为，在身份欺诈之下形成冒名人与被冒名人的双方结构，本案中，原告的行为不涉及身份欺诈，与冒名行为也并不相关。最后，还应当看到的是，在本案信息网络买卖合同的场景下，被告作为合同相对人、店铺经营者，其是不注重原告的身份特征的，在案证据不能证明原告的身份对于被告具有任何区别性的意义，因此无论原告所使用的账号的实名认证主体是谁，在这种场景下其对于原告与被告之间成立合同都是不足以构成影响的。

综上所述，依据本案事实，能够认定本案原告是信息网络买卖合同的一方当事人，是系争法律关系的主体，与本案存在直接利害关系，是本案的适格当事人。在当代日常生活中，网络购物成了对于万千家庭不可或缺的购物方式，而家庭内部在进行网络购物时使用的却未必一定是其本人信息认证的账号，因此对于本案类似情形，原告实施法律行为、实际付款、实际使用时，应当认定为案件的适格当事人，本案裁判所指引的规则对于涉及网络购物合同纠纷的诉讼效率的提升具有相当的积极意义。

［规范指引］

《中华人民共和国民事诉讼法》（2023 年 9 月 1 日修正）

第一百二十二条　起诉必须符合下列条件：

（一）原告是与本案有直接利害关系的公民、法人和其他组织；

（二）有明确的被告；

（三）有具体的诉讼请求和事实、理由；

（四）属于人民法院受理民事诉讼的范围和受诉人民法院管辖。

04. 未成年人参与网络“打赏”，监护人有权以原告资格提起诉讼主张相关权利

——张某某与福建网某计算机网络信息技术有限公司、第三人张某确认合同无效纠纷案

［案号］

（2021）川 20 民终 48 号

［案情简介］

原告张某某主张第三人张某未经其授权，冒用原告身份信息在被告福建网某计算机网络信息技术有限公司经营的游戏平台中玩游戏并充值，第三人张某以原告名义玩游戏属于无权代理行为。故原告张某某起诉法院要求确认合同无效。

一审法院审理认为，原告主张第三人作为限制民事行为能力人，原告对第三人与被告签订的案涉行为不予追认，其行为无效。本案系合同纠纷，如案涉合同系第三人和被告签订，根据合同主体相对性、内容相对性、责任相对性的原则，第三人作为合同相对人，应作为本案原告参加诉讼。综上所述，原告主体资格不适格，应予驳回起诉。二审法院认为，根据《最高人民法院关于依法妥善审理涉新冠肺炎疫情民事案件若干问题的指导意见（二）》的规定，“限制民事行为能力人未经其监护人同意，参与网络付费游戏或者网络直

播平台‘打赏’等方式支出与其年龄、智力不相适应的款项，监护人请求网络服务提供者返还该款项的，人民法院应予支持”。该规定中“监护人请求网络服务提供者返还该款项”，表明监护人在案件中享有请求权，监护人可以作为原告提起诉讼。本案上诉人（原审原告）张某某作为监护人，在未成年人的网络付费游戏诉讼中，有权利以原告的身份提起诉讼。未成年人作为第三人也参加了诉讼，有查明案件事实及处理案件的主体和法律基础。

［案例解析］

本案的争议焦点是限制民事行为能力人实施法律行为而未被其监护人追认时，监护人是否可以作为适格原告就该法律关系提起诉讼。就当事人之诉讼请求而论，具体而言，应先分析第三人张某之行为的性质，然后判断当事人适格问题。

第三人张某实施的不是无权代理行为，而是以自己的名义而为的法律行为，只不过其属于效力待定行为。根据我国《民事诉讼法》相关制度，一般而言，案件所争议的法律关系的主体即为本案中适格的当事人，实践中可以据此进行具体认定。然而，在本案中，简单地直接涵摄却不足以解决问题，需要仔细考察对于案件中第三人张某之行为的性质与最终原告资格的认定。本案原告主张第三人张某在网络游戏中充值从而与被告订立网络买卖合同的行为属于无权代理，此种观点不符合案件事实。代理，就是代理人以被代理人的名义实施法律行为，并从而使行为之结果归属于被代理人，形成一个代理人、被代理人和相对人的三方结构，而无权代理实际上也符合以上所有常规代理的特征，其区别只不过在于行为人没有代理权（自始无权、代理权已终止、超越代理权等情况）。然而，本案中第三人张某虽看似以原告的名义为法律行为，但这一法律关系中却无法形成代理的典型三方结构，因为张某虽然使用了原告的身份信息从事法律行为，但不具备代理中的“显名”性，即其并无使对方了解自己是为他人从事法律行为的意思与行为；相反，第三人张某的行为方式却可以认为是其谎称自己为原告张某某，构成身份欺诈，形成的是第三人与相对人之间的双方结构，因此，认定张某的行为为冒名行为较之更佳，对于张某行为的具体认定可以按照冒名行为进行判断。对于冒名行为，一般区分情形进行判断，虽然冒名与代理显然是两种性质的行为，但是一般来说，如果冒名行为的相对人注重被冒名者其人的身份特征，那么可以对此适用无权代理的规则；相反，如果被冒名者的身份本身是一个无关紧要的要素，则冒名行为可以直接在冒名行为者和相对人之间生效。对于本案，虽然第三人与原告之间的身份确实有所差异（行为能力），但应当注意到的是，被告提供充值服务的行为本身显然不要求特定的对象，不能认为交易对象的身份对其具有区别性的意义，因此，本案中第三人张某的行为应当认定为足以在其本人和被告之间产生网络买卖合同关系（效力待定）——这也是一审和二审法院的观点。

作为行为人张某的监护人，张某某是本案适格的原告。本案中两级法院对于当事人适格的问题作出了不同的判断。一审法院否定原告主体资格的原因在于，一般而言，争议法律关系的主体为适格的当事人，既然本案系争法律关系的主体为第三人张某，那么自然应以其为原告提起诉讼，张某某则不应属适格原告。但实际上该原则也不能一概而论，而是存在数个例外情形，比如确认之诉中对诉讼标的有确认利益的人、公益诉讼中的有权机关组织、（根据约定或法定）对他人法律关系或权利享有管理权的主体等。在本案中，二审法院正是援引了《最高人民法院关于依法妥善审理涉新冠肺炎疫情民事案件若干问题的指导意见（二）》中确认的监护人的请求权，以请求权与被告的利害关系突破了系争法律关系主体这一确认原告主体资格的原则，从而认定本案原告适格。

当前，随着互联网的普及，未成年人上网行为日常化，未成年人网络打赏、网络充值行为多有发生。本案中，二审法院对此情境下监护人有权以原告身份提起诉讼的认定无疑顺应了网络时代的司法需求，也着重体现了对未成年人的保护和司法对于意思自治、追求真意的尊重。

［规范指引］

《中华人民共和国民事诉讼法》（2023 年 9 月 1 日修正）

第一百二十二条　起诉必须符合下列条件：

（一）原告是与本案有直接利害关系的公民、法人和其他组织；

（二）有明确的被告；

（三）有具体的诉讼请求和事实、理由；

（四）属于人民法院受理民事诉讼的范围和受诉人民法院管辖。

《中华人民共和国民法典》（2020 年 5 月 28 日）

第二十二条　不能完全辨认自己行为的成年人为限制民事行为能力人，

实施民事法律行为由其法定代理人代理或者经其法定代理人同意、追认；但是，可以独立实施纯获利益的民事法律行为或者与其智力、精神健康状况相适应的民事法律行为。

第三十四条第一款 监护人的职责是代理被监护人实施民事法律行为，保护被监护人的人身权利、财产权利以及其他合法权益等。

第一百六十二条 代理人在代理权限内，以被代理人名义实施的民事法律行为，对被代理人发生效力。

《最高人民法院关于依法妥善审理涉新冠肺炎疫情民事案件若干问题的指导意见（二）》（2020 年 5 月 15 日）

9. 限制民事行为能力人未经其监护人同意，参与网络付费游戏或者网络直播平台"打赏"等方式支出与其年龄、智力不相适应的款项，监护人请求网络服务提供者返还该款项的，人民法院应予支持。

05. 电子商务平台经营者以标记自营业务方式销售商品损害消费者合法权益的，承担销售者责任

——张某某与北京京某叁佰陆拾度电子商务有限公司信息网络买卖合同纠纷案

［案号］

（2023）京 04 民终 291 号

［案情简介］

被告北京京某叁佰陆拾度电子商务有限公司（以下简称京某公司）系京某商城平台的经营者。原告张某某于 2021 年 9 月 14 日在京某商城平台"天润（TERUN）京某自营专卖店"购买"天润（TERUN）新疆特产吸葡萄了风味发酵乳酸奶酸牛奶"，数量 1，种类为葡萄味酸奶，购买"天润（TERUN）新疆特产浓缩原味风味发酵乳酸奶酸牛奶"，数量 1，种类为原味酸奶 180g × 12 袋，原告提交了酸奶倒出的视频，两种包装的酸奶倒出后均有凝固的情况。原告主张案涉商品在保质期内发生变质，向法院请求判令被告承担十倍赔偿

责任。

一审法院认为，原告在京某商城自营店铺购买涉案商品，根据《最高人民法院关于审理网络消费纠纷案件适用法律若干问题的规定（一）》第4条第1款的规定，“电子商务平台经营者以标记自营业务方式或者虽未标记自营但实际开展自营业务所销售的商品或者提供的服务损害消费者合法权益，消费者主张电子商务平台经营者承担商品销售者或者服务提供者责任的，人民法院应予支持”，故若涉案商品损害了张某某的合法权益，张某某有权主张京某公司承担销售者责任。《食品安全法》第148条第2款规定：“生产不符合食品安全标准的食品或者经营明知是不符合食品安全标准的食品，消费者除要求赔偿损失外，还可以向生产者或者经营者要求支付价款十倍或者损失三倍的赔偿金；增加赔偿的金额不足一千元的，为一千元。但是，食品的标签、说明书存在不影响食品安全且不会对消费者造成误导的瑕疵的除外。”《民事诉讼法》第67条第1款规定，当事人对自己提出的主张，有责任提供证据。本案中，原告主张涉案商品属于不符合食品安全标准的食品，应由其承担相应的举证责任。涉案商品为酸奶，在不符合商品贮存条件的情况下，容易腐坏变质。根据在案证据和原告自述，其收到涉案商品与发现涉案商品变质之间相距10天，原告提交的证据并不足以证明涉案商品在其收到之日已经变质，亦不足以证明涉案商品为不符合食品安全标准的食品。故驳回了原告的全部诉讼请求。二审法院判决驳回上诉，维持原判。

［案例解析］

本案的争议焦点是电子商务平台以标记自营模式销售商品而引起损害消费者权益之合同纠纷时其责任性质的认定。

本案中，以自营模式销售商品的电商平台应承担作为销售者的自己责任、直接责任。电商经济是一种互联网时代以来的新兴经济模式，对此模式给社会经济生活带来的变化，我国也通过制定《电子商务法》等一系列举措对其进行了回应，建立了较为完善的制度，而本案的认定亦依据于此。在电子商务法律关系中，一般主要涉及的有三方主体，即电子商务平台、平台内经营者和消费者，在这三个最为重要的主体中，涉及三种基本的合同关系：一是电子商务平台分别与平台内经营者和消费者的电子商务服务合同关系，前者使各个平台内经营者取得网络店铺使用权，而后者之意则在于使消费者可以接受电子商务平台经营者提供的平台服务，此二者也构成了电商平台服务的基础；二是平台内经营者与消费者所订立的交易合同，包括买卖合同、服务合同等，这也是电商交易的直接表现；三是电商平台经营自营业务时与消费者之间直接的买卖合同或服务合同关系，此时，该法律关系中并无平台内经营者的参与，电商平台本身就成为一方当事人，本案件中所涉及的合同关系就属于此。本案中，原告在京某平台的“天润（TERUN）京某自营专卖店”购买了涉案商品，根据证据可知，涉案店铺与商品的页面上都明示了“自营”这一标识，按照法院所援引的《最高人民法院关于审理网络消费纠纷案件适用法律若干问题的规定（一）》所指示的规则，涉案商品属于电子商务平台经营者以标记自营业务方式所销售的商品，如果涉案商品果真损害原告权益，则其应当承担销售者的责任，其是买卖合同的一方当事人，责任亦为直接责任、自己责任，而非其作为纯粹的平台服务提供者时所应承担的相应责任或者附条件的不真正连带责任。当然，详言之，销售者责任也有两个方面：一方面，如果是因其过错使产品存在缺陷，造成他人损害的，销售者应当承担最终责任；另一方面，非因其过错造成损害的，如果受害人向销售者主张权利，则销售者所承担的是无过错的中间责任，其嗣后有权向生产者追偿。由此可见，无论产品缺陷是谁之过错，本案情形中，原告都有权向处于销售者地位的被告请求赔偿的权利。

本案是原告因产品质量主张赔偿责任的网络买卖合同，虽然最终一审和二审法院都认为原告所提供的证据不足而不予支持其主张，但本案裁判的重要意义在于电子商务经济兴起的背景下对于电商平台“自营”模式中其责任性质的认定。在各电商平台的实际网络购物中，消费者往往更加趋向于信赖平台自营的店铺和商品，其原因之一就在于，平台自营产品在出现售后问题时不必与第三方的经营者进行沟通对接，可以很大程度地避免推诿扯皮、获得更完善的服务保障，而建立完善的电商平台责任模式，确立其在自营模式下承担的性质与内容，从而保障消费者合法权益、降低诉讼成本，是互联网时代法律必须进行回应的重要话题。

[规范指引]

《中华人民共和国电子商务法》（2018 年 8 月 31 日）

第三十七条　电子商务平台经营者在其平台上开展自营业务的，应当以显著方式区分标记自营业务和平台内经营者开展的业务，不得误导消费者。

电子商务平台经营者对其标记为自营的业务依法承担商品销售者或者服

务提供者的民事责任。

第三十八条 电子商务平台经营者知道或者应当知道平台内经营者销售的商品或者提供的服务不符合保障人身、财产安全的要求，或者有其他侵害消费者合法权益行为，未采取必要措施的，依法与该平台内经营者承担连带责任。

对关系消费者生命健康的商品或者服务，电子商务平台经营者对平台内经营者的资质资格未尽到审核义务，或者对消费者未尽到安全保障义务，造成消费者损害的，依法承担相应的责任。

《最高人民法院关于审理网络消费纠纷案件适用法律若干问题的规定（一）》（2022 年 3 月 1 日）

第四条第一款 电子商务平台经营者以标记自营业务方式或者虽未标记自营但实际开展自营业务所销售的商品或者提供的服务损害消费者合法权益，消费者主张电子商务平台经营者承担商品销售者或者服务提供者责任的，人民法院应予支持。

06. 上海寻某信息技术有限公司不承担拼某多国际平台“海外购”业务的经营者责任

——黄某某诉上海寻某信息技术有限公司信息网络买卖合同纠纷案

［案号］

（2022）渝 0112 民初 13627 号

［案情简介］

原告黄某某于 2022 年 3 月 12 日在被告上海寻某信息技术有限公司运营的拼某多平台的店铺“Crezone 保健食品海外专营店”购买 3 盒新西兰原装 zell - v 羊胎素胶囊 30 粒/盒细胞修复，共计 4560 元。订单号：220312 - 30906 × × × ×83。收货人“小脸嘟”为原告本人。收到货物后，发现涉案品无中文标签、产品原产地、生产日期、境内代理商名称、进口商名称等，另外涉案产品也没有取得我国的保健食品批准文号（国食健字，卫食健字），属于普通食品。通过翻译得知商品中含有羊胎素和鱼肝油，另查资料得知羊胎盘和鱼肝油为药品不能添加至食品中。故诉至法院请求判令被告支付原告十倍货款赔偿金共计45 600元。被告辩称，原、被告之间不存在网络购物合同关系，且原告所购买商品商家的“拼某多国际”平台运营方管理者为香港某有限公司，所以香港某有限公司应承担平台的管理义务及责任，被告主体不适格。

法院审理认为，根据《民事诉讼法》第122条规定：“起诉必须符合下列条件：（一）原告是与本案有直接利害关系的公民、法人和其他组织；（二）有明确的被告；（三）有具体的诉讼请求和事实、理由；（四）属于人民法院受理民事诉讼的范围和受诉人民法院管辖。”本案中，原告黄某某在拼某多平台“Crezone保健食品海外专营店”购买的商品系海外产品，属海外直购。而根据被告提交的拼某多用户服务协议、拼某多国际平台服务条款可知，被告为拼某多平台服务对应的主体为中国大陆（不含我国港澳台地区）法律实体的入驻商家。故原告提供的证据不能证明被告上海寻某信息技术有限公司为原告提供电子商务平台服务，本案立案后，发现不符合起诉条件，根据法律规定，应当驳回原告的起诉。故裁定驳回原告的起诉。

[案例解析]

目前电商平台纷纷推出“海外购”业务。本案的争议焦点是被告上海寻某信息技术有限公司是否提供了平台服务以及原告作为消费者在电商平台内的第三方店铺购买商品出现合同纠纷时平台所承担之责任的性质。

本案中，法院认为，本案被告上海寻某信息技术有限公司在本案中并未为原告及相关店铺提供平台服务。根据现有证据事实可知，被告为拼某多平台服务对应的主体为中国大陆（不含我国港澳台地区）法律实体的入驻商家，对于涉案合同，原告实际上则是通过海外直购渠道购买了海外商品，其也并未有平台服务合同等其他证据证明本案被告为其提供相关的平台服务，因此，上海寻某信息技术有限公司也不应作为本案的适格被告。

需要指出的是，对拼多多、阿里、京东等电商平台纷纷推出的跨境电商业务，需要不断对国际自营的标识进行改进、优化，以区别于主站的“自营”标识。同时，在协助法院司法送达上，亦应设立专门的接收邮箱等送达地址，以协助消费者、司法机关有效查实和送达平台经营主体。同时，对于跨境业务的平台内跳转，也应做好消费者在购物流程中的提示、提醒。

［规范指引］

《中华人民共和国民事诉讼法》（2023 年 9 月 1 日修正）

第一百二十二条　起诉必须符合下列条件：

（一）原告是与本案有直接利害关系的公民、法人和其他组织；

（二）有明确的被告；

（三）有具体的诉讼请求和事实、理由；

（四）属于人民法院受理民事诉讼的范围和受诉人民法院管辖。

【关联案例】

北京京某叁佰陆拾度电子商务有限公司不承担京某国际平台“海外购”业务的经营者责任

——高某与北京京某叁佰陆拾度电子商务有限公司信息网络买卖合同纠纷案

［案号］

（2022）京 0491 民初 9648 号

［案情简介］

2021 年 12 月 17 日，原告于京某国际平台的“maushu 海外专营店”下单购买了一个商品名为“COACH 蔻驰女包腰包运动男士胸包大容量青年休闲单肩斜挎包男 F78777 - 黑色”的包（以下简称涉案商品），实付款 798. 94 元。被告提供的京某国际用户购买须知显示，消费者首次通过京某国际网站购买商品会弹出《用户购买须知》，其中明确“您已知晓在京某国际网站上购买的境外商品等同于境外购买”。被告提供的京某国际网站截图及网站经营者信息显示，涉案产品系在京某国际平台购买，涉案商品购物平台的所有者是J×. com International Limited。

被告提供的京某国际网站对网站经营者信息的公示截图显示，除消费者首次通过京某国际网站购买商品会弹出《用户购买须知》外，京某国际网页上对于网站经营者进行了披露并说明了与京某公司分属于不同的法律实体，各自独立。具体内容为：“目前正在登录京某国际网站（网址：www. j×.

hk）。为方便您在京某国际网站购买商品或使用服务，您在此确认并同意，您将使用京某（网址：www. j×. com）的用户名及密码登录京某国际网站。京某国际网站需特别注意的是，本网站由香港公司运营，与京某是两个完全独立的网站，分别归属于不同的法律实体，各自独立经营，京某的平台规则并不必然适用于京某国际网站。”

被告提供的被告ICP备案以及京某国际ICP备案显示，京某叁佰陆拾度电子商务有限公司经营许可证编号为京ICP证070××9号，京某国际平台ICP备案显示编号为京ICP备11041××4号。庭审中，被告称，原告首次购买须输入身份证信息，如果原告没有同意京某国际的须知，是不可能在京某国际上购物的，这也是为什么海关通关程序会有原告的身份信息。

法院经审理认为，《民法典》第465条规定，依法成立的合同，受法律保护。依法成立的合同，仅对当事人具有法律约束力，但是法律另有规定的除外。《民法典》第502条第1款规定，依法成立的合同，自成立时生效。本案中，原告于2021年12月17日在京某国际平台（网址为www. j×. hk）上的涉案店铺里购买了涉案商品，可以认定原告同涉案店铺之间订立了信息网络买卖合同，该合同系双方当事人的真实意思表示，不违反法律、行政法规的强制性规定，合法且有效，且仅对原告及涉案店铺具有法律约束力。本案被告京某叁佰陆拾度电子商务有限公司为京某商城平台的运营者，并非涉案商品的销售者，也不是本次交易中京某国际购物平台的运营者，并非信息网络买卖合同的相对方。关于原告主张未经许可个人信息被泄露亦应向京某国际购物平台的运营者主张权利。综上所述，法院认为，原告高某主张被告京某叁佰陆拾度电子商务有限公司退货退款并承担三倍赔偿的诉讼请求及承担泄露个人信息责任缺乏事实和法律依据，法院不予支持。故判决驳回原告高某的全部诉讼请求。

07. 消费者以网络购物合同纠纷起诉实际销售者及网络交易平台或单独起诉网络交易平台的，网络交易平台不能作为适格被告

——王某诉绍兴市客某进出口有限公司、浙江淘某网络有限公司网络购物合同纠纷案

[案号]

(2017) 浙 8601 民初 2874 号

[案情简介]

2017 年 6 月 2 日，原告王某在被告浙江淘某网络有限公司（以下简称淘某公司）运营的“淘某网”网络购物平台上购买了由被告绍兴市客某进出口有限公司（以下简称客某公司）销售的“澳洲进口儿童牛排原切家庭牛排套餐团购新鲜牛扒黑椒牛排单片包邮”（以下简称涉案商品）。该商品在网页上介绍为“净含量：1000g”“套餐分量：5 人份”……6 月 3 日，原告收到商品后，发现牛肉净含量只有 130g，与销售网页上介绍的 1000g 明显不符。原告遂以网络购物合同纠纷为案由诉至法院，要求二被告承担赔偿责任。

法院经审理认为，原告以网络购物合同之诉起诉实际销售者及电子商务平台淘某公司，但淘某公司并非案涉购物合同当事人，基于合同相对性原则，不是适格的被告，且不能以淘某公司作为本案管辖依据。原告对销售者的起诉应当依照《民事诉讼法》及其司法解释的规定确定管辖，故应驳回原告对被告淘某公司的起诉，将本案移送至被告客某公司所在地法院管辖。

[案例解析]

消费者以网络购物合同纠纷起诉实际销售者及网络交易平台或单独起诉网络交易平台的，基于合同相对性原则，网络交易平台并非适格被告。经法院释明后，原告仍不撤回对网络交易平台起诉的，可以裁定驳回对网络交易平台的起诉。仅起诉实际销售者的网络购物合同纠纷依照《民事诉讼法》及其司法解释的规定确定管辖。

本案被告淘某公司并非本案的适格被告，并且也不能作为共同被告被一并起诉。根据我国《民事诉讼法》及其他相关规定，民事诉讼中适格的当事

人一般为案件系争法律关系（诉讼标的）的主体，仅对确认之诉中对诉讼标的有确认利益的人、（依约定或法定）对他人法律关系或权利享有管理权的人、有权提出公益诉讼的机关组织等特殊情况有例外。本案属网络购物合同纠纷，不存在以上特殊情形，因此，在认定当事人主体资格时，应当以系争法律关系之主体为标准进行考察。本案情形属于电商平台经济模式下，由平台提供相应服务、平台内经营者与消费者进行交易的典型情形，本案的法律关系大概可以简述为：原告购买涉案商品所通过的平台为“淘某网”，系本案被告淘某公司所运营之购物平台，为消费者和平台内的经营者提供相关电商平台服务，同时兼有自营业务，但是具体到本案中，淘某公司只是处于平台本身经营者的地位提供电商平台服务，同时承担相关的管理义务与责任，而并非涉案商品的直接销售者，也未与原告之间订立网络购物合同；相对地，涉案合同的直接当事双方是原告与另一被告客某公司，客某公司是原告购买涉案商品之网络店铺的经营者，在本案中地位即平台内经营者，其以与电商平台的电子商务服务合同为基础，利用平台从事经营活动，从而得以与消费者直接订立相关的交易合同，而当出现如本案之类的合同纠纷时，对于其侵害消费者合法权益的行为，平台内经营者应当直接承担相关的合同责任。因此，通过上述法律关系，我们可以看到，本案的合同双方当事人即原告与涉案商品的销售者——被告客某公司，由此则依照合同相对性之基本原理，被告淘某公司并非本案系争法律关系的直接当事人，所以从此角度而言其不应被列为本案的适格被告。

［规范指引］

《中华人民共和国民事诉讼法》（2023 年 9 月 1 日修正）

第一百二十二条 起诉必须符合下列条件：

（一）原告是与本案有直接利害关系的公民、法人和其他组织；

（二）有明确的被告；

（三）有具体的诉讼请求和事实、理由；

（四）属于人民法院受理民事诉讼的范围和受诉人民法院管辖。

《中华人民共和国电子商务法》（2018 年 8 月 31 日）

第三十七条 电子商务平台经营者在其平台上开展自营业务的，应当以显著方式区分标记自营业务和平台内经营者开展的业务，不得误导消费者。

电子商务平台经营者对其标记为自营的业务依法承担商品销售者或者服务提供者的民事责任。

第三十八条　电子商务平台经营者知道或者应当知道平台内经营者销售的商品或者提供的服务不符合保障人身、财产安全的要求，或者有其他侵害消费者合法权益行为，未采取必要措施的，依法与该平台内经营者承担连带责任。

对关系消费者生命健康的商品或者服务，电子商务平台经营者对平台内经营者的资质资格未尽到审核义务，或者对消费者未尽到安全保障义务，造成消费者损害的，依法承担相应的责任。

《最高人民法院关于审理网络消费纠纷案件适用法律若干问题的规定(一)》（2022 年 3 月 1 日）

第四条第一款　电子商务平台经营者以标记自营业务方式或者虽未标记自营但实际开展自营业务所销售的商品或者提供的服务损害消费者合法权益，消费者主张电子商务平台经营者承担商品销售者或者服务提供者责任的，人民法院应予支持。

【关联案例】

网络交易平台提供者不是网络购物合同纠纷的适格被告

——邹某诉（上海）某贸易有限公司、浙江某网络有限公司网络购物合同纠纷案

［案号］

（2015）浙杭民终字 3837 号

［案情简介］

2015 年 7 月 20 日，原告邹某通过其购物平台账号，在浙江某网络有限公司平台中“gnc 健某喜旗舰店”购买“健某喜浓缩鱼油磷虾油软胶囊”10 盒，共付款 1930 元。该胶囊的产品盒上载明产品信息，其中配料包括为南极磷虾油，适宜人群为成人，孕妇、哺乳期妇女不宜食用磷虾油，而邹某处于哺乳期的亲友已经食用了该产品。邹某提起诉讼，要求被告退还购物款，并承担购物款 10 倍赔偿金。被告浙江某网络有限公司答辩称：本公司并非系争网络

交易的相对方，不应承担赔偿责任。

法院审理认为，网络交易平台的提供者仅是网络服务的提供者，即为交易双方提供虚拟的交易场所，不参与交易活动。当消费者的权益受损时，应向销售者主张权利而非向平台提供者主张权利。同时，网络交易平台提供者依法为买卖双方提供网络服务，与双方建立的是网络服务合同关系。故网络交易平台承担的是过错情形下连带侵权责任，并非网络购物合同下的严格合同责任。由此，在消费者选择按照网络购物合同起诉的情形中，网络交易平台提供者不承担买卖合同上的严格合同责任，根据合同相对性原则，平台提供者不为网络购物合同的共同被告，即网络交易平台提供者不是网络购物合同纠纷的适格被告。

08. 提供分期付款服务的网络交易平台，不是网络购物合同纠纷中的适格被告

——邹某某诉上海宝某电子商务有限公司、浙江天某网络有限公司网络购物合同纠纷案

[案号]

（2015）余杭商初字第791号

[案情简介]

原告邹某某于2015年3月5日使用家人的天某注册账户在浙江天某网络有限公司（以下简称天某公司）开办的天某网从上海宝某电子商务有限公司（以下简称宝某公司）经营的“夏某官方旗舰店”购买了“夏某KC－W380SW－W空气净化器”2台，货款共计6998元，原告于当日通过天某网提供的“天某分期付款”服务进行了付款。此后，宝某公司在天某网进行了发货操作，但实际并未发货，致使交易状态变为成功，原告需每期支付824.2元，共9期，总共7417.8元，其中6998元为货款，419.8元为手续费。直至起诉日，原告仍未收到货物。原告认为其与宝某公司存在买卖合同关系，宝某公司作为销售方应按约履行发货义务。宝某公司不向原告发货之行为，侵害了原告的合法权益，构成对邹某某的欺诈。

法院经审查认为，本案系网络购物合同纠纷，根据原告起诉所称，因在天某公司开办的天某网从宝某公司经营的天某店铺“夏某官方旗舰店”购物

而引起纠纷，而众所周知，天某公司为涉案网络交易平台“天某网”的提供者，系为买卖双方提供虚拟的交易场所，其本身并不参与交易，由此可见，本案中，涉案买卖合同的交易双方应为原告与宝某公司，天某公司并非涉案买卖合同的相对方。原告主张天某公司与宝某公司构成共同销售，理由为涉案交易使用天某分期的方式付款，而天某分期是天某联合商家共同推出的赊购服务，法院认为，分期付款仅是买卖双方就合同付款方式所作的约定，本质上不会改变合同的主体与性质，天某公司仅是为买卖双方提供分期付款平台的网络服务提供者，并非买卖合同相对方，因此，原告关于天某公司与宝某公司构成共同销售的主张，不能成立。综上，在网络购物合同纠纷中将网络交易平台列为共同被告有违合同相对性原则。原告在诉请中也明确其与宝某公司存在买卖合同关系，由此可见，其明知天某公司并非涉案交易的相对方，却仍然在与宝某公司的买卖合同纠纷中将天某公司列为共同被告，其目的显然是通过虚列被告以达到制造管辖连接点的目的。综上，天某公司在本案中并非适格的被告。为此，裁定驳回原告对天某公司的起诉。鉴于本案所涉合同的履行地及被告住所地均不在本院辖区，为此，裁定案件移送宝某公司住所地上海市闸北区人民法院审理。

［案例解析］

因网络购物而引发的交易纠纷的主体主要围绕在买家、卖家和网络交易平台提供者之间，虽然涉及的纠纷主体只有三方，但各地法院在依据三者之间法律关系确立民商事案由时存在信息网络买卖合同（网络购物合同）纠纷、网络服务合同纠纷、产品责任纠纷、侵权责任纠纷等多种案由。即使同样诉讼主体争议相同的纠纷，各地法院确立的诉讼案由也并不统一，各地法院立案案由的不统一既说明本身法律关系比较复杂，也说明各方认识不统一。因此，在解决网络交易平台提供者能否成为交易双方之间的信息网络买卖合同纠纷的适格被告之前，需要厘清交易双方之间及分别与平台之间的法律关系。

（1）交易双方之间的法律关系。消费者通过网络交易平台向商家购买商品，系通过信息网络方式订立买卖合同，双方由此建立信息网络买卖合同关系。通过信息网络方式订立的买卖合同本质上与传统线下订立的买卖合同并无差别，无非是订立合同的方式不同，通过信息网络方式订立的合同，电子订单即是合同的体现。而电子订单上体现的交易双方就是买家与卖家，因此，买家与卖家是网络购物合同的相对方。如本案中，邹某某通过天某平台在宝某公司开设的天某店铺“夏某官方旗舰店”购买涉案产品，邹某某与宝某公司是交易的双方，两者之间形成网络购物合同关系。

（2）交易各方与平台提供者之间的法律关系。网络交易平台提供者作为网络服务平台提供商，依法为买卖双方提供网络服务。以淘宝交易平台为例，任何人注册成为淘宝会员均需点击同意并确认《淘宝服务协议》，淘宝依据协议为用户提供各种网络平台服务，包括但不限于店铺管理、商品或服务的销售与推广、商品或服务的购买与评价、交易争议处理等。因此，淘宝会员与淘宝之间建立的是网络服务合同关系。如本案中，邹某某、宝某公司注册成为天某会员，天某公司按约为双方提供网络服务，因此，邹某某、宝某公司与天某公司之间均分别构成网络服务合同关系。

（3）网络交易平台提供者是否是网络购物纠纷的适格被告。消费者通过网络购物，因商品与约定不符所产生的交易纠纷，消费者往往基于信息网络买卖合同将卖家诉至法院，同时基于各种理由如共同销售、未尽审查注意义务等将网络交易平台提供者诉为共同被告。

①合同相对性的审查。在合同纠纷中首先应当遵守合同的相对性原则，信息网络买卖合同与网络服务合同，无论是合同主体、合同内容还是责任承担均不相同。因此，无论是在买卖双方的信息网络买卖合同纠纷中将平台提供者列为共同被告，还是在买卖各方与平台提供者之间的网络服务合同纠纷中将另一方列为共同被告，均有违合同相对性原则。实践中，大量职业诉讼人出于各种目的故意在与卖家的信息网络买卖合同纠纷中将平台提供者列为共同被告，使平台提供者不堪其扰。如果司法对此类虚列被告、恶意诉讼的行为不加以规制，也必然影响司法严肃性与权威性。如本案中，邹某某在其诉状中即明确“在天某公司开办的天某网向宝某公司经营的‘夏某官方旗舰店’购买……”，由此可见，邹某某对于天某公司的法律地位非常清晰，而天某网作为网络交易平台提供者的法律地位也属于众所周知的常识，而邹某某仍然以天某公司与商家属于共同销售方为由将其诉为共同被告，其虚列被告以取得管辖权的目的显而易见。有观点认为，法院在处理管辖问题时对平台是否为合同相对方已经进行了实体审查，有违先程序后实体的惯例。按照法律规定，平台提供者只有在不能提供经营者真实身份的情况下需要承担先行赔付责任以及存在过错的情况下承担侵权连带责任，但是在经营者身份确定的信息网络买卖合同纠纷中，平台提供者无论如何不会承担买卖合同意义上

的违约责任。因此，在卖家身份明确的信息网络买卖合同纠纷中将平台列为共同被告就是虚列被告的行为，若对此种虚列被告的行为不加以规制，既导致法律关系混乱，又使得民事诉讼法有关管辖的制定形同虚设。

②《消费者权益保护法》第 44 条第 2 款的理解。《消费者权益保护法》第 44 条第 2 款规定："网络交易平台提供者明知或者应知销售者或者服务者利用其平台侵害消费者合法权益，未采取必要措施的，依法与该销售者或服务者承担连带责任。"因此，许多消费者基于该规定将平台提供者列为信息网络买卖合同的共同被告。笔者认为，消费者的该做法实际上混淆了合同之诉与侵权之诉。虽然因网络购物而发生争议，消费者可能基于合同主张违约责任，也可能基于侵权主张侵权责任，存在合同之诉与侵权之诉竞合情形时，消费者享有选择权，但二者只能选其一，不存在兼得情形。而《消费者权益保护法》第 44 条第 2 款规定的平台承担连带责任的情形，是平台在存在明知或应知的过错情形下，就未采取措施所造成的损失承担连带责任的情形。由此可见，平台承担的是过错情形下的连带侵权责任，并非信息网络买卖合同下的严格合同责任。消费者在起诉卖家主张违约责任的信息网络买卖合同纠纷中一并主张平台承担侵权意义上的连带责任，显然是混淆了合同之诉与侵权之诉。

综上所述，在消费者选择按照信息网络买卖合同纠纷起诉的情形，网络交易平台提供者无论如何不会承担买卖合同上的严格合同责任，因此，平台提供者不应成为信息网络买卖合同纠纷的共同被告，即平台提供者不是信息网络买卖合同纠纷的适格被告。

[规范指引]

《中华人民共和国民事诉讼法》（2023 年 9 月 1 日修正）

第一百二十二条　起诉必须符合下列条件：

（一）原告是与本案有直接利害关系的公民、法人和其他组织；

（二）有明确的被告；

（三）有具体的诉讼请求和事实、理由；

（四）属于人民法院受理民事诉讼的范围和受诉人民法院管辖。

第二章　网络消费纠纷案件的管辖

一、合同管辖的一般规定

管辖是一项将审判权落到实处的制度。合同纠纷管辖权一般归被告住所地或合同履行地的人民法院所有，但如果是属于专属管辖的，则优先适用专属管辖。另外，当事人在合同中有约定的应该优先按照约定，也就是协议管辖优先于法定管辖。如果不属于专属管辖的情况，且当事人之间并未约定协议管辖或者协议管辖无效，则按照《民事诉讼法》关于合同纠纷管辖的一般规定处理，即选择合同履行地或者被告住所地的法院起诉。

关于合同纠纷中的协议管辖，《民事诉讼法》第 35 条规定："合同或者其他财产权益纠纷的当事人可以书面协议选择被告住所地、合同履行地、合同签订地、原告住所地、标的物所在地等与争议有实际联系的地点的人民法院管辖，但不得违反本法对级别管辖和专属管辖的规定。"对于协议管辖需要判断双方当事人之间有无书面的协议管辖约定以及该协议管辖的约定是否有效。协议管辖只适用于合同纠纷案件，只适用于一审的地域管辖，协议管辖必须采用书面形式，包括合同中的条款、独立的协议书、对账函、电子邮件等书面形式，口头协议管辖是无效的，约定的协议管辖法院只能在法律规定的范围，即被告住所地、合同履行地、合同签订地、原告住所地、标的物所在地等与争议有实际联系的地点的人民法院中进行选择，不得违反级别管辖和专属管辖的规定。

如果合同中没有协议管辖，则根据《民事诉讼法》第 24 条"因合同纠纷提起的诉讼，由被告住所地或者合同履行地人民法院管辖"的规定，对于在被告所在地起诉基本不存在什么管辖争议，买卖合同纠纷中对于管辖法院的确定最容易产生纠纷的点在于在合同履行地的确定。对于合同履行地应先以双方书面约定的履行地为准，如果双方未书面约定合同履行地，则必须根据当事人的诉讼请求，并结合合同履行义务确定，具体参照《最高人民法院关于适用〈中华人民共和国民事诉讼法〉的解释》第18条的规定："合同约定履行地点的，以约定的履行地点为合同履行地。合同对履行地点没有约定或者约定不明确，争议标的为给付货币的，接收货币一方所在地为合同履行地；交付不动产的，不动产所在地为合同履行地；其他标的，履行义务一方所在地为合同履行地。即时结清的合同，交易行为地为合同履行地。合同没有实际履行，当事人双方住所地都不在合同约定的履行地的，由被告住所地人民法院管辖。"

根据《最高人民法院关于审理网络消费纠纷案件适用法律若干问题的规定（一）》的规定，网络消费纠纷主要指消费者、电商平台、平台内经营者等各方利益关系主体之间产生的纠纷，主要聚焦的是网络消费合同权利义务、责任主体认定等相关内容。① 在司法实践中，网络消费纠纷的案由主要包括信息网络买卖合同纠纷、网络服务合同纠纷以及产品责任纠纷（包括产品生产者责任纠纷、产品销售者责任纠纷）等。

对于网络购物合同纠纷（网络信息买卖合同纠纷），如果依据网络购物合同主张权利，确定管辖权的法律依据是《民事诉讼法》第24条和《最高人民法院关于适用〈中华人民共和国民事诉讼法〉的解释》第20条。根据上述法律规定，管辖权的确定有三种情形：（1）合同对履行地有约定的，由合同约定地和被告住所地的人民法院管辖；（2）通过信息网络交付标的的，由买受人住所地和被告住所地的人民法院管辖；（3）通过其他方式交付标的的，由收货地和被告住所地的人民法院管辖。

对于网络服务合同纠纷，主要是指网络服务商为消费者提供路径，以使消费者与因特网连线的中介服务或者提供内容服务的合同。网络服务合同法律关系一般是通过用户注册建立的。对于网络服务合同纠纷案件的管辖权，法律法规没有特殊的规定。《民事诉讼法》第24条规定：因合同纠纷提起的，由被告住所地或者合同履行地人民法院管辖。《最高人民法院关于适用〈中华人民共和国民事诉讼法〉的解释》第18条规定，合同约定履行地点的，以约

① 参见刘敏、高燕竹等：《〈最高人民法院关于审理网络消费纠纷案件适用法律若干问题的规定（一）〉的理解与适用》，载《中国应用法学》2022年第3期。

定的履行地点为合同履行地。合同对履行地点没有约定或者约定不明确，争议标的为给付货币的，接收货币一方所在地为合同履行地；交付不动产的，不动产所在地为合同履行地；其他标的，履行义务一方所在地为合同履行地。

对于因网络购物引发的产品责任纠纷，如果消费者主张的是惩罚性赔偿，即使消费者通过网购商品与经营者存在买卖合同，由于其请求权基础为侵权责任纠纷，此时应按照侵权法律关系确定管辖。《民事诉讼法》第29条规定："因侵权行为提起的诉讼，由侵权行为地或者被告住所地人民法院管辖。"《最高人民法院关于适用〈中华人民共和国民事诉讼法〉的解释》第26条规定："因产品、服务质量不合格造成他人财产、人身损害提起的诉讼，产品制造地、产品销售地、服务提供地、侵权行为地和被告住所地人民法院有管辖权。"

二、互联网法院的管辖范围

2018年9月7日，《最高人民法院关于互联网法院审理案件若干问题的规定》实施，正式确立了互联网法院的11类案件管辖范围。① 近年来，杭州、北京和广州三家互联网法院据此受理了大量的互联网案件，形成了一大批具有重要裁判规则意义的典型案例，有力地回应了网络社会矛盾纠纷的新特点和互联网对社会治理提出的新挑战，集中展现了我国互联网司法的制度优势。

按照《最高人民法院关于互联网法院审理案件若干问题的规定》，互联网法院集中管辖辖区内应当由基层人民法院受理的"通过电子商务平台签订或者履行网络购物合同而产生的纠纷"等11种案件，随后最高人民法院又出台了《〈最高人民法院关于互联网法院审理案件若干问题的规定〉的理解与适

---

① 参见《最高人民法院关于互联网法院审理案件若干问题的规定》第2条规定："北京、广州、杭州互联网法院集中管辖所在市的辖区内应当由基层人民法院受理的下列第一审案件：（一）通过电子商务平台签订或者履行网络购物合同而产生的纠纷；（二）签订、履行行为均在互联网上完成的网络服务合同纠纷；（三）签订、履行行为均在互联网上完成的金融借款合同纠纷、小额借款合同纠纷；（四）在互联网上首次发表作品的著作权或者邻接权权属纠纷；（五）在互联网上侵害在线发表或者传播作品的著作权或者邻接权而产生的纠纷；（六）互联网域名权属、侵权及合同纠纷；（七）在互联网上侵害他人人身权、财产权等民事权益而产生的纠纷；（八）通过电子商务平台购买的产品，因存在产品缺陷，侵害他人人身、财产权益而产生的产品责任纠纷；（九）检察机关提起的互联网公益诉讼案件；（十）因行政机关作出互联网信息服务管理、互联网商品交易及有关服务管理等行政行为而产生的行政纠纷；（十一）上级人民法院指定管辖的其他互联网民事、行政案件。"

用》，对互联网法院管辖范围进一步明确。这次互联网法院管辖范围的确定，属于“互联网+传统案由”的方式，树立了限定特定条件的法律关系的新规则。

（一）通过电子商务平台签订或者履行网络购物合同而产生的纠纷

1. 电子商务平台认定的问题

根据《〈最高人民法院关于互联网法院审理案件若干问题的规定〉的理解与适用》和2019年1月1日实施的《电子商务法》的规定，电子商务平台是指在电子商务中为交易双方或者多方提供网络交易场所、交易撮合、信息发布等服务，供交易双方或者多方独立开展交易活动的平台。电子商务平台具有以下特点：一是发生于电子商务中；二是要为交易双方或多方提供服务；三是提供的是网络交易场所、交易撮合、信息发布等服务；四是供交易双方或者多方独立开展交易活动；五是系由法人或非法人组织运营的。常见的电商网站如京东、淘宝、苏宁易购、当当、亚马逊等均属于电子商务平台。消费者在微信、微博、论坛、博客等其他社交平台购买商家发布推广的商品，对腾讯或第三方卖家提起网络购物合同纠纷，根据《〈最高人民法院关于互联网法院审理案件若干问题的规定〉的理解与适用》的规定，在其他非电子商务平台进行交易，是不属于互联网法院管辖范围的。

另外，按照上述电子商务平台的界定，关于仅利用网站出卖自有商品，比如小米公司的小米商城是否属于电子商务平台还需进一步探讨。根据《电子商务法》第9条第1款的规定，电子商务经营者，是指通过互联网等信息网络从事销售商品或者提供服务的经营活动的自然人、法人和非法人组织，包括电子商务平台经营者、平台内经营者以及通过自建网站、其他网络服务销售商品或者提供服务的电子商务经营者。由此可知，电子商务平台经营者与通过自建网站、其他网络服务销售商品或者提供服务的电子商务经营者系并列关系，可见电子商务平台与自建网站是有区别的，自建网站销售并不属于电子商务平台。因此，类似于小米商城、华为商城之类的，倾向于认为其属于非电子商务平台。

2. 电子商务合同相对方的认定

实践中，有的平台不仅作为平台方为第三方卖家提供网络交易场所，平台自身也直接销售商品，对实践中电子商务平台经营者自营销售商品引发的纠纷是否属于互联网法院管辖的范围，实践中也存在争议。倾向意见认为：第一，电子商务平台经营者自营销售商品时，合同也是通过电子商务平台签订的，符合“通过电子商务平台签订或者履行合同”的规定。第二，从最高人民法院关于互联网法院司法解释的理解与适用看，仅通过电子合同形式订立或者履行的买卖合同，不涉及电子商务平台的，暂不纳入管辖范围，电子商务平台经营者自营销售商品显然涉及电子商务平台。第三，电子商务平台既作为平台经营者，也系交易一方，根据《电子商务法》第37条的规定，电子商务平台经营者在其平台上开展自营业务的，应当以显著方式区分标记自营业务和平台内经营者开展的业务，不得误导消费者；电子商务平台经营者对其标记为自营的业务依法承担商品销售者或者服务提供者的民事责任。因此，电子商务平台经营者自营销售商品也构成网络购物合同关系，属于互联网法院管辖范围。

3. 特殊情形的处理

第三方卖家通过电子商务平台向消费者销售的商品存在质量等问题或者销售行为存在欺诈等，消费者作为原告提起诉讼时，由于消费者与电子商务平台上的第三方卖家之间形成网络购物合同纠纷，平台并非网络购物合同一方当事人，如果消费者不起诉第三方卖家，坚持以网络交易平台提供者为被告提起网络购物合同纠纷诉讼的，因双方不存在诉争的法律关系，对此类起诉，可以裁定不予受理。

（二）签订、履行行为均在互联网上完成的网络服务合同纠纷

1. 服务合同法律关系的认定

该类纠纷也呈现快速增长势头。以网约车为例，网约车平台与司机、乘客之间的法律关系是否属于服务合同法律关系的问题，笔者认为，首先，要判断服务合同是否属于最高人民法院关于网络服务合同的情形；其次，要审查原告的起诉内容，如果乘客起诉网约车公司，根据《网络出租汽车经营服务管理暂行办法》，要求网约车平台承担承运人责任，双方构成运输合同纠纷，不属于网络服务合同纠纷，案件不属于互联网法院管辖；如果乘客起诉网约车平台信息服务行为，如对司机的扣分、监管等需要进一步完善，则属于网络居间性质的网络服务合同纠纷，属于互联网法院管辖。

2. 履行方式上的差异

在实务中，经常出现部分服务内容在互联网上履行、部分服务内容在互联网下履行的情况。在此情形下，用户与服务平台之间的纠纷是否属于互联网法院管辖的网络服务合同纠纷则有待讨论。倾向认为，应结合当事人诉讼请求和争议内容进行个案判断。用户与服务平台在互联网上签订合同，如果服务平台有部分服务内容在线上履行、部分服务内容在线下履行，若双方存在争议的部分是在互联网上履行的服务，则相关的纠纷属于《最高人民法院关于互联网法院审理案件若干问题的规定》第 2 条第 2 项规定的网络服务合同纠纷，案件应当由互联网法院管辖；若争议内容既有线上履行的内容，又有线下履行的内容，如果主要争议系线上部分，则由互联网法院一并审理，如果主要争议系线下部分，则不属于互联网法院管辖范围。

根据《最高人民法院关于互联网法院审理案件若干问题的规定》，北京、广州、杭州互联网法院集中管辖所在市的辖区内应当由基层人民法院受理的"通过电子商务平台签订或者履行网络购物合同而产生的纠纷"等 11 类纠纷，该规定确立了互联网法院的案件管辖范围，也指出了互联网法院对网络空间进行法治治理的范围，对互联网法院的良好运行发挥了重要作用。①

09. 法律服务合同纠纷不属于互联网法院集中管辖的网络服务合同

——广州某顾问法律咨询有限责任公司诉刘某某法律服务合同纠纷案

［案号］

（2021）粤 01 民终 26442 号

［案情简介］

2021 年 6 月 24 日，刘某某因需要法律服务，在起诉人的某顾问法律顾问

① 参见杨艳、张培森：《关于北京互联网法院案件管辖与立案审查的思考》，载《经贸法律评论》2019 年第 3 期。

平台（网站：××）上完成用户注册、线上确认《用户注册协议》《某顾问VIP套餐服务协议》后，线上申请开通“某顾问体验套餐”，由起诉人为其提供线上法律服务。同日，刘某某通过起诉人的咨询顾问微信，确认了《某顾问体验套餐服务协议》（以下简称协议）的内容并表示同意协议的内容，同时微信发送其身份证件，完成认证。2021年6月24日至7月24日，刘某某在起诉人的平台（网站：××）上下单了电话咨询30分钟的服务，上述服务合计法律服务费300元。由起诉人以线上通话的方式为刘某某提供法律咨询、远程与相对方协商以及远程线上联络苏州人力资源社会保障局进行投诉。经过起诉人的服务，案外人同意于7月9日向刘某某支付工资。根据协议第2条第2款规定，“体验卡自开通之日起30日内有效”，第4条第1款规定，“体验套餐用户应当在购买的服务价值额度用尽时或体验套餐到期时付款，付款日之日起三日内为宽限期，如用户在宽限期结束之前付款”，起诉人提供的是先服务延期收费的体验，并非达到某种结果再收费。刘某某的服务到期日为2021年7月24日，宽限期3日，即刘某某应在2021年7月27日前向起诉人支付法律服务费。经起诉人催告后，直至起诉之日，刘某某仍未支付相关的费用，依据协议第4条第1款规定，“如用户在宽限期结束之前付款，可享受折扣、可以继续购买法律服务、赠送使用价值额度、无违约金等特权，若超过三日未付款则开始起算用户逾期，每逾期一日，逾期用户须支付应支付服务费的1%作为违约金”，起诉人有权于2021年7月28日起要求刘某某支付法律服务费（取消折扣），并按每日1%要求刘某某支付违约金。综上所述，刘某某的行为严重侵犯了起诉人的合法权益，故向法院提起诉讼，请求法院判如所请。

一审法院审理认为，本案为法律服务合同纠纷，根据《最高人民法院关于互联网法院审理案件若干问题的规定》第2条关于“北京、广州、杭州互联网法院集中管辖所在市的辖区内应当由基层人民法院受理的下列第一审案件：（一）通过电子商务平台签订或者履行网络购物合同而产生的纠纷；（二）签订、履行行为均在互联网上完成的网络服务合同纠纷；（三）签订、履行行为均在互联网上完成的金融借款合同纠纷、小额借款合同纠纷；（四）在互联网上首次发表作品的著作权或者邻接权权属纠纷；（五）在互联网上侵害在线发表或者传播作品的著作权或者邻接权而产生的纠纷；（六）互联网域名权属、侵权及合同纠纷；（七）在互联网上侵害他人人身权、财产权等民事权益而产生的纠纷；（八）通过电子商务平台购买的产品，因存在产品缺陷，侵害他人人身、财产权益而产生的产品责任纠纷；（九）检察机关提起的互联网公益诉讼案件；（十）因行政机关作出互联网信息服务管理、互联网商品交易及有关服务管理等行政行为而产生的行政纠纷；（十一）上级人民法院指定管辖的其他互联网民事、行政案件”的规定，本案不属于由互联网法院集中管辖的案件范围，本院对本案无管辖权。依照《民事诉讼法》第119条、第123条的规定，裁定如下：对广州某顾问法律咨询有限责任公司的起诉，一审法院不予受理。

二审法院经审查认为，民事案件的案由应当依据当事人主张的民事法律关系的性质来确定。本案中，从上诉人的诉讼请求来看，其实际上主张的是因法律服务而产生的法律关系，故本案的案由为法律服务合同纠纷。因“法律服务合同纠纷”与“网络服务合同纠纷”均属于《民事案件案由规定》中三级案由“服务合同纠纷”项下并列的四级案由，之间不存在从属关系，因此上诉人主张的法律服务合同纠纷不属于互联网法院集中管辖的网络服务合同。原审法院以上诉人的起诉不符合《最高人民法院关于互联网法院审理案件若干问题的规定》第2条的相关管辖规定，对上诉人的起诉不予受理并无不当，法院予以维持。

[案例解析]

最高人民法院发布的《关于互联网法院审理案件若干问题的规定》第2条规定明确了互联网法院的管辖规则，根据其规定，对于互联网法院的管辖界定为集中管辖，其目标是建设对涉网案件这一特殊案件类型进行特殊管辖的特殊法院。虽然会有部分案件类型，产生理解争议，如本案的教育培训合同是否属于网络服务合同等，但必须要肯定集中管辖制度存在的必要价值，对于探索司法改革中管辖制度的创新具有预先性意义，尤其对于互联网法院这一新兴事物，其不仅具有对涉网案件的专业化审判的职能，同时承担着探索互联网司法规则的重要使命，将互联网法院的集中管辖作为司法制度与互联网技术衔接的重要支点，对于互联网法院的建设乃至互联网司法的建设具有重要意义。

[规范指引]

《最高人民法院关于互联网法院审理案件若干问题的规定》（2018年9月6日）

第二条　北京、广州、杭州互联网法院集中管辖所在市的辖区内应当由基层人民法院受理的下列第一审案件：

（一）通过电子商务平台签订或者履行网络购物合同而产生的纠纷；

（二）签订、履行行为均在互联网上完成的网络服务合同纠纷；

（三）签订、履行行为均在互联网上完成的金融借款合同纠纷、小额借款合同纠纷；

（四）在互联网上首次发表作品的著作权或者邻接权权属纠纷；

（五）在互联网上侵害在线发表或者传播作品的著作权或者邻接权而产生的纠纷；

（六）互联网域名权属、侵权及合同纠纷；

（七）在互联网上侵害他人人身权、财产权等民事权益而产生的纠纷；

（八）通过电子商务平台购买的产品，因存在产品缺陷，侵害他人人身、财产权益而产生的产品责任纠纷；

（九）检察机关提起的互联网公益诉讼案件；

（十）因行政机关作出互联网信息服务管理、互联网商品交易及有关服务管理等行政行为而产生的行政纠纷；

（十一）上级人民法院指定管辖的其他互联网民事、行政案件。

10. 集中管辖不否定约定管辖的效力，应在当事人约定管辖的基础上，确定跨区管辖之后的实际管辖法院

——胡某与北京搜某新媒体公司网络服务合同纠纷案

［案号］

（2020）京 0491 民初 9013 号

［案情简介］

原告胡某认为其在搜某新媒体公司旗下的狐某 App 参加集挂饰活动，其满足终极大奖 iPhone 手机的兑换条件，但被告北京搜某新媒体公司并未向其兑换，被告的后台算法规则不透明，应当承担违约责任。被告在提交答辩状期间，对管辖权提出异议，认为根据双方《狐某用户服务协议》第 10 条第 4 款约定，“如双方就本协议内容或执行发生任何争议，双方应尽量友好协商解

决。协商不成的，任何一方均可向北京市海淀区人民法院提起诉讼”。现协议双方已依法选择由被告所在地的北京市海淀人民法院管辖，故请求贵院将该案件裁定移送北京市海淀区人民法院审理。

法院经审理认为，《民事诉讼法》第35条规定，合同或者其他财产权益纠纷的当事人可以书面协议选择被告住所地、合同履行地、合同签订地、原告住所地、标的物所在地等与争议有实际联系的地点的人民法院管辖，但不得违反本法对级别管辖和专属管辖的规定。《最高人民法院关于适用〈中华人民共和国民事诉讼法〉的解释》第18条规定，合同约定履行地点的，以约定的履行地点为合同履行地。合同对履行地点没有约定或者约定不明确，争议标的为给付货币的，接收货币一方所在地为合同履行地；交付不动产的，不动产所在地为合同履行地；其他标的，履行义务一方所在地为合同履行地。本案属于合同纠纷，被告住所地为北京市海淀区。合同对履行地点没有约定，关于合同履行地，应为履行义务一方所在地。本案争议标的为被告履行其服务协议中的义务，故合同履行地亦为北京市海淀区。本案被告住所地及合同履行地均为北京市海淀区，故北京市海淀区人民法院属于与争议有实际联系的地点的人民法院，且未违反民事诉讼法对级别管辖和专属管辖的规定。该协议管辖条款有效。

根据《最高人民法院关于互联网法院审理案件若干问题的规定》第2条规定：“北京、广州、杭州互联网法院集中管辖所在市的辖区内应当由基层人民法院受理的下列第一审案件：……（二）签订、履行行为均在互联网上完成的网络服务合同纠纷……”本案属于网络服务合同纠纷，在上述规定发布之前，根据协议管辖条款，与《狐某用户服务协议》有关的网络服务合同纠纷应由北京市海淀区人民法院审理；本案纠纷发生在上述规定发布之后，且诉争合同签订及履行均在互联网上完成，根据上述协议管辖条款使得本案属于北京市辖区内应当由基层人民法院受理的案件，在约定管辖的基础上，确定实际管辖法院为北京互联网法院。综上，根据集中管辖的规定，本案应由北京互联网法院审理。

［案例解析］

互联网法院目前尚不具备法律上专门法院的属性，专门法院在管辖方面的优先性和强制性等特殊规则和理论对于互联网法院而言都无法直接适用。集中管辖并不等于法定的专门管辖，没有法定的优先性和排他性，并不能当然地对抗当事人之间的管辖协议。关于如何处理约定管辖与集中管辖适用关系，曾存在以下两种观点：

第一种肯定观点认为：根据《最高人民法院关于互联网法院审理案件若干问题的规定》中管辖调整的规定，自 2018 年 9 月 9 日起北京互联网法院跨区域管辖北京市辖区内的第一审互联网民商事案件。因此在原告提起诉讼时对本案实际具有管辖权的人民法院应当是北京市海淀区人民法院。当事人间对协议管辖法院的意思自治与互联网案件跨区域管辖并不冲突。因此，原告应当依据双方当事人意思自治，到北京市海淀区人民法院起诉。另外，专属管辖仅指《民事诉讼法》第 34 条规定的因不动产纠纷、港口作业中发生的纠纷以及因继承遗产纠纷提起的诉讼由该条规定的人民法院专属管辖。互联网纠纷并非专属管辖，《最高人民法院关于互联网法院审理案件若干问题的规定》也没有将互联网案件划归到专属管辖的范围。

第二种否定观点认为：首先，协议管辖应当尊重当事人之间的意思自治，本案中当事人明确约定的管辖法院是北京市海淀区人民法院，现因为互联网案件跨区域管辖的调整，导致北京市海淀区人民法院无权管辖互联网纠纷。因此，当事人之间的协议管辖虽然在签订时有效，但起诉时已经无效。其次，协议管辖除不能违反级别管辖及专属管辖外，也不能违反集中管辖的规定。《最高人民法院关于互联网法院审理案件若干问题的规定》中管辖调整的规定即属于集中管辖的规定。因此该协议管辖应当认定无效。

笔者认为，对于双方当事人约定了管辖法院，而该约定管辖法院没有互联网案件管辖权的，应当全面理解约定管辖与集中管辖的关系，当事人在合同中对管辖法院约定的意思自治与互联网案件跨区域管辖的规定并不冲突。集中管辖不仅不否定约定管辖的效力，而且是在当事人约定管辖的基础上，确定跨区管辖之后的实际管辖法院。这恰恰是在《民事诉讼法》有关管辖规定的整体框架下，尊重了当事人的意思自治。

［规范指引］

《中华人民共和国民事诉讼法》（2023 年 9 月 1 日修正）

第三十五条　合同或者其他财产权益纠纷的当事人可以书面协议选择被告住所地、合同履行地、合同签订地、原告住所地、标的物所在地等与争议有实际联系的地点的人民法院管辖，但不得违反本法对级别管辖和专属管辖的规定。

《最高人民法院关于适用〈中华人民共和国民事诉讼法〉的解释》（2022年4月1日修正）

第十八条第一款、第二款　合同约定履行地点的，以约定的履行地点为合同履行地。

合同对履行地点没有约定或者约定不明确，争议标的为给付货币的，接收货币一方所在地为合同履行地；交付不动产的，不动产所在地为合同履行地；其他标的，履行义务一方所在地为合同履行地。即时结清的合同，交易行为地为合同履行地。

《最高人民法院关于互联网法院审理案件若干问题的规定》（2018年9月6日）

第二条　北京、广州、杭州互联网法院集中管辖所在市的辖区内应当由基层人民法院受理的下列第一审案件：

（一）通过电子商务平台签订或者履行网络购物合同而产生的纠纷；

（二）签订、履行行为均在互联网上完成的网络服务合同纠纷；

（三）签订、履行行为均在互联网上完成的金融借款合同纠纷、小额借款合同纠纷；

（四）在互联网上首次发表作品的著作权或者邻接权权属纠纷；

（五）在互联网上侵害在线发表或者传播作品的著作权或者邻接权而产生的纠纷；

（六）互联网域名权属、侵权及合同纠纷；

（七）在互联网上侵害他人人身权、财产权等民事权益而产生的纠纷；

（八）通过电子商务平台购买的产品，因存在产品缺陷，侵害他人人身、财产权益而产生的产品责任纠纷；

（九）检察机关提起的互联网公益诉讼案件；

（十）因行政机关作出互联网信息服务管理、互联网商品交易及有关服务管理等行政行为而产生的行政纠纷；

（十一）上级人民法院指定管辖的其他互联网民事、行政案件。

11. 虚构收货地址、制造虚假管辖连接点提起诉讼，应裁定不予受理或移送其他有管辖权的法院处理

——李某诉福建某生物科技有限公司网络购物合同纠纷案

［案号］

（2020）沪7101民初390号

［案情简介］

2019年7月6日，原告李某称其在被告福建某生物科技有限公司开设的淘宝店铺“某某养生”网店内购买了10盒忆甘茶，共计支付3998元。原告收到上述货物后，发现被告未取得食品生产许可证，不具备生产茶叶的资质。涉案产品存在食品安全隐患，故提起诉讼。法院在审理过程中发现，原告订单收货地址为上海市黄浦区陆家浜路××号××××室。原告户籍地址在湖南省，其确认的法律文书送达地址位于上海市浦东新区，同期在本市其他法院也有多起网络购物合同纠纷的诉讼。2020年5月14日，经向原告询问调查，原告自称居住在上海市浦东新区，没有办理过居住证，之所以将陆家浜路××号××××室作为其收货地址，系因有一陆姓朋友居住在陆家浜路附近可代收网购商品的缘故。在法院要求原告提供陆某的联系方式时，其表示无法提供，继而自认订单收货地址系虚构的。

法院经审理认为，本案系网络购物合同纠纷，案件的争议焦点为与原告没有实际连接点的收货地址或者并不实际存在的收货地址能否确定为法院管辖的连接点。《民事诉讼法》第23条①规定：“因合同纠纷提起的诉讼，由被告住所地或者合同履行地人民法院管辖。”《最高人民法院关于适用〈中华人民共和国民事诉讼法〉的解释》（以下简称《民事诉讼法解释》）第20条规定：“以信息网络方式订立的买卖合同，通过信息网络交付标的的，以买受人住所地为合同履行地；通过其他方式交付标的的，收货地为合同履行地……”故被告住所地和收货地人民法院对网络购物合同纠纷均有管辖权。首先，原告提交的证据虽然显示在上海铁路运输法院管辖范围，但其自认该地址系虚

① 《民事诉讼法》2023年修正后，该条序号调整为第24条。

构，经法院向属地派出所了解，收货地“陆家浜路××号”查无实处。且原告实际居住地址与户籍地均不在该院辖区。其次，《民事诉讼法解释》第20条的立法初衷系为解决通过信息网络形式订立的买卖合同通常存在被告住所地确认难、履行地确认难等实际问题，以便于确定管辖法院，平等保护合同当事人的程序权益。最后，当事人进行民事诉讼应当遵循诚信原则，不得滥用诉讼程序权利。原告故意虚构收货地址、制造虚假的管辖连接点，使本没有管辖权的法院取得案件管辖权，不符合网络购物合同管辖规定的立法本意，更是对民事诉讼诚信原则的背离，干扰了民事诉讼活动的正常进行。故对原告以虚构的收货地作为案件管辖连接点的诉讼行为，法院不予支持。本案中，被告的住所地在福建省泉州市丰泽区，故本案依法应当由福建省泉州市丰泽区人民法院管辖。后法院以原告故意虚构收货地址、制造虚假的管辖连接点选择本案管辖法院，违反法律规定，将案件移送至被告住所地法院处理。

[案例解析]

网络购物合同的收货地应当理解为与当事人居住、工作、生活等有密切联系的地址。虚构收货地址、制造虚假管辖连接点提起诉讼，既违背了民事诉讼应当遵循的诚信与平等保护原则，又干扰了民事诉讼活动的正常进行，也不利于案件的审理和执行，应裁定不予受理或移送其他有管辖权的法院处理。综上所述，当事人以虚构的收货地址或与自身无任何实际联系的收货地址作为确定管辖权的行为，既不符合民事诉讼确立管辖权归属的基本原则和立法初衷，也违背了诉讼活动应当遵循诚信原则的基本要求，更不利于案件的最终裁判和执行，同时可能助长当事人滥用诉权、损害诉讼相对人合法权益的不正之风。因此，法院应当严格依照诉讼两便原则、有限的合同履行地规则、诚信原则、平等保护原则，确定案件的诉讼管辖法院。本案的裁定对纠正当事人滥用诉权、侵害他人合法权益的行为有积极意义，同时，对如何合理界定“收货地”的内涵，统一法律适用具有参考作用。

[规范指引]

《中华人民共和国民事诉讼法》（2023年9月1日修正）

第二十四条 因合同纠纷提起的诉讼，由被告住所地或者合同履行地人民法院管辖。

《最高人民法院关于适用〈中华人民共和国民事诉讼法〉的解释》（2022 年 4 月 1 日修正）

第二十条 以信息网络方式订立的买卖合同，通过信息网络交付标的的，以买受人住所地为合同履行地；通过其他方式交付标的的，收货地为合同履行地。合同对履行地有约定的，从其约定。

12. 平台并非案涉购物合同当事人，基于合同相对性原则，不是适格的被告，且不能以平台作为管辖依据

——王某诉绍兴市客某进出口有限公司、浙江淘某网络有限公司网络购物合同纠纷案

［案号］

（2017）浙 8601 民初 2874 号

［案情简介］

2017 年 6 月 2 日，原告王某在被告浙江淘某网络有限公司（以下简称淘某公司）运营的“淘某网”网络购物平台上购买了由被告绍兴市客某进出口有限公司（以下简称客某公司）销售的“澳洲进口儿童牛排原切家庭牛排套餐团购新鲜牛扒黑椒牛排单片包邮”。该商品在网页上介绍为“净含量：1000g”“套餐分量：5 人份”……6 月 3 日，原告收到商品后，发现牛肉净含量只有 130g，与销售网页上介绍的 1000g 明显不符。原告遂以网络购物合同纠纷为案由诉至法院，要求二被告承担赔偿责任。

法院经审查认为，原告以网络购物合同之诉起诉实际销售者及电子商务平台淘某公司，但淘某公司并非案涉购物合同当事人，基于合同相对性原则，不是适格的被告，且不能以淘某公司作为本案管辖依据。原告对销售者的起诉应当依照《民事诉讼法》及其司法解释的规定确定管辖，故应驳回原告对被告淘某公司的起诉，将本案移送至被告客某公司所在地法院管辖。

［案例解析］

《消费者权益保护法》第 44 条规定：消费者通过网络交易平台购买商品

或者接受服务，其合法权益受到损害的，可以向销售者或服务者要求赔偿。可见，网络交易平台的提供者仅是网络服务的提供者，即为交易双方提供虚拟的交易场所，不参与交易活动。当消费者的权益受损时，应向销售者主张权利而非向平台提供者主张权利。同时，网络交易平台提供者依法为买卖双方提供网络服务，与双方建立的是网络服务合同关系。故网络交易平台承担的是过错情形下连带侵权责任，并非网络购物合同下的严格合同责任。由此，在消费者选择按照网络购物合同起诉的情形中，网络交易平台提供者不承担买卖合同上的严格合同责任，根据合同相对性原则，平台提供者不为网络购物合同的共同被告，即网络交易平台提供者不是网络购物合同纠纷的适格被告。

［**规范指引**］

《中华人民共和国消费者权益保护法》（2013 年 10 月 25 日修正）

第四十四条 消费者通过网络交易平台购买商品或者接受服务，其合法权益受到损害的，可以向销售者或者服务者要求赔偿。网络交易平台提供者不能提供销售者或者服务者的真实名称、地址和有效联系方式的，消费者也可以向网络交易平台提供者要求赔偿；网络交易平台提供者作出更有利于消费者的承诺的，应当履行承诺。网络交易平台提供者赔偿后，有权向销售者或者服务者追偿。

网络交易平台提供者明知或者应知销售者或者服务者利用其平台侵害消费者合法权益，未采取必要措施的，依法与该销售者或者服务者承担连带责任。

13. 应当依据当事人主张纠纷类型确定具体管辖法院，电商平台管辖条款仅适用于消费者与平台之间的服务关系纠纷，不适用于信息网络买卖合同纠纷

——杨某某与上海寻某公司信息网络买卖合同纠纷案

［**案号**］

（2021）京 04 民辖终 22 号

［案情简介］

原告杨某某在拼某多平台的商铺义乌某商行处购买一款减肥药，但该商行拒绝发货。随后，原告杨某某联络拼某多平台运营方上海寻某公司要求提供该商行信息。原告杨某某认为卖家义乌某商行不具备食品经营能力，遂以未履行法定义务的上海寻某公司为被告诉至法院，要求其承担赔偿责任。被告上海寻某公司在提交答辩状期间，对管辖权提出异议认为，被告上海寻某公司与原告杨某某之间存在管辖协议，本案依法应由协议约定的被告上海寻某公司住所地法院管辖。本案为网络购物合同纠纷，依据《民事诉讼法》之规定，如有约定管辖的，应优先将约定管辖作为确定依据。上海寻某公司运营的拼某多系第三方入驻模式的电子商务平台，原告杨某某在拼某多平台购物前与上海寻某公司签署了《拼某多用户服务协议》V3.2，该协议文首以加粗形式特别提醒原告仔细阅读、充分理解协议的各个条款；并且以同样形式特别提醒原告如其完成注册程序或使用第三方账号登录拼某多平台，使用拼某多平台服务，即视为已充分阅读、理解该协议，并自愿受该协议的约束。《拼某多用户服务协议》V3.2 第 12.2 条就管辖问题作了明确约定，即“对于因本协议而产生的或者与本协议有关的争议，双方均应努力通过友好协商的方式进行解决。协商不成的，任何一方均有权提起诉讼，且双方一致同意由拼某多住所地人民法院管辖”。上述协议第 1.3 条就“本协议”作了明确约定，即“您与拼某多订立的旨在约定您登录、使用拼某多平台，以及通过拼某多平台下达订单、购买商品、支付货款、收取商品等整个网购过程中，您与拼某多之间的权利、义务的书面合同”。据此，原告作为拼某多用户，因使用拼某多服务（包括但不限于通过拼某多平台下达订单、购买商品、支付货款、收取商品等行为）产生的纠纷依法应向拼某多住所地（上海寻某公司住所地）提起诉讼。本案上海寻某公司住所地为上海市长宁区，因此本案依法应由上海市长宁区人民法院管辖。

一审法院认为，原告杨某某在注册上海寻某公司经营的拼某多平台购物时，已经选择同意《拼某多用户服务协议》，该协议为双方真实意思表示，并不违反法律规定，故该协议内容对双方均具有约束力。该协议第 12.2 条约定：“对于因本协议而产生的或者与本协议有关的争议，双方均应努力通过友好协商的方式解决。协商不成的，任何一方均有权提起诉讼，且双方一致同意由拼某多住所地人民法院管辖。”《民事诉讼法》第 34 条[①]规定：“合同或者其他财产权益纠纷的当事人可以书面协议选择被告住所地、合同履行地、合同签订地、原告住所地、标的物所在地等与争议有实际联系的地点的人民法院管辖，但不得违反本法对级别管辖和专属管辖的规定。”因此，本案合同当事人约定选择被告上海寻某公司住所地法院管辖符合法律规定，是双方当事人真实意思表示。被告上海寻某公司住所地为上海市长宁区，故上海市长宁区人民法院对本案有管辖权。

二审法院认为，本案系杨某某以上海寻某公司为被告提出的信息网络买卖合同纠纷，非网络服务合同，一审法院应依据当事人诉讼请求依据的基础法律关系确定管辖。上海寻某公司提供的拼某多协议系网络服务合同，非信息网络买卖合同。本案应以消费者主张的诉由作为确定管辖的依据。《民事诉讼法》第 23 条[②]规定：“因合同纠纷提起的诉讼，由被告住所地或者合同履行地人民法院管辖。”《最高人民法院关于适用〈中华人民共和国民事诉讼法〉的解释》第 20 条规定：“以信息网络方式订立的买卖合同，通过信息网络交付标的的，以买受人住所地为合同履行地；通过其他方式交付标的的，收货地为合同履行地。合同对履行地有约定的，从其约定。”本案经物流交付涉案货物，网络订单记载的交易收货地为北京市丰台区，该地点即为本案的合同履行地。综上，本案应由北京互联网法院管辖。

[案例解析]

本案系网络买卖合同纠纷，诉讼标的为拼某多用户之间（消费者与拼某多平台内经营者）的信息网络买卖合同关系，并非拼某多用户与拼某多平台之间的网络服务合同关系。故不适用上述案例用户协议中的管辖条款。本案的管辖连接点包括被告住地及合同履行地，而涉案合同采用物流形式进行交付，且收货地位于北京市辖区，故北京互联网法院对本案享有管辖权。

[规范指引]

《中华人民共和国民事诉讼法》（2023 年 9 月 1 日修正）

第三十五条 合同或者其他财产权益纠纷的当事人可以书面协议选择被告住所地、合同履行地、合同签订地、原告住所地、标的物所在地等与争议

① 《民事诉讼法》2023 年修正后，该条序号调整为第 35 条。
② 《民事诉讼法》2023 年修正后，该条序号调整为第 24 条。

有实际联系的地点的人民法院管辖，但不得违反本法对级别管辖和专属管辖的规定。

《最高人民法院关于适用〈中华人民共和国民事诉讼法〉的解释》（2022年4月1日修正）

第二十条 以信息网络方式订立的买卖合同，通过信息网络交付标的的，以买受人住所地为合同履行地；通过其他方式交付标的的，收货地为合同履行地。合同对履行地有约定的，从其约定。

14. 除仲裁条款无效情况外，当事人约定仲裁机构裁决的，法院无管辖权

——刘某某诉上海盛某公司网络服务合同纠纷案

［案号］

（2014）石民初字第2054号

［案情简介］

在原告刘某某诉被告上海盛某公司网络服务合同纠纷案中，被告上海盛某公司在提交答辩状期间对该案管辖权提出异议，认为原、被告双方之间形成网络服务协议，依据双方签订的《网络游戏最终用户使用许可协议》，双方之间因网络服务合同所引发的争议，应向上海仲裁委员会申请仲裁，据此本案不应由人民法院管辖，故申请法院依法裁定驳回原告的起诉。

法院经审查认为：当事人在合同中订立有仲裁条款的，除仲裁条款无效的情况以外，在发生纠纷时当事人应当提交仲裁机构予以裁决，人民法院不予受理。本案中，原告以与被告之间形成网络服务合同向法院起诉，依据被告提供的《网络游戏最终用户使用许可协议》第9条第9.3款约定："如各方就本协议内容或其执行发生任何争议，应尽量友好协商解决；协商不成时任何一方均应提交上海仲裁委员会，按照申请仲裁时该会现行有效的仲裁规则进行仲裁。"原告认可上述《网络游戏最终用户使用许可协议》的真实性，但对上述协议中仲裁条款的效力有异议。根据《最高人民法院关于适用〈中华

人民共和国仲裁法〉若干问题的解释》第12条之规定，当事人向人民法院申请确认仲裁协议效力的案件，应由仲裁协议约定的仲裁机构所在地的中级人民法院管辖。法院对《网络游戏最终用户使用许可协议》中约定仲裁条款的效力确认没有管辖权。综上，法院裁定上海盛某公司对该院管辖权提出的异议成立。

［案例解析］

民事诉讼中有主管权和管辖权的区分问题，主管权，指法院、其他国家机关及仲裁机构的分工和权限，即由谁主管的问题；管辖权，指不同级别的法院之间在受理第一审民事案件的分工，是法院的内部分工问题。主管是确定管辖的前提和基础，主管权解决纠纷法院是否有权受理，是外部关系问题，管辖权是法院受理案件后，解决具体由哪一级法院、哪一个法院管辖的问题，是内部分工问题。

基于民事合同当事人意思自治原则，当事人可以选择多种途径解决纠纷，其中就有通过仲裁解决的选择，根据《仲裁法》规定，当事人达成仲裁协议的，一方向法院起诉，法院不予受理。也就是说，当事人选择了通过仲裁途径解决纠纷，纠纷则不属于人民法院主管范围，法院没有主管权，也不存在管辖权的问题。

但是基于民事合同的相对性特点，在合同当事人之外的第三者，在民事合同的当事人不告知的情况下，一般无法得知当事人选择的解决纠纷的途径。当原告起诉时不声明仲裁条款或协议的存在，法院也无从得知，法院受理后，如果另一方当事人不主张仲裁协议或条款的存在，等于放弃了仲裁的主管，对此法律给了另一方当事人机会，如合同双方有仲裁约定，但原告方起诉时未主张仲裁条款的存在，根据《仲裁法》的规定，当事人达成仲裁协议，一方向人民法院起诉未声明有仲裁协议，人民法院受理后，另一方在首次开庭前提交仲裁协议的，人民法院应当驳回起诉，但仲裁协议无效的除外；另一方在首次开庭前未对人民法院受理该案提出异议的，视为放弃仲裁协议，人民法院应当继续审理。

［规范指引］

《最高人民法院关于适用〈中华人民共和国民事诉讼法〉的解释》（2022年4月1日修正）

第三百三十一条　第二审人民法院对下列上诉案件，依照民事诉讼法第一百七十六条规定可以不开庭审理：

（一）不服不予受理、管辖权异议和驳回起诉裁定的；

……

15. 约定管辖条款虽进行字体加黑处理，但因同时存在大量加黑条款不足以引起消费者合理注意的，应认定未尽到合理提请义务

——孙某某与江苏苏某易购电子商务有限公司网络购物合同纠纷案

[案号]

（2015）苏中民辖终字第00253号

[案情简介]

原告孙某某于2014年11月26日，在被告江苏苏某易购电子商务有限公司（以下简称苏某易购公司）经营的苏某易购网站浏览打印机时看到惠普打印机的广告宣传“全球体积最小的彩色激光打印机”。原告认为涉案产品全球体积最小，应该很便于携带，于是购买上述打印机。而后，原告收到涉案产品发现又重又大，原告认为被告在经营过程中使用虚假的广告宣传，故诉至法院。被告苏某易购公司对本案管辖权提出异议称：根据原告注册苏某易购会员时在线签署的《苏某易购网站会员章程》第13条“若您和苏某易购就会员章程的订立和履行等事宜产生争议的，您和苏某易购均一致同意将相关争议提交苏某易购所在地（江苏省南京市玄武区）相应级别的法院管辖”，该条文已加粗提醒注册申请人注意，且符合《民事诉讼法》有关“合同或者其他财产权益纠纷的当事人可以书面协议选择被告住所地、合同履行地、合同签订地、原告住所地、标的物所在地等与争议有实际联系的地点的人民法院管辖”的规定，据此本案应由南京市玄武区人民法院管辖。

一审法院审理认为，本案纠纷系因信息网络方式购物所引发，《最高人民法院关于适用〈中华人民共和国民事诉讼法〉的解释》第20条规定：“以信息网络方式订立的买卖合同，通过信息网络交付标的的，以买受人住所地为合同履行地；通过其他方式交付标的的，收货地为合同履行地。合同对履行

地有约定的，从其约定。”本案中，苏某易购公司主张孙某某应根据其注册时确认同意的《苏某易购网站会员章程》，按照章程中关于“同意以苏某易购所在地相应级别的法院管辖”的约定向有管辖权的法院提起诉讼。因苏某易购公司系以格式条款的方式与孙某某约定管辖法院，该约定排除了以合同履行地即孙某某住所地也是网购产品收货地张家港市人民法院管辖，在一定程度上加大了孙某某主张诉讼权利的成本，故苏某易购公司应当按照《合同法》第 39 条[①]的规定，采取合理方式提请孙某某的注意。《苏某易购网站会员章程》中关于协议管辖条款的约定，系苏某易购公司自行制定、通过网站对外公示，孙某某要准确查阅该约定了解其内容，需在大量的网络信息中予以检视获悉，而无法直观且显而易见地知晓，因此，尚不足以认定苏某易购公司已采取合理方式提请孙某某注意，故本案协议管辖条款对孙某某不具有法律约束力，苏某易购公司提出的管辖异议理由不成立，依法应予驳回。

《最高人民法院关于适用〈中华人民共和国民事诉讼法〉的解释》于 2015 年 2 月 4 日起施行，并且明确规定：“本解释公布施行后，最高人民法院于 1992 年 7 月 14 日发布的《关于适用〈中华人民共和国民事诉讼法〉若干问题的意见》同时废止；最高人民法院以前发布的司法解释与本解释不一致的，不再适用。”本案于 2015 年 3 月 12 日立案，应当适用《最高人民法院关于适用〈中华人民共和国民事诉讼法〉的解释》，苏某易购公司认为一审裁定适用新的司法解释错误的上诉理由没有法律依据，不予支持。

二审法院审理认为，《合同法》第 39 条第 1 款规定：“采用格式条款订立合同的，提供格式条款的一方应当遵循公平原则确定当事人之间的权利和义务，并采取合理的方式提请对方注意免除或者限制其责任的条款，按照对方的要求，对该条款予以说明。”《最高人民法院关于适用〈中华人民共和国民事诉讼法〉的解释》第 31 条规定：“经营者使用格式条款与消费者订立管辖权协议，未采取合理方式提请消费者注意，消费者主张管辖权协议无效的，人民法院应予支持。”本案中，苏某易购公司在《苏某易购网站会员章程》中载明的管辖权条款属于格式条款。关于苏某易购公司是否采取了合理方式提请消费者注意，苏某易购公司认为管辖权条款的标题及内容均黑体标示足以提醒消费者。对此法院认为，苏某易购公司制定的管辖权协议格式条款仅通

① 现对应《民法典》第 496 条。

过字体加黑方式尚未尽到合理提请消费者注意的义务。首先，字体加黑方式能够引起消费者合理注意的前提是与其他条款字体明显不同，而根据苏某易购公司提供的经过公证的《苏某易购网站会员章程》网页打印件，《苏某易购网站会员章程》内容共计12页，每一页均有多条黑体标示条款，其中共达六页中的黑体标示条款明显多于非黑体字条款。因此，经过字体加黑的管辖权条款与其他条款并无明显区别，未起到提请消费者合理注意的作用。其次，由于网站页面与纸质介质存在差异，纸质介质通过加黑或字体变化方式容易引起消费者注意，但网站页面本身内容丰富，消费者浏览时注意力容易被分散，故在网站页面上字体加黑方式的提示注意功能降低。网站经营者有更多更有效的提请注意方式如弹出式页面等可供选择，理应根据实际情况采用合理的提请注意方式。综上，苏某易购公司在《苏某易购网站会员章程》中载明的管辖权条款，因苏某易购公司未能采取合理方式提请消费者注意，对本案当事人不具有法律约束力。《民事诉讼法》第23条①规定："因合同纠纷提起的诉讼，由被告住所地或者合同履行地人民法院管辖。"《最高人民法院关于适用〈中华人民共和国民事诉讼法〉的解释》第20条规定："以信息网络方式订立的买卖合同，通过信息网络交付标的的，以买受人住所地为合同履行地；通过其他方式交付标的的，收货地为合同履行地。合同对履行地有约定的，从其约定。"本案双方当事人通过信息网络方式订立合同，收货地位于一审法院辖区，故一审法院对本案具有管辖权。苏某易购公司的上诉主张不能成立，法院不予采信。一审裁定正确，应予维持。

[案例解析]

较之于传统的购物方式，网络购物有其特殊性，进而导致在网络购物合同中协议管辖条款的订立存在以下问题：一是网络界面内容具有庞杂性，整个界面信息量十分丰富且板块颇多。二是网络购物合同具有界面虚拟性，经营者为了自身便利往往在电子界面中预设对己方有利的协议管辖条款，消费者缺乏与经营者进行协商的途径，相较于花费大量时间和精力与经营者进行面对面协商，消费者往往选择无奈接受该协议管辖条款。

《民事诉讼法》第24条规定："因合同纠纷提起的诉讼，由被告住所地或者合同履行地人民法院管辖。"《最高人民法院关于适用〈中华人民共和国民

① 《民事诉讼法》2023年修正后，该条序号调整为第24条。

事诉讼法〉的解释》第20条规定："以信息网络方式订立的买卖合同，通过信息网络交付标的的，以买受人住所地为合同履行地；通过其他方式交付标的的，收货地为合同履行地。合同对履行地有约定的，从其约定。"上述两项规定赋予了当事人依法选择管辖法院的意思自由，同时，使得协议管辖与法定管辖形成利益对抗。基于民事法律的意思自治原则，协议管辖若被认定为有效，应当优先于法定管辖，这是法律法规对于当事人意思自治的保护。然而，该优先原则不得被当事人所滥用，协议管辖必须基于双方的真实意思表示，且当事人在订立协议管辖条款时不得损害他人的合法选择权利。如果协议管辖条款违反民事法律的公平原则使当事人的权益受损，则该协议管辖应让位于法定管辖，有关网络购物合同纠纷应按照法定管辖予以处理。

在考量协议管辖条款的效力时，应当注意以下两点：

（1）当事人对格式合同协议管辖条款的含义存在不同理解的，应作出对格式合同提供者不利的解释。（2）格式协议管辖条款严重不合理地加重了消费者的管辖负担。①网站没有以合理方式提请用户注意协议管辖条款。本案中网站协议管辖条款细小地夹杂在烦琐资讯中，苏某易购公司并未用加粗字体、突出位置等方式提请用户注意。实际生活中，网民对于用户协议大多不会认真阅读，而是直接点击同意，很多人根本不会注意到协议管辖条款的存在，极其被动。《民法典》第496条规定：采用格式条款订立合同的，提供格式条款的一方应当遵循公平原则确定当事人之间的权利和义务，并采取合理的方式提示对方注意免除或者减轻其责任等与对方有重大利害关系的条款。虽然该条款将格式合同提供者负有提示义务的条款限制在免除或限制其责任的情况，而不包括排除对方权利的（如选择纠纷管辖法院的权利），但从公平正义的角度考虑，这种排除权利的格式条款很难说是消费者的真实意思表示，如果没有经过合理提示，是否订入合同，也是值得注意和思考的。②协议管辖条款作出了对消费者不公平、不合理的规定，严重不合理地加重了消费者在管辖方面的负担。对网站购物或服务合同而言，网站用户购买的物品价格一般不高，网络服务的价款往往只是几元、十几元、几十元，有些软件甚至本身是免费使用的，而网站用户的住所地或合同履行地却遍布全国各地或全球，在此情况下，管辖的合意就因可能关涉高额差旅费或时间耗费而变得意义重大。按照《民事诉讼法》的规定，合同纠纷由被告住所地或合同履行地法院管辖。在网站送货的情况下，本来外地用户可依照被告住所地或合同履行地管辖原则，享受本地法院管辖的法定管辖利益，不必负担远赴苏某易购公司网站所在地应诉的高额差旅费用和时间耗费。而一旦认定协议管辖条款有效，会产生无论苏某易购公司是原告还是被告，无论合同履行地是否在外地，网站所在地法院均有权管辖的情况，这样所有网站的外地用户都可能因此被迫到网站所在地应诉或起诉，被迫负担大量额外的、相比购物价格明显不合理的差旅费用和时间耗费，苏某易购公司则坐享本地法院管辖的便利，节约大量本应由其负担的差旅费用和时间耗费，并能以此诉讼得失的衡量阻却消费者合理的权利诉求。因此，该协议管辖条款对于消费者而言是显失公平的，特别是在苏某易购公司起诉消费者要求撤销合同、合同履行地在外地的情况下。根据《民法典》第497条的规定，提供格式条款一方免除其责任、加重对方责任、排除对方主要权利的，该条款无效。《消费者权益保护法》第24条规定，经营者不得以格式合同、通知、声明、店堂告示等方式作出对消费者不公平、不合理的规定，或者减轻、免除其损害消费者合法权益应当承担的民事责任。格式合同、通知、声明、店堂告示等含有前款所列内容的，其内容无效。故本案中的网站协议管辖条款无效。

［**规范指引**］

《中华人民共和国民法典》（2020年5月28日）

第四百九十六条第二款　采用格式条款订立合同的，提供格式条款的一方应当遵循公平原则确定当事人之间的权利和义务，并采取合理的方式提示对方注意免除或者减轻其责任等与对方有重大利害关系的条款，按照对方的要求，对该条款予以说明……

《最高人民法院关于适用〈中华人民共和国民事诉讼法〉的解释》（2022年4月1日修正）

第三十一条　经营者使用格式条款与消费者订立管辖权协议，未采取合理方式提请消费者注意，消费者主张管辖权协议无效的，人民法院应予支持。

16. 销售方以链接方式载明协议管辖条款，未合理明确提请消费者注意的，应被认定为无效

——冯某某与北京世某卓越信息技术有限公司网络购物合同纠纷案

[案号]

(2015) 穗中法立民终字第1790号

[案情简介]

上诉人北京世某卓越信息技术有限公司因网络购物合同纠纷一案，不服广州市海珠区人民法院作出驳回其管辖权异议申请的（2015）穗海法民二初字第972号民事裁定，向广州市中级人民法院提起上诉。法院受理后依法组成合议庭审理了本案。上诉人上诉称：根据上诉人设立的网站的在线购物流程，被上诉人在该网站上购买了涉案产品，代表其接受并同意了该网站的“隐私声明”和“使用条件”，包括其中的争议解决条款，即“通过亚马逊网站购买的产品的任何形式的争议应提交北京市有管辖权的法院诉讼解决”，上诉人的住所地在北京市朝阳区内，故北京市朝阳区人民法院对本案才有管辖权，请求撤销原审裁定，将本案移送北京市朝阳区人民法院审理。

二审法院经审查认为，被上诉人在上诉人设立的网站上购买了涉案产品，双方形成买卖合同关系。上诉人认为被上诉人在该网站上购买了涉案产品，代表其接受并同意了该网站的“隐私声明”和“使用条件”中约定的管辖条款。由于该合同属于格式合同，在发生争议时法院需要对其中的协议管辖条款效力进行考量，以排除不合理的协议管辖条款。经审查，首先，上诉人仅以链接方式列明管辖协议的条款，使被上诉人难以注意到该格式条款的具体内容，且管辖协议仅指明由北京市有管辖权的法院诉讼解决，故不能认定上诉人已经采取了合理并明确的方式提请被上诉人注意。其次，该协议管辖条款严重不合理地加重了消费者在管辖方面的负担。因为对广大消费者而言，网上购物的商品往往价格不高，但其住所地或合同履行地往往与网站所在地相隔甚远。该格式条款实际上加重了买方的维权成本，导致消费者的诉讼权利无法正常实现。《最高人民法院关于适用〈中华人民共和国民事诉讼法〉的解释》第31条规定：“经营者使用格式条款与消费者订立管辖协议，未采取

合理方式提请消费者注意，消费者主张管辖协议无效的，人民法院应予支持。”《合同法》第 39 条第 1 款[①]规定：“采用格式条款订立合同的，提供格式条款的一方应当遵循公平原则确定当事人之间的权利和义务，并采取合理的方式提请对方注意免除或者限制其责任的条款，按照对方的要求，对该条款予以说明。”第 40 条[②]规定：“……提供格式条款一方免除其责任、加重对方责任、排除对方主要权利的，该条款无效。”《消费者权益保护法》第 24 条规定：“经营者不得以格式合同、通知、声明、店堂告示等方式作出对消费者不公平、不合理的规定，或者减轻、免除其损害消费者合法权益应当承担的民事责任。格式合同、通知、声明、店堂告示等含有前款所列内容的，其内容无效。”根据上述规定，本案中关于争议管辖的条款应视为对被上诉人无效的格式条款。

本案是网络购物合同纠纷，根据《民事诉讼法》第 23 条[③]规定：“因合同纠纷提起的诉讼，由被告住所地或者合同履行地人民法院管辖。”《最高人民法院关于适用〈中华人民共和国民事诉讼法〉的解释》第 20 条规定：“以信息网络方式订立的买卖合同，通过信息网络交付标的的，以买受人住所地为合同履行地；通过其他方式交付标的的，收货地为合同履行地。合同对履行地有约定的，从其约定。”本案中，被上诉人的收货地为广州市海珠区石榴岗路。上述地址在原审法院辖区，故原审法院对本案有管辖权。原审裁定正确，广州市中级人民法院予以维持。

[案例解析]

管辖协议条款必须经过双方当事人协商一致。即便是管辖协议格式条款，亦应在合同签订前由合同拟订方给予对方合理提示。本案所涉《购物须知》虽然植于购物网页中，但从实际购物流程看，查看《购物须知》并非交易相对方购物的必经程序，也就是说，交易相对方可以不用查看购物须知，亦可购物成功。因此，《购物须知》中的管辖条款在整个购物流程中，未能体现“经过双方当事人协商”之特点，因此，本案所涉《购物须知》中的管辖条款对交易相对方应属无效。本案应当依照《民事诉讼法》“因合同纠纷提起的诉讼，由被告住所地或者合同履行地人民法院管辖”之规定确定管辖法院。

---

① 现对应《民法典》第 496 条第 2 款。

② 现对应《民法典》第 497 条。

③ 《民事诉讼法》2023 年修正后，该条序号调整为第 24 条。

［规范指引］

《中华人民共和国消费者权益保护法》（2013 年 10 月 25 日修正）

第二十六条第二款、第三款　经营者不得以格式条款、通知、声明、店堂告示等方式，作出排除或者限制消费者权利、减轻或者免除经营者责任、加重消费者责任等对消费者不公平、不合理的规定，不得利用格式条款并借助技术手段强制交易。

格式条款、通知、声明、店堂告示等含有前款所列内容的，其内容无效。

《最高人民法院关于适用〈中华人民共和国民事诉讼法〉的解释》（2022 年 4 月 1 日修正）

第三十一条　经营者使用格式条款与消费者订立管辖协议，未采取合理方式提请消费者注意，消费者主张管辖协议无效的，人民法院应予支持。

【关联案例 1】

因管辖条款未能体现“经过双方当事人协商”之特点，应属无效

——王某某与捷某特（昆山）有限公司网络购物合同纠纷案

［案号］

（2016）京 03 民辖终 1336 号

［案情简介］

原告王某某与捷某特（昆山）有限公司（以下简称捷某特公司）成交的“订单”和天猫平台记录的“交易快照”均没有对产生纠纷时管辖的约定；捷某特公司提供的《购物须知》中“如无法协商解决，则由卖家所在地法院管辖”，捷某特公司无有效证据证明该管辖通知存在于王某某 2014 年 9 月 18 日购买商品当日的销售页面上并让消费者知悉，且该证据为复印件，王某某对该证据的真实性、关联性不予认可；《购物须知》通知中“由卖家所在地法院管辖”系格式条款，且该协议条款隐藏在大量繁杂资讯中，捷某特公司未采取显而易见的方式提请消费者注意，该协议管辖无效。被告捷某特公司辩

称“交易快照”是商品的一张照片，记录成交当时商品的基本信息，其他讯息如退换货、售后服务、发票开具等相关讯息不可能全部体现在交易快照中；《购物须知》所显示的内容，捷某特公司在天猫平台上交易时就已经存在于网站上，对方如果认为我们交易时不存在购物须知中的条款，应由对方举证证明；即便《购物须知》中有关管辖法院的约定属于格式条款，但该约定已经以合理方式（用红色字体醒目标识）提请交易相对方注意，也没有排除交易相对方的任何权利，明确具体，应属合法有效。

法院经审理认为，管辖协议条款必须经过双方当事人协商一致。即便是管辖协议格式条款，亦应在合同签订前由合同拟订方给予对方合理提示。本案所涉《购物须知》虽然植于购物网页中，但从实际购物流程看，查看《购物须知》并非交易相对方购物的必经程序，也就是说，交易相对方可以不用查看购物须知，亦可购物成功。因此，《购物须知》中的管辖条款在整个购物流程中，未能体现“经过双方当事人协商”之特点，因此，本案所涉《购物须知》中的管辖条款对交易相对方应属无效。本案应当依照《民事诉讼法》第 23 条①“因合同纠纷提起的诉讼，由被告住所地或者合同履行地人民法院管辖”之规定确定管辖法院。

【关联案例 2】

平台经营者对管辖条款未采取合理方式提请消费者注意的，违反公平原则，应认定为无效

——董某某诉浙江省诸暨市某食品有限公司网络购物合同纠纷案

［案号］

（2016）豫 05 民辖终 264 号

［案情简介］

原告董某某于 2015 年 12 月 17 日使用网络账号在浙江省诸暨市某食品有限公司（以下简称某食品公司）开设的网络店铺购买了“椒盐口味”特级香

① 《民事诉讼法》2023 年修正后，该条序号调整为第 24 条。

榧子500g共计6件，实付款为929元，运送方式为物流包邮。原告董某某于2016年1月2日左右收到货品，但收到后发现货品实物与网页宣传描述及食品包装印刷称号不符，故诉至法院要求被告某食品公司承担赔偿三倍货款的民事赔偿责任。被告在法定期间内对管辖权提出异议，认为双方在使用网络服务前就已签订《网络服务协议》，本案的管辖问题应受《网络服务协议》中的协议管辖条款约束，即本案应由诸暨市人民法院管辖。

法院审理认为，本案中被告所称《网络服务协议》中的协议管辖条款，属于当事人为了重复使用而预先拟定、并在订立合同时未与对方协商的条款，即属于格式条款。《最高人民法院关于适用〈中华人民共和国民事诉讼法〉的解释》第31条规定："经营者使用格式条款与消费者订立管辖协议，未采取合理方式提请消费者注意，消费者主张管辖协议无效的，人民法院应予支持。"据此，某食品公司有采取合理方式提请消费者注意的义务，否则，消费者可主张该协议管辖条款无效。

关于提请注意方式是否合理的判定标准，《最高人民法院关于适用〈中华人民共和国合同法〉若干问题的解释（二）》第6条第1款规定："提供格式条款一方对格式条款中免除或者限制其责任的内容，在合同订立时采用足以引起对方注意的文字、符号、字体等特别标识，并按照对方的要求对该条款予以说明的，人民法院应当认定符合合同法第三十九条所称'采取合理的方式'。"根据这一规定，在本案中，某食品公司所称《网络服务协议》中的协议管辖条款只有符合该判定标准，才能被认定为采取了"合理的方式"。然而，《网络购物协议》仅在消费者注册为某食品公司所在网站会员时才予以显示，且显示界面只有协议标题和极少数的具体条款内容，其中并不涉及协议管辖条款任何内容。消费者若想看到该协议管辖条款，则需另行点击"《网络服务协议》"链接进行查阅。而即使点击进入，由于《网络服务协议》长达19页之多，内容繁杂，协议管辖条款又被置于末页，且夹杂在烦琐的资讯中，消费者极易将其忽略。消费者在注册之后，再进行实体购物时该协议管辖的条款不再显示。也就是说，消费者无论是在用户注册时还是在随后购买商品时，都很难清楚地了解该协议管辖条款的内容。由此，可认定《网络服务协议》中的协议管辖条款未能达到采取合理方式提请消费者注意的判定标准。

鉴于此，法院在处理该类民事案件时，应当基于双方利益均衡考虑，适当运用自由裁量权，维持民事主体之间的利益均衡。结合本案，首先，本案

《网络服务协议》中的协议管辖条款针对不特定的法律关系纠纷订立，订立于消费者在经营者的网站注册用户之时，此时消费者与经营者之间尚未成立买卖合同关系，即该协议管辖条款并未建立在任何法律关系基础之上。而在后续具体的网络购物合同纠纷中，消费者无从再行选择，也即消费者要对无法预知的具体法律纠纷提前进行预判，并承担由此带来的法律后果，这显然有失公平。其次，消费者的意思表示自由未被充分保障。消费者注册该网站会员，进行到是否同意《网络服务协议》那一步时，若点击“同意协议并注册”选项，则直接默认认可《网络服务协议》全部内容，即当然包括协议管辖条款内容，若点击“不同意”，则注册选项变为灰色，将不能注册为会员，进而更无法与经营者形成网络购物合同关系。在此过程中，消费者无从就管辖法院的选择与商家进行协商，其意思表示自由被无形剥夺，显然有违公平原则。再次，消费者对管辖法院的选择权被无理限制。根据《民事诉讼法》第 24 条与《最高人民法院关于适用〈中华人民共和国民事诉讼法〉的解释》第 20 条之规定，董某某可以选择被告住所地即诸暨市人民法院管辖，也可选择合同履行地即其收货地所在地人民法院管辖。然而，《网络服务协议》中的协议管辖条款所选择的人民法院是明确的、单一的，若该协议管辖条款被认定为有效，由于协议管辖优先于法定管辖，将直接排除董某某选择其他有管辖权的人民法院管辖的权利，显然有失公平。最后，消费者的维权成本被加重。由于消费者遍布全国各地，若其遵从该《网络服务协议》中的协议管辖条款，其维权救济将变得十分困难，远途的消费者不得不异地奔波，将大量的时间和精力浪费在路途上，且在收集证据、委托律师等各个环节明显存在劣势，从维权成本的角度来看，消费者的责任和义务显然与权利不对等，更加重了该条款的不公平性。综上，《网络服务协议》中的协议管辖条款有违公平原则，当属无效条款。

【关联案例3】

协议管辖条款严重损害消费者利益的，应认定为无效

——北京京某世纪贸易有限公司诉王某某格式合同纠纷案

[案号]

(2008) 海民初字第30043号

[案情简介]

原告系京某商城网站的经营者。被告系商城的注册用户。通过京某商城购买物品，必须先注册并签订网站用户协议，然后才能下单购物。网站用户协议中有协商不成时，任何一方均可向该网站所在地的人民法院提起诉讼的条款。被告从该商城订购了标价为0元的两台海尔空调。原告认为，由于网站工作人员的失误，将空调误标为0元。依据用户协议中的上述协议管辖条款，原告向网站所在地法院即北京市海淀区人民法院提起诉讼，要求撤销与被告的空调订购合同。被告提出管辖权异议，认为该协议管辖条款意为既可适用协议管辖也可适用法定管辖，不能明确一个管辖地，且严重剥夺限制了其管辖利益，协议管辖条款无效。被告住所地和合同履行地均在上海市浦东新区，请求将本案移送上海市浦东新区人民法院管辖。

法院经审理认为，该用户协议是一种格式合同。对于任何一方均可向该网站所在地的人民法院提起诉讼条款的理解，双方各有不同，被告王某某主张此条款中的“可”意为可以而非应当，该约定管辖并未排除法定管辖的适用，约定并不明确、唯一。根据合同法对格式条款的解释原则，法院应采用对提供者不利的解释，该协议管辖条款无效。另外，该格式条款存在对消费者管辖利益的剥夺，不合理地加重了消费者在管辖方面的负担，对消费者而言是显失公平的，特别是在原告起诉消费者要求撤销合同、合同履行地在外地的情况下。根据我国《合同法》第40条①和《消费者权益保护法》第24条的规定，法院认定该网站协议管辖条款无效，裁定将案件移送上海市浦东新区人民法院管辖。

① 现对应《民法典》第497条。

第三章　网络消费合同主要内容的认定

随着社会的发展和法律的完善，合同在我们的生活中扮演着越来越重要的角色。合同是依法成立的、约束各方行为的法律文书。合同中应当明确各方的权利和义务，以减少纠纷的发生。确定各方权利义务的关键在于合同的条款必须具体、明确、无歧义，且不能违反法律法规。学习《民法典》中有关合同的权利义务及终止制度，不仅有助于我们更好地理解合同的本质和运行机制，还能帮助我们更好地维护自己的权益。

一、合同的订立

（一）要约和承诺

17. 电子商务经营者通过官方微博账号等向大多数潜在消费者发布特定促销信息时，应当构成要约邀请，但内容符合法律规定的，视为要约

——高某某诉欧某雅（中国）有限公司网络购物合同纠纷案

［案号］

（2020）粤 01 民终 20345 号

［案情简介］

一审法院经审理认为，关于欧某雅（中国）有限公司（以下简称欧某雅

公司）是否违反与高某某之间的网络购物合同约定的问题。首先，高某某与欧某雅公司之间成立网络购物合同。一般而言，电子商务经营者通过官方微博账号等向大多数潜在消费者发布特定促销信息时，应当构成要约邀请，但内容符合法律规定的，视为要约。随着交易形式的日趋多样化，受众一旦通过网上交易平台点击确认购买，就可完全依照促销广告的条件进行交易。本案中，官方微博账号所发内容是对具体商品的促销，其使用“可粉们”等特定称谓鼓励消费，明确向消费者传达了购买预售商品较“双十一”当天购买更划算的意思表示。因此，在此种语境下，不能单纯因交易对象不特定来否定该微博促销信息的要约性质。高某某经欧某雅公司微博指引购买预售商品，系行为上的承诺。当高某某支付定金后，案涉双方当事人应当就购买商品及相关权利义务达成合意。该微博的内容亦当然成为双方网络购物合同的约定条款之一。

二审法院经审理认为，电子商务经营者通过官方微博账号等向大多数潜在消费者发布特定促销信息时，应当构成要约邀请，但内容符合法律规定的，视为要约。消费者一旦通过网上交易平台点击确认购买，就可完全依照促销广告的条件进行交易。本案中，官方微博账号所发内容是对具体商品的促销，其文章内容明确向消费者传达了购买预售商品较“双十一”当天购买更划算的意思表示。一审法院认定微博促销信息具有要约性质，高某某经欧某雅公司微博指引购买预售商品，系行为上的承诺并无不当。当高某某支付定金后，双方已就购买商品及相关权利义务达成合意，该微博的内容成为双方网络购物合同的约定条款之一。

［案例解析］

本案涉及的争议焦点包括：一是欧某雅公司的宣传行为是否构成欺诈以及应否承担惩罚性赔偿责任。二是欧某雅公司的宣传行为是否构成违约。本案中，欧某雅公司通过其官方微博发布“秒杀套装”称为“最低价、优惠力度最大、最划算”。高某某通过官方微博的内置链接跳转至欧某雅公司网店购买“秒杀套装”。

根据《消费者权益保护法》第20条第1款的规定，欧某雅公司微博内容并不存在对商品本身质量、功效的夸大或虚假描述，仅涉及对打折商品本身价钱的宣传。高某某对案涉商品本身功能也未提出存在缺陷、瑕疵等异议。双方的争议焦点为欧某雅公司博文之中宣传的最低价是否为真正的最低价，消费者基于该宣传购买的所谓的“最低价”商品是否应视为欧某雅公司对消费者群体的“欺诈”。本案中，欧某雅官方主要通过官方微博、直播间两种形式进行销售，由于两边折扣力度不一造成原告损失，但直播电商行业普遍存在“低价带货”惯例，大部分直播间主播销售的商品往往单价低，独家折扣大。加之网络电商营销方案往往需要快速响应与追求实效，故本案中出现相似活动商品在直播间售价更低的现象，具有一定的合理性，无须承担惩罚性赔偿责任。

原、被告之间构成信息网络买卖合同纠纷。一般而言，电子商务经营者通过官方微博账号等向大多数潜在消费者发布特定促销的信息，应当视为要约邀请，但本案中，欧某雅公司在博文之中的宣传较为具体全面，内容符合法律规定，消费者一旦通过网上交易平台点击确认购买，就可完全依照促销广告的条件进行交易，因此，在此种语境下，不能单纯因交易对象不特定来否定该博文的要约性质。本案中，欧某雅公司既然在博文的要约行为之中打出“最低价”的口号，作为品牌营销的一部分，欧某雅公司理应受到其官方微博“最划算”要约的约束。那么该要约行为应当是合同条款的一部分，欧某雅公司违反了对高某某的“最划算”承诺，构成违约。

本案中，欧某雅公司通过官方微博等渠道发布真实有效的价格保护承诺，其本意即为参加预售活动能以最低折扣、最低价格购买含紫米精华的商品，从而让消费者产生明确消费预期，消除其对商品价格波动疑虑，缩短达成消费意愿的时间，促进购买行为的实际发生。就行业惯例而言，案涉直播商品通过直播电商渠道销售，其价格可能会低于正常促销价格，但电子商务经营者仍应重视消费者信赖利益保护，遵循先前的价格保护承诺。消费者的反悔权本意为保护消费者的合法权利，电子商务经营者亦不能以消费者未在 7 日之内申请退款而抗辩，即使消费者未在 7 日之内提出异议，也并不能视为其丧失向电子商务经营者主张违约的权利。

［规范指引］

《中华人民共和国消费者权益保护法》（2013 年 10 月 25 日修正）

第二十条第一款 经营者向消费者提供有关商品或者服务的质量、性能、用途、有效期限等信息，应当真实、全面，不得作虚假或者引人误解的宣传。

《中华人民共和国民法典》（2020 年 5 月 28 日）

第五百七十七条 当事人一方不履行合同义务或者履行合同义务不符合

约定的，应当承担继续履行、采取补救措施或者赔偿损失等违约责任。

第五百八十五条第一款　当事人可以约定一方违约时应当根据违约情况向对方支付一定数额的违约金，也可以约定因违约产生的损失赔偿额的计算方法。

18. 电商经营者通过网络向不特定多数人发布的商品促销信息，内容具体确定的，该类促销信息应当视为要约

——郑某某诉浙江天某供应链管理有限公司网络购物合同纠纷案

［案号］

（2018）粤 0192 民初 106 号

［案情简介］

被告浙江天某供应链管理有限公司运营的天某超市发布商品优惠信息，网页显示：帮宝适拉拉裤 XL128 片，价格为 189 元，领券满 199 元减 20 元，7 月 10 日 0 点开抢，前 5 分钟单箱 39.9 元，每人限购 5 箱，23 点 59 分前付款，次日达。原告郑某某于次日 21 点左右浏览到该优惠信息，遂将 5 件商品加入购物车，并将商品链接发布到微信群，相约其亲属在 7 月 10 日 0 点抢购。被告于同月 9 日 9 点 44 分更改了商品展示页面，删除了“前 5 分钟单箱 39.9 元”字样，并变更抢购开始时间为同月 10 日 10 点。原告及其亲属在 10 日 0 点打开购物车后，发现购物车里面的商品不能支付，抢购开始时间已变更，未发现“前 5 分钟单箱 39.9 元”的优惠，最终只能以 189 元的价格购买案涉商品一箱。后原告与被告客服交涉，双方未达成一致意见。原告认为被告发布的商品信息应当视为要约，擅自撤回促销信息构成违约，属于欺诈，故请求法院判令被告赔偿损失 1 元以及赔礼道歉。

法院审理认为：首先，被告通过网络向不特定多数人发布的商品促销信息，内容具体确定，体现了只要买家按活动规则下单付款天某公司即可发货的意思表示，该类促销信息应当视为要约。其次，被告发布的促销信息传递出强烈而确定的出售意愿，特别是在电商平台用户数量众多、促销信息传播迅速的网络环境下，上述促销信息可能会对众多消费者产生影响。原告有理

由相信，被告作为专业电商经营者，对网络促销特点有充分认识，会专业、审慎地发布促销信息，因而对天某公司信守承诺、不撤销该促销信息寄予合理信赖，故该促销信息应属不可撤销的要约。被告撤销促销信息的行为，有违诚信原则，不仅使原告为抢购所作的准备工作化作徒劳，而且给其带来不满和困扰，损害了原告的信赖利益，被告应承担赔偿责任。最后，民事责任中的赔礼道歉，适用于自然人人格利益受到侵害的情形，具有人身性质。虽原告经历了一次不愉快的网购，但尚不构成信赖利益损失之外的独立损失类型，且原告没有证据证明被告具有侵害其人格尊严的主观意图和行为，故对其要求被告赔礼道歉的请求不予支持。

［**案例解析**］

本案争议焦点有二：一为双方当事人之间是否成立信息网络买卖合同，成立的合同是基于双方何种行为？二为被告撤销限时抢购价 39.9 元促销信息的行为是否构成欺诈，是否损害了原告的合法利益？

（1）根据《民法典》第 472 条关于要约的规定，本案商家在商品宣传页促销的商品图片、规格、型号、价格、抢购时间、送货时间等内容较为确定，因此构成要约，要约人受该意思表示约束。且“商业广告的内容符合要约规定的，视为要约”。因此，被告发布的案涉商品促销信息应当视为要约。与要约相对的是买家的承诺，只有原告对上述要约作出承诺后合同才成立。在网络购物买卖合同之中，买家在提交订单时才能有效表达同意要约的意思而视为承诺。具体到本案之中，商家更换商品具体信息导致原告无法下单，因此没有途径作出承诺，故双方之间的信息网络购物合同不算成立。（2）商家发布错误信息的行为并撤销该信息的行为是否对原告构成欺诈。根据案例描述，原告在购买时已经明确自己所购链接为商家修改之后的链接，双方基于真实意思表示成立的信息网络购物合同纠纷。原告并不存在基于卖家的欺诈产生错误认识并且作出行为，基于此，商家并不构成欺诈。（3）关于商家的行为是否损害原告的合法利益。买家基于其真实意思表示与商家成立买卖合同，商家也及时发货，从表面上看原告并无实际损失。但为确保抢购成功，原告将商品放入购物车并通过微信群相约亲属一起抢购，花费了时间和精力，可以视为为购买案涉商品作了必要的准备。在网络环境下，电商平台用户数量众多、促销信息传播迅速，会对众多消费者产生影响。原告有理由相信，被告作为专业电商经营者，是在对上述网络促销特点有充分认识的情况下，专业、审慎地发布上述促销信息，原告因而对被告不撤销该信息寄予合理信赖。根据《民法典》第476条之规定，要约人确定了承诺期限或者受要约人有理由认为要约不可撤销并已为履行合同作了准备工作的，要约不得撤销。原告对该要约不被撤销产生的诚信期待和合理信赖受法律保护，对被告享有信赖利益。故商家违反了诚信原则，属于缔约过失行为。

[规范指引]

《中华人民共和国消费者权益保护法》（2013年10月25日修正）

第四条　经营者与消费者进行交易，应当遵循自愿、平等、公平、诚实信用的原则。

第十六条第三款　经营者向消费者提供商品或者服务，应当恪守社会公德，诚信经营，保障消费者的合法权益；不得设定不公平、不合理的交易条件，不得强制交易。

《中华人民共和国民法典》（2020年5月28日）

第四百七十一条　当事人订立合同，可以采取要约、承诺方式或者其他方式。

第四百七十二条　要约是希望与他人订立合同的意思表示，该意思表示应当符合下列条件：

（一）内容具体确定；

（二）表明经受要约人承诺，要约人即受该意思表示约束。

第四百七十三条第二款　商业广告和宣传的内容符合要约条件的，构成要约。

（二）合同成立的时间和地点

19. 原告在本案交易中并非消费目的，不属于消费者，不适用《电子商务法》第49条第2款规定，合同成立从双方另行约定

——闫某某与北京华某视讯电子设备有限公司信息网络买卖合同纠纷案

［案号］

（2020）京0491民初35309号

［案情简介］

原告闫某某于2019年12月20日在被告北京华某视讯电子设备有限公司（以下简称华某视讯公司）运营的京东商城“华某视讯专卖店”支付5514.99元购买10台服务器（联想Lenovo thinksystem sr系列sr258服务器酷睿I3－81004核3.6G主机8G内存＋2块4TB硬盘），至2020年9月23日未发货，故诉至法院。被告华某视讯公司辩称：（1）本案订单未发货，涉案商品已停产，无法继续履行合同。（2）原告作为京东商城的用户，在注册时已同意并接受《京东商城注册协议》，该协议第3条第3款载明：销售商品展示仅仅是要约邀请，用户下单是向销售商发出的合同要约，在销售商将订单订购的商品从仓库直接向用户发出时（以出库为标志），视为用户与销售者就直接发出的商品建立了合同关系。本案中，从原告提供的证据“您的订单已进入第三方卖家仓库，准备出库”可知，本案所涉商品订单信息仅从京东平台发到被告处，被告仅仅是收到了原告的要约，并未将商品出库，亦未作出承诺的意思表示，故涉案订单合同未成立，原告要求被告继续履行合同承担损失无事实和法律依据。（3）涉案订单中的10台企业级服务器实际售价应为单价9550元/台，被告误标单价550元/台，标错的价格远远低于采购成本价格。接到原告订单信息后，被告发现涉案商品价格标错，2020年1月6日及时通过京东平台反馈价格异常，原告一直未取消订单。

法院经审理认为，根据《电子商务法》第 49 条规定，电子商务经营者发布的商品或者服务信息符合要约条件的，用户选择该商品或者服务并提交订单成功，合同成立。当事人另有约定的，从其约定。电子商务经营者不得以格式条款等方式约定消费者支付价款后合同不成立；格式条款等含有该内容的，其内容无效。本案中，原告称其购买涉案商品的目的是提供给其他商业合作伙伴，显然并非消费目的，原告在本案交易中不属于消费者，不适用《电子商务法》第 49 条第 2 款的规定，根据该条第 1 款的规定，通常情况下，用户提交订单成功后合同即告成立，但当事人另有约定的，应从其约定。

本案中，《京东违规订单处理规则》在京东商城网站进行了公示，在不违反法律法规的情况下应为有效，属于交易各方应当遵守的合同条款。该规则中对于违规订单情形及处理方式的内容，对交易各方具有约束力。根据查明的事实，可以认定本案交易存在该规则第 1 条第 4 项“商业使用为目的的订购行为”及第 9 项“购买商品或服务等数量超过正常生活消费需求的订购行为”的情形，属于该规则中认为构成违规订单的情形，按照该规则，可以取消订单，不发货。

［案例解析］

本案的争议焦点有四：一为销售商品展示是否属于要约邀请？二为双方之间是否成立合同？三为京东方规定的条款是否有效？四为如何认定商家以价格标注错误为由拒绝发货的行为？

（1）原告作为京东商城的用户，在注册时表明已同意并接受《京东商城注册协议》，该协议第 3 条第 3 款载明：销售商品展示仅仅是要约邀请，用户下单是向销售商发出的合同要约，在销售商将订单订购的商品从仓库直接向用户发出时（以出库为标志），视为用户与销售者就直接发出的商品建立了合同关系。本案中，从原告提供的证据“您的订单已进入第三方卖家仓库，准备出库”可知，本案所涉商品订单信息仅从京东平台发到被告处，应视为被告仅仅是收到了原告的要约，并未将商品出库，亦未作出承诺的意思表示，故涉案订单合同未成立，本案中，原告称其购买涉案商品的目的是提供给其他商业合作伙伴，显然并非消费目的，原告在本案交易中不属于消费者，不适用《电子商务法》第 49 条第 2 款的规定，并可以认定本案交易存在该规则第 1 条第 4 项“商业使用为目的的订购行为”的情形，属于违规订单的情形，可以取消订单，不发货。综上所述，销售商品属于要约邀请，买家下单的行为仅为要约，商家以是否发货视为接受要约的承诺，本案之中，商家并未发货，故双方之间并未成立合同。京东在《京东违规订单处理规则》中明确约定，以商业使用为目的的订购行为属于违规订单，商家可以取消订单不发货。（2）关于商家辩称涉案商品标错价格。商家通过自动信息系统发布商品价格可能会因为人为或者技术原因发生错误，使所标商品价格明显低于商品成本价，涉案交易发生时也无优惠、促销活动等情节，涉案商品所标注的价格不符合常理，如果以此认定商品价格将会显失公平，明显违背公平原则，故商家基于此取消订单不发货的行为有正当理由，符合平台规则的约定，不构成违约。

［**规范指引**］

《**中华人民共和国民法典**》（2020 年 5 月 28 日）

第六条　民事主体从事民事活动，应当遵循公平原则，合理确定各方的权利和义务。

第一百一十九条　依法成立的合同，对当事人具有法律约束力。

《**中华人民共和国电子商务法**》（2018 年 8 月 31 日）

第四十九条第二款　电子商务经营者不得以格式条款等方式约定消费者支付价款后合同不成立；格式条款等含有该内容的，其内容无效。

二、合同的效力

20. 平台在优惠活动或促销期间标价错误出现低价商品，不构成重大误解

——赵某某与芭某珠宝（深圳）有限公司网络购物合同纠纷案

［**案号**］

（2019）粤 0192 民初 9369 号

［**案情简介**］

原告赵某某于 2019 年 1 月 14 日在京东平台上芭某珠宝（深圳）有限公

司（以下简称芭某公司）经营的芭某珠宝官方旗舰店购买18K金钻石耳钉一对，店铺活动售价为1276元。原告使用京东平台券（999－888）及部分抵扣红包后，最后实付款338.7元。芭某公司以商铺价格标错为由，要求原告取消订单，只给予5元的补偿。被告以商铺价格标错为由拒绝发货，属于其工作人员的错误，不能成为违约的理由。原告认为，被告通过平台活动，提高店铺流量，最后拒绝履约发货，属于欺骗消费者的行为。原告起诉至法院请求判令芭某公司赔偿3828元。在审理过程中，原告变更、增加诉讼请求为：（1）芭某公司按要约承诺履行义务；（2）芭某公司承担本案所有费用。被告芭某公司辩称：芭某公司是京东电子商务平台的商家。2019年1月7日，京东电子商务平台发布了“1.14－1.15满999－888元噱头券”优惠活动，芭某公司报名参加了该活动。参加该活动之时，芭某公司工作人员在其后台已设置“最低8折”的店铺最低价格保护设置。2019年1月14日，芭某公司接到575笔参加该活动之订单。芭某公司查到所有订单均未受到店铺最低折扣设置的保护，于是联系京东电子商务平台质问原因。京东电子商务平台官方回复称活动不受限于商家店铺后台设置的最低折扣。然而该优惠活动规则中并未清晰写明有此规定。京东电子商务平台经审核后，判定本次所产生的订单均为“标错订单”。因此，因京东电子商务平台之过错导致芭某公司之失误发出了要约，消费者基于该失误而承诺成立的合同，属于可撤销合同。请求法院撤销双方之间的买卖合同，驳回赵某某所有诉讼请求，判决赵某某承担本案的诉讼费用。

一审法院经审理认为，本案的争议焦点包括：第一，涉案买卖合同能否被撤销？第二，芭某公司承担何种民事责任？

关于涉案买卖合同能否被撤销。首先，芭某公司未超期行使撤销权。根据《民法总则》第147条①规定，基于重大误解实施的民事法律行为，行为人有权请求人民法院或者仲裁机构予以撤销。第152条②第1款第1项规定，当事人自知道或者应当知道撤销事由之日起一年内、重大误解的当事人自知道或者应当知道撤销事由之日起三个月内没有行使撤销权的，撤销权消灭。芭某公司于2019年1月14日向京东客服反映订单异常情况，可以认定芭某公

① 现对应《民法典》第147条。
② 现对应《民法典》第152条。

司已经知悉涉案订单的情况，其撤销权的撤销期限自 2019 年 1 月 14 日起算。撤销权属于形成权，该意思表示到达对方即为生效。芭某公司于 2019 年 3 月 11 日在答辩状中提出要求撤销涉案合同，即为行使撤销权的权利，并未超过 3 个月的行使期限，该意思表示到达赵某某时即为生效。合同当事人双方对于合同能否被撤销发生争议时，一方当事人提起诉讼属于解决争议的方式，而非行使撤销权的必要条件。

其次，芭某公司主张的事由不符合行使撤销权的条件。《合同法》第 54 条①规定，因重大误解订立的合同，当事人一方有权请求人民法院或者仲裁机构变更或者撤销。《最高人民法院关于贯彻执行〈中华人民共和国民法通则〉若干问题的意见（试行）》（以下简称《民通意见》）第 71 条规定，行为人因对行为的性质、对方当事人、标的物的品种、质量、规格和数量等的错误认识，使行为的后果与自己的意思相悖，并造成较大损失的，可以认定为重大误解。根据芭某公司陈述的意见和本案证据，造成赵某某低价购买到涉案商品的原因是芭某公司错误理解京东平台的促销活动规则，该误解并非对买卖合同的行为性质、对方当事人或者标的物的品种、质量、规格和数量等的错误认识。本案中，芭某公司对于订立买卖合同的合同性质、销售何种商品、以何种价格销售商品、是否参加促销活动等认识均无错误，不构成买卖合同中的误解。芭某公司以消费者购买商品时使用优惠而导致合同价格低于其成本价为由主张存在重大误解并请求撤销合同，不符合法律规定，法院不予支持。芭某公司不应将其自身过错所造成的经营风险转移给消费者，损害消费者的权益。

关于芭某公司承担何种民事责任。因法院认定芭某公司主张撤销合同的理由不成立，且当事人双方签订的买卖合同意思表示真实、合法有效，故该合同对双方具有约束力。《合同法》第 130 条②规定，买卖合同是出卖人转移标的物的所有权于买受人，买受人支付价款的合同。第 107 条③规定，当事人一方不履行合同义务或者履行合同义务不符合约定的，应当承担继续履行、采取补救措施或者赔偿损失等违约责任。赵某某向芭某公司支付货款后，芭某公司至今未向赵某某发货，故赵某某请求芭某公司履行双方买卖合同的义

---

① 现对应《民法典》第 147 条。

② 现对应《民法典》第 595 条。

③ 现对应《民法典》第 577 条。

务于法有据，予以支持。《合同法》第135条[①]规定，出卖人应当履行向买受人交付标的物或者交付提取标的物的单证，并转移标的物所有权的义务。结合本案的实际情况，芭某公司需要履行的义务为向赵某某履行京东电子商务平台订单8509××××012的商品（涉案18K金钻石耳钉一对）交付义务。

［**案例解析**］

关于网站标价错误是否构成重大误解的问题，我国各地区已经出现不少案例。经检索相关案例，目前对于网站标价错误是否构成重大误解的认定，存在不同处理意见。总体而言，分歧主要存在于以下两个方面：一是网络购物合同是否成立，即网站商品展示页面的性质认定，属于“要约”还是“要约邀请”；二是在合同成立的前提下，标价错误是否构成重大误解，能否撤销网购合同。

（1）网站商品展示页面的性质认定。判断标价错误是否构成重大误解的前提是合同已经成立，其核心在于商品展示页面的性质认定问题。网购不同于传统购物，网页展示页面的接收者为不特定多数的消费者，且因其展示的为待售商品的虚拟信息而并非实物，因此，其和传统购物中的货物标价陈列有着天然的区别。商品展示页面的性质应属于要约。根据《民法典》第472条规定，要约需符合以下条件：一是内容具体确定，二是表明经受要约人承诺，要约人即受该意思表示约束。首先，目前购物网站上商品展示页面的内容是非常详细的，包括商品的名称、型号、规格、价格、支付方式实物照片、存货、发货方式等信息，因此可以认定商品展示页面的待售商品信息具体确定，包含了买卖合同的主要条款，符合要约内容具体确定的要求。其次，消费者可通过商品展示页面提交订单和在线付款，对于买卖合同而言，付款属于合同成立后的履行行为，若消费者付款后，还认定该商品展示页面属于要约邀请，而消费者提交订单并付款的行为属于要约对消费者而言过于苛刻，这显然不符合法律关于要约、承诺规定的精神，因此，在商品展示页面内容具体确定，且消费者可通过商品展示页面在线付款的情况下，商品展示页面符合要约的构成要件，消费者下单付款的行为属于承诺，商家与消费者之间的网络购物合同已经成立。

（2）网站标价错误是否构成重大误解的认定。在合同业已成立的前提下，

---

① 现对应《民法典》第598条。

认定网站标价错误是否构成重大误解，需审查标价错误网购合同是否符合重大误解的构成要件。如前所述，我国法律关于重大误解的条款较为简单粗略，亦未明确重大误解的构成要件，而“重大误解”一词属于不确定概念，何种情形构成重大误解这一问题本身存在很大的定义空间，因此，在实际处理案件的过程中需进行必要的价值补充。若过于重视表意人真实意思，仅凭违背表意人的真实意思表示即认定构成重大误解，将不利于保护网络交易安全，导致违背实质正义。

因此，需综合考量重大误解立法本意、意思表示真实原则、维护交易安全原则、网络交易的特殊性四个方面，认定是否构成重大误解。

①重大误解立法本意。重大误解的立法目的，在于保护对内容有重大误解的误解者，保护实质公平，实现撤销权人与合同相对方之间的利益均衡，即在交易安全和实质公平方面要有一个有效的平衡。从法律规定来看，重大误解的构成要件应包括以下内容：其一，民事法律行为已成立。其二，在民事法律行为成立时表意人的意思表示与客观事实不一致。其三，错误具有重大性。判断错误的客观重大性应采用“诚实信用的理性人”标准，即在同类交易中该错误被普遍认为重要，要求错误的重大性是为了确保重大误解撤销权的正当性，兼顾意思自治与诚实信用。其四，重大误解与成立民事法律行为之间存在因果关系并因此受到重大损失。其五，不存在撤销权消灭事由或阻却事由。即撤销权未超过法律规定的除斥期间以及表意人不存在故意或重大过失。

②意思表示真实原则。表意人意思表示错误是重大误解的构成要件之一，但并非所有的意思表示错误均可认定为重大误解，重大误解范畴的意思表示错误具有错误内容和类型要求。对于意思表示错误的内容，可结合司法实践及错误内容对交易基础的重要程度进行认定。虽然我国民事法律没有将价格错误明确列举在内，但不可否认，价格条款属于买卖合同的重要内容，对交易能否达成具有重大影响，其应属于重大误解意思表示错误的范围。对于意思表示错误的类型，传统的法律理论认为，民法上的错误可以分为“意思与事实不一致”和“意思与表示不一致”，即需区分动机错误和表示错误。“错误的表示，无害真意”，当事人的合意指的是表示内容的一致，并非指内心意思的一致，表意人的内心意思与外部表示虽不一致，但从相对方的立场而言，应以其所能认识的作为准据，双方当事人的意思表示客观一致的情况下，不

构成重大误解。意思与事实不一致的，属于动机错误，动机不是构成意思表示的因素，只有在动机明确表示在外，成为意思表示的内容，才涉及是否属于重大误解予以撤销的范畴，而意思与表示不一致，则涉及重大误解。

③维护交易安全原则。如前所述，重大误解的立法目的不仅在于维护重大误解人的利益，也是维护交易安全，在交易安全和实质公平方面要有一个有效的平衡。误解方以重大误解为由，主张撤销合同关系，以便从与其意愿相悖的合同关系中解脱，同时也意味着相对方的合同目的无法实现。因而，是否允许撤销合同，对于双方的利害得失均具有重大意义。如果相对方对于误解方的错误不知情且是善意的，认定构成重大误解允许撤销合同，不仅会使合同目的落空，也会破坏交易安全。而交易是否安全，本身也是一种社会利益。因此，在司法实践中不能无原则、无底线地迁就误解方的真意保护要求，必须权衡双方的利益冲突，保护善意相对人的合理信赖，维护交易安全。

④网购合同的特殊性。网购合同中重大误解的适用具有特殊性。其一，在网购交易信息极度不对称情形下，强势一方应承担更严格的告知说明义务，对重大误解的认定更加重视诚实信用与信赖利益的保护，错误重大性中“诚实信用的理性人”的认定标准应高于传统交易。其二，网购合同中重大误解的认定范围应当进行限缩。网购交易模式下价格的参照性易于获取，从而使得重大误解的类型相较于传统社会的交易模式有所限缩，对商品价格合理信赖的认定标准应高于传统交易，主要取决于商家是否采取了促销、优惠活动，是否使得消费者无法识别是价格优惠还是价格错误。其三，在信息获取和处理能力极度不平等的状态下，意思表示以及合同的解释需要根据信息强弱作适当倾斜。

因此，本案网购合同已经成立。其一，本案的商品展示页面显示的商品信息具体确定、内容完整，且在商品展示页面赵某某可将商品“加入购物车”“提交订单”并进行付款。该商品展示页面符合要约的特征。赵某某在该商品展示页面提交订单并付款，应认定对芭某公司要约进行承诺，双方的网络购物合同成立。本案的标价错误不构成重大误解。在芭某公司与京东对可以参与优惠活动商品类型的磋商过程中，双方未达成一致意思或双方对对方的意思存在误解。之后，芭某公司将商品的信息展示在网上，该过程是芭某公司的动机形成过程，并不涉及具体的意思表示。而赵某某是领取到京东的优惠券后参与优惠，即对赵某某而言，在本案交易模式中，出现本案的优惠价格，符合赵某某的正常意思表示。其二，本案中芭某公司对于订立买卖合同的合同性质、销售何种商品、以何种价格销售商品、是否参加促销活动等认识均无错误，即其对涉案买卖合同的主要内容均不存在认识错误。其三，当某一低价商品出现在网购平台，实难判断该情形系属经营者标价错误或是经营者开展的促销活动甚至是恶意促销。因此，应根据交易时的具体环境来判断，如果是普通的交易，未进行促销优惠活动，作为一名正常的消费者而言，其应清楚商家以这种价格是明显低于正常市场价格的，商家主张重大误解可以得到支持。但如果是在参与优惠活动时，或者是其他类型的优惠服务或促销活动时，消费者面对商家标价明显低于正常价格的商品，产生了合理信赖，此时应保护善意交易相对人，维护交易安全。本案的消费者赵某某是善意的，并无过错，出现价格错误是芭某公司和京东在磋商过程中存在的问题，该不利后果属于芭某公司的正常经营风险，该风险不应通过主张重大误解的方式转由赵某某来承担。基于以上分析，本案认定芭某公司主张构成重大误解不成立，双方当事人应继续履行合同。①

［**规范指引**］

《**中华人民共和国民法典**》（2020 年 5 月 28 日）

第一百四十七条　基于重大误解实施的民事法律行为，行为人有权请求人民法院或者仲裁机构予以撤销。

第一百五十二条　有下列情形之一的，撤销权消灭：

（一）当事人自知道或者应当知道撤销事由之日起一年内、重大误解的当事人自知道或者应当知道撤销事由之日起九十日内没有行使撤销权；

（二）当事人受胁迫，自胁迫行为终止之日起一年内没有行使撤销权；

（三）当事人知道撤销事由后明确表示或者以自己的行为表明放弃撤销权。

当事人自民事法律行为发生之日起五年内没有行使撤销权的，撤销权消灭。

---

① 参见《最高人民法院合同案例指导（七）——网站标价错误是否构成重大误解的案例分析》，载微信公众号“民商法学实务研究”，https：//mp. weixin. qq. com/s？ src = 11&timestamp = 1706170664&ver = 5039&signature = tz7k0lFVJsNMOEsAznw9D5XH5J0LWhm4RIeHOrtExMzwb0llkl1oyni5ycT06Wpd1aEF * pru - 1A6yMpWRPjA5WF8Ia6sf * 0UsZ * ivXNJ9IRRS1nOUYRduDXcQhnt7T84&new = 1，最后访问日期：2024 年 1 月 25 日。

《最高人民法院关于适用〈中华人民共和国民法典〉总则编若干问题的解释》（2022 年 2 月 24 日）

第十九条　行为人对行为的性质、对方当事人或者标的物的品种、质量、规格、价格、数量等产生错误认识，按照通常理解如果不发生该错误认识行为人就不会作出相应意思表示的，人民法院可以认定为民法典第一百四十七条规定的重大误解。

行为人能够证明自己实施民事法律行为时存在重大误解，并请求撤销该民事法律行为的，人民法院依法予以支持；但是，根据交易习惯等认定行为人无权请求撤销的除外。

21. 错误设置商品价格导致订单实付金额错误，商品价格并非其真实意思表示，不存在不予发货的主观故意，不构成欺诈

——谢某某诉浙江森某电子商务有限公司网络购物合同纠纷案

［案号］

（2021）粤 0192 民初 22756 号

［案情简介］

原告于 2021 年 7 月 28 日，在被告开设的“森某官网店”淘宝店铺购买三件服装，订单号 1981 × × × ×67，商品链接价格显示 68 元/每件，3 件 99 元，宣传页面还附多个店内优惠券供消费者领取，原告领取了 80 减 50 的优惠券，以及淘宝平台夏季清仓券 15 元，最终以 6 元的价格支付了商品价款。次日被告以活动商品价格低于成本价为由要求原告申请退款。原告认为被告存在虚假宣传、欺诈消费者以及强迫交易的行为，侵害了消费者合法权益，应当承担赔偿责任。故诉至法院请求认定被告构成欺诈。

法院经审理认为，《民法典》第 148 条规定：“一方以欺诈手段，使对方在违背真实意思的情况下实施的民事法律行为，受欺诈方有权请求人民法院或者仲裁机构予以撤销。”欺诈，是指故意隐瞒真实情况或者故意告知对方虚

假的情况，导致对方陷入错误的认识而为错误的意思表示。本案中，原告主张被告故意不发货构成欺诈，被告则主张其真实意思并非以案涉订单显示的“总价金额”销售订单商品，如以案涉价款成交则会对被告造成重大损失。案涉订单页面显示商品总价 204 元，满就送优惠 133 元，2021 年淘宝夏清仓优惠 15 元，双方对订单的优惠幅度不持异议，但被告对商品总价金额有异议。《民法典》第 142 条规定：“有相对人的意思表示的解释，应当按照所使用的词句，结合相关条款、行为的性质和目的、习惯以及诚信原则，确定意思表示的含义。无相对人的意思表示的解释，不能完全拘泥于所使用的词句，而应当结合相关条款、行为的性质和目的、习惯以及诚信原则，确定行为人的真实意思。”首先，从案涉订单实付金额来看，每件 T 恤实付金额仅为 2 元，根据日常生活经验，该价格明显低于正常商品售价，不符合常情。其次，从被告提交的 2021 年 3 月以来的案涉商品后台订单记录可知，案涉商品单件售价在 100 元至 150 元，在促销活动下历史最低价格记录为 × ×元，被告抗辩主张其设置价格错误，具有一定的合理性，法院予以采纳。最后，案涉订单生成后，被告于次日分别通过淘宝平台以及短信通知原告申请退款并予以补偿，且通过商品页面发布了“致歉声明”告知价格设置错误，通知买家申请退款，可知被告发现订单异常后，及时采取措施作出了撤销订单的意思表示。综上，被告主张案涉商品价格并非其真实意思表示，其错误设置商品价格导致订单实付金额错误，如被告以该价格发货将显失公平的理由，具有一定的合理性，法院予以采纳。被告并不存在不予发货的主观故意，原告主张被告销售案涉商品存在欺诈，要求赔偿损失 300 元、赔偿惩罚金 500 元，缺乏事实依据，法院不予支持。

［**案例解析**］

本案之中涉及的主要法律问题为，其一，原、被告之间是否成立网络购物合同。其二，商家在本案中价格标识错误的行为是否构成欺诈。

（1）根据《电子商务法》第 49 条规定：“电子商务经营者发布的商品或者服务信息符合要约条件的，用户选择该商品或者服务并提交订单成功，合同成立。当事人另有约定的，从其约定……”本案中，森某店铺在其官方网店挂出商品折扣链接，链接内容真实内容齐全，符合法定的要件，构成要约，买家基于该链接提交订单并支付货款，应视为双方当事人之间成立网络购物合同。（2）根据《民法典》中关于“重大误解”的规定，经营者以不合理的低价出售商品，并非其真实意思表示，若依经营者单方错误意思履行合同，会导致显失公平的后果，故经营者可以重大误解为由主张撤销合同，但该撤销权的行使需要当事人向人民法院或者仲裁机构提出撤销权诉讼。根据《民法典》第152条的规定，撤销权的存续期间仅有90日，但本案具有特殊性，本案发生在电子商务领域之中，网络交易的便捷性和信息传递速度的迅猛导致网络交易商品一旦标价错误，短时间内就可能产生数量巨大的订单，在买家遍布全国各地的情况下，商家很难在90日内通过向人民法院或仲裁机构主动提出撤销权诉讼来获得救济。同时对本案之中标价错误的认定，需要根据本案卖家的意思表示进行合理认定。偏重外观表示主义的方法，认定标价错误是经营者错误的意思表示还是以虚假的低价诱导消费者下单的欺诈行为。具体而言，商品页面售价应结合历史销售价格、页面补正行为、与消费者沟通记录等外观表示行为进行分析，进而判断该价格是否系经营者的真实意思表示。电子商务经营者通过系统输入价格可能会因为人为或者技术发生错误，对此经营者负有举证责任。本案中，经营提交了商品的历史销售价格、采购价格以及发现商品标价错误后的“致歉声明”，及时联系消费者的沟通记录等证据，此证据可以佐证店铺标明的商品价格并非经营者的真实意思表示，故应当认定为商家并不存在故意标错价引导消费者购物的主观故意，但若经营者不能提供证据证明确实属于标错价，则不能单方取消订单，消费者可以要求经营者继续按照商品页面显示的价格履行发货义务，如果经营者不予发货则构成合同违约。虽然本案中的商家确实不存在欺诈的主观故意，但是也要适当补偿消费者的损失，如有必要，商家需要承担缔约过失责任。

[规范指引]

《中华人民共和国消费者权益保护法》（2013年10月25日修正）

第四十八条　经营者提供商品或者服务有下列情形之一的，除本法另有规定外，应当依照其他有关法律、法规的规定，承担民事责任：

（一）商品或者服务存在缺陷的；

（二）不具备商品应当具备的使用性能而出售时未作说明的；

（三）不符合在商品或者其包装上注明采用的商品标准的；

（四）不符合商品说明、实物样品等方式表明的质量状况的；

（五）生产国家明令淘汰的商品或者销售失效、变质的商品的；

（六）销售的商品数量不足的；

（七）服务的内容和费用违反约定的；

（八）对消费者提出的修理、重作、更换、退货、补足商品数量、退还货款和服务费用或者赔偿损失的要求，故意拖延或者无理拒绝的；

（九）法律、法规规定的其他损害消费者权益的情形。

经营者对消费者未尽到安全保障义务，造成消费者损害的，应当承担侵权责任。

《中华人民共和国电子商务法》（2018年8月31日）

第四十九条 电子商务经营者发布的商品或者服务信息符合要约条件的，用户选择该商品或者服务并提交订单成功，合同成立。当事人另有约定的，从其约定。

电子商务经营者不得以格式条款等方式约定消费者支付价款后合同不成立；格式条款等含有该内容的，其内容无效。

《中华人民共和国民法典》（2020年5月28日）

第一百四十七条 基于重大误解实施的民事法律行为，行为人有权请求人民法院或者仲裁机构予以撤销。

第一百五十二条 有下列情形之一的，撤销权消灭：

（一）当事人自知道或者应当知道撤销事由之日起一年内、重大误解的当事人自知道或者应当知道撤销事由之日起九十日内没有行使撤销权；

（二）当事人受胁迫，自胁迫行为终止之日起一年内没有行使撤销权；

（三）当事人知道撤销事由后明确表示或者以自己的行为表明放弃撤销权。

当事人自民事法律行为发生之日起五年内没有行使撤销权的，撤销权消灭。

22. 利用网站信息聚合错误假意订立合同不受《消费者权益保护法》保护

——高某诉京某酒业公司信息网络买卖合同纠纷案

［案号］

（2021）京0491民初42639号、（2022）京04民终588号

［案情简介］

原告高某诉称，其在被告经营的“某旗舰店”下单购买商品描述为“某品牌53度酱香型白酒375ml整箱装”商品，数量为1，规格为375ml整箱装，下单时间为21时9分。此后，原告又分别于21时10分、21时12分、21时13分陆续下单1箱、100箱、50箱，总计付款106 248元。原告下单后，被告并未发货，后经与平台和被告多次沟通后，被告仍拒绝发货。故诉至法院，请求判令被告向原告履行合同，实际交付152箱涉案某品牌酒并请求判令被告承担本案诉讼费、保全费及保全保险费。京某酒业公司辩称，首先，上述订单中商品预览照片均显示为1瓶装，结合页面展示的相关信息比如店铺活动主页面、主图、规格等可以判断出应以瓶装为单位，涉案订单系将“1瓶装”误标为“整箱装”，属于价格标注错误。其次，被告发现上述错误后及时进行解释、修改，及时取消订单，并未实际发货，因此涉案合同未成立。

法院经审理查明，交易快照及订单详情页面显示，在价格处标注为每箱，但订单页面的图显示的是1瓶，订单展示页面的5张商品主图及“商品介绍”的商品毛重、商品包装、容量等均为1瓶装的规格标准。双方沟通记录显示，原告询问被告客服“一箱699”“我买了三百五十件哈”“我准备付款了”，被告客服告知原告“这个是一瓶”。原告回复“上面可是整箱装”“没有任何一箱的解释哈”。之后，被告客服告知原告价格标错，若发货也只能按照单瓶进行发货，或者取消订单后，平台会将货款退还并给予一定补偿，但原告拒不接受。法院另查明，上述四个订单均已由被告取消并完成退款。涉案某品牌酒在原告下单期间的真实成交价格为699元/瓶，其市场价为869元/瓶。

法院经审理认为，原告于涉案店铺提交订单成功，其与被告之间成立信息网络买卖合同关系。《电子商务法》第49条规定，电子商务经营者发布的商品或者服务信息符合要约条件的，用户选择该商品或者服务并提交订单成功，合同成立。当事人另有约定的，从其约定。本案中，涉案店铺对涉案商品进行了详细介绍及图片展示，消费者在提交订单及付款过程中可以直观了解到有关涉案商品具体确定的信息，店铺对涉案商品的价格标示错误不影响涉案店铺对涉案商品的信息展示构成要约。故法院认为原告与被告之间的合同成立。

涉案商品价格标示出现错误，虽不影响双方之间成立合同关系，但由于原告并未支付合理或相当的对价，如果履行合同，原告实际获得了不当得利，被告也面临不相当的损失，利益显然失衡。被告客服于同日告知原告，699元是一瓶的价格，但原告坚持要求被告按照699元/箱发货。涉案白酒系贵州某股份有限公司出品，消费者对该品牌白酒的价格有一定的认知。依据平台发布的信息，按照一般人理性的理解，699元应当是一瓶的价格。购买人以订单主张按箱交付，如以此计算，显然不符合一般人对涉案白酒价格的认知。如果按照购买人主张的价格交付，显然双方利益严重失衡，合同订立时显失公平。消费者不应乘经营者价格标注错误而恶意大量下单以牟取不当利益。

综上，判决驳回原告高某的全部诉讼请求。宣判后，原告提起上诉，二审法院审理后驳回其上诉，维持原判。该判决已生效。

［**案例解析**］

本案是一起典型的因错误标价、消费者恶意缔约而产生的信息网络买卖合同纠纷。近年来，随着电子商务的发展，信息网络买卖合同缔结的全部过程无法脱离互联网，依赖平台算法，一旦输入错误，再以错误价格订立合同便无法避免。如果任由消费者恶意缔约，获得不当得利，势必造成电子商务经营者不相当的损失，利益显然失衡。因此，电子商务经营者的正当权益也需要进行必要的救济，有助于实现电子商务经营者与网络消费者利益的平衡。

第一，通过否定合同效力消解合同履行请求权。

《民法典》第147条规定："基于重大误解实施的民事法律行为，行为人有权请求人民法院或者仲裁机构予以撤销。"重大误解指行为人对行为的性质、对方当事人或者标的物的品种、质量、规格、价格、数量等产生错误认识。电子商务经营者以标价错误为由拒绝履行合同，需要证明标价错误构成重大误解，依据《民法典》第147条，通过诉讼或仲裁行使撤销权，撤销合同，使信息网络买卖合同归于无效。本案中，由于被告的误操作，将"一瓶酒"的购物界面规格错误标注为"一箱酒"，直到原告询问才发现此标注错误。结合其他在案证据，可以合理地推知，被告在与原告订立合同时误认为合同的标的为一瓶酒，对标的数量产生了错误认知，存在重大误解。被告因此获得撤销权，有权请求人民法院或者仲裁机构撤销合同。

但是，实践中，信息网络买卖合同的订立需借助电商平台及自动信息系统实现，电子商务经营者无法控制提交订单的消费者人数，只能采取变更商品价格、商品下架或者关闭交易商品信息页面的方式阻止"恶意缔约"订单的生成。基于网络购物特点，尤其是"秒杀"、抢购等促销中，有可能因涉及订单过多、消费者身份不易查证等因素，造成经营者无法在撤销权的除斥期间内完成撤销权的行使。

第二，通过违反诚信原则等有效抗辩阻却合同履行请求权。

《民法典》第6条规定："民事主体从事民事活动，应当遵循公平原则，合理确定各方的权利和义务。"第7条规定："民事主体从事民事活动，应当遵循诚信原则，秉持诚实，恪守承诺。"第132条规定："民事主体不得滥用民事权利损害国家利益、社会公共利益或者他人合法权益。"本案中，原告实际上并不难判断被告在电商平台上的低价是由于被告错误标价产生的。在被告客服进行了提示和说明后，原告仍不合常理地大量下单，可以认定原告在缔约过程中存在恶意情形，应该在诚信原则的涵摄范围之内，并以此受到法律的否定性评价。原告意图通过此行为获取额外利益、损害被告商业利益，也违反了禁止权利滥用原则。

综上所述，依据《电子商务法》第49条的规定，信息网络买卖合同在消费者下单付款时即成立并生效，消费者享有合同履行请求权。但由于消费者的恶意缔约行为违反了诚信原则和禁止权力滥用原则，且如履行合同，消费者获得不当得利，经营者面临不相当损失，利益显然失衡。此时合同履行请求权的行使受到限制，消费者仅可主张解除合同、返还已支付货款。

［规范指引］

《中华人民共和国民法典》（2020年5月28日）

第六条　民事主体从事民事活动，应当遵循公平原则，合理确定各方的权利和义务。

第七条　民事主体从事民事活动，应当遵循诚信原则，秉持诚实，恪守承诺。

第一百三十二条　民事主体不得滥用民事权利损害国家利益、社会公共利益或者他人合法权益。

第一百四十七条　基于重大误解实施的民事法律行为，行为人有权请求人民法院或者仲裁机构予以撤销。

三、合同的履行

23. 商业推广短信退订费用约定不明时应由平台负担

——王某诉北京某某优鲜公司网络服务合同纠纷案

［案号］

（2020）京 0491 民初 9057 号

［案情简介］

原告王某于 2019 年 5 月下载并注册被告北京某某优鲜公司运营的手机应用程序，并使用“某某优鲜”App 购物。被告分别于 2019 年 11 月 1 日、11 日、15 日向用户王某推送商业广告短信，王某对三条短信均予以退订。被告在收到王某发送的退订申请后，对其手机号码进行了屏蔽处理。原告王某诉称：其注册 App 时需要点击同意《用户协议》《隐私政策》，《用户协议》第 5.2 条和《隐私政策》中内容直接约定了其可以向用户发送商业广告信息，属于典型的格式条款，排除了消费者主要权利，应当认定为无效。被告三次发送商业广告短信，王某在第一次收到短信时就对其予以退订，因退订短信额外支付了 0.1 元短信资费。被告继续向其发送商业短信的行为构成违约，请求确认《用户协议》第 5.2 条及《隐私政策》第 2 条内容无效；被告修改《用户协议》及《隐私政策》并增加用户拒绝其发送商业广告的选项；被告提供有效的商业广告信息拒绝途径；被告承担王某因拒绝商业广告信息而产生的 0.1 元人民币短信资费。被告辩称：《用户协议》及《隐私政策》系经原告王某同意而适用。被告向原告发送广告的同时提供了拒绝接收的方式，并未排除、限制消费者的权利，不存在无效情形。根据《用户协议》《隐私政策》相关规定，被告及时将原告的手机号码导入黑名单。原告主张其已发送了退订短信，但被告后台系统显示并未收到该条短信，且根据原告提供的短信详单显示亦没有该时间段的短信发出记录，可见该条退订短信未发出。原告因自己未成功发送短信原因而导致再次收到推送信息，被告不存在任何过错。

法院经审理认为，根据《合同法》第61条、第62条[①]，本案中《用户协议》《隐私政策》均未对退订商业推广短信所产生费用负担进行约定，属于合同内容没有约定，可以适用“履行费用的负担不明确的，由履行义务一方负担”。由《隐私政策》内容可知为用户提供可选择的停止推送推广消息的服务是被告公司的一项合同义务，被告是履行义务的一方。王某按照短信退订指引，发送退订短信属于拒绝接收的权利行使行为，并非义务履行行为。因此，王某因此产生的0.1元短信资费应由被告负担。综上所述，王某发送退订商业短信行为属于行使拒绝接收的权利行使行为，并非义务履行行为。因此，退订商业短信的费用，应当由合同义务一方负担。故判令被告赔偿原告王某短信资费损失0.1元。

[案例解析]

本案争议焦点主要有：(1) 格式合同中格式条款的效力。(2) 北京某某优鲜公司是否构成违约，北京某某优鲜公司推广商业短信退订费用应由何方承担。

(1) 关于格式条款的效力。北京某某优鲜公司《用户协议》的条款对广告内容进行了告知和提示，也提供用户不想接收上述信息可退阅或设置拒绝的途径。该条款内容本身没有免除公司责任、加重用户责任、排除用户主要权利，并均以加粗或加下划线方式进行了合理提示，属于以合理的方式履行了提示义务，故上述两条款不属于无效情形。(2) 关于北京某某优鲜公司是否构成违约。从案件中可以看出，王某发送短信与北京某某优鲜公司收到短信之间存在时间差，王某发送短信后5日内北京某某优鲜公司才收到短信，且在收到短信之后将王某的手机号拉进短信黑名单不再对其进行短信推送，据《隐私政策》中“为您提供商品或服务信息展示”约定，北京某某优鲜公司有权向王某发送商业广告信息，不构成违约。(3) 关于商业短信费用的负担规则。为用户提供可选择的停止推送推广消息的服务是北京某某优鲜公司的一项合同义务，北京某某优鲜公司是履行义务的一方。王某按照短信退订指引，发送退订短信是属于行使拒绝接收的权利行使行为，并非义务履行行为。因此，王某因此而产生的短信资费应由北京某某优鲜公司负担。

实践中，由于互联网产品的多元性和丰富性、用户的广泛性和差异性，不同用户对互联网平台服务体验的期待也可能存在差异。如在购物应用软件

---

① 现对应《民法典》第510条、第511条。

中，有用户反感基于用户画像的产品信息推送，有用户则享受该推送带来的便捷。为满足不同用户需求、提高交易效率，在事前明确告知、合理提示的情况下，互联网平台将信息推送等个性化、差异化的服务纳入“一揽子”平台的授权协议中，再根据不同用户需要提供有效的拒绝（取消授权）方式，更符合此类互联网平台的特征，更有利于互联网平台经济的发展。如果要求互联网平台就每一项服务均单独提示用户进行选择，不仅增加交易成本，造成程序烦琐，也不利于提升用户体验。①

针对平台向用户推送商业推广短信行为，本案肯定了在事前明确告知、合理提示的情况下，互联网平台将信息推送等个性化、差异化服务纳入“一揽子”平台的格式协议中，再根据不同用户需要提供有效的拒绝（取消授权）方式的合理性，平衡了隐私权保护和行业发展需要。首次明确了商业推广短信退订费用的负担规则，进一步确立了“履行费用的负担不明确”的适用规则。本案例先后入选中国消费者协会2019—2020年“全国消费维权十大典型司法案例”、2020年最高人民法院司法案例研究院典型案例、2020年中国互联网法治大会普法案例，被《人民法院报》《法治日报》《中国审判》等数十家权威媒体刊载报道，开庭宣判登上微博热搜，取得良好社会效果。

［规范指引］

《中华人民共和国民法典》（2020年5月28日）

第四百九十六条第二款 采用格式条款订立合同的，提供格式条款的一方应当遵循公平原则确定当事人之间的权利和义务，并采取合理的方式提示对方注意免除或者减轻其责任等与对方有重大利害关系的条款，按照对方的要求，对该条款予以说明。提供格式条款的一方未履行提示或者说明义务，致使对方没有注意或者理解与其有重大利害关系的条款的，对方可以主张该条款不成为合同的内容。

第五百一十条 合同生效后，当事人就质量、价款或者报酬、履行地点等内容没有约定或者约定不明确的，可以协议补充；不能达成补充协议的，按照合同相关条款或者交易习惯确定。

第五百一十一条 当事人就有关合同内容约定不明确，依据前条规定仍

① 参见李文超、李昕豫：《北京一生鲜订购平台被判赔偿广告退订费》，载《人民法院报》2020年11月3日，第3版。

不能确定的，适用下列规定：

……

（六）履行费用的负担不明确的，由履行义务一方负担；因债权人原因增加的履行费用，由债权人负担。

24. 签收人是“家门口”不能证明物流企业已就发货义务履行完毕

——李某与安阳市某企业管理咨询有限公司等信息网络买卖合同纠纷案

[案号]

（2022）京0491民初7239号

[案情简介]

原告李某于2022年2月15日使用其淘宝账号，在淘宝公司经营的手机淘宝App上从安阳市某企业管理咨询有限公司（以下简称某咨询公司）经营的店铺“某旗舰店”购买湿纸巾一件，支付5.1元，订单号：2470××××51，截至2022年2月18日某咨询公司仍未发货，当日上午原告向淘宝公司投诉，当日下午在淘宝公司App内的投诉处理栏显示投诉不成立，淘宝公司拒绝按其平台规则赔付原告违约金。按照淘宝公司的发货规则，二被告应当对原告承担违约责任。被告某咨询公司辩称，并非由于主观因素不发货，而是因为疫情原因不能发货。

法院经审理认为，本案中原告在被告某咨询公司经营的店铺中购买涉案商品，双方之间成立了信息网络买卖合同关系，该合同合法有效，双方均应依约履行。关于被告某咨询公司是否发货，某咨询公司虽提交物流记录显示商品已经发出，但是法院注意到物流记录中显示的签收人是“家门口”，而非原告本人，因此被告某咨询公司提交的证据不能证明其已就发货义务履行完毕。故判令被告继续向原告履行发货义务。

[案例解析]

本案的争议焦点有两个：一是商家是否已经履行合同中约定的发货义务；二是商家可否以“家门口”已签收证明买家已经收货。

本案中，买家在某咨询公司经营的店铺中购买下单商品并支付货款，根据《电子商务法》的规定，双方当事人之间成立了信息网络买卖合同关系，该合同基于双方真实意思表示，合法有效，双方均应依约履行。关于被告某咨询公司是否发货，根据本案证据显示，原告并未收到货物，被告未发货是基于疫情客观原因无法发货，即使某咨询公司提交的物流记录显示商品已经发出，但物流记录中显示的签收人非原告本人，因此被告某咨询公司提交的证据不能证明其已就发货义务履行完毕。据此可以判断商铺并没有履行合同中约定的交付货物的义务，但未履行义务是基于无法抗拒的客观原因，应于客观原因灭失后继续履行交付义务。

［**规范指引**］

《**中华人民共和国民法典**》（2020 年 5 月 28 日）

第五百七十七条　当事人一方不履行合同义务或者履行合同义务不符合约定的，应当承担继续履行、采取补救措施或者赔偿损失等违约责任。

第五百九十条第一款　当事人一方因不可抗力不能履行合同的，根据不可抗力的影响，部分或者全部免除责任，但是法律另有规定的除外。因不可抗力不能履行合同的，应当及时通知对方，以减轻可能给对方造成的损失，并应当在合理期限内提供证明。

《**中华人民共和国电子商务法**》（2018 年 8 月 31 日）

第二十条　电子商务经营者应当按照承诺或者与消费者约定的方式、时限向消费者交付商品或者服务，并承担商品运输中的风险和责任……

《**中华人民共和国民事诉讼法**》（2023 年 9 月 1 日修正）

第六十七条第一款　当事人对自己提出的主张，有责任提供证据。

25. 对不适用“七天无理由退货”规则的产品应严格法律适用，不能以行业惯例代替法律规定

——李某某诉北京某商贸有限公司信息网络买卖合同纠纷案

［案号］

（2022）京0491民初20747号、（2023）京04民终875号

［案情简介］

原告于2021年12月月底在拼多多平台购买手机，商家宣传的广告是该手机为高清护眼屏。原告收到手机后，把光线调到很小还是感觉很刺眼，故向商家申请7天无理由退货退款。产品是支持7天无理由退货的，但商家却以手机已激活为借口拒绝退款退货。既然已激活的手机不能退货，为何在原告收到货的时候没有提示。遂向法院提起诉讼。被告北京某商贸有限公司（以下简称某商贸公司）答辩称，原告在被告处购买涉案手机，2022年1月2日，原告以“手机很照眼睛”为由要求退款退货。被告已告知原告需将全套商品寄回，手机不得激活，不得影响二次销售，包装配件需完好无损，否则会被拒签。被告发现涉案手机已被原告激活，故拒签该退货快递，拒绝退款。后原告先后两次申请平台介入解决，平台均驳回了原告的退款申请。根据《网络购买商品七日无理由退货暂行办法》第7条、第9条及我国电子产品三包标准的相关规定，原告的请求于法无据，请法院驳回原告的全部诉讼请求。

法院经审理查明：原告系拼多多平台用户昵称为“A－飞翔186××××6612”账号的实际注册人、使用人。被告系拼多多平台某数码专营店的实际经营者。原告提交的订单详情截图显示，2021年12月30日，原告在被告经营的某数码专营店购买名为“某品牌Play 5T 8GB＋128GB5000mAh超大电池高清护眼屏智能手机”一部，售价979元，涉案订单编号为211230－531××××12，因以旧换新抵扣100元，原告实付款879元。原告提交的宣传页面显示，涉案商品的宣传页面中显示“退货包运费·7天无理由退货·全场包邮·假一赔十”。原告提交的与商家协商记录显示，2022年7月30日，原告表示商品广告支持7天无理由退款，商家拒绝退款，属于虚假广告。商家回复称物流显示原告于2021年12月31日签收涉案商品，至此已使用半年，不

符合7天无理由及15天换新。如果手机质量存在问题，建议到附近官方售后服务中心检测维修。原告回复其拿到手机不到7天就申请退款，商家拒绝理由是手机被激活，关于手机被激活后不能退的情况商家没有提示、拆快递包裹时也没有提示。原告因涉案商品不符合高清护眼功能申请退货退款，被告以手机于2022年1月2日被激活，影响二次销售，不符合退货要求，拒签原告退货快递。被告提交的平台处理结果显示，2022年1月2日，原告以“手机很照眼睛”为由要求退款退货，当天商家同意退款，表示需将全套商品寄回，手机不得激活，不得影响二次销售，包装配件须完好无损，否则会被拒签。2022年1月10日，商家以手机已被激活影响二次销售，不符合退货要求驳回原告的退货申请。当日，原告申请平台介入，双方就是否应当退款产生分歧。2022年1月16日，平台驳回退款，退款关闭。2022年7月3日，原告以质量问题要求退货退款，认为商家宣传手机高清护眼屏，却伤到其眼睛，商家进行虚假宣传。原告认为商品宣传页面上标明7天无理由退货，商家不支持退货属于侵害消费者合法权益。2022年7月9日，平台驳回退款申请，退款关闭。被告提交的相关规定材料显示，2021年6月30日发表的一则名为“电子产品三包国家标准”的帖子称：“三包有效期自开发票之日起计算，扣除因修理占用和无零配件待修的时间，三包有效期内消费者凭发票及三包凭证办理修理、换货、退货：一、自产品出售之日起7日内，发生性能故障，消费者可以选择退货、换货或修理；退货时，销售者应当按照发票价格一次退清货款，然后依法向生产者、供货者追偿或者按购销合同办理；二、产品自出售之日起15日内，发生性能故障，消费者可以选择换货或者修理。换货时，销售者应当免费为消费者调换同型号同规格的产品，然后依法向生产者、供货者追偿或者按照购销合同办理等。”

一审法院经审理认为，国家依法保护消费者通过网络方式购买商品所享有的合法权益。《网络购买商品七日无理由退货暂行办法》第7条规定：“下列性质的商品经消费者在购买时确认，可以不适用七日无理由退货规定：（一）拆封后易影响人身安全或者生命健康的商品，或者拆封后易导致商品品质发生改变的商品；（二）一经激活或者试用后价值贬损较大的商品；（三）销售时已明示的临近保质期的商品、有瑕疵的商品。”本案中，原告李某某从被告某商贸公司处购买手机系通过网络方式销售的商品，根据现有证据，涉案手机已于2022年1月2日被激活，涉案手机一旦激活后留存个人使用痕迹，给手机第二次销售造成较大影响，即涉案手机属于《网络购买商品七日无理由退货暂行办法》第7条第2项所述“一经激活或者试用后价值贬损较大的商品”。原告在手机激活后，要求被告7天无理由退货退款，于法无据，法院不予支持。关于原告要求被告赔偿原告误工费、保管费、电费、快递费的诉讼请求。《最高人民法院关于适用〈中华人民共和国民事诉讼法〉的解释》第91条第1项规定：“主张法律法规关系存在的当事人，应当对产生法律关系的基本事实承担举证证明责任。”本案中，原告向被告主张误工费2100元、保管费700元、电费80元、快递费35元，但并未向法庭提交相关证据，故原告应当承担举证不能的后果。原告要求某商贸公司承担相应责任缺乏依据，法院不予支持。

二审法院经审理认为，当事人对自己提出的诉讼请求所依据的事实或者反驳对方诉讼请求所依据的事实，应当提供证据加以证明，但法律另有规定的除外。在作出判决前，当事人未能提供证据或者证据不足以证明其事实主张的，由负有举证证明责任的当事人承担不利的后果。结合双方诉辩意见，本案二审期间的争议焦点为：李某某购买的涉案商品是否适用7日无理由退货的规定；应否支持李某某的损失赔偿请求。关于李某某购买的涉案商品是否适用7日无理由退货的规定。《消费者权益保护法》第25条第1款、第2款规定：“经营者采用网络、电视、电话、邮购等方式销售商品，消费者有权自收到商品之日起七日内退货，且无需说明理由，但下列商品除外：（一）消费者定作的；（二）鲜活易腐的；（三）在线下载或者消费者拆封的音像制品、计算机软件等数字化商品；（四）交付的报纸、期刊。除前款所列商品外，其他根据商品性质并经消费者在购买时确认不宜退货的商品，不适用无理由退货。”根据《网络购买商品七日无理由退货暂行办法》第7条第2项规定，一经激活或者试用后价值贬损较大的商品，网络商品销售者应当在商品销售必经流程中设置显著的确认程序，供消费者对单次购买行为进行确认。如无确认，网络商品销售者不得拒绝7日无理由退货。具体到本案，涉案手机属于前述规定的情形，即一经激活或者试用后价值贬损较大的商品。但是某商贸公司未能举证证明其在涉案商品的销售必经流程中设置了显著的确认程序供消费者对单次购买行为进行确认，未尽到提示义务，因此某商贸公司不得拒绝7日无理由退货。李某某认为其所购涉案商品适用7日无理由退货的主张成立，二审法院予以支持。关于是否应当支持李某某的损失赔偿请求。

李某某主张某商贸公司应支付其误工费2011元、保管费700元、电费80元、快递费35元，李某某未提交误工费、电费和快递费发生的证据，其向某商贸公司主张保管费缺乏法律依据，故对李某某的该项主张，二审法院不予支持。综上所述，李某某的上诉请求部分成立，一审判决适用法律部分有误。故二审裁判：一、撤销北京互联网法院（2022）京0491民初20747号民事判决；二、李某某于本判决生效后七日内将其所购“某品牌Play5T8GB + 128GB 5000mAh超大电池高清护眼屏智能手机”一台退还给某商贸公司（运费由某商贸公司负担）；三、某商贸公司自收到退回商品之日起七日内返还李某某支付的商品价款879元；四、驳回李某某的其他诉讼请求。

[案例解析]

对不适用“七天无理由退货”的商品类别在《消费者权益保护法》及七日无理由退货规则中有专门列举，对是否适用“七日无理由退货”，一方面需要结合商品性质、包装外观、使用性能、查验习惯、拆封损耗等因素综合判定；另一方面根据《消费者权益保护法》第25条第2款、《网络购买商品七日无理由退货暂行办法》第7条规定，根据商品性质并经消费者在购买时确认不宜退货的商品，不适用无理由退货，故需要审查经营者是否在商品销售必经流程中设置显著的确认程序，不能以行业惯例不支持为由而拒绝。

[规范指引]

《中华人民共和国消费者权益保护法》（2013年10月25日修正）

第二十五条第一款、第二款 经营者采用网络、电视、电话、邮购等方式销售商品，消费者有权自收到商品之日起七日内退货，且无需说明理由，但下列商品除外：

（一）消费者定作的；

（二）鲜活易腐的；

（三）在线下载或者消费者拆封的音像制品、计算机软件等数字化商品；

（四）交付的报纸、期刊。

除前款所列商品外，其他根据商品性质并经消费者在购买时确认不宜退货的商品，不适用无理由退货。

《网络购买商品七日无理由退货暂行办法》（2020年10月23日修订）

第七条 下列性质的商品经消费者在购买时确认，可以不适用七日无理由退货规定：

（一）拆封后易影响人身安全或者生命健康的商品，或者拆封后易导致商品品质发生改变的商品；

（二）一经激活或者试用后价值贬损较大的商品；

（三）销售时已明示的临近保质期的商品、有瑕疵的商品。

26. 消费者因标签瑕疵多次购买同一产品时不适用惩罚性赔偿

——丁某某诉昆山市锦溪镇某超市信息网络买卖合同纠纷案

［案号］

（2023）京04民终380号

［案情简介］

2020年1月2日、6日，丁某某在某超市经营的淘宝店铺“王某某千色美居”分别购买了“ZELL－V羊胎素加强版抗衰调理气色紧致饱满胶囊”（以下简称涉案商品）共6盒，订单编号为7935××××0721、8005××××0721，总金额9960元。根据丁某某提交的物流信息显示，涉案物品从苏州发出，丁某某于2020年1月13日签收了全部货物。丁某某提交商品实物图片显示：涉案商品无中文标签标识、中文说明，6盒产品分别标注了SN9790374、SN9767532、SN9790637、SN9767558、SN9767539、SN9767529。丁某某提交百度翻译截图显示“ovineplacent”翻译为“羊胎盘”，“equivtofreshsheepplacenta”翻译为“相当于新鲜绵羊胎盘”，“sharkliveroil”翻译为“鱼肝油”，据此主张涉案商品非法添加不安全成分。丁某某提交落款为“ZELL－VPTDLTD”于2022年7月26日出具的查询确认函（电子版），记载：丁某某女士，您在我司查询的6盒羊胎素胶囊产品（SN：9790374、9767532、9790637、9767558、9767539、9767529），经查询，以上序列号均在我司数据库中查无记录，根据我司出口管理规范，封口镭射标签和序列号为质量标志，任何未加贴、涂改、伪造质量标志的产品，均视为假冒伪劣产品，亦无法获得我司的质量承诺。目前我司未授权任何商家以现货形式在中国大陆进行售卖。丁某某提交公证书（电子版）及翻译件，显示 Zell－V 公司系新加坡企业。丁某某陈述“ZELL－VPTDLTD”系涉案商品的品牌方，亦系“ZELL－V”商标的申请人，并提交网站查询截图。某超市对上述证据不予认可，认为不能证明“ZELL－VPTDLTD”与涉案商品的关系。

某超市提交丁某某与某超市淘宝店铺客服的聊天记录，显示丁某某声称为朋友购买涉案产品。某超市提交交易快照截图，显示：有涉案商品图片；商品详情页面包括“羊胎素是从羊胚胎细胞提取的”“可以 ji 活体内老化”“产地：新西兰”“【主要功效】：抗疲劳、YI 制肿瘤……”“它是德国品牌”“德国 & 瑞士研发，新西兰生产”“新加坡泽尔威私人公司控股、运营”“降低疾病生病几率”等表述。某超市提交案号（2020）吉 2024 民初 248 号的一审民事判决书截图，记载：该案原告为丁某某，被告为王某，涉及订单系丁某某于 2020 年 1 月 21 日在王某经营的“王某某千色美居”店铺购买本案同款商品；汪清县人民法院于 2020 年 8 月 10 日作出一审判决，认定王某作为经营者，经营明知不符合食品安全标准的食品，支持丁某某要求退货并支付价款十倍赔偿金的诉讼请求。双方均确认上述判决已生效。一审庭审中，丁某某陈述，其未就解除本案所涉合同向某超市进行过通知。某超市陈述，某超市不清楚涉案商品的生产厂家、地址、联系方式；涉案商品是从国外进口来的，进口之后到达代理商处，然后某超市向代理商拿货；宣传资料是代理商给的，涉案商品中不含羊胎素，提到羊胎素是为了促进营销。

一审法院认为，根据在案证据显示，丁某某与某超市订立信息网络买卖合同，形成买卖合同关系，该信息网络买卖合同关系系双方当事人的真实意思表示，且形式和内容不违背法律、行政法规的强制性规定，应为有效，双方均应依约履行义务。关于某超市辩称丁某某诉讼主体不适格的答辩意见，一审法院认为，根据丁某某提交的证据显示，丁某某使用本人实名认证的淘宝账号购买涉案产品，并由丁某某本人签收，丁某某是涉案产品的实际购买人，具有诉讼主体资格。故对于某超市提出的丁某某诉讼主体不适格的答辩意见，一审法院不予采信。关于丁某某主张某超市承担十倍赔偿额的诉讼请求。丁某某主张涉案商品的品牌方确认该商品系假冒，但是其提供“ZELL－VPTDLTD”出具查询确认函（电子版）形成于境外，丁某某未提交证据原件、亦未进行公证，且不能确认“ZELL－VPTDLTD”与涉案商品之间的关系，故对该确认函一审法院不予采纳。但是，依据《食品安全法》第 97 条规定，进口的预包装食品、食品添加剂应当有中文标签；依法应当有说明书的，还应当有中文说明书。标签、说明书应当符合本法以及我国其他有关法律、行政法规的规定和食品安全国家标准的要求，并载明食品的原产地以及境内代理商的名称、地址、联系方式。预包装食品没有中文标签、中文说明书或者标签、说明书不符合本条规定的，不得进口。《最高人民法院关于审理食品药品纠纷案件适用法律若干问题的规定》第6条规定，食品的生产者与销售者应当对于食品符合质量标准承担举证责任。"ZELL－V羊胎素加强版抗衰调理气色紧致饱满胶囊"系国外加工生产的供人口服食用的工业制品，属于食品范畴。某超市主张丁某某知晓该商品没有中文标签未经检验检疫，但某超市提交证据不足以证明其上述主张。另外，某超市不清楚涉案商品生产者的情况，亦未提交检验检疫证明等，应承担举证不能的后果。故一审法院认定涉案商品不符合食品安全标准。《食品安全法》第148条第2款规定，生产不符合食品安全标准的食品或者经营明知是不符合食品安全标准的食品，消费者除要求赔偿损失外，还可以向生产者或者经营者要求支付价款十倍的赔偿金。但是，食品的标签、说明书存在不影响食品安全且不会对消费者造成误导的瑕疵的除外。依据本案已查明的事实，某超市销售的涉案产品外包装上未标注中文标签、中文说明书，也未载明食品的原产地以及境内代理商的名称、地址、联系方式，且不属于标签瑕疵的例外情形，故对于丁某某主张要求十倍赔偿的诉求，一审法院予以支持。

二审法院认为，当事人有责任对自己提出的诉讼主张提供证据加以证明，没有证据或证据不足以证实其诉讼主张的，应当承担不利的法律后果。本案中，丁某某与某超市所订立的信息网络买卖合同，系双方真实意思表示，且形式和内容不违背法律、行政法规的强制性规定，合法有效。依据《食品安全法》第97条、第148条第2款之规定，进口的预包装食品、食品添加剂应当有中文标签；依法应当有说明书的，还应当有中文说明书。标签、说明书应当符合《食品安全法》以及我国其他有关法律、行政法规的规定和食品安全国家标准的要求，并载明食品的原产地以及境内代理商的名称、地址、联系方式。预包装食品没有中文标签、中文说明书或者标签、说明书不符合上述规定的，不得进口。生产不符合食品安全标准的食品或者经营明知是不符合食品安全标准的食品，消费者除要求赔偿损失外，还可以向生产者或者经营者要求支付价款十倍的赔偿金。但是，食品的标签、说明书存在不影响食品安全且不会对消费者造成误导的瑕疵的除外。经审查，首先，鉴于丁某某能举证证明涉案商品没有中文标签，某超市作为涉案商品的销售者没有提供证据证明履行了商品进货查验义务，故一审法院对丁某某所提退货退款的诉讼请求予以支持并无不妥。其次，鉴于已生效的人民法院判决可证实丁某某在短期内在同一商家购买同一存在标签瑕疵的涉案商品并分别提起诉讼，该购买行为实质上是一种拆分诉讼的行为，以期获得多份惩罚性赔偿金，有违诚信原则。最后，丁某某的行为明显不同于一般消费者的购买行为，牟利意图明显，其对于涉案商品没有中文标签具有一定的认知，中文标签、检验检疫证明并非导致食品有毒有害或实质性不安全的充分且必要性条件。综上，丁某某所提十倍惩罚性赔偿诉讼请求不应予以支持。

［案例解析］

在信息网络买卖合同纠纷中，对在短期内多次在同一商家购买同一存在标签瑕疵的商品并分别提起诉讼的，是否适用惩罚性赔偿的问题，该购买行为实质上是一种拆分诉讼的行为，以期获得多份惩罚性赔偿金，有违诚信原则，且标签瑕疵并非导致食品有毒有害或实质性不安全的充分且必要性条件。在前案已获得惩罚性赔偿的前提下，后案不宜再次赔偿。

［规范指引］

《中华人民共和国食品安全法》（2021 年 4 月 29 日修正）

第一百四十八条　消费者因不符合食品安全标准的食品受到损害的，可以向经营者要求赔偿损失，也可以向生产者要求赔偿损失。接到消费者赔偿要求的生产经营者，应当实行首负责任制，先行赔付，不得推诿；属于生产者责任的，经营者赔偿后有权向生产者追偿；属于经营者责任的，生产者赔偿后有权向经营者追偿。

生产不符合食品安全标准的食品或者经营明知是不符合食品安全标准的食品，消费者除要求赔偿损失外，还可以向生产者或者经营者要求支付价款十倍或者损失三倍的赔偿金；增加赔偿的金额不足一千元的，为一千元。但是，食品的标签、说明书存在不影响食品安全且不会对消费者造成误导的瑕疵的除外。

27. 快递物流方式运送货物的风险负担以快递交付时间点为准

——万某与殷某某信息网络买卖合同纠纷案

［案号］

（2023）京04民终48号

［案情简介］

万某于2021年9月24日在某二手交易平台上购买殷某某上架的“OPPO find x2 pro 12+512全原装手机”一台。页面描述版本为国行。卖家通过邮费收取验货宝服务费用。9月28日晚收到深圳回收宝公司验货中心验机报告，验机报告显示手机为非国行，与页面描述不符，但验货为真，如果退货会无故损失双倍验货费用。联系验货宝以后发现卖家承诺给验货中心的内容与页面描述不一致，验机只会确认手机为“OPPO find x2 pro+512+无任何维修”这3项殷某某承诺给验货宝的内容。故于9月29日与殷某某协商，殷某某承认手机与描述不一致，降价20元，承诺不能用可退货退款。于是万某为避免无故损失双倍验货费用，确认验货报告继续流程。万某于10月1日收到殷某某经验机中心通过顺丰邮寄的OPPO手机一台。快递员在场情况下发现手机无法开机，连上充电线后发现手机不仅非国行与描述不符，且激活时绿屏闪屏不能正常使用5G，所以拒收快件，顺丰快递带走手机。其后马上联系殷某某，告知已拒收，同时联系某二手交易平台客服，要求退款退货。但某二手交易平台客服告知因购买验货宝服务，所以退款退货权限已被深圳回收宝公司取得，没有退款退货入口，只能帮助与殷某某协商。某二手交易平台客服10月2日下午告知万某因为殷某某拒绝退货退款，协商未成功。某二手交易平台客服后又告知殷某某承诺不履行会对其进行处罚，但退货退款仍需要殷某某同意。所以万某于10月2日至5日一直联系殷某某要求退货退款被拒绝，10月7日某二手交易平台超时自动确认收货，殷某某收到货款1418元。殷某某销售手机的页面描述为国行，经验货中心确认非国行。有闪屏绿屏问题却描述功能都好。承诺不能用可退货，却在某二手交易平台客服介入协商情况下，坚决不同意退货。殷某某在某二手交易平台已卖出过444件商品，很明显是经营者行为。手机实物与描述不符，并承诺不履行，且页面描述与承诺给验货中心的内容不一致。万某多次要求殷某某退货并退还货款，但殷某某均未予处理并辱骂万某，至今也尚未返还货款1418元。

一审法院认为，根据万某与殷某某的诉辩意见，本案的争议焦点为殷某某是否完全履行了与万某签订的商品买卖合同，以及该销售行为是否为欺诈消费者的行为。万某主张商品存在屏幕闪屏、无法使用5G的质量问题，且涉案商品不是国行，因此应当予以退货退款。关于闪屏问题，虽然万某提交了涉案商品闪屏的视频以证明涉案商品出现了故障，但该故障既可能是运行软件的原因，也可能是硬件的原因。万某虽主张该问题在发货时即存在，但是卖家提供的发货前的商品照片证明商品在发货前可以正常显示，且涉案商品的第三方检测报告也未提及产品具有该问题。考虑到涉案标的为二手商品，可靠性和质量随时间可能发生变化，在运输途中也可能出现质量下降的情况，因此在案证据并不能证明闪屏问题在发货时即存在。关于5G问题，第三方检测报告标注该手机为5G手机，且卡托与基带均不存在异常，万某对该问题也未提交其他证据以证明该手机无法使用5G功能。因此根据第三方检测报告应当认定涉案商品的5G功能正常。关于涉案商品不是国行，虽然卖家在商品详情界面表示为国行，但是万某在第三方机构出具检测报告，知晓涉案商品为非国行后依然主动确认选择购买，且聊天记录也能够证明万某知晓该情况后依然愿意购买。对此，应当视为双方对该问题达成变更买卖合同的合意。综上，殷某某已经完全履行了与万某签订的商品买卖合同，无法认定涉案商品与双方的约定存在不一致的情况，因此，万某主张殷某某违约并应承担欺诈消费者赔偿的诉讼请求，证据不足，一审法院依法不予支持。

二审法院认为，根据《民法典》第512条和第604条之规定，通过互联网等信息网络订立的电子合同的标的为交付商品并采用快递物流方式交付的，收货人的签收时间为交付时间。标的物毁损、灭失的风险，在标的物交付之前由出卖人承担，交付之后由买受人承担，但是法律另有规定或者当事人另有约定的除外。本案属于信息网络买卖合同纠纷，并采用快递物流方式交付涉案商品，故在没有证据证明当事人另有约定的情况下，交付商品毁损风险在交付前由出卖人承担。万某提交收货时涉案商品闪屏的视频以证明涉案商品出现了故障。该故障与商品详情描述以及验机报告不符，即使该质量性能下降是由于运输等其他因素造成，该风险仍由出卖人承担。合同一方履行不符合约定的，相对方可以合理选择请求对方承担退货等违约责任。故万某请求殷某某承担退货退款责任的上诉请求具有事实和法律依据，二审法院予以支持。综上所述，万某的上诉请求部分成立。判决撤销一审民事判决，殷某某退还万某购物款 1418 元。

[案例解析]

通过互联网等信息网络订立的电子合同的标的为交付商品并采用快递物流方式交付的，收货人的签收时间为交付时间。标的物毁损、灭失的风险，在标的物交付之前由出卖人承担，交付之后由买受人承担，但是法律另有规定或者当事人另有约定的除外。一审查明事实认定在运输途中也可能出现质量下降的情况，对于采用快递物流方式交付标的物的，产品品质降低的风险应由出卖人承担。

[规范指引]

《中华人民共和国民法典》（2020 年 5 月 28 日）

第五百一十二条　通过互联网等信息网络订立的电子合同的标的为交付商品并采用快递物流方式交付的，收货人的签收时间为交付时间。电子合同的标的为提供服务的，生成的电子凭证或者实物凭证中载明的时间为提供服务时间；前述凭证没有载明时间或者载明时间与实际提供服务时间不一致的，以实际提供服务的时间为准。

电子合同的标的物为采用在线传输方式交付的，合同标的物进入对方当事人指定的特定系统且能够检索识别的时间为交付时间。

电子合同当事人对交付商品或者提供服务的方式、时间另有约定的，按照其约定。

28. 平台应按照其公示价格保证金计算规则履行合同义务

——刘某诉北京京某电子商务有限公司网络服务合同纠纷案

［案号］

（2022）京0491民初20828号

［案情简介］

原告刘某在2022年5月25日受到京某商城平台的推广吸引，打算在该平台上的第三方商家“某运动户外专营店”购买一双登山徒步鞋。因担心“6·18”大促降价，原告咨询商家客服得知，该商品仅7日价保，但该商品页面显示京某提供30日价保服务，在询问京某plus会员客服专线后，得到该商品价保覆盖“6·18”大促期间的承诺，基于这一承诺，刘某购买了该商品，然而，6月1日商品价格下降，原告申请价保补偿时被系统拒绝。第三方商家和京某商城均主张价格保护的基准是商品原价，而非到手价，这与原告事先得到的信息和京某商城页面的价格保护政策说明不符。刘某申请价保被拒后，多次与京某客服沟通，京某客服给出处理意见为“无法申请差价”，且向原告确认价格保护基准是前台价（优惠前价格）。关于价保政策，京某客服未给出回答。故请求法院判令：（1）判令被告赔偿原告损失500元；（2）判令被告向原告公开赔礼道歉。

法院经审理认为：被告北京京某电子商务有限公司是京某平台的实际经营者，原告刘某作为消费者使用京某平台购买商品时，与被告之间形成网络服务合同关系。该合同系双方当事人的真实意思表示，不违反法律、行政法规的强制性规定，合法且有效。因此，双方应共同遵守所达成一致的价保政策及有关价保的计算方式，被告有义务依照相关约定向原告提供价保服务。本案中，原告与被告在涉案商品的价保事项达成合意后（价保30日），原告基于信任下单购买涉案商品，随即享受价保服务。根据价保规则显示，享有价保服务的基准价格应为优惠后的金额而非商品原价，也即原告应当享有2022年6月1日涉案商品价款为470元的价保服务政策。在原告与第三方商家发生争议时，被告否认平台公示的价格保证金计算规则，且未按照其公示的价保政策履行相关义务，平台对于争议纠纷的鉴定结果为“无法申请价保”，拒绝返还原告差价，违反了双方所达成一致之约定，有违诚信原则，有损消费者合法权益，应当承担违约责任。

［案例解析］

平台价保规则是平台经营者制定的格式条款，属于消费者与平台经营者之间网络服务合同的重要内容，平台应按照其公示价格保证金计算规则履行合同义务。本案中，京某客服明确该商品价保期间为 30 日，覆盖“6・18”大促，作出更有利于消费者的承诺，应当适用30 日价保期间及价保规则来履行合同内容，且根据价保规则，法院明确享有价保服务的基准价格应为优惠后的金额而非商品原价，应保障消费者在京某等电商平台购物过程中享受到公平、透明和安全的消费环境。

本案中，不论原告所购商品含 7 日价保服务的情况是否真实，但原告向京某 plus 会员客服专线咨询后，明确该商品价保期间为 30 日，覆盖“6・18”大促，该行为未减损某运动户外专营店权利、增加其义务，并且明显更有益于消费者，故应当适用 30 日价保期间及价保规则。京某商城平台应当按照平台公示的价格保证金计算规则积极履行义务，价保规则显示价保基准价为：“单品价保金额 = 下单时基准价 − 申请价保时基准价 − 价保系统已经返还的金额，备注：下单时基准价 = 下单时商品京某价 − 下单时优惠金额（优惠金额包含直降、返现、返京券、满减），申请价保时基准价 = 申请价保时商品京某价 − 申请价保时优惠金额（优惠金额包含直降、返现、返京券、满减等）。举例说明：如您下单时商品京某价为 1000 元，下单时使用优惠金额为 100 元，申请价保时商品京某价为 1000 元，优惠金额为 200 元，则您下单时基准价 = 1000 − 100 = 900 元，申请价保时基准价为 1000 − 200 = 800 元，单品价保金额 = 900 − 800 = 100 元。”因此，即被告应当以优惠后的金额为价保服务的基准价格（470 元）对原告履行价差退款义务。在原告与第三方商家发生争议时，平台对于争议纠纷的鉴定结果为“无法申请价保”，拒绝返还原告差价，有违诚信原则，损害消费者合法权益，应当承担违约责任。

平台保价规则，旨在保护消费者在购物中的权益。这些规则涵盖了商品价格的透明度、价格标识、价格调整等方面，旨在确保消费者能够享有知悉其购买、使用的商品或者接受的服务的真实情况的权利。该案裁判规则有利于保障消费者在京某等电商平台购物过程中享受到公平、透明和安全的消费环境。

［规范指引］

《中华人民共和国民法典》（2020 年 5 月 28 日）

第五百七十七条 当事人一方不履行合同义务或者履行合同义务不符合约定的，应当承担继续履行、采取补救措施或者赔偿损失等违约责任。

29. 网店注册经营者将店铺授权他人实际经营，造成消费者损害的，二者承担连带责任

——郝某与缪某、滕某、浙江淘某网络有限公司信息网络买卖合同纠纷案

［案号］

（2023）京 04 民终 893 号

［案情简介］

2022 年 6 月 20 日，郝某在某网络店铺购买电动车一辆，后一直未收到货，2022 年 7 月 3 日在未实际发货的情况下订单变更为“已发货”，郝某的款项被打给卖方。后郝某多次联系退款未果，遂将该店铺的注册经营者缪某及浙江淘某网络有限公司（以下简称淘某公司）诉至法院。缪某辩称，涉案店铺系其前夫滕某实际运营，法院依郝某申请将滕某和缪某列为共同被告。滕某认可店铺系其实际经营，不发货的原因是因为没有货，并非故意欺诈。

法院生效判决认为：本案中，缪某以本人身份证明注册涉案店铺，后将该店铺交于他人实际经营，应当能够预见之后可能承担的法律责任和后果，原告要求缪某与实际经营者滕某作为共同被告，承担连带责任，法院予以支持。关于郝某主张的欺诈，法院认为，一方当事人故意告知对方虚假情况，或者故意隐瞒真实情况，诱使对方当事人作出错误意思表示的民事行为，可以认定为欺诈行为。本案中，涉案店铺点击发货并填写运单编号，使郝某陷入订单能发货、已发货的错误认识。无论是在涉案订单由涉案店铺主动发货直至系统自动收货情形下，还是在郝某询问何时能收到货的情形下，涉案店

铺均未能如实告知郝某涉案订单不会发货的事实，也未将因错误发货收到的货款退还郝某，亦未提交证据证明其所主张的“在未达成交易前曾多次告知消费者没有货、请消费者退款”的事实，可以认定滕某、缪某存在故意隐瞒事实，郝某主张缪某、滕某构成欺诈，法院予以支持，判令缪某、滕某按照商品价款三倍赔偿郝某损失。

［案例解析］

网店注册经营者将店铺授权他人实际经营，造成消费者损害的，二者承担连带责任。

实践中，网络平台账号注册人与实际经营者不一致的情况时有发生，增加了消费者维权的难度，也会产生实际经营者不易查明、损失追回困难等问题。本案明确了在网络平台账号注册人与实际经营者不一致的情况下，消费者可以向网络平台账号注册人与实际经营者主张权利，二者承担连带责任，为全面保障消费者利益、维护消费者权利提供便利。

［规范指引］

《最高人民法院关于审理网络消费纠纷案件适用法律若干问题的规定（一）》（2022 年 3 月 1 日）

第六条　注册网络经营账号开设网络店铺的平台内经营者，通过协议等方式将网络账号及店铺转让给其他经营者，但未依法进行相关经营主体信息变更公示，实际经营者的经营活动给消费者造成损害，消费者主张注册经营者、实际经营者承担赔偿责任的，人民法院应予支持。

四、合同的变更

30. 单方修改用户协议或者交易规则等格式条款，实质性减损消费者订立合同时所享有的权益，消费者主张该变更对自身不发生效力的，人民法院应予支持

——吴某某诉北京某科技有限公司网络服务合同纠纷案

［案号］

（2020）京0491民初3106号

［案情简介］

2019年11月26日起，电视剧《庆余年》在被告北京某科技有限公司的平台上首播，被告承诺VIP会员享有“热剧抢先看”的特权。2019年11月26日至12月10日，该电视剧对VIP会员的特权为“抢先看6集”。自2019年12月11日起，该电视剧的播出规则更新为在此前的基础上，VIP会员还可以通过付费获得“超前点播”的权益，提前解锁大结局。即以单集支付3元的方式，为愿意缴费的VIP会员提供了在原有观影权之上得以提前观看该影视剧剧集的机会。原告吴某某是该平台的“黄金VIP会员”，会员期间自2019年6月19日起至2020年6月18日止。其认为被告在其运营平台上对包括《庆余年》在内的剧集实行“付费超前点播”侵犯了其身为黄金VIP会员的消费者合法权益。此外，被告单方面更改“VIP会员协议”，存在多处违法条款，应属无效，故诉至法院。被告辩称：“付费超前点播”是一种创新的商业模式，属于新的会员权益，并不造成对吴某某已有会员权益的损害。“VIP会员协议”为格式合同，其中的条款已经尽到提示义务，没有违反法律的强制性规定，未排除用户主要权利，也不存在显失公平的情况，且符合网络服务行业的现实特点、通行做法，也符合协议双方之间的交易习惯，应属有效。请求驳回原告全部诉讼请求。

法院经审理认为，VIP会员协议中增加“付费超前点播”条款必然会改

变原合同双方的权利义务关系，因此，在上述范围内，增加“付费超前点播”条款的性质属于合同的变更，须满足合同变更的条件。

（1）“涉案 VIP 会员协议”第 3.1 条的效力问题。“涉案 VIP 会员协议”第 3.1 条约定：“北京某科技有限公司有权基于自身运营策略变更全部或部分会员权益、适用的用户设备终端。”吴某某认为该协议的单方变更约定，明显违反公平原则应属无效。北京某科技有限公司认为单方变更的条款契合网络服务平台的特点，不损害双方权益。

法院认为，网络技术的发展，打破了地理隔绝，联结了不同群体的需求，支撑起面向不特定个体的服务模式。作为在互联网时代产生的、满足社会公众多元观影需求的服务型网络平台，基于用户需求、技术发展、商业运营等因素，适时调整服务内容、更新服务模式，有其行业必要性和现实合理性。且合同当事人通过合同条款，为自己保留单方面变更合同的权利，属于当事人合同自由的组成部分。有鉴于此，网络服务平台基于其服务模式的特点，以格式条款的方式，约定单方变更条款，形式上并无不妥。需要强调的是，根据《合同法》第 39 条[①]“提供格式条款的一方应当遵循公平原则确定当事人之间的权利和义务”的规定，网络服务平台约定单方变更的条款，应当以不损害用户权益为前提。本案中，北京某科技有限公司对该条款中约定其可以“基于自身运营策略变更全部或部分会员权益、适用的用户设备终端”的内容，该条款本身没有免除其责任、加重对方责任、排除对方主要权利，因此，对吴某某主张该条款无效的诉讼请求，法院不予支持。但因该条款缺乏对不损害合同相对方利益的约束性内容的约定，在具体适用该单方变更条款时，基于公平原则，北京某科技有限公司负有不损害合同相对方利益的当然法律义务。综上，法院认为，北京某科技有限公司可以设立单方变更权，但是该项合同权利的解释受到合同法公平原则的制约。

（2）单方增加“付费超前点播”条款的行为效力问题。根据本案查明的事实，被告运营平台单方变更合同条款，在涉案电视剧《庆余年》的播放过程中，推出“付费超前点播”服务，使黄金 VIP 会员享受到的观影体验远远低于预期，显著地降低了黄金 VIP 会员观看影视剧的娱乐性和满足感，实质性损害了黄金 VIP 会员的主要权益。因此，本案中，北京某科技有限公司单

① 现对应《民法典》第 496 条。

方增加“付费超前点播”条款的行为不发生变更合同的效力。

“涉案 VIP 会员协议”及用户登录被告运营平台的过程中均出现了“同意”的相关内容，因此，对于双方协商一致变更合同的条件是否达成的问题有必要进一步判断。“涉案 VIP 会员协议”第 6.2 条约定：“如协议发生变更，但您不同意变更的内容的，您有权选择停止使用 VIP 会员服务。如您在变更后的协议生效后仍继续使用 VIP 会员服务的，则视为您已经同意变更的全部内容。”在上文已经论述北京某科技有限公司单方增加“付费超前点播”条款的行为不发生变更合同效力的前提下，法院必须继续讨论在吴某某与北京某科技有限公司之间是否成立双方协商一致变更合同的关系，即如果吴某某继续使用被告运营平台，是否可以视为其已经同意变更的内容。

从字面上看，“涉案 VIP 会员协议”第 6.2 条约定“如协议发生变更，但您不同意变更的内容的，您有权选择停止使用 VIP 会员服务”的内容并无不妥。但是，结合“涉案 VIP 会员协议”第 2.3 条和第 4.4 条的规定内容，“服务费用在您支付完成后，不可转让，且不予退还（如因 VIP 服务存在重大瑕疵导致您完全无法使用等除外）”，可以得出北京某科技有限公司在“涉案 VIP 会员协议”中没有提供给 VIP 会员便捷解除合同，退还 VIP 会员费的有效渠道，导致即便会员不同意变更的内容，其解除 VIP 会员协议的权利形同虚设，构成对 VIP 会员权利的实质损害。

在合同解除权受到限制的情况下，“涉案 VIP 会员协议”第 6.2 条紧接着单方面约定“如您在变更后的协议生效后仍继续使用 VIP 会员服务的，则视为您已经同意变更的全部内容”当然违反合同法的公平原则。因为在于己不利、被动适用的合同条款中，合同相对方“真实意思表示”的“同意”，必须是积极的、明确的、可以被共同认知的具体行为或者具体表达。所谓会员“继续使用某平台（被告运营平台），视为其已经同意变更的内容”，因缺乏实质公正，不能视为双方协商一致的变更。

同理，当用户进行被告运营平台的登录操作时，用户已经登录的行为，亦不能认为是同意用户协议链接下的 VIP 会员协议及其变更的内容。用户的同意仍需以明示同意为前提。

审理中，在被告运营平台用户登录的过程中，页面中有弹窗、弹窗中有文字提示，这种明示且便捷的方式，证明北京某科技有限公司有技术能力和实践能力，可以为观影用户提供便捷的服务。上述便捷的技术能力和实践能力，完全可以同时运用到VIP会员在订立合同、变更合同、解除合同等各环节中去，北京某科技有限公司可以且应当全面地、有效地运用相关技术，提高服务质量，避免纠纷的产生。

综上所述，本案中，被告运营平台的相关行为，既不成立单方变更合同，又不成立协商一致变更合同，北京某科技有限公司2019年12月8日增加的“付费超前点播”条款对吴某某不发生法律效力。在此基础上，北京某科技有限公司在卫视热播电视剧、平台优质自制剧范围内，推出“付费超前点播”服务违反了其与吴某某之间“热剧抢先看”的约定，是对其“热剧抢先看”会员权益完整性的切割，实质性缩减了会员权益。北京某科技有限公司构成违约，应当承担违约责任。

［案例解析］

关于原VIP会员协议中的单方变更条款，法院的观点认为服务型网络平台基于用户需求、技术发展、商业运营等因素，适时调整服务内容、更新服务模式，“有其行业必要性和现实合理性”；同时，合同当事人通过合同条款为一方保留单方变更合同的权利，属于当事人意思自治的范畴。但被告运营平台在设立单方变更条款时，并未对其不损害用户利益的约束性内容予以约定。因此，法院认为，被告运营平台设立的单方变更权有效，但该项合同权利的解释受到公平原则的制约。

［规范指引］

《中华人民共和国民法典》（2020年5月28日）

第四百六十六条 当事人对合同条款的理解有争议的，应当依据本法第一百四十二条第一款的规定，确定争议条款的含义。

合同文本采用两种以上文字订立并约定具有同等效力的，对各文本使用的词句推定具有相同含义。各文本使用的词句不一致的，应当根据合同的相关条款、性质、目的以及诚信原则等予以解释。

第四百九十六条第二款 采用格式条款订立合同的，提供格式条款的一方应当遵循公平原则确定当事人之间的权利和义务，并采取合理的方式提示对方注意免除或者减轻其责任等与对方有重大利害关系的条款，按照对方的要求，对该条款予以说明。提供格式条款的一方未履行提示或者说明义务，致使对方没有注意或者理解与其有重大利害关系的条款的，对方可以主张该条款不成为合同的内容。

第四百九十七条 有下列情形之一的，该格式条款无效：

（一）具有本法第一编第六章第三节和本法第五百零六条规定的无效情形；

（二）提供格式条款一方不合理地免除或者减轻其责任、加重对方责任、限制对方主要权利；

（三）提供格式条款一方排除对方主要权利。

第五百四十三条 当事人协商一致，可以变更合同。

第五百四十四条 当事人对合同变更的内容约定不明确的，推定为未变更。

第五百七十七条 当事人一方不履行合同义务或者履行合同义务不符合约定的，应当承担继续履行、采取补救措施或者赔偿损失等违约责任。

第五百八十四条 当事人一方不履行合同义务或者履行合同义务不符合约定，造成对方损失的，损失赔偿额应当相当于因违约所造成的损失，包括合同履行后可以获得的利益；但是，不得超过违约一方订立合同时预见到或者应当预见到的因违约可能造成的损失。

《中华人民共和国消费者权益保护法》（2013 年 10 月 25 日修正）

第二十六条第二款、第三款 经营者不得以格式条款、通知、声明、店堂告示等方式，作出排除或者限制消费者权利、减轻或者免除经营者责任、加重消费者责任等对消费者不公平、不合理的规定，不得利用格式条款并借助技术手段强制交易。

格式条款、通知、声明、店堂告示等含有前款所列内容的，其内容无效。

第四章　网络消费纠纷中常见的违约行为

合同是基于约定双方共同效益制定的获得双方同意的契约，合同内容不仅应写明双方信息与合同约定的内容，同时还应明确双方在合同建立过程中的权益与责任。而合同责任主要以违约条款的形式展现，目前很多民事合同因缺乏违约条款或违约条款不够规范等，出现条款不可操作的问题，导致被违约一方的合法权益受到侵害，陷入被动局面。因此，交易双方在签订合同的时候应在获得双方许可的情况下订立更加明确、更具可操作性的违约责任条款。

违约行为，是指当事人一方不履行合同义务或履行合同义务不符合约定条件的行为。根据不同的标准，可将违约行为作不同分类：如单方违约与双方违约、根本违约与非根本违约、预期违约与实际违约。违约行为是违约责任的基本构成要件，没有违约行为，也就没有违约责任。基于违约特征，从主体上看，违约行为人是合同关系中的当事人，即主体具有特定性。这一特点是由合同相对性理论决定的。根据合同相对性理论，只有合同当事人才有权向对方提出履行请求或承担某种义务，第三人如果实施了侵害债权的行为，虽然也发生不履行合同的后果，但第三人承担的是侵权责任而不是违约责任。从前提上看，违约行为是以有效的合同关系的存在为前提的。没有有效的合同关系，就没有合同义务，也就不存在当事人一方不履行合同义务或履行合同义务不符合约定的问题。所以，只有有效的合同关系的存在，才有违约行为的存在和可能。从性质上看，违约行为就是违反了合同义务。这些义务主要包括：当事人在合同中约定的义务；法律规定的义务；依据诚信原则而产生的其他义务，如注意义务、告知义务、照顾义务、忠实义务、说明义务等。从后果上看，违约行为导致了对合同债权的侵害。债权是一种相对权，它的实现有赖于债务人切实、积极地履行合同义务，而违约行为导致债权人的债权无法实现或无法完全实现。

实践中，违约责任的种类与选择主要包括以下几个方面：

一是继续履行。合同方可在违约责任处规定对方的违约责任为继续履行，其具体的处理和达成方式又分为金钱债务与非金钱债务的继续履行。前者通常规定违约方继续支付相关债务，包括价款、利息等。金钱债务的继续履行责任条款具有一定的可操作性，因货币具有高流通性与可代替性，因此从长期来看属于可履行的范畴，可作为违约责任的类型。针对非金钱债务的合同要求继续履行以实现合同的目的同样具有一定的可行性，但存在一定的限制与除外情况，例如法律事实上的不可履行、费用过高或权利人合理期限内未申请履行等。以上几种情况下，合同方可保留追究其违约责任、获取相关赔偿的权利。

二是替代履行。替代履行指的是合同出现违约情况后经协商或评估，存在不履行、履行不符合规定且不适合强制履行情况时可选择第三人替代履行的方式。无论是金钱债务还是非金钱债务，权利人都可以上交相关材料或判决书向法院申请强制执行，以维护自身的合法权益。

三是补救措施。若合同一方履行与约定内容不相符，且合同中对于违约责任条款的规定不够明确时，权利人可评估债务的性质以及造成的损失，向违约方提出更换、退货、降低价格等补救处理措施，以便合同的继续履行。但如果双方签订合同时有明确的违约责任条款，则应根据条款内容进行违约处理。若条款不明或未约定，并在补救措施商讨中未达成一致者，则根据《民法典》合同编的相关规定进行处理。换句话说，在违约情况下，若双方可达成一致的补充约定，则根据补充条款进行处理，若双方不能够达成一致，则按照交易习惯进行处理。

四是损失赔偿。合同的约定应保障双方的合法权益，当一方拒不履行或履行不符合约定时就会对另一方的权益造成损害，具体体现为权利人的经济损失，那么此时权利人应当获得相应的损失赔偿，该部分赔偿应当包含合同正常履行可能获得的经济效益。但这部分合同超常履行可能获得的效益不能够成为侵害另一方权益的依据，因此损伤赔偿幅度的评估应具有科学性，不得超过违约方可预见的违约损失。通常情况下由违约方通过支付金钱的方式进行违约赔偿，包括已经支出的费用、因违约导致的交易机会损失、固有利益损失、可得利益损失等。例如，甲方与乙方签订购买鸡的交易合同，其中乙方无视合同中对鸡健康的规定，提供了病鸡，而甲方购买之后导致自己原本养殖的鸡大面积感染患病。那么在此情况下，乙方不仅需要赔偿甲方向其购买鸡支出的费用，同时还应补偿其原本养殖鸡生病、死亡造成的损失费用。若甲方在购买之后还与其他方签订了售卖的连带交易，那么乙方还需补偿甲方因感染病鸡导致的与第三方的违约责任、利益损失等。在实际的案件处理中，若交易双方在签订合同时明确了违约金，那么仲裁时则会评估实际损失与违约金的情况，如果实际损失低于违约金则适当增加赔付金额，反之则酌情减少。

五是约定违约金。约定违约金是合同违约责任中比较容易判定和处理的情况，若合同违约造成的实际损失远远高出约定违约金则建议适当提高违约金数额，若实际损失远远低于约定违约金，则可根据当事人的请求适当减少赔付金额。《民法典》合同编中规定的违约金可以是合同签订双方在合同中的约定，同时也可以认定为法律方面的直接界定，一旦违约方出现违约行为并造成对方的损失则应对其支付相应的金额。约定违约金的相关处理只能够在具有违约金规定且存在违反合同规定的情况下应用。在实际的合同制定中，约定违约金的呈现形式各不相同，包括双方提前约定的金额以及基于一定计算标准的规定赔偿金额。约定违约金是保障合同权利一方合法权益的重要内容，体现出赔偿、惩罚、责任限制等不同属性。交易双方提前约定违约金赔付的金额或形式能够进一步明确违约责任，减少后期违约举证耗费的时间与经济成本。在《民法典》中，约定违约金不再是最低额的赔付界限，若违约一方造成的经济损失远远超过约定违约金，法院或仲裁机构可根据实际情况适当增加赔付金额，以保障权利人的权益。以上裁决将依据债权人出具的有关损失高于约定违约金的证据和申请，只有充足的证据才能够支持以上赔付要求。这是法规给予债权人的基本权利，但这并不代表必然应当增加赔付金额，在大多数情况下约定违约金应当不超过实际造成的经济损失，《民法典》中有关确立司法酌减的相应规则有详细论述。司法酌减同样需出具充足的证明，保障约定违约金远远超出造成的经济损失。值得注意的是，若约定违约金超过违约经济损失但并未达到相应的司法标准，那么也不符合司法酌减的作用范畴。以上两种情况需债权人或债务人提出申请并出示相关证明、证据，其间另一方可进行反诉，也可结合对方请求进行抗辩。约定违约金的履行存在延迟情况，该情况需要与前文述及的继续履行进行区别。如果违约方要求迟延履行违约金并进行支付，那么需要首先履行自己的债务。换句话说，如果债权人要求对方继续履行，那么其将不能够要求迟延履行违约金，因此这样的行为也视为债权人自动放弃该部分规定的违约金。而如果债权人受领延迟违约金则可以继续履行。《民法典》中针对延迟履行与继续履行之间的关系进行了明确的规定，但针对迟延履行违约金与其他违约责任形式的关系并未进行详细论述，因此面对不同情况时还应采取不同的处理方式。

六是违约定金。违约定金与违约金不同，其本身是一种金钱担保行为，在合同开始之前交付相应的定金，并从交付定金时开始履行合同。从理论上来讲，违约定金的数额由交易双方协商确定，但法律有关定金的数额也有着明确的限制，即不能够超过正式合同的20%，如果定金高于合同的20%则多出的部分视为无效。定金是合同履行之前就支付的担保金额，能够监督交易双方的合同履行情况，发挥担保的作用。[①]

31. 除一方当事人事先明知自身不具备履行能力而予以隐瞒外，外卖订单因配送或其他原因被取消或无法履行的，属于合同履行阶段的违约行为，不构成欺诈

——周某诉上海拉某斯信息科技有限公司、第三人北京某快餐连锁管理有限公司蓝靛厂南路快餐分公司网络服务合同纠纷案

[案号]

(2019) 京04民终206号

[案情简介]

因被告上海拉某斯信息科技有限公司（以下简称拉某斯公司）所经营的外卖平台宣传订餐全城送约45分钟，原告周某于2018年12月12日10时12分花费19.5元从该外卖平台下单购买某套餐一份，显示下单成功，预计11时45分送达，11时08分平台系统发来信息显示派送中，其等待餐品时，在11时45分被系统强制退单，提示无法配送。原告认为被告存在虚假宣传配送时间，送不过来直接取消，故起诉至法院要求被告赔偿500元。被告辩称，

① 参见张慧：《分析民事合同违约责任条款的规则制度》，载《法制博览》2023年第20期。

其仅是案涉订餐平台的运营商，第三人北京某快餐连锁管理有限公司（以下简称某快餐公司）是案涉订餐平台的入驻商家，应由第三人承担相应责任。且原告订餐款项已经退还，对其而言无任何损失。第三人称我方接单后，被告的配送员并未取餐。根据平台商家版的信息显示：配送服务由被告提供负责配送。案涉订单的取消原因为配送问题，第三人不清楚由谁取消订单。平台的主页页面上显示的“全城配送时间约41分钟”宣传信息并非由第三人发布，而是由被告根据商户入驻后的销售记录进行信息汇总后得出，并显示在商户主页。

本案的争议焦点有以下两点：（1）拉某斯公司在案涉外卖平台上某快餐公司经营的页面上投放的“全城送约41分钟”的内容是否属于虚假宣传？（2）拉某斯公司运营的案涉外卖平台接受外卖订单后在无法安排配送员配送的情况下取消订单是否构成欺诈？

关于焦点一：根据本案审理查明的情况，“全城送约41分钟”系拉某斯公司作为平台经营者根据平台整体运营情况，在考量系统历史订单配送距离、配送时间的情况下统计测算出的订单大致配送用时数据，该数据的展示在一定程度上有助于平台消费者对平台运营情况的知情了解，也有助于消费者对通常情况下下单后的配送时间形成合理预判，根据本案中拉某斯公司提供的订单数据，上述“全城送约41分钟”配送时间的宣传并未明显超出周某下单时某快餐公司在案涉外卖平台上所接订单的平均配送时间。另外，结合日常生活经验，餐饮外卖“全城送约41分钟”的配送时间宣传通常也不会背离普通消费者对于该品类外卖订单平均配送时间的理解和认知。本案中，在周某不能提供能够证实上述宣传内容确为虚假的证据的情况下，对于周某关于案涉外卖平台“全城送约41分钟”属于虚假宣传的主张，法院不予认定。

关于焦点二：民事行为中的欺诈通常是指通过故意虚假陈述事实或隐瞒与订立合同相关的重要信息使他人陷入错误认识，并因此作出意思表示。欺诈通常发生在合同订立阶段。合同订立后，因客观原因导致合同无法履行的，属于合同履行阶段的违约行为，通常不构成欺诈。具体到本案，如拉某斯公司在平台接单时已明知不具备配送能力而仍然不加限制地接纳订单，则拉某斯公司的行为涉嫌欺诈，但根据本案审理的情况，在周某下单时和下单前的一定时间内，某快餐公司案涉门店在拉某斯公司运营的外卖平台上所获订单履行情况并无明显异常，现有证据也不能够证实拉某斯公司在周某下单前既已知晓相关订单将不能获得配送，主观上，拉某斯公司不存在恶意接纳订单的故意；客观上，其他订单的履行情况也不能够印证拉某斯公司实施了恶意接纳订单的行为。因此，拉某斯公司的行为不符合欺诈的构成要件，不能认定为欺诈。关于拉某斯公司在合同订立阶段未充分披露订单配送责任主体的问题，上述行为可能涉嫌侵犯消费者的知情权。但在本案中，没有证据显示其足以作为影响本案消费合同订立与否的重要信息予以考量。订单可能因配送或其他原因被取消或无法履行的问题，通常属于合同当事人在合同订立时能够预见或应当能够预见的合同风险，除非一方当事人事先明知自身不具备履行能力而予以隐瞒，否则一般不构成合同欺诈。拉某斯公司因配送原因取消了周某的订单，属于合同履行阶段的违约行为，应向周某承担违约责任。

［案例解析］

构成欺诈需要满足客观行为和主观故意双重要件，欺诈通常涉及的是合同订立时当事人的意思表示问题，因此，欺诈通常发生在合同订立阶段。在合同各方主体以真实的意思表示达成一致订立合同后，在合同履行过程中，如发生合同一方当事人未能按照合同约定履行义务的情况，则一般情况下涉及的是合同违约问题。

本案的争议焦点有二：一为被告通过商家入驻后销售记录进行信息汇总后显示在商户主页的41分钟配送时间是否属于虚假宣传？二为由于被告原因导致订单无法安排外卖员配送，最终被取消是否构成欺诈？

针对争议焦点一，商户主页显示的41分钟配送时间是否属于虚假宣传？虚假宣传含义为经营者利用广告或者其他方法，对商品的质量、制作成分、性能、用途、生产者、有效期限、产地等作引人误解的虚假宣传。也即，构成虚假宣传需要符合以下要件：（1）商家是否存在主观上虚假宣传的恶意；（2）商家宣传内容是否存在虚假宣传的部分；（3）商家虚假宣传是否误导了消费者，进而消费者基于错误认识作出决定，最终损害其合法权益。在本案中，首先，商家与被告无主观上虚假宣传之恶意，配送时间仅为消费者选择时进行参考而标注。其次，其所标注的"41分钟"配送时间系被告基于该店历史配送数据进行统计、分析后得出。其显示在商家主页，用以为消费者消费提供参考，其内容真实，不存在引人误解的内容。该数据的统计，有助于满足消费者的知情权。同时消费者应当知晓平台所展示的配送时间为参考、相对时间，实际配送时间仍受天气、交通等多种因素影响，使得配送时间与标注时间有所出入，属合理范围。最后，本案原告与商家订立合同之时并未受被告宣传内容误导而形成错误认识，其合法权益并未受平台所列明的平均配送时间影响而造成损害。故不应当认定被告在商家页面投放的平均配送时间为虚假宣传。

针对争议焦点二，被告在其运营的平台上接受订单后由于其自身原因取消订单的，是否构成欺诈？根据《民法典》第148条以及《最高人民法院关于适用〈中华人民共和国民法典〉总则编若干问题的解释》第21条之规定，欺诈通常发生在订立合同阶段，其构成要件有四：（1）存在欺诈故意；（2）具有欺诈行为；（3）表意人因欺诈陷入错误；（4）表意人因错误而作出意思表示。构成欺诈的行为主要包括：虚构事实、歪曲事实、隐瞒事实等。在本案中，被告与原告订立合同之时，不存在欺诈之故意，原告并未基于错误的事实而作出错误的意思表示。且被告在其合理外卖运力范围内同原告订立合同，并具有积极履行之意思表示，故被告行为不属于欺诈行为。除此之外，合同双方均具相应民事行为能力，意思表示真实，且不违反法律、行政法规强制性规定，不违背公序良俗，应当认定双方合同合法有效成立。而在本案中，由于被告原因导致订单无法安排外卖员配送，系合同成立后，被告履行合同义务之时所发生的违约行为。尽管其行为不应被认定为欺诈，但就其单方面取消订单行为而言，应当认定被告承担违约责任。

［规范指引］

《中华人民共和国民法典》（2020年5月28日）

第一百四十八条　一方以欺诈手段，使对方在违背真实意思的情况下实施的民事法律行为，受欺诈方有权请求人民法院或者仲裁机构予以撤销。

《中华人民共和国消费者权益保护法》（2013年10月25日修正）

第二十条第一款　经营者向消费者提供有关商品或者服务的质量、性能、用途、有效期限等信息，应当真实、全面，不得作虚假或者引人误解的宣传。

《最高人民法院关于适用〈中华人民共和国民法典〉总则编若干问题的解释》（2022年2月24日）

第二十一条　故意告知虚假情况，或者负有告知义务的人故意隐瞒真实情况，致使当事人基于错误认识作出意思表示的，人民法院可以认定为民法典第一百四十八条、第一百四十九条规定的欺诈。

32. 经营者以更低价格出售高度重合的商品组合，违反价保承诺的，构成违约

——高某某诉欧某雅（中国）有限公司网络购物合同纠纷案

［案号］

（2020）粤01民终20345号

［案情简介］

原告高某某称，被告欧某雅（中国）有限公司（以下简称欧某雅公司）通过官方微博等宣传紫米精华预售活动优惠力度最大、最划算，其遂订购了2套紫米精华预售套装，折扣率为50%。“双十一”当天，欧某雅公司通过李某琦直播间加推色修精华捆绑搭售紫米精华的秒杀套装，折扣率为68%。其认为两套装中紫米精华重叠率达75%，被告的虚假宣传、欺诈，导致其陷入错误认识，购买了并非最低折扣的预售套装，进而错过关注和抢购秒杀套装的机会，故原告诉至法院，请求判令被告赔偿原告损失5730元。被告辩称，其已履行了紫米精华预售活动的承诺约定，预售套装与秒杀套装属不同商品，不具可比性，上海市静安区市场监督管理局受理预售套装投诉亦得出如上结论，故不存在虚假宣传及欺诈行为。即便原告认为购买案涉紫米精华预售商品时未经比较、欠缺考虑、无法选择，其在收货后7日内亦未主张退货，自动放弃了为“冲动购物”所给予的冷静期权利，请求法院驳回原告全部诉讼权利。

一审法院经审理认为，《消费者权益保护法》第20条第1款规定，经营者向消费者提供有关商品或者服务的质量、性能、用途、有效期限等信息，应当真实、全面，不得作虚假或者引人误解的宣传。被告微博内容不存在对商品质量、功效的夸大或虚假描述，原告对案涉商品本身亦未提出存在缺陷、瑕疵等异议。关于商品销售价格，直播电商行业普遍存在“低价限量带货”惯例，该价格策略不具有普遍适用性，本案中出现相似商品在直播间售价更低的现象，具有一定的合理性，因此被告并无欺诈故意，不存在欺诈行为，无须承担惩罚性赔偿责任。原告与被告之间成立网络购物合同，后者微博内

容明确传达了购买预售商品较“双十一”当天购买更划算的意思表示，应当视为要约，属于合同内容。比对案涉两款商品，可以发现：从折扣率看，预售套装整体折扣率为50%，直播间的秒杀套装整体折扣率为68%。从商品组合看，两者均含紫米精华，且紫米精华重叠率高达75%。从商品销售价格之和看，两者相差700元。虽然不同的主商品指向不同的消费群体，但不排除被告的此种营销方案，实际上使以原告为代表的部分消费群体，出于对被告官方微博“最划算”承诺的信赖而放弃对类似商品或高度重合商品售价的期待和观望，进而在直播间秒杀活动推出后产生对预售商品并非“最划算”的主观认知。虽然案涉两种商品属于完全独立的商品主体，但从一般消费者认知上看，不应以此否定消费者在缔结合同时得到“最划算”相似商品或高度重合商品组合的合同目的。此外，冷静期权利属于消费者的权利，而非义务。行使“七天无理由退货”权利并非信赖利益保护的唯一方式，原告可通过向被告主张违约责任弥补损失。综上，被告违反了对原告的“最划算”承诺，构成违约。综合考虑两款商品的种类、数量、售价以及直播商品限量销售等因素，酌情判定被告赔付原告200元。

二审法院经审理认为，一审法院对于高某某主张欧某雅公司在销售涉案商品过程中存在欺诈行为以及应当承担惩罚性赔偿责任的诉讼请求没有支持，高某某没有提起上诉，本院对此不予审查。根据欧某雅公司的上诉及高某某的答辩意见，本案二审争议焦点为：欧某雅公司是否违反与高某某之间的网络购物合同约定及应否承担违约责任。对于该争议焦点，本院具体分析如下：如一审法院所分析，电子商务经营者通过官方微博账号等向大多数潜在消费者发布特定促销信息时，应当构成要约邀请，但内容符合法律规定的，视为要约。消费者一旦通过网上交易平台点击确认购买，就可完全依照促销广告的条件进行交易。本案中，官方微博账号所发内容是对具体商品的促销，其文章内容明确向消费者传达了购买预售商品较“双十一”当天购买更划算的意思表示。一审法院认定微博促销信息具有要约性质，高某某经欧某雅公司微博指引购买预售商品，系行为上的承诺并无不当。当高某某支付定金后，双方已就购买商品及相关权利义务达成合意，该微博的内容成为双方网络购物合同的约定条款之一。欧某雅公司在微博文章中宣称“最划算”，但根据本案查明的事实，高某某购买的涉案商品虽然与直播商品的组合不完全一致，但均含有“紫米精华”，紫米精华重叠率高达75%，两组商品销售价格相差

700 元（2660 元 - 1960 元），预售商品整体折扣率为 50%，直播商品整体折扣率为 32%，欧某雅公司违反了对高某某的“最划算”承诺，构成违约。《合同法》第 113 条①第 1 款规定：“当事人一方不履行合同义务或者履行合同义务不符合约定，给对方造成损失的，损失赔偿额应当相当于因违约所造成的损失，包括合同履行后可以获得的利益，但不得超过违反合同一方订立合同时预见到或者应当预见到的因违反合同可能造成的损失。”具体到本案，紫米精华和色修精华从进口产品备案文号和外观均可明确是不同产品，且预售商品与直播商品属于不同的商品组合。因此，本案就违约损失的判定问题，不宜以简单计算不同商品销售价格差额等方式作出机械判断。一审法院综合考虑两款商品的种类、数量、售价以及直播商品限量销售等因素，根据《合同法》第 6 条、第 107 条、第 113 条，酌情判定欧某雅公司赔付 200 元并无不当，本院予以维持。综上所述，欧某雅公司二审期间提交的证据不足以证明其上诉主张，其上诉请求不能成立，应予驳回。

［案例解析］

本案争议焦点实为被告行为性质确定：被告违反其“最划算”承诺系属于合同订立阶段的欺诈行为或违约行为？笔者认为，构成违约行为。依据《民法典》第 148 条以及《最高人民法院关于适用〈中华人民共和国民法典〉总则编若干问题的解释》第 21 条之规定，欺诈的构成要件有四：（1）存在欺诈故意；（2）告知对方虚假情况或隐瞒真实情况的行为；（3）使对方陷入错误认识；（4）对方给予错误认识而为意思表示。本案被告若要构成欺诈行为，则其在合同订立阶段需有欺诈的故意以及告知原告虚假情况或隐瞒真实情况行为。对于该要素的认定，则需要对被告发布在社交媒体平台的文章性质进行界定。依据本案原告所提供的证据，被告在新浪微博平台发布了涉案商品组合的详细产品介绍、内容等，宣传涉案商品组合预售活动优惠力度最大、最划算，并附该商品组合链接于段尾。即被告以达成合同并实际履行合同义务为其真实意思表示，该行为不应认定为欺诈行为。

既然该行为不为合同订立阶段的欺诈行为，则为何应认定为违约行为。首先，被告于新浪微博平台发布的消息，应当认定为被告向不特定主体发出的要约。依据《民法典》第 472 条规定：“要约是希望与他人订立合同的意思

① 现对应《民法典》第 584 条。

表示，该意思表示应当符合下列条件：（一）内容具体确定；（二）表明经受要约人承诺，要约人即受该意思表示约束。”在本案中，该消息对商品性质、内容、情况描述明确、具体，附于其上的链接可供承诺人与要约人达成合同。其次，以该消息性质为要约作为前提，被告应当受到该消息内容“最划算”之约束。则被告在与基于该要约向其发出承诺意思表示的消费者达成合同之后，不应当提供相较于该商品组合更为优惠的其他商品组合。尽管本案两种商品组合并非完全重合，但其主要产品——紫米精华产品系二商品组合中主要产品。整体而言，重合率高达75%，且涉案二商品组合所面向消费群体类似，故应当认定直播间所提供的商品组合实际为被告违反合同义务之行为。最后，基于案件事实，原告对被告微博消息内容“最划算”的价格承诺存在信赖利益。基于对被告价格承诺的信赖，原告未寻求其他渠道购买该产品，导致其利益受损。本案中，应当对原告的信赖利益进行保护。综上所述，被告行为违反合同义务，致使原告遭受损失，应当给予一定补偿。

［规范指引］

《中华人民共和国民法典》（2020年5月28日）

第一百四十八条　一方以欺诈手段，使对方在违背真实意思的情况下实施的民事法律行为，受欺诈方有权请求人民法院或者仲裁机构予以撤销。

第四百七十二条　要约是希望与他人订立合同的意思表示，该意思表示应当符合下列条件：

（一）内容具体确定；

（二）表明经受要约人承诺，要约人即受该意思表示约束。

《最高人民法院关于适用〈中华人民共和国民法典〉总则编若干问题的解释》（2022年2月24日）

第二十一条　故意告知虚假情况，或者负有告知义务的人故意隐瞒真实情况，致使当事人基于错误认识作出意思表示的，人民法院可以认定为民法典第一百四十八条、第一百四十九条规定的欺诈。

33. 经营者以“库存数量”标注错误为由拒绝交付商品的，构成违约

——陈某某诉上海欧某超市有限公司闵行店网络购物合同纠纷案

［案号］

（2020）沪0112民初4922号

［案情简介］

2018年6月17日，原告陈某某在欧某到家App上从被告上海欧某超市有限公司闵行店（以下简称欧某超市）处购买了53度500ml飞天茅台酒35瓶，每瓶标注的单价均为1499元，原告向被告支付了35瓶酒价款共计52 472.5元（含7.5元配送费）。但原告付款后，被告无正当事由取消了订单并强制关闭了该交易，直接通知原告不再发货。被告取消订单后，原告曾数次与被告协商赔偿的事宜，但双方之间始终未能就赔偿款达成一致意见。经查，原告购买上述茅台时，该酒并未被限购也未出现缺货情况。因被告任意解除合同，致使原告后来不可能以1499元/瓶的价格购得该酒。以京东平台上该酒的单价为例，现正品售价已上涨至2188元/瓶。原告后委托他人在其他平台上抢购，单价为2188元/瓶。故被告应赔偿该差价损失。但是原告在了解到其他案例情况后，现调整诉请为要求被告承担违约责任，赔偿原告5000元。被告辩称：原告所述交易经过属实，因当时欧某到家App上显示的该茅台酒库存数量存在错误，导致原告下单成功，实际该茅台酒并无库存。被告在发现后第一时间联系原告，沟通未果，故强制关闭了该交易。现在该店亦无该酒可以马上交付，但是该酒官方指导价仍是1499元。至于原告主观选择较高的市场价格，这种损失不应该由被告承担。原告主张过高，被告仅愿意在适当范围内补偿原告。

法院经审理认为，原告的购买行为已经完成，订单已经形成，可视为承诺生效，原、被告之间的买卖合同成立并生效。在网络购物中，网站通常应当采用提示剩余库存量、在超过库存量之后无法下单、限制单笔订单购买数量等系统设置保证交易顺利进行，但被告在欧某到家App上发出要约时，在明知53度500ml飞天茅台酒存在库存数量不足的情况下未提示库存量，致使合同成立、生效后无货供应，被告单方取消订单、退还货款的行为确实构成

违约，故被告关于其库存盘点错误导致录入 App 数据有误，致使其无法履行合同，其不应当承担责任的辩解，于法无据，法院不予采信。根据法律规定，当事人一方不履行合同给对方造成损失的，应当承担赔偿损失等违约责任，损失赔偿额应当相当于因违约所造成的损失，包括合同履行后可以获得的既得利益，但不得超过违反合同一方订立合同时预见到或者应当预见到的因违反合同可能造成的损失。法院认为被告作为网购平台，理应遵守诚信原则，承担起保障市场交易实现的责任，当然本案中的茅台酒官方定价仍为 1499 元，且并非全然无法购买，故在原告未能证明其实际损失的情况下，原告现将其诉讼请求从要求按照其他网站相对较高价格计算每瓶差价的方式调整为酌情主张 5000 元，尚属合理，应予以确认。故判令被告赔偿原告 5000 元。

［案例解析］

本案争议焦点有二：一为欧某超市以商品库存不足为由取消订单属于欺诈行为还是违约行为？二为如何衡量因被告行为导致原告的损失？

针对争议焦点一：欧某超市以商品库存不足为由取消订单属于欺诈行为还是违约行为？应当认定该行为为违约行为为宜。依据《民法典》第 148 条以及《最高人民法院关于适用〈中华人民共和国民法典〉总则编若干问题的解释》第 21 条之规定，欺诈的构成要件有四：（1）存在欺诈故意；（2）告知对方虚假情况或隐瞒真实情况的行为；（3）使对方陷入错误认识；（4）对方给予错误认识而为意思表示。欧某到家平台通过设置显示库存余量的方式，告知消费者超市购物的真实情况，以充分保障网络购物背景下消费者的知情权，促进交易达成。在本案中，被告欧某超市经营其线上平台以与消费者达成交易为目的。原、被告双方就涉案订单由于无库存而无法发货一事进行了多次协商，但最终无果。被告并非故意设置虚假链接以骗取原告钱款且网络购物库存数量依赖运营者后台更新，而数据更新速度受到多方面因素影响，存在更新不及时的情况。综上，不应认定被告存在欺诈的故意和行为。另外，在本案中，原告与被告就涉案订单所订立的合同，系双方真实意思表示，且不违反法律、行政法规强制性规定，不违反公序良俗，应当认定该合同真实合法有效，被告负有履行合同义务的责任，应当依约发货，也即向原告交付 35 瓶酒。而被告在库存量不足的情况下，未及时向消费者提示涉案商品库存量，导致合同成立后无法履行发货义务，进而单方取消订单，违反诚信原则，属于违约行为。

针对争议焦点二：如何衡量因被告行为导致原告的损失？基于上述分析，被告应当承担原告所请求的赔偿金5000元。《民法典》第577条规定："当事人一方不履行合同义务或者履行合同义务不符合约定的，应当承担继续履行、采取补救措施或者赔偿损失等违约责任。"第584条规定："当事人一方不履行合同义务或者履行合同义务不符合约定，造成对方损失的，损失赔偿额应当相当于因违约所造成的损失，包括合同履行后可以获得的利益；但是，不得超过违约一方订立合同时预见到或者应当预见到的因违约可能造成的损失。"在本案中，被告单方面取消订单，不履行合同义务，其行为系违约行为，应当承担向原告继续履行、采取补救措施或者向原告赔偿损失等违约责任。被告称店内无现酒用以交付，表示其无法向原告继续履行合同义务，则应当向原告承担赔偿损失的违约责任。被告以其自身原因导致合同无法依约履行，原告无法以原价格购得涉案产品，仅能以相对高价购得涉案产品，致使原告需要付出更多价款以实现其目的，遭受一定损失。而原告所请求金额为5000元，综合产品原价以及其他渠道价格而言，未超过原告自身损失，属合理范围，应当支持原告请求。

［规范指引］

《中华人民共和国民法典》（2020年5月28日）

第一百四十八条　一方以欺诈手段，使对方在违背真实意思的情况下实施的民事法律行为，受欺诈方有权请求人民法院或者仲裁机构予以撤销。

第五百七十七条　当事人一方不履行合同义务或者履行合同义务不符合约定的，应当承担继续履行、采取补救措施或者赔偿损失等违约责任。

第五百八十四条　当事人一方不履行合同义务或者履行合同义务不符合约定，造成对方损失的，损失赔偿额应当相当于因违约所造成的损失，包括合同履行后可以获得的利益；但是，不得超过违约一方订立合同时预见到或者应当预见到的因违约可能造成的损失。

《最高人民法院关于适用〈中华人民共和国民法典〉总则编若干问题的解释》（2022年2月24日）

第二十一条　故意告知虚假情况，或者负有告知义务的人故意隐瞒真实情况，致使当事人基于错误认识作出意思表示的，人民法院可以认定为民法典第一百四十八条、第一百四十九条规定的欺诈。

34. 平台在其提供的电子优惠券中未履行真实、全面告知消费者商品信息的责任，造成消费者经济损失的，应承担相应的违约责任

——孙某某诉北京京某叁佰陆拾度电子商务有限公司网络服务合同纠纷案

［案号］

（2019）京0491民初35776号

［案情简介］

原告孙某某在被告北京京某叁佰陆拾度电子商务有限公司（以下简称京某公司）运营京某商城组织的“超级城市”活动中，使用19 999超级币抢兑了一张某店铺“满299减299”的优惠券。后在使用优惠券过程中，原告被告知仅适用于涉案店铺内2件固定尺码的短袖。原告认为，超级币是其每日做半小时以上的任务积累的，并非无偿赠送，在优惠券兑换前与兑换过程中，被告没有做任何限制消费的提示，且无法查看优惠券详细内容，存在欺诈消费者的故意，故诉至法院请求被告承担欺诈责任。被告辩称，“超级城市”活动是京某公司与合作商家共同开展，涉案优惠券疑似由涉案店铺发放，被告不存在欺诈行为。根据“超级城市”活动规则，2000超级币兑换500京豆（价值5元），可推算出19 999超级币的价值约为49.9元，请求法院驳回原告的诉讼请求。

法院经审理认为，民事欺诈的构成要件主要有：一是欺诈一方当事人有欺诈行为，既可以是积极的行为，也可以是消极的行为，可分故意隐瞒真实情况使他人陷入错误的欺诈和故意告知对方虚假情况的欺诈。二是要有欺诈另一方行为，即受欺诈方因此作出错误意思表示。经营者是否存在故意隐瞒真实情况或者故意告知虚假情况的行为导致消费者被欺骗、误导，是认定经营者是否存在欺诈行为的关键。一方面，涉案优惠券在兑换前左侧配图商品为耐克短袖T恤，与优惠券使用范围基本一致。另一方面，根据其他的优惠券兑换列表，活动所设优惠券均为特定商品券。结合上述证据，可以认定京某公司在涉案优惠券标示设置中存在不严谨之处，但并不足以推断出被告主

观上存在恶意虚假宣传、以次充好的故意，应属于网页宣传的瑕疵问题，尚不构成欺诈。

但在网络服务活动中，由于时空的限制，大多数情况下经营者是通过商品介绍网页向消费者介绍商品的情况和特征。对于消费者而言，经营者关于商品或服务的描述是其了解商品情况或服务内容最直观的方式，此时如果经营者的描述不够准确，则会影响消费者的购物选择。依据《电子商务法》《消费者权益保护法》相关规定，经营者应当向消费者提供真实、全面的信息，否则，会影响消费者知情权与自主选择权。该案中涉案优惠券关于优惠券的有效期、使用规则、限制条件等重要信息必须在用户完成兑换后，才能在具体页面中查看，并且整个兑换过程不能进行退回操作。法院认为，可供选择的商品种类是消费者在网络购物中的重要参考因素，被告未履行真实、全面告知消费者商品信息的责任，应当赔偿原告的损失。

鉴于目前“超级城市”活动已经下架，因优惠券是由虚拟币兑换，涉案优惠券价值可参照以下三种标准：一是超级币对价。涉案优惠券是原告使用京某商城发放的19 999超级币兑换所得，根据被告提供的情况说明，推算出19 999超级币价值约为49.9元，即涉案优惠券价值可认定为49.9元。二是订单价格。根据订单商品价值，可认定涉案优惠券价值为69元。三是标注价值。涉案优惠券标题为“满299减299优惠券”，按照文义解释，即购买商品价格超过299元，可享受299元的减免优惠，其价值可认定为299元。从标题上看，“满299减299优惠券”即表明该优惠券最大可实现价值为299元。从数量上看，“共20份已兑20份”即表明该优惠券具备一定的稀缺性，因此，不能仅以对应的19 999超级币及京豆来确定价值。孙某某主张19 999超级币并非无偿赠送，而是需要消耗大量时间和精力做任务，帮助京某公司进行推广，亦应作为涉案优惠券价值的参考因素。法院从最大限度保护消费者合法权益的角度出发，综合上述情况，主要参照涉案优惠券标注金额，酌定涉案优惠券价值为299元。

[案例解析]

经营者对于电子优惠券应全面、真实、准确、及时地披露附着在优惠券上的具体信息，保障消费者的知情权和选择权。经营者在网页宣传中对电子优惠券设置兑换时限、使用规则、限制条件或指定内容等重要信息，未向消费者如实告知的，需承担未履行真实、全面告知消费者商品信息的责任。无法确定电子优惠券价值的，应按照最大限度保护消费者合法权益角度确定赔付金额。

本案涉及的一个争议焦点即涉案“优惠券”的价值认定。本案中，孙某某按照《“超级城市”活动规则》，完成签到、邀请好友等系列行为，使用其获得的19 999超级币，并选择兑换了涉案优惠券。该券具有三个特殊性：一是虚拟性，储存于网络平台的服务器中，不能提取变现；二是依附性，获取与使用均需要满足“满299”的条件，而且局限在“超级城市”活动中的“滔搏”店铺内，而目前该活动已下架；三是涉案优惠券系“超级城市”促销行为，该券本身不具有流通性，无明确的货币兑换价值。因此，本案中确定涉案优惠券价值，是赔偿孙某某经济损失的前提条件。

结合案件事实和双方当事人陈述意见，涉案优惠券价值可参照以下三种标准：一是标注价值。涉案优惠券标题为“滔搏满299减299优惠券”，按照文义解释，即购买商品价格超过299元，可享受299元的减免优惠。根据标注信息，其价值可认定为299元。二是超级币对价。涉案优惠券是孙某某使用京某商城发放的19 999超级币兑换而得，因此涉案优惠券价值即19 999超级币价值。根据京某公司提供的《情况说明》，超级币与京豆的对价标准为2000超级币可兑换“幸运宝箱”内含500京豆（价值5元），可推算出19 999超级币价值约为49.9元，因此涉案优惠券价值可认定为49.9元。三是订单价格。孙某某提供的订单截图显示，使用该优惠券下单购买的短袖T恤券后价69元，因此根据订单商品价值，可认定涉案优惠券价值为69元。

从标题上看，“滔搏满299减299优惠券”即表明该优惠券最大可实现价值为299元。从数量上看，“共20份已兑20份”即表明该优惠券具备一定的稀缺性，因此不能仅以对应的19 999超级币及京豆来确定价值。此外，庭审中孙某某还主张19 999超级币并非无偿赠送，而是需要消耗大量时间和精力做任务，帮助京某公司进行推广，亦应作为涉案优惠券价值的参考因素。从最大限度保护消费者合法权益的角度出发，综合上述因素情况，主要参照涉案优惠券标注金额，酌定涉案优惠券价值为299元。

近年来，电子商务平台以促销活动增加用户流量的盈利模式成为主流趋势，会员积分（币）兑换虚拟财产（优惠券）作为新型商业模式，已经形成一定的产业集群和交易规模，增强了用户黏性，满足多元化、个性化的消费需求。因平台、平台内经营者与消费者掌握商品或服务的质量、性能、用途等信息具有不对称的特征，平台与平台内经营者应当作出全面且明确的标注，应更加遵循公平、诚信等原则，履行消费者权益保护义务和责任。为此，会员积分（币）兑换虚拟财产应参照《消费者权益保护法》第25条，为消费者提供取消（退回）兑换的途径和方式。同时，建议网购平台通过信息技术手段，采用增设提示信息链接等方式，确保在兑换前告知用户兑换商品的全面、准确信息，从而避免消费者产生误解、歧义，保护消费者比较、鉴别和挑选商品服务的权利。

[规范指引]

《中华人民共和国民法典》（2020年5月28日）

第一百四十八条 一方以欺诈手段，使对方在违背真实意思的情况下实施的民事法律行为，受欺诈方有权请求人民法院或者仲裁机构予以撤销。

《中华人民共和国消费者权益保护法》（2013年10月25日修正）

第二十条第一款 经营者向消费者提供有关商品或者服务的质量、性能、用途、有效期限等信息，应当真实、全面，不得作虚假或者引人误解的宣传。

《最高人民法院关于适用〈中华人民共和国民法典〉总则编若干问题的解释》（2022年2月24日）

第二十一条 故意告知虚假情况，或者负有告知义务的人故意隐瞒真实情况，致使当事人基于错误认识作出意思表示的，人民法院可以认定为民法典第一百四十八条、第一百四十九条规定的欺诈。

35. 平台无协议依据限制用户账号下单功能构成违约

——郑某某与北京京某叁佰陆拾度电子商务有限公司网络服务合同纠纷案

[案号]

（2021）京0491民初45487号

[案情简介]

原告郑某某在被告运营的京某商城注册四个会员账号，其中一个账号为PLUS会员，购买PLUS会员时间为2021年8月22日。2021年9月22日，其在被告北京京某叁佰陆拾度电子商务有限公司（以下简称京某公司）的京某平台购物，提交订单时出现“抱歉，网络请求失败，请检查您的网络设置，请稍后再试”这一提示。与京某公司联系，京某公司告知账号无异常，多次尝试后，仍出现此提示，无法下单。京某公司拒绝提供服务，故原告起诉至法院，请求判令被告解除对原告的京某账号的限制并延长账号 PLUS 会员服务。

法院经审理认为，用户可以在被告经营的京某商城上注册成为会员，从而取得京某账号在商城上购物。根据本案证据和当事人陈述，京某会员分为普通会员和 PLUS 会员。对于普通会员，用户无须支付相应对价，即可注册成为会员并取得京某账号。对于 PLUS 会员，用户需要支付一定的会员费而取得 PLUS 会员资格。被告作为京某商城的网络运营商，在网络平台发布的《京某用户注册协议》，并无违反法律的强制性规定，对注册成为京某普通会员和 PLUS 会员均有约束力。用户取得会员资格后，被告对违反上述协议约定的用户，有权按约定采取相应的处理措施。原告作为京某商城的注册会员，应当遵守《京某用户注册协议》的约定，不得滥用会员权利，即滥用购买商品或服务、评价、申请退款、申请售后服务、发起投诉或索赔、滥用京某所提供或赋予的工具等权利，损害他人合法权益，妨害平台运营秩序。

本案中，首先，虽然被告认定原告违反上述协议，并根据约定限制了原告的京某账号。但被告在限制原告的账户时，页面显示是“网络设置”原因，被告并没有明确告知原告因违反协议约定滥用权利，被告采取了限制其账户的措施。其次，被告京某公司作为电子商务经营者，相较用户具有更强的技术优势，被告京某公司对注册用户账号实质上采取“限制措施”却利用技术手段在用户使用页面上显示因“网络设置”导致账户未能正常使用，被告京某公司所采取的措施不能认定为具有正当性。最后，被告京某公司在《京某用户注册协议》第 8 点违约责任第 1 条约定：“如果京某发现或收到他人举报投诉您违反本协议约定或存在任何恶意行为的，京某有权不经通知随时对相关内容进行删除、屏蔽，并视行为情节对违规账号处以包括但不限于警告、限制或禁止使用部分或全部功能、账号封禁、注销等处罚，并公告处理结果。”可见，即使注册用户存在违反注册协议的行为，《京某用户注册协议》亦规定了不同情节的违约行为对应不同的后果并需要公告处理结果。但现在无论是从原告郑某某自身还是通过被告京某公司的公告途径，均无从得知原告郑某某因何种行为及行为的程度导致其账号被封禁。被告京某公司亦未遵守《京某用户注册协议》约定，明显不当。即使被告京某公司认为原告郑某某滥用会员权利需实施相应措施，也应当根据双方约定进行。故被告作为网络服务合同提供方违反了合同约定，应当承担继续履行、采取补救措施或者赔偿损失等违约责任。因此，判令被告解除对原告涉案账号下单功能的限制。

［案例解析］

协议约定是平台经营者进行平台治理的权利基础和主要依据。平台经营者进行自治管理的边界是不能侵害消费者、平台用户的合法权益。本案中，平台经营者以原告可能存在滥用会员权利会员为由限制其 PLUS 会员账户下单功能，但提示页面显示为“网络设置”等其他原因，违反诚信原则，侵害消费者知情权。且双方协议中并未约定因 PLUS 会员限制账号时，平台经营者有权不予返还 PLUS 会员已支付的会员费或者不予补偿 PLUS 会员期限。因此，平台构成违约，应承担违约责任。

该案件是网络服务合同纠纷案件，主要涉及合同成立、合同效力以及双方主体行为的合同依据等，主要讨论的问题为是否构成违约，以及违约责任的承担方式。通过该案件，我们需要重点讨论以下几个问题[①]：

（1）网络平台应遵循诚信原则

诚信原则是民法的基本原则，甚至被称为民法中的帝王条款。依据这一原则，民事主体从事民事活动应当秉持诚实，恪守承诺，善意行使权利和履行义务。《民法典》第 7 条规定：“民事主体从事民事活动，应当遵循诚信原则，秉持诚实，恪守承诺。”诚信原则是民法中最重要的基本原则之一，应适用于民法的整个领域，民事主体行使任何民事权利、履行任何民事义务，都应当遵守这一原则。通常认为，诚信原则要求民事主体从事民事活动应当讲诚实、守信用，以善意的方式行使权利、履行义务，不诈不欺，言行一致，信守诺言。诚信原则不仅为民事主体开展民事活动进行指导，也是民事主体从事民事活动的行为规则，要求民事主体行使权利、履行义务都应善意不欺、恪守信用。

一方面，诚信原则要求民事主体正当行使民事权利，禁止滥用权利，以

① 参见李文超：《互联网法治：平台经营者限制消费者权利的依据和合理边界》，载《中国审判》2023 年第 2 期。

免造成对他人的损害。用户为网络平台的注册会员，应当遵守《京某用户注册协议》的约定，不得滥用会员权利，即滥用购买商品或服务、评价、申请退款、申请售后服务、发起投诉或索赔、滥用平台所提供或赋予的工具等权利，损害他人合法权益，妨害平台运营秩序。

另一方面，诚信原则要求民事主体以正当的方式履行义务。《民法典》第502条第1款规定，依法成立的合同，自成立时生效。生效的合同对合同双方均有约束力。在合同履行过程中，当事人应当依据诚信原则承担通知、协助、保密、忠实、告知、保护等附随义务。作为网络购物或网络服务的平台方，相对于消费者而言，具有技术、信息等明显优势，在订立网络购物合同、网络服务合同中应遵循诚信原则，负有如实告知消费者合同内容的义务。消费者享有知悉其购买、使用的商品或者接受的服务的真实情况的权利。因此，在履行告知义务时，网络平台应遵循诚信原则，充分利用自身的信息和技术优势，根据网络消费者的消费习惯保障其知情的权利；如因告知方式存在瑕疵，应承担相应的违约或赔偿责任。本案中，平台经营者按照《京某用户注册协议》规定了不同情节的违约行为对应不同的后果并需要公告处理结果。但现在无论是从郑某某自身还是通过被告 App 平台的公告途径，均无从得知郑某某因何种行为及行为的程度导致其账号被封禁。被告 App 平台亦未遵守《京某用户注册协议》中关于进行“公告处理结果”的约定。

（2）用户知情权在网络服务中的保障

知情权又称知悉权，是指消费者依法享有知悉其购买、使用的商品或者接受的服务的真实情况的权利。消费者知情权的对象是产品和服务信息。它与生产经营者的披露义务相对应，是实现安全、选择、公平交易、求偿、监督等权利的前提。知情权体现的是一种非平等的关系，强调给处于弱势地位的消费者以保护，体现了追求实质上的自由平等的现代法精神，尊重消费者的知情权也是对商家诚信的基本要求。根据《消费者权益保护法》第8条及《电子商务法》第17条的规定，电子商务经营者应当保护消费者知情权，在活动中“全面、真实、准确、及时”披露相关信息。

首先，消费者在网络服务合同的履行中也享有知情权。网络消费者利用互联网为工具进行交易、享受服务，依法享有知悉其购买、使用的商品或接受服务的真实、准确、完整信息的权利。本案中，被告当庭表示，郑某某涉案的会员账号的后台系统信息显示不存在限制信息，无法下单可能是因为版本问题。后来又称，郑某某可能是职业索赔人，涉嫌商业敲诈且被平台内的多个商家投诉。即便郑某某的会员账号确实受到限制，也可能是其违规投诉勒索行为造成的。但本案中，即使App平台认为郑某某滥用会员权利需要实施相应措施，也应当根据双方约定进行，并如实告知用户，保障用户知情权。

其次，经营者不得刻意隐瞒提供网络服务的重要事项。网络平台作为经营者利用信息不对称的优势，对消费者隐瞒合同或者所提供服务的重要事项。在网络购物合同纠纷中，经营者这种隐瞒重要事实，诱骗对方当事人订立、履行合同等往往能够认定为欺诈行为，严重侵犯消费者的知情权。而在网络服务合同纠纷中，主要体现在告知、提示信息的准确性、及时性。本案中，被告认可，郑某某会员账户功能限制，可能是因其滥用会员权利、违规投诉索赔行为造成的。但是，App平台对郑某某提示页面显示为“网络设置”等其他原因，应当属于刻意隐瞒所提供网络服务的重要事项。因此，消费者在接受电子商务、网络服务的过程中，应当了解法律对消费者保护的规定，注意保留交易的相关证据材料，如双方进行磋商的电子数据、文件及视频音频资料，在权利受到侵害时善于用法律维护自己的合法权益。

（3）平台授权依据是平台协议

该案是规范平台经营者自治的典型案件，明确了平台与消费者间的协议约定是平台经营者进行平台治理的权利基础和主要依据。平台经营者行使管理权不能违反或超出双方的协议协定，亦不能侵害消费者的知情权、选择权。当前，互联网平台经济快速发展，而平台已成为平台经济的微观基础，从一定意义上讲，数字治理即网络平台的治理。平台应当按照规则及时处理双方纠纷，按照法律规定履行对于商家和用户的管理职责。但协议约定是网络平台进行平台治理的权利基础和主要依据。网络平台进行自治管理的边界是不能侵害用户的合法权益。在本案中，被告作为平台经营者，在线上交易和服务中采用格式条款的方式与用户建立合同关系。在格式条款发挥其便捷、高效、积极作用的同时，因其本身具有的单方提供、内容固定的特质所带来的问题和风险，也不容忽视。法律明确赋予了格式条款提供者进行提示说明的义务，如《民法典》第496条规定：“……提供格式条款的一方未履行提示或者说明义务，致使对方没有注意或者理解与其有重大利害关系的条款的，对方可以主张该条款不成为合同的内容。”提供格式条款的企业应当基于公平、诚信原则，依法、合理制定格式条款的内容，并对于履行方式等与消费者有重大利害关系的条款，向消费者进行特别的提醒和说明，从而维护交易秩序，平衡双方利益，促进行业发展。这个案件中，App 平台违反双方协议之处主要有三个方面：一是 App 平台对用户会员账户进行功能限制，没有如实告知是因其滥用会员权利，提示页面显示是“网络设置”原因。二是《京某用户注册协议》规定了不同情节的违约行为对应不同的后果并需要公告处理结果。但案件中被告并未遵守该约定。三是《京某用户注册协议》仅约定对于用户因滥用权利而被封禁会员账号时，被告 App 平台不进行任何赔偿或补偿。对于已经支付会员费的 PLUS 会员，上述协议并没有明确约定被告 App 平台在 PLUS 会员因滥用权利而被限制其付费账号时，有权不予返还 PLUS 会员已支付的会员费或者补偿 PLUS 会员期限的损失。

“互联网治理架构即权力分配”，同理，网络平台治理机制的核心亦在于权力的分配，包括与网络平台相关的各种规则的制定与实施中的权力分配，以及与之相伴而生的义务与责任的分配。平台治理需要解决的问题在于如何协调多元价值之间、多方利益主体之间的冲突。只有将法律责任设置在一个合理的水平，才能实现有效的激励。真正好的判决效果，一定能体现出多方利益主体的共同利益，兼顾鼓励创新原则以及法律义务负担在技术和商业上的可行性。

［规范指引］

《中华人民共和国民法典》（2020 年 5 月 28 日）

第七条　民事主体从事民事活动，应当遵循诚信原则，秉持诚实，恪守承诺。

第四百九十六条第二款　……提供格式条款的一方未履行提示或者说明义务，致使对方没有注意或者理解与其有重大利害关系的条款的，对方可以主张该条款不成为合同的内容。

36. 对不适用“七天无理由退货”规则的产品应严格法律适用，不能以行业惯例代替法律规定

——何某某诉上海寻某信息技术有限公司、无锡十某库信息技术服务有限公司信息网络买卖合同纠纷案

［案号］

（2023）京04民终208号

［案情简介］

被告上海寻某信息技术有限公司（以下简称上海寻某公司）是网络购物平台拼某多的运营者。被告无锡十某库信息技术服务有限公司（以下简称无锡十某库公司）是拼某多店铺“尚某舍酒业专营店”（以下简称涉案店铺）的实际经营者。2022年8月20日，何某某在涉案店铺购买了“52度五粮液1618白酒500ml×2（新老包装随机发货）宴请、婚庆”一件（以下简称涉案商品），实付款1800元，订单编号为220820－5274××××××0593，涉案商品通过顺丰快递邮寄，快递单号为SF16××××××5710，何某某于8月22日签收。8月23日何某某提交七天无理由退货申请，涉案店铺以“由于酒水的特殊性，商品不支持七天无理由退货”为由拒绝。涉案商品销售页面截图显示，购买须知中有记载，由于酒水的特殊性，商品不适用七天无理由退换货，为保障您的权益，确认商品无误后再签收，购买须知采取红底黄字进行标注。何某某认可其在下单前已看到该告知内容，但何某某主张该项规定不合理。无锡十某库公司提供了天猫和京东平台中涉案商品的销售页面截图，主张贵重酒水不支持七天无理由退货为行业共识。何某某对此不予认可，补充某天猫店铺销售五粮液酒的主页截图，主张有的店铺可以支持七天无理由退货。后经当庭查验，该商家的商品详情页下方标注了不支持七天无理由退货。上海寻某公司提供了涉案商品状态截图，涉案商品已停止销售。以上事实有交易订单截图、商品快照截图、商品详情页截图以及当事人陈述等证据在案佐证。

一审法院认为，何某某与无锡十某库公司之间的网络买卖合同系双方真实意思表示，内容未违反法律、行政法规的强制性规定，应属有效。依据《消费者权益保护法》第25条第1款、第2款的规定：“经营者采用网络、电

视、电话、邮购等方式销售商品，消费者有权自收到商品之日起七日内退货，且无需说明理由，但下列商品除外：（一）消费者定作的；（二）鲜活易腐的；（三）在线下载或者消费者拆封的音像制品、计算机软件等数字化商品；（四）交付的报纸、期刊。除前款所列商品外，其他根据商品性质并经消费者在购买时确认不宜退货的商品，不适用无理由退货。”本案中，涉案商品为贵重酒水，不属于当然不适用“七天无理由退货”的商品，是否可适用例外规则，应判断涉案商品是否属于根据商品性质并经消费者在购买时确认不宜退货的商品。无锡十某库公司作为出卖方，其在网络店铺的商品详情页已标明“由于酒水的特殊性，商品不支持七天无理由退货”，何某某作为购买方认可其在下单购买前已看到该提示内容，然后下单购买，说明何某某已知悉并接受涉案商品为不适用“七天无理由退货”的商品，考虑到涉案商品为贵重酒水，且何某某是在确认并签收一天后提出的无理由退货退款，涉案商品脱离第三方监控，商品质量处于无法确认的状态，无锡十某库公司对涉案商品不支持“七天无理由退货”的约定并无不妥，对何某某诉讼请求，一审法院不予支持。关于上海寻某公司是否应当承担连带赔偿责任的问题，因上海寻某公司系提供服务的网络交易平台，且在实际经营者无锡十某库公司亦不构成侵权的情况下，上海寻某公司无须承担连带赔偿责任。综上所述，判决如下：驳回何某某的全部诉讼请求。

二审法院认为，根据《民法典》第496条第2项、第497条规定，采用格式条款订立合同的，提供格式条款的一方应当遵循公平原则确定当事人之间的权利和义务，并采取合理的方式提示对方注意免除或者减轻其责任等与对方有重大利害关系的条款，按照对方的要求，对该条款予以说明。提供格式条款的一方未履行提示或者说明义务，致使对方没有注意或者理解与其有重大利害关系的条款的，对方可以主张该条款不成为合同的内容；有下列情形之一的，该格式条款无效：（1）具有本法第一编第六章第三节和本法第506条规定的无效情形；（2）提供格式条款一方不合理地免除或者减轻其责任、加重对方责任、限制对方主要权利；（3）提供格式条款一方排除对方主要权利。根据《消费者权益保护法》第25条第1款、第2款的规定：“经营者采用网络、电视、电话、邮购等方式销售商品，消费者有权自收到商品之日起七日内退货，且无需说明理由，但下列商品除外：（一）消费者定作的；（二）鲜活易腐的；（三）在线下载或者消费者拆封的音像制品、计算机软件等数字化商品；（四）交付的报纸、期刊。除前款所列商品外，其他根据商品性质并经消费者在购买时确认不宜退货的商品，不适用无理由退货。”同时，根据国家市场监督管理总局制定的《网络购买商品七日无理由退货暂行办法》（2020年修订）第7条、第20条之规定，下列性质的商品经消费者在购买时确认，可以不适用七日无理由退货规定：（1）拆封后易影响人身安全或者生命健康的商品，或者拆封后易导致商品品质发生改变的商品；（2）一经激活或者试用后价值贬损较大的商品；（3）销售时已明示的临近保质期的商品、有瑕疵的商品。网络商品销售者应当采取技术手段或者其他措施，对于符合本办法第7条规定的商品，网络商品销售者应当在商品销售必经流程中设置显著的确认程序，供消费者对单次购买行为进行确认。如无确认，网络商品销售者不得拒绝七日无理由退货。

本案中，涉案商品明显不属于《消费者权益保护法》所明确列举的不适用“七天无理由退货”的商品类别。关于涉案商品是否能够适用“七天无理由退货”，法院认为，一方面需要结合商品性质、包装外观、使用性能、查验习惯、拆封损耗等因素综合判定；另一方面需要审查经营者是否在商品销售必经流程中设置显著的确认程序供消费者对单次购买行为进行确认。经审查，首先，涉案商品系密封白酒，根据生活常识可知，消费者正常的外观查验行为不会导致此类商品性质发生改变，也不必然影响白酒的二次销售，更不会影响其他购买顾客的生命健康。关于无锡十某库公司认为涉案商品脱离第三方监控，商品质量处于无法确认的状态，故不应适用“七天无理由退货”的答辩意见，法院认为，在互联网全面融入社会生产生活，网络购物行为越发普遍的时代背景下，“七天无理由退货”作为网购消费者的一项重要权利应得到法律保护。根据《消费者权益保护法》等法律法规的立法目的，网购商品原则上均应适用“七天无理由退货”，不适用“七天无理由退货”的商品应当属于例外情形。诚然，无锡十某库公司所提出的风险问题在任何种类商品的网购交易中都可能存在，生活中也确有个别不法之徒在网购退货中采取“偷梁换柱”“以假充真”的行为骗取钱财，但一方面无锡十某库公司作为专门销售酒类商品的商家，可以采取相应技术性措施查验退货商品真伪以降低风险；另一方面，用虚假、恶意退货的手段骗取钱财的行为已触犯《刑法》，必然会受到法律的严惩。但网络店铺经营者不应以存在风险为由，拒绝消费者依法行使“七天无理由退货”的权利。同时，无锡十某库公司主张的根据行业惯例贵重白酒均不支持“七天无理由退货”的主张亦缺乏事实依据和法律根据。综上，涉案商品不属于根据其性质不宜适用“七天无理由退货”商品的情形。

其次，本案中无锡十某库公司主张在销售涉案商品时已向消费者明确告知“由于酒水的特殊性，商品不支持七天无理由退货”内容。经审查，无锡十某库公司在涉案商品销售详情页用普通字号的字体标注了上述内容，属于为了重复使用而预先拟定，并未在订立合同时和对方当事人协商的格式条款。本案中，作为提供格式条款的无锡十某库公司既没有通过标黑、加粗或其他显著的方式提示消费者，也未在涉案商品结算页供消费者进行再次确认，应当认定其未履行提示或者说明义务。同时，因涉案商品本身不属于不宜适用“七天无理由退货”商品的情形，无锡十某库公司关于“由于酒水的特殊性，商品不支持七天无理由退货”的声明不合理地排除、限制消费者主要权利，故该声明亦属无效。何某某关于要求解除涉案合同、退货退款的诉讼请求于法有据，应予支持，一审法院适用法律不当之处，二审法院依法予以纠正。同时，因何某某未能提供其因无锡十某库公司拒绝“七天无理由退货”而遭受经济损失的证据，故其要求无锡十某库公司向其赔偿 10 000 元的诉讼请求缺乏事实依据和法律根据，不应予以支持。

最后，根据《消费者权益保护法》第 44 条之规定，消费者通过网络交易平台购买商品或者接受服务，其合法权益受到损害的，可以向销售者或者服务者要求赔偿。网络交易平台提供者不能提供销售者或者服务者的真实名称、地址和有效联系方式的，消费者也可以向网络交易平台提供者要求赔偿；网络交易平台提供者作出更有利于消费者的承诺的，应当履行承诺。网络交易平台提供者赔偿后，有权向销售者或者服务者追偿。网络交易平台提供者明知、应知销售者或者服务者利用其平台侵害消费者合法权益，未采取必要措施的，依法与该销售者或者服务者承担连带责任。本案中，上海寻某公司并非信息网络买卖合同的一方主体，且已向何某某提供了涉案店铺的相关信息，依法履行了向消费者提供销售者真实名称、地址等信息的义务，也未向何某某作出特殊承诺约定，何某某也未能举证证明上海寻某公司明知或者应知无锡十某库公司存在实施侵害消费者合法权益的行为且未采取必要措施的情形，故一审法院判决驳回何某某要求上海寻某公司承担连带责任的诉讼请求并无不当。综上所述，判决如下：一、撤销北京互联网法院（2022）京 0491 民初 23240 号民事判决；二、自本判决生效之日起的七日内，何某某向无锡十某库公司退还涉案商品，无锡十某库公司在收到涉案商品后的五日内向何某某退还购物款1800元（退货邮费由何某某自行承担，何某某应保证退货商品完好无损且不影响二次销售，如商品存在毁坏等情形，何某某应按实际损失予以赔偿）；三、驳回何某某其他诉讼请求。

[案例解析]

对不适用“七天无理由退货”的商品类别在《消费者权益保护法》及七日无理由退货规则中有专门列举，对是否适用“七日无理由退货”，一方面需要结合商品性质、包装外观、使用性能、查验习惯、拆封损耗等因素综合判定；另一方面根据《消费者权益保护法》第25条第2款、《网络购买商品七日无理由退货暂行办法》第7条规定，根据商品性质并经消费者在购买时确认不宜退货的商品，不适用无理由退货，故需要审查经营者是否在商品销售必经流程中设置显著的确认程序，不能以行业惯例不支持为由而拒绝。

[规范指引]

《网络购买商品七日无理由退货暂行办法》（2020年10月23日修订）

第七条 下列性质的商品经消费者在购买时确认，可以不适用七日无理由退货规定：

（一）拆封后易影响人身安全或者生命健康的商品，或者拆封后易导致商品品质发生改变的商品；

（二）一经激活或者试用后价值贬损较大的商品；

（三）销售时已明示的临近保质期的商品、有瑕疵的商品。

37. 销售者未与消费者达成一致即擅自将交易订单取消并自行退款，不符合合同的解除条件，应承担违约责任

——金某某与南平市唐某电子商务有限公司、北京京某叁佰陆拾度电子商务有限公司信息网络买卖合同纠纷案

[案号]

(2023)京04民终409号

［案情简介］

2022年5月15日，金某某通过北京京某叁佰陆拾度电子商务有限公司（以下简称京某公司）运营的京某商城平台，于南平市唐某电子商务有限公司（以下简称唐某公司）开设的店铺“优某旗舰店”下单购买“优某不脏手穿绳垃圾袋加厚手提式厨房家用手提垃圾洁袋自动收口45cm×50cm”商品，并实际支付12.88元。由于疫情因素，涉案商品于7月2日通过快递发出。2022年7月9日，金某某向唐某公司店铺客服（以下简称唐某公司客服）反映未收到所购商品、但显示已签收，唐某公司客服当日答复联系快递核实情况。12日，金某某告知唐某公司客服，所购商品被快递送至另外一小区，15日唐某公司客服询问是金某某填错地址还是快递送错。24日，金某某回复唐某公司客服系快递送错，当日唐某公司客服答复联系快递核实处理，并在金某某质疑解决效率后，唐某公司客服进行了反复道歉；随后金某某询问唐某公司客服“正常处理是不是应该给我退款或者补发一份”，唐某公司客服随即答复“您这边还需要吗？还需要的话，明天（快递）没回复，给您补发”“如果不需要了，这边申请给您退款处理”。在金某某确认已经无法直接操作退款或补发、只能提交换货或者修理的情况下，唐某公司客服告知“维修也是可以的”“你选那个我这边就可以给您处理了”。后在金某某提交换货后，唐某公司客服进行了退款处理。之后，金某某就唐某公司客服退款处理表示了不满，表示其在换货申请中写明要求补发，唐某公司客服建议金某某重新拍下、第二天就可以补发，与换货结果一样并表示歉意的情况下，金某某明确不同意重新拍下、再行支付货款的方式，并一再向唐某公司强调“耗费我这么长时间”“然后还要花时间和精力去催你们解决”，要求按照《消费者权益保护法》第55条予以处理。

一审法院认为，《电子商务法》第49条第1款规定，电子商务经营者发布的商品或者服务信息符合要约条件的，用户选择该商品或者服务并提交订单成功，合同成立。当事人另有约定的，从其约定。本案中，金某某在唐某公司经营的店铺“优某旗舰店”购买了案涉商品，双方之间成立了信息网络买卖合同关系，该合同合法有效，且京某公司并非合同相对方。《民法典》第562条第1款规定，当事人协商一致，可以解除合同。第566条第1款规定，合同解除后，尚未履行的，终止履行；已经履行的，根据履行情况和合同性质，当事人可以请求恢复原状或者采取其他补救措施，并有权请求赔偿损失。

根据已查明的事实，金某某在提交订单并付款后，确因送货错误问题导致金某某未能及时收到货物。后来双方初步沟通均同意退款或补发，又因当时系统只有申请“换货”“维修”的选项，唐某公司答应在金某某提交申请后会帮助其处理。但由于双方通过留言方式协商存在接收信息时间差和唐某公司未及时发现金某某申请中注明补发的情况，导致唐某公司对金某某的换货申请做了退款处理，双方再次出现矛盾。对此唐某公司致歉并提出重拍和第二天发货的补救建议，但金某某未同意并要求惩罚性赔偿。最终导致涉案信息网络买卖合同至今呈货物未交付和货款被退回的状态。基于上述情形，结合金某某明确表示不同意重新拍下、再行支付货款的情况，以及唐某公司关于合同解除的主张，现确认双方合同解除。故金某某要求唐某公司继续履行合同的诉讼请求，一审法院不予支持。关于要求赔偿误工费7000元。《民法典》第577条规定，当事人一方不履行合同义务或者履行合同义务不符合约定的，应当承担继续履行、采取补救措施或者赔偿损失等违约责任。本案中，根据已查明的事实，唐某公司前期未按时交付货物构成违约，金某某据此可以主张违约责任，但应对自己主张的事实提供证据证明。经当庭向金某某释明其并未提交有关误工费的证据，金某某当庭表示坚持该诉讼请求。一审法院认为，依照《民事诉讼法》第67条第1款规定，当事人对自己提出的主张，有责任提供证据。《最高人民法院关于适用〈中华人民共和国民事诉讼法〉的解释》第90条规定，当事人对自己提出的诉讼请求所依据的事实或者反驳对方诉讼请求所依据的事实，应当提供证据加以证明，但法律另有规定的除外。在作出判决前，当事人未能提供证据或者证据不足以证明其事实主张的，由负有举证证明责任的当事人承担不利的后果。本案中，金某某并未提交存在误工损失的证据，故对于其要求赔偿误工费7000元的诉讼请求，一审法院不予支持。关于要求赔礼道歉，经当庭向金某某释明后，金某某表示坚持该诉讼请求。一审法院认为，赔礼道歉的意义在于补偿精神痛苦，本案系合同纠纷，现有证据不足以证明唐某公司损害了金某某的精神利益，故对于要求赔礼道歉的诉讼请求，一审法院不予支持。关于京某公司是否承担责任，一审法院认为，依据《消费者权益保护法》第44条第1款规定，消费者通过网络交易平台购买商品或者接受服务，其合法权益受到损害的，可以向销售者或者服务者要求赔偿。网络交易平台提供者不能提供销售者或者服务者的真实名称、地址和有效联系方式的，消费者也可以向网络交易平台提供者要求赔偿。本案中，京某公司不是涉案信息网络买卖合同的当事人，且京某公司公布了唐某公司的真实身份信息和有效联系方式，已经尽到了披露、公示义务，故金某某要求京某公司承担赔偿责任的诉讼请求没有事实和法律依据，一审法院不予支持。

二审法院认为，京某公司作为网络交易平台提供者，金某某提交的证据，不足以证明京某公司存在网络交易平台提供者应当承担责任的法定情形，对于金某某要求京某公司承担相应责任的上诉请求，缺乏法律依据，二审法院不予支持。金某某在唐某公司经营的店铺“优某旗舰店”付款下单购买了案涉商品，双方之间成立了信息网络买卖合同关系，该合同合法有效，唐某公司应当依约履行。因送货错误问题，唐某公司未能及时将货物交付给金某某，在协商过程中，唐某公司在未与金某某协商一致的情况下，擅自将涉案交易做退款处理，自行将款退给金某某，金某某对此不予同意，要求唐某公司继续履行发货义务。唐某公司的上述行为，既不符合《民法典》第 562 条规定的约定解除条件，又不符合《民法典》第 563 条规定的法定解除条件，对于唐某公司主张退款完成后，双方合同已经解除的意见，缺乏法律依据，二审法院不予支持。唐某公司要求金某某重新下单才能发货，从法律角度实为要求金某某与其签订新的合同，金某某有同意与否的权利，其拒绝重新下单，并不因此影响对原合同并未解除的认定。金某某主张唐某公司单方退还款项不能认定为合同解除的意见，有充分的法律依据，法院予以采信。金某某主张唐某公司的行为构成欺诈，证据不足，法院不予采信。根据《民法典》第 577 条的规定，当事人一方不履行合同义务或者履行合同义务不符合约定的，应当承担继续履行、采取补救措施或者赔偿损失等违约责任。金某某要求唐某公司继续履行合同的请求，即由唐某公司向其提供原订单项下的 1 件“优某不脏手穿绳垃圾袋”（45cm × 50cm）的义务，理由充分，法院予以支持。至于唐某公司原自行退还金某某的 12.88 元款项，可由唐某公司与金某某之间自行联系交付，若金某某拒绝交付上述款项，唐某公司可另行依法解决。唐某公司未及时交付货物，经金某某与其协商，唐某公司又自行退款以解除合同，唐某公司的上述行为构成违约，存在过错，金某某有权要求其赔偿损失，但金某某并未能提供充分证据以证明唐某公司的违约行为导致其产生误工费损失及误工费费用数额的合理性问题，对其要求唐某公司赔偿误工费 7000 元的请求，证据不足，二审法院不予支持。金某某要求唐某公司赔礼道歉的请求，缺乏法律依据，二审法院亦不予支持。综上所述，一审判决认定的部分事实有误，适用法律有误，二审法院予以改判。判决撤销一审民事判决；唐某公司于本判决生效之日起七日内向金某某提供1件“优某不脏手穿绳垃圾袋”（45cm×50cm）（若有运费，由唐某公司自担）。

［案例解析］

销售者在未与消费者达成一致的情形下，擅自将交易订单取消，自行将款退还消费者，其行为不符合《民法典》第562条规定的约定解除条件或《民法典》第563条规定的法定解除条件，构成违约。消费者有权根据《民法典》第577条的规定，要求商家承担继续履行、采取补救措施或者赔偿损失等违约责任。本案中，因送货错误问题，唐某公司未能及时将货物交付给金某某，在协商过程中，唐某公司在未与金某某协商一致的情况下，擅自将涉案交易做退款处理，自行将款退给金某某，金某某对此不予同意，要求唐某公司继续履行发货义务。唐某公司的行为，不符合约定解除条件和法定解除条件，构成违约，应当承担违约责任。

［规范指引］

《中华人民共和国民法典》（2020年5月28日）

第五百七十七条 当事人一方不履行合同义务或者履行合同义务不符合约定的，应当承担继续履行、采取补救措施或者赔偿损失等违约责任。

38. 手机属于一经激活后价值贬损较大的商品，网络商品销售者应当在商品销售必经流程中设置显著的确认程序，否则不得拒绝七日无理由退货

——赵某某与北京鹏某宝尊电子商务有限公司信息网络买卖合同纠纷案

［案号］

（2023）京04民终1011号

［案情简介］

原告赵某某于2022年12月6日在淘宝网三某官方旗舰店（被告北京鹏某宝尊电子商务有限公司开设，有营业执照）购买一台三某S22 Ultra手机，产品介绍页面和付款页面显示10 748元优惠1600元后价款为9148元；优惠活动的比较价格为10 748元，并且有“优惠到期仅剩5天”等字样。被告诱导原告购买后，原告认为被告所售涉案商品价格并不便宜，成交售价高于其他经营者。被告所称的优惠活动极有可能是骗人的，原告进行七天无理由退货后被告以产品已激活为理由拒绝受理并拒绝签收快递。咨询被告客服索要联系电话不给、索要活动比较价格交易记录也不给。原告认为，被告的行为违反了《消费者权益保护法》第25条、第55条、第56条，《明码标价和禁止价格欺诈规定》第16条、第19条、第20条等法律法规的规定，被告应当赔偿原告购货款并支付惩罚性赔偿金。现诉至北京互联网法院。

被告辩称：第一，被告的行为是正常销售行为，不属于价格欺诈。2022年12月6日，原告所购买的手机在店铺内的标价为10 748元，被告在店铺中开展优惠活动，为消费者提供1600元的优惠，因此原告实付9148元。案涉订单交易快照显示，该手机实时价格为10 748元，成交价格为9148元。2022年10月11日销售订单显示，同款手机实时标价为10 748元；2022年11月17日销售订单显示，同款手机实时标价为10 748元，当时提供的优惠活动为优惠1000元，实际成交价格为9748元。故被告并不存在虚构价格的情形，原告实际上获得了更大的优惠。第二，被告因手机激活拒绝提供退货服务符合法律规定。根据《网络购买商品七日无理由退货暂行办法》的规定，产生激活等数据类使用痕迹的电子电器商品，视为商品不完好，不适用七天无理由退货规则。涉案手机在激活后，已产生无法消除的激活信息，造成手机的不完好状态，且涉案手机并无质量问题，被告有权拒绝退货申请。第三，被告已经尽到告知义务，且原告已经认可关于“手机激活后不能7天无理由退换”的规定。在交易快照“售后服务保障”中“关于7天无理由退换货”的说明里，有文字醒目提示了“系统激活后将影响二次销售及售后保修，故上述产品激活后不支持7天无理由退换货”以及红色文字提醒的手机激活步骤。交易快照包含订单创建时的商品描述和下单信息，是买卖双方发生交易争议时的判定依据，在交易快照中明示交易条款是符合行业惯例的行为，因此被告尽到了告知的义务，且原告已经知悉并确认该内容。综上所述，原告的主张缺乏事实依据和法律依据，被告不存在欺诈行为，拒绝退货符合法律规定。

一审法院经审理认为，(1) 关于原告主张三倍赔偿的诉讼请求。《消费者权益保护法》第55条第1款规定：“经营者提供商品或者服务有欺诈行为的，应当按照消费者的要求增加赔偿其受到的损失，增加赔偿的金额为消费者购买商品的价款或者接受服务的费用的三倍；增加赔偿的金额不足五百元的，为五百元。法律另有规定的，依照其规定。”本条所称“欺诈行为”，指的是经营者故意虚构事实或隐瞒真相，且足以使他人陷入错误认识的行为。经营者故意利用虚假的或者使人误解的价格手段，诱骗消费者或者其他经营者与其进行交易，属于本条所称之“欺诈行为”。

一审法院认为，经营者有自主定价、差异化定价的权利，有权设定优惠活动，且并无义务将商品以市场最低价出售给消费者。本案中，被告在产品详情页提示“具体请以结算页面的标价、优惠条件或者活动规则为准”，表明最终价格以结算时的价格为准，已经尽到了明码标价的义务。此外，根据被告提交的交易记录，涉案商品标价为建议零售价，且相当长时间内为10 748元，实付款为建议零售价享受直降优惠之后的价格。原告并未提出相反证据证明被告在折价、减价前临时显著提高标示价格并作为折价、减价的计算基准，或者不履行价格优惠承诺，应当承担举证不能的不利后果。故在案证据不能证明被告以虚假折价、减价或者价格比较等使人误解的价格手段销售商品，不能认定其存在价格欺诈行为。对于原告主张三倍赔偿的诉讼请求，一审法院不予支持。

(2) 关于原告主张退货退款的诉讼请求。《消费者权益保护法》第25条规定，经营者采用网络、电视、电话、邮购等方式销售商品，消费者有权自收到商品之日起七日内退货，且无需说明理由。消费者退货的商品应当完好。对本条所称“完好”之判断，当事人有约定的依照约定，没有约定的，应当参照交易习惯。本案中，经营者在产品详情界面已经作出明确说明，激活后的手机不属于完好产品，不支持七天无理由退货，消费者应当对此有所注意。该格式条款内容符合电子产品市场的交易习惯，并未不合理地加重对方责任或限制、排除对方主要权利，应为有效。在案证据显示，原告退回的手机已经于2022年12月8日激活，故不属于《消费者权益保护法》第25条规定的“完好商品”，不能适用七天无理由退换规则。对于原告主张退货退款的诉讼请求，一审法院不予支持。故判决驳回原告赵某某的全部诉讼请求。

二审法院经审理认为，根据《最高人民法院关于适用〈中华人民共和国民事诉讼法〉的解释》第90条之规定，当事人对自己提出的诉讼请求所依据的事实或者反驳对方诉讼请求所依据的事实，应当提供证据加以证明，但法律另有规定的除外；在作出判决前，当事人未能提供证据或者证据不足以证明其事实主张的，由负有举证证明责任的当事人承担不利的后果。结合双方诉辩意见，归纳二审的争议焦点为：赵某某购买的涉案商品是否适用七日无理由退货的规定；是否应当支持赵某某所提三倍赔偿的诉讼请求。关于赵某某购买的涉案商品是否适用七日无理由退货的规定。根据《消费者权益保护法》第25条之规定，经营者采用网络、电视、电话、邮购等方式销售商品，消费者有权自收到商品之日起七日内退货，且无需说明理由，但下列商品除外：（1）消费者定作的；（2）鲜活易腐的；（3）在线下载或者消费者拆封的音像制品、计算机软件等数字化商品；（4）交付的报纸、期刊。除前款所列商品外，其他根据商品性质并经消费者在购买时确认不宜退货的商品，不适用无理由退货。同时，根据《网络购买商品七日无理由退货暂行办法》第20条第2款规定，一经激活或者试用后价值贬损较大的商品，网络商品销售者应当在商品销售必经流程中设置显著的确认程序，供消费者对单次购买行为进行确认；如无确认，网络商品销售者不得拒绝七日无理由退货。具体到本案，涉案手机属于前述规定的情形，即一经激活或者试用后价值贬损较大的商品。但是被告未能举证证明其在涉案商品的销售必经流程中设置了显著的确认程序供消费者对单次购买行为进行确认，未尽到提示义务，因此北京鹏某宝尊电子商务有限公司不得拒绝七日无理由退货。赵某某认为涉案商品应适用七日无理由退货的主张成立，二审法院予以支持。关于是否应当支持赵某某三倍赔偿的诉讼请求。民事欺诈行为是指一方在设立、变更、终止民事权利和民事义务的过程中，故意告知对方虚假情况，或者故意隐瞒真实情况，诱使对方作出错误的意思表示的行为。同时，经营者构成欺诈应当符合两方面条件：客观上欺诈方故意实施了欺诈行为，主观上受欺诈方因此作出错误意思表示，即消费者由于经营者故意的错误陈述、隐瞒真实情况陷入对商品的错误认识而作出意思表示。经审查，鉴于在案证据不能证明被告存在欺诈行为，故对赵某某的该项主张，不予支持。故作出二审民事判决：一、撤销北京互联网法院（2023）京0491民初5478号民事判决；二、赵某某于本判决生效后七日内将其所购“三某S22Ultra羽梦白12GB+512GB”手机一台退还给北京鹏某宝尊电子商务有限公司（运费由赵某某负担）；三、北京鹏某宝尊电子商务有限公司自收到退回商品之日起七日内返还赵某某支付的商品价款9148元；四、驳回赵某某的其他诉讼请求。

[案例解析]

根据《网络购买商品七日无理由退货暂行办法》规定，一经激活或者试用后价值贬损较大的商品可以不适用七日无理由退货规定。网络商品销售者应当在商品销售必经流程中设置显著的确认程序，供消费者对单次购买行为进行确认。同时规定，消费者退回的商品应当完好。消费者基于查验需要而打开商品包装，或者为确认商品的品质、功能而进行合理的调试不影响商品的完好。对超出查验和确认商品品质、功能需要而使用商品，导致商品价值贬损较大的，视为商品不完好。

手机属于电子电器类商品，一般情况下，此类商品的“完好”并非是“商品包装完好”。对于手机这类商品，消费者拆封、开机，才能确认商品的品质和功能，且拆封后不会导致商品品质发生改变，故单纯的包装拆封，不能成为网络商品销售者排除适用“七日无理由退货”规定的理由。

本案一审法院即认为，按照普通公众的一般认知，手机激活后不能再作为新机销售，价值贬损较大。上述贬值损失由网络商品销售者承担将导致消费者与网络商品销售者之间利益的重大失衡，极不公平。庭审中，原告认可其已将涉案手机激活，激活后的手机产生了数据类使用痕迹，涉案手机已经不完好，不能适用七日无理由退货规定。

但本案二审法院则明确，一经激活或者试用后价值贬损较大的商品，网络商品销售者应当在商品销售必经流程中设置显著的确认程序，供消费者对单次购买行为进行确认；如无确认，网络商品销售者不得拒绝七日无理由退货。涉案手机属于前述规定的情形，即一经激活或者试用后价值贬损较大的商品。但是被告未能举证证明其在涉案商品的销售必经流程中设置了显著的确认程序供消费者对单次购买行为进行确认，未尽到提示义务，因此被告不得拒绝七日无理由退货。

[规范指引]

《中华人民共和国消费者权益保护法》（2013年10月25日修正）

第二十五条 经营者采用网络、电视、电话、邮购等方式销售商品，消费者有权自收到商品之日起七日内退货，且无需说明理由，但下列商品除外：

（一）消费者定作的；

（二）鲜活易腐的；

（三）在线下载或者消费者拆封的音像制品、计算机软件等数字化商品；

（四）交付的报纸、期刊。

除前款所列商品外，其他根据商品性质并经消费者在购买时确认不宜退货的商品，不适用无理由退货。

消费者退货的商品应当完好。经营者应当自收到退回商品之日起七日内返还消费者支付的商品价款。退回商品的运费由消费者承担；经营者和消费者另有约定的，按照约定。

《网络购买商品七日无理由退货暂行办法》（2020 年 10 月 23 日修订）

第二十条第二款　符合本办法第七条规定的商品，网络商品销售者应当在商品销售必经流程中设置显著的确认程序，供消费者对单次购买行为进行确认。如无确认，网络商品销售者不得拒绝七日无理由退货。

第五章　网络消费纠纷中欺诈的认定

网络消费欺诈行为严重侵害消费者的知情权、公平交易权、安全权、个人信息保护权等合法权益，消费者作为弱势一方，往往面临举证困难、缺乏维权信息、维权程序烦琐、求偿难等问题。目前我国关于消费欺诈问题的规定散见于各个法律法规，对于网络消费欺诈的民事责任没有统一的规定。2022年3月1日，最高人民法院发布了《关于审理网络消费纠纷案件适用法律若干问题的规定（一）》，专门用两个条文规定了网络消费欺诈问题，对于治理网络消费的诸多乱象、统一法律适用，具有重要意义。如何使欺诈行为人承担相应的民事责任、保障消费者的合法权益是网络消费者权益保护中的重要问题，也关系到我国网络交易的安全与秩序，对优化营商环境、促进市场经济健康发展亦有重要影响。网络消费有别于传统消费模式的特殊性，使网络消费中欺诈行为的民事责任承担也具有特殊性。

从网络消费欺诈民事责任的主体和网络消费涉及的交易环节来看，与网络消费的消费者实现购买、使用商品或者接受服务的消费目的相关的经营者主要有四类，即销售商品或者提供服务的经营者、电子商务平台经营者、电子支付服务提供者和快递物流服务提供者。在这些网络消费相关主体间，有三个最为基本的合同法律关系，即“（1）网络交易平台提供者与销售者、服务者之间的网络交易平台服务合同；（2）网络交易平台提供者与消费者之间的网络交易平台服务合同；（3）利用网络交易平台的销售者、服务者与消费者之间的网络买卖合同或者网络服务合同”。这四类主体在网络消费的不同环节从事经营活动，都可能成为网络消费欺诈的民事责任主体，其负担的义务及违反义务应承担的责任有所不同，有必要进行类型化分析。

第一，销售商品或者提供服务的经营者。通过网络销售商品或者提供服务的经营者与消费者直接进行交易，双方形成合同关系，其欺诈行为直接对消费者造成损害，作为民事责任主体最具普遍性。销售商品或者提供服务的经营者向消费者提供商品或服务时，应当遵守诚信交易、公平交易、信息披露、隐私保护等义务。根据《电子商务法》第9条的规定，电子商务经营者包括通过互联网等信息网络从事销售商品或者提供服务的经营活动的自然人、法人和非法人组织。从事网络欺诈行为的销售商品或者提供服务的经营者，是最多见的网络消费欺诈责任主体，其中更多数的是入驻互联网平台的经营者。还有极少数经营者通过自建网站或者通过其他网络服务来销售商品或者提供服务，也能够成为网络消费欺诈的主体。

第二，电子商务平台经营者。电子商务平台经营者是进行交易的消费者与销售商品或者提供服务的经营者之外的第三方，它构建网络交易平台，供经营者与消费者开展交易活动，并提供交易撮合、信息发布等服务。平台往往对消费者一方提供免费服务，但对经营者一方通过提供排名搜索、展示广告等服务收取一定费用。平台经营者在为买卖双方提供在线交易相关服务并以此赚取利润的同时，也应当履行相应的准入审核、交易协助、监督等义务。网络平台与消费者之间也存在合同关系，这种合同的“法律性质为网络服务合同，电商平台为网络服务提供者，个人用户为接受电商平台网络服务的消费者，二者据此建立消费法律关系”。电子商务平台经营者作为多方信息的汇集者，对于弱势一方的消费者应履行更高的注意义务，并维护平台市场秩序。《民法典》第1194条、第1197条和《消费者权益保护法》第44条都规定了电子商务平台经营者的民事责任，其中包含实施网络欺诈行为的民事责任。《电子商务法》第26条至第46条则对电子商务平台经营者的义务作了详细的规定。电子商务平台经营者具有强大的平台监控能力和技术水平，拥有平台中交易的全部信息，由其履行准入监管和交易监督职责，有助于防控网络消费欺诈行为，减少监管成本，有效维护消费者权益。一些电子商务平台经营者也从事自营业务，即在自己的平台上销售商品或者提供服务。此时发生身份转换，电子商务平台经营者成为销售商品或者提供服务的经营者，在此过程中实施欺诈行为，则应依销售商品或者提供服务的经营者身份承担民事责任。

第三，电子支付服务提供者。在网络消费中，价款和报酬的支付安全与效率至关重要。电子支付为网络消费提高了支付效率，控制了交易风险，提供了极大的便利，与网络消费相伴相生，互相促进。中国互联网络信息中心发布的第51次《中国互联网络发展状况统计报告》表明，截至2022年12月，我国网络支付用户规模达9.11亿人，占网民整体的85.4%。根据《电子商务法》的规定，消费者享有电子支付方式的选择权，电子支付服务提供者应当保障消费者的知情权、公平交易权、获得免费对账服务权、支付安全保障权等权利。《电子商务法》第53条明确了电子支付服务提供者的告知义务。除了提供虚假信息、隐瞒真实信息等通常的网络欺诈手段，电子支付服务提供者在网络消费中还可能存在与经营者合作诱导消费者非自愿自动续费、自动订阅等行为，挪用客服预存的备付金等。国家市场监督管理总局发布的《网络交易监督管理办法》第18条规定了网络交易经营者提供自动展期、自动续费服务应负担的义务，电子支付服务提供者违背这些义务亦有可能构成欺诈，应承担相应的责任。

第四，快递物流服务提供者。快递物流服务提供者在网络消费中为经营者和消费者提供货物运输服务，承担保证货物完好无损、及时通知消费者物流信息、向消费者准时送达货物的义务。快递物流服务提供者存在无合理原因拖延派送、在消费者不知情的情况下替其签收等问题。在网络消费中，商品签收的时间往往是七天无理由退货的起算时间，甚至消费者预存在第三方支付平台中的款项被支付给经营者的时间。确保消费者真实、及时地签收商品，是保护消费者合法权益的重要制度，快递物流服务提供者在消费者不知情的情况下，违背其意愿替其签收的行为，存在构成欺诈的可能。[①]

关于网络消费欺诈民事责任的构成要件。一是欺诈行为。《最高人民法院关于适用〈中华人民共和国民法典〉总则编若干问题的解释》规定了认定欺诈的条件。网络消费欺诈行为既包括积极的作为，也包括消极的不作为。销售商品或者提供服务的经营者以积极的作为方式进行欺诈行为主要包括以下几种：（1）在商品描述页面提供虚假或引人误解的信息，使消费者对商品质量、功效等产生错误认识；（2）通过刷单、刷好评等营造虚假的用户评价，使消费者对商品质量和经营信誉产生错误认识；（3）通过虚假资质证明、印章等伪造经营身份，使消费者对经营者的资质产生错误认识；（4）经营者无合理原因单方拒绝与消费者进行交易，消费者支付后不发货；（5）以虚构原价、虚假优惠折价、谎称降价等方式实施价格欺诈等。经营者发布的信息完全虚假，较易认定为欺诈行为，有很多经营者发布的信息模棱两可或引人误解，则需结合交易习惯、大众的一般认识等个案衡量。消极的不作为方式的

① 参见扈芳琼：《网络消费欺诈的民事责任研究》，载《法律适用》2023年第8期。

欺诈行为主要是指经营者负有相关告知义务，而未履行或未充分履行告知义务，未披露应披露的信息，导致消费者受到损害的情形。《消费者权益保护法》第20条规定了经营者提供真实、全面信息的义务。第28条规定了网购、电视电话购物、邮购及金融消费等特定领域经营者的信息披露义务。我国法律对于经营者的信息披露义务的规定是粗框架的，以有限的列举加概括的方式进行规定，不够具体，在适用中可能出现解释上的困难，法律完善应当向具体化方向推进。电子商务平台经营者的平台服务业务与自营业务性质不同，根据《电子商务法》第37条第1款的规定，电子商务平台经营者负担法定的区分义务，应当以显著方式区分标记。如果电子商务平台经营者未依法进行区分标记，或者区分不够清晰，导致误导消费者，可以构成欺诈。电子商务平台经营者违反《电子商务法》第33条的规定，未在其首页显著位置持续公示平台服务协议和交易规则信息或者上述信息的链接标识，并保证经营者和消费者能够便利、完整地阅览和下载，造成消费者损害的，亦有构成欺诈的可能。电子支付服务提供者盗用消费者预存资金、不适当地自动续费、法定告知事项未告知或者告知不充分等，以及快递物流服务提供者不合理延迟或拒绝发货、虚构货物损坏原因等，都可能构成欺诈行为。

二是权益侵害。《消费者权益保护法》对欺诈民事责任的规定并非补偿性责任，突破了侵权责任以损害为要件的限制。《消费者权益保护法》规定的以消费者购买商品的价款或者接受服务的费用的三倍增加赔偿的规定，即不以消费者受到财产或者精神损害为要件。在网络消费欺诈场合，只要欺诈行为侵害消费者的权益，不要求造成消费者的利益损害，就能够成立赔偿责任。

三是因果关系。关于网络消费欺诈因果关系的判断，应采用盖然性因果关系说，或称为推定性因果关系说，即消费者只需证明其权益受侵害与经营者的欺诈行为具有某种关联，即可推定因果关系成立。这种推定可根据商品或服务的特性、交易习惯、生活经验、法理等作出。经营者可以提出反证，若经营者不能证明因果关系不成立，则应认定具有因果关系。

四是主观故意。网络消费中经营者与消费者的信息占有严重失衡，消费者的信息获取严重依赖于经营者的披露，经营者违反法定信息披露义务，通常即可认为经营者在主观上是故意的。所以，对于故意的成立通常不需专门加以证明。我国的相应立法在故意的认定上有一些客观化的倾向，有利于减轻受害消费者的举证责任，强化对消费者的保护。如《电子商务法》第38条第1款规定的“电子商务平台经营者知道或者应当知道……”《消费者权益保护法》第44条第2款规定的“网络交易平台提供者明知或者应知……”这里的“应当知道”“应知”，就是可以根据某些客观事实来推定认定的。①

一、消费者、经营者及其行为的认定

（一）消费者及消费行为的认定

39. 购买行为超出正常的生活消费范畴，可以认定系以营利为目的而购买案涉商品，非法律所保护的消费者

——张某诉韩某某信息网络买卖合同纠纷案

［案号］

（2022）粤14民终1589号

［案情简介］

原告张某于2022年4月9日，通过微信网络平台使用微信向被告韩某某处购买了8瓶虫草酒，并通过支付宝转账方式支付2224元的货款。原告付款后，被告使用申通快递向原告发货，原告于2022年4月12日收到货物。收到货后，原告发现所购买的货品外包装上无标签和说明书，未标明生产者的名称、地址、联系方式、产品标准代号、不适宜人群、所使用的食品添加剂在国家标准中的通用名称、生产许可证编号等法律、法规或食品安全标准规定应当标明的其他事项及存在将冬虫夏草作为普通食品原料的行为，原告认为被告向其销售的虫草酒属于不符合食品安全标准的食品，故诉至法院要求被告支付十倍赔偿款。

一审法院经审理认为，关于原告是否为消费者的问题。首先，从原告提供的其与被告微信聊天记录可知原告在向被告微信购买时，已经明确清楚产

① 参见扈芳琼：《网络消费欺诈的民事责任研究》，载《法律适用》2023年第8期。

品中含有冬虫夏草，于2022年4月12日收到货品之后，并于短时间内向法院起诉被告要求十倍赔偿；其次，结合法院查明的事实可知，截至2022年6月27日，原告在法院已就相应类别的食品的网络购物先后起诉立案十三宗买卖合同纠纷，其中多次向不同商家购买虫草产品并继而以商品存在缺少标签、标签内容不完整、在普通食品中添加冬虫夏草的食品安全问题为由起诉要求退货退款并要求十倍赔偿，可见原告的购买行为并非为生活消费需要，而是出于索取十倍赔偿营利的目的，法律法规和政策鼓励全民参与打击假冒伪劣商品，但原告此种以生活消费为名从中牟利，意图通过诉讼手段、以法院为工具获取大额利益的职业打假行为，不仅浪费了司法资源，也极大影响了司法的权威，给正常的市场秩序造成不良影响。原告的行为不符合消费者的购买行为，超出了正常的生活消费范畴，可以认定原告系以营利为目的而购买案涉商品，并非法律所保护的消费者，不属于《消费者权益保护法》和《食品安全法》规定的保护对象。故原告要求被告按照价款十倍承担惩罚性赔偿的责任，法院依法不予以支持。

二审法院经审理认为，《食品安全法》第148条第2款规定："生产不符合食品安全标准的食品或者经营明知是不符合食品安全标准的食品，消费者除要求赔偿损失外，还可以向生产者或者经营者要求支付价款十倍或者损失三倍的赔偿金；增加赔偿的金额不足一千元的，为一千元。但是，食品的标签、说明书存在不影响食品安全且不会对消费者造成误导的瑕疵的除外。"可见，向经营者主张十倍惩罚性赔偿的主体应当具有消费者身份，且经营者必须明知其所售食品不符合安全标准。根据《消费者权益保护法》第2条的规定，消费者是指为生活消费需要购买、使用商品或者接受服务的群体。就本案而言，经一审法院查明，上诉人张某因网络购买相应类别的食品在半年多的时间内先后向一审法院提起了十三起涉十倍惩罚性赔偿的买卖合同纠纷案件，可见其具有足以分辨食品安全的知识和技巧，其在短时间内频繁购买标签存在瑕疵的商品并以此提起惩罚性赔偿诉讼，明显与一般消费者为生活消费需要而购买不相符。据此，可以认定上诉人张某购买涉案商品不是以自身生活消费为目的，不属于正常的消费行为，其不具备消费者的主体资格。故驳回上诉，维持原判。

[案例解析]

本案争议焦点为张某是否可以基于其"消费者"的法律主体地位而获得

惩罚性赔偿。

《消费者权益保护法》第 2 条规定："消费者为生活消费需要购买、使用商品或者接受服务，其权益受本法保护；本法未作规定的，受其他有关法律、法规保护。"也就是说，本法所保护的是"为生活消费需要"而与相对人成立合同法律关系的当事人，那么，明晰原告的购买行为是否符合"为生活需要消费"是界定原告主体地位的关键所在。本案中，原告在一审法院就相应类别的食品的网络购物先后起诉立案十三宗买卖合同纠纷，其中多次向不同商家购买虫草产品并继而以商品存在缺少标签、标签内容不完整、在普通食品中添加冬虫夏草的食品安全问题为由起诉要求退货退款并要求十倍赔偿。由此，原告的购买行为实为其精准甄别后而作出，该行为内含牟利的目的，并非生活所需，严重扰乱了市场秩序。再者，从《消费者权益保护法》的立法宗旨与目的来看，本法所要保护的是买卖法律关系中处于相对弱势地位的当事人，也即消费者。本案中，原告具有足以分辨食品安全的知识和技巧，其非正常的"精准"购买行为有悖于对"弱势"的通常理解，显然不属于正常的消费行为，因此原告不具有法律所保护的"消费者"地位。

经营者所售商品仅存在标签上的瑕疵。本案中，还有一个细节值得关注，即原告是基于《食品安全法》第 148 条第 2 款的规定向法院请求十倍赔偿的，可此条但书中明确规定："但是，食品的标签、说明书存在不影响食品安全且不会对消费者造成误导的瑕疵的除外。"原告在与被告磋商时，已经明确清楚商品中存在冬虫夏草，不存在被欺诈、误导的情形，且原告没有证据证明该商品存在食品安全问题，仅是基于商品存在的标签瑕疵提起惩罚性赔偿，原告应当承担对食品安全举证不能的不利后果。再者，原告多次购买存在标签瑕疵商品的行为，具有以此牟利的主观心态，明显与正常消费者"为生活消费需要"的情况不符，违反本法所蕴含的诚信原则，因此，其消费行为不受该法保护。

最高人民法院出台了《关于审理食品药品纠纷案件适用法律若干问题的规定》，其中明确了食药领域的"知假买假"者也享有"消费者"的权利，此举将《消费者权益保护法》与《食品安全法》保护"消费者"的立法精神升华至维护经济秩序体系价值的高度，也就是说，国家鼓励此类群体积极打假，倒逼经营者重视食药安全、保护公民权益。但是，本案中原告并非"打假"（质量问题）而是"打瑕"，且原告以"消费者""为生活消费需要"为名，实将司法机关作为其牟利工具的行为，严重扰乱了司法秩序和市场经济秩序，违反了诚信原则。因此，本案中不得将原告的购买行为认定为“为生活消费需要”，进而其不属于法律所保护之“消费者”。故法院驳回原告诉讼请求具有事实及法律依据。

［规范指引］

《中华人民共和国消费者权益保护法》（2013 年 10 月 25 日修正）

第二条 消费者为生活消费需要购买、使用商品或者接受服务，其权益受本法保护；本法未作规定的，受其他有关法律、法规保护。

《中华人民共和国食品安全法》（2021 年 4 月 29 日修正）

第一百四十八条第二款 生产不符合食品安全标准的食品或者经营明知是不符合食品安全标准的食品，消费者除要求赔偿损失外，还可以向生产者或者经营者要求支付价款十倍或者损失三倍的赔偿金；增加赔偿的金额不足一千元的，为一千元。但是，食品的标签、说明书存在不影响食品安全且不会对消费者造成误导的瑕疵的除外。

《最高人民法院关于审理食品药品纠纷案件适用法律若干问题的规定》（2021 年 11 月 18 日修正）

第三条 因食品、药品质量问题发生纠纷，购买者向生产者、销售者主张权利，生产者、销售者以购买者明知食品、药品存在质量问题而仍然购买为由进行抗辩的，人民法院不予支持。

《最高人民法院关于适用〈中华人民共和国民事诉讼法〉的解释》（2022 年 4 月 1 日修正）

第九十条 当事人对自己提出的诉讼请求所依据的事实或者反驳对方诉讼请求所依据的事实，应当提供证据加以证明，但法律另有规定的除外。

在作出判决前，当事人未能提供证据或者证据不足以证明其事实主张的，由负有举证证明责任的当事人承担不利后果。

40. 购买案涉商品非系基于生活消费需要，不属于《消费者权益保护法》规定的“消费者”

——张某诉纪某希（上海）商贸有限公司杭州第一分公司买卖合同纠纷案

［案号］

（2018）浙民再532号

［案情简介］

原告张某明于2014年10月1日，在被告纪某希（上海）商贸有限公司杭州第一分公司（以下简称纪某希杭州分公司）购买皮包两个，单价15 900元。其中货号为BB05100014－610－NIL的皮包合格证上标注材质为牛皮革。经委托对上述货号皮包进行鉴定，国家毛皮质量监督检验中心出具检验报告载明，检验依据要求为材质名称、标注与产品所用材料相符；按3.1分类规定，单一产品使用的某类面层材料超过产品使用面层材料总面积的20%，应标注；面层材料90%以上使用头层皮革（头层移膜皮革除外），允许标注“真皮”；移膜皮革、剖层皮革材质应明确标注“移膜”“剖层”字样；使用多种成分复合制成的材料，其中皮革基体厚度不大于总厚度的60%，不能标注“皮革”。检验结果为该包面料材质为剖层皮革，未标注“剖层”字样（产品明示：牛皮革）；单项评价为不合格。经浙江省杭州市江干区市场监督管理局委托对上述货号皮包进行鉴定，国家皮革质量监督检验中心（浙江）出具检测报告载明，检测依据为ISO17131：2012标准、QB/T 1333—2010《背提包》，检测项目为标识，检测结论为不符合标准要求。2015年8月21日，浙江省杭州市江干区市场监督管理局作出（杭江）市管采罚处字〔2015〕030号行政处罚决定，以案涉皮包中文合格证中材质标注与检测结果不符、系以不合格产品冒充合格产品为由，责令纪某希杭州分公司停止销售；没收违法所得25 959.51元；罚款50 000元。2016年4月7日，张某明去世。同年7月4日，经江苏省南京市中级人民法院询问，张某明的父亲张某所、母亲任某青、配偶刘某佩、儿子张某墨均表示放弃张某明遗留的所有买卖合同维权案件中的权利，张某表示继承和参加张某明遗留的买卖合同维权案件。

一审法院经审理判决，被告归还原告货款 15 900 元，并赔偿原告 47 700元。

二审法院经审理认为，相关行政主管部门认定被告销售案涉皮包属以不合格产品冒充合格产品的行为，并据此作出行政处罚，该行政处罚并未被撤销且被告已经缴纳罚款。被告作为品牌的销售商，应保证其销售的产品合格及标识准确清晰、不会对公众造成误导。对于销售商而言，向其支付合理对价购买商品的主体应认定为消费者，购买目的的不同不能成为销售商虚假宣传、构成欺诈的正当对抗理由。因此，被告销售案涉皮包有欺诈行为，应承担商品价款三倍的赔偿责任。故判决驳回上诉，维持原判。

再审法院经审理认为，原告购买案涉商品非系基于生活消费需要。依据《消费者权益保护法》第 2 条，消费者为生活消费需要购买、使用商品或者接受服务，其权益受该法保护。判断行为人是否出于生活消费需要购买商品应当以行为人的外在行为表征综合加以判断。如前所述，原告在全国范围内涉及多起类似的诉讼，原告在购买案涉商品后，便径行委托鉴定机构采用破坏性方式对商品进行鉴定，并以此索要高额赔偿，张某明遗嘱中亦载明“其本人以及和他人合作所购买的全部问题商品及所打假维权索赔案件遗留给张某处理，处理后利润的 30% 遗留给其次子和妻子”，故张某明的前述行为和意思表示明显不符合生活消费需要的行为模式，其职业索赔特征明显。张某主张张某明购买案涉商品系出于馈赠亲友之需，无事实依据，不予采信。本案不应适用《消费者权益保护法》。对张某依据该法规定，要求被告按其购买商品价款的三倍增加赔偿所受损失的诉讼请求，不予支持。故撤销一、二审判决，驳回原告的诉讼请求。

［**案例解析**］

本案的争议焦点有二，一为被告向原告销售商品的行为是否构成“欺诈”？二为原告的购买行为是否属于“为生活消费需要”的情形？

第一，被告向原告销售商品的行为不构成欺诈。《最高人民法院关于适用〈中华人民共和国民法典〉总则编若干问题的解释》第 21 条规定：“故意告知虚假情况，或者负有告知义务的人故意隐瞒真实情况，致使当事人基于错误认识作出意思表示的，人民法院可以认定为民法典第一百四十八条、第一百四十九条规定的欺诈。”据此，“欺诈”行为在学理上可以分为积极欺诈与消极欺诈两种样态，前者为“故意告知虚假情况，致使当事人基于错误认识作出意思表示”；后者为“负有告知义务的人故意隐瞒真实情况，致使当事人基于错误认识作出意思表示”。但是，无论是“欺诈”行为的何种表现形式，都需使当事人（本案中为消费者）产生错误认识并基于此作出意思表示。也就是说，若当事人并不是因欺诈行为而产生错误认识或当事人从始至终从来没有产生过错误认识，那么，就不符合欺诈行为的构成要件。本案中，原告系以索赔为业，其购买假冒伪劣商品的主观心态并非基于经营者的欺诈行为产生错误认识，而是有意为之。因此，不符合法律关于“欺诈”行为构成要件的规定，被告亦不存在欺诈原告的行为。所谓“欺诈”行为，必然存在双方乃至多方当事人，不存在合同关系的情况下（持有或生产不合格产品），“可能构成欺诈行为的一方”无须承担民事责任，但仍有必要追究其行政责任。本案中，被告所售商品之行为虽不构成“欺诈”，但若其产品确有质量问题，则行政机关可依《行政处罚法》所规定进行处罚。

第二，原告的购买行为不属于“为生活消费需要”。《消费者权益保护法》第 2 条规定：“消费者为生活消费需要购买、使用商品或者接受服务，其权益受本法保护；本法未作规定的，受其他有关法律、法规保护。”再审法院在其判决书说理部分提道：“判断行为人是否出于‘生活消费需要’购买商品应当以行为人的外在行为表征综合加以判断。”也就是说，在认定当事人是否属于“为生活消费需要”时，应将视角凝于消费者的行为目的与行为特征，而非经营者。本案中，二审法院站在被告（经营者）的角度将“向经营者支付合理对价购买商品的主体”一概认定为消费者且认为“购买目的的不同不能成为销售商虚假宣传、构成欺诈的正当对抗理由”，该认定明显不妥，其在很大程度上架空了欺诈行为中“当事人基于错误认识而作出意思表示”的要件，将知假买假、非“为生活消费需要”的当事人统归为消费者，从而适用《消费者权益保护法》第 55 条惩罚性赔偿的相关规定，那么，相关条款将存在被滥用的风险。因此，认定行为人对于购买的商品或服务的目的是不是生活消费所需，则是认定该者应否受《消费者权益保护法》保护的一个重要依据。① 通过对本案原告在购买后不久便委托鉴定机构采用破坏性方式对商品进行鉴定的行为、遗嘱内容和原告购买本商品的意思表示等因素综合判断，其职业索赔牟利的意图明显，明显不符合正常消费者“为生活消费需要”的行为表征，不应适用《消费者权益保护法》。故再审法院认定事实清楚、适用法

---

① 参见马一德：《解构与重构：“消费者”概念再出发》，载《法学评论》2015 年第 6 期。

律准确，对类案判决具有较高的指导和借鉴价值。

［**规范指引**］

《**中华人民共和国消费者权益保护法**》（2013 年 10 月 25 日修正）

第二条 消费者为生活消费需要购买、使用商品或者接受服务，其权益受本法保护；本法未作规定的，受其他有关法律、法规保护。

第五十五条 经营者提供商品或者服务有欺诈行为的，应当按照消费者的要求增加赔偿其受到的损失，增加赔偿的金额为消费者购买商品的价款或者接受服务的费用的三倍；增加赔偿的金额不足五百元的，为五百元。法律另有规定的，依照其规定。

经营者明知商品或者服务存在缺陷，仍然向消费者提供，造成消费者或者其他受害人死亡或者健康严重损害的，受害人有权要求经营者依照本法第四十九条、第五十一条等法律规定赔偿损失，并有权要求所受损失二倍以下的惩罚性赔偿。

《**最高人民法院关于适用〈中华人民共和国民法典〉总则编若干问题的解释**》（2022 年 2 月 24 日）

第二十一条 故意告知虚假情况，或者负有告知义务的人故意隐瞒真实情况，致使当事人基于错误认识作出意思表示的，人民法院可以认定为民法典第一百四十八条、第一百四十九条规定的欺诈。

41. 购买商品的目的系提供给其他商业合作伙伴，并非消费目的，不属于消费者身份

——闫某某与北京华某视讯电子设备有限公司信息网络买卖合同纠纷案

［**案号**］

（2020）京 0491 民初 35309 号

［**案情简介**］

原告闫某某于 2019 年 12 月 20 日在被告北京华某视讯电子设备有限公司

（以下简称华某视讯公司）运营的京东商城“联某华某视讯专卖店”支付5514.99元购买10台服务器（联某 Lenovo thinksystem sr 系列 sr258 服务器酷睿 I3－81004 核 3.6G 主机 8G 内存＋2 块 4TB 硬盘），至 2020 年 9 月 23 日未发货，故诉至法院。被告华某视讯公司辩称：（1）本案订单未发货，涉案商品已停产，无法继续履行合同。（2）原告作为京东商城的用户，在注册时已同意并接受《京东商城注册协议》，该协议第 3 条第 3 款载明：销售商品展示仅仅是要约邀请，用户下单是向销售商发出的合同要约，在销售商将订单订购的商品从仓库直接向用户发出时（以出库为标志），视为用户与销售者就直接发出的商品建立了合同关系。本案中，从原告提供的证据“您的订单已进入第三方卖家仓库，准备出库”可知，本案所涉商品订单信息仅从京东平台发到被告处，被告仅仅是收到了原告的要约，并未将商品出库，亦未作出承诺的意思表示，故涉案订单合同未成立，原告要求被告继续履行合同承担损失无事实和法律依据。（3）涉案订单中的 10 台企业级服务器实际售价应为单价 9550 元/台，被告误标单价 550 元/台，标错的价格远远低于采购成本价格。接到原告订单信息后，被告发现涉案商品价格标错，2020 年 1 月 6 日及时通过京东平台反馈价格异常，原告一直未取消订单。

法院经审理认为，根据《电子商务法》第 49 条规定，电子商务经营者发布的商品或者服务信息符合要约条件的，用户选择该商品或者服务并提交订单成功，合同成立。当事人另有约定的，从其约定。电子商务经营者不得以格式条款等方式约定消费者支付价款后合同不成立；格式条款等含有该内容的，其内容无效。本案中，原告称其购买涉案商品的目的是提供给其他商业合作伙伴，显然并非消费目的，原告在本案交易中不属于消费者，不适用《电子商务法》第 49 条第 2 款的规定，根据该条第 1 款的规定，通常情况下，用户提交订单成功后合同即告成立，但当事人另有约定的，应从其约定。本案中，《京东违规订单处理规则》在京东商城网站进行了公示，在不违反法律法规的情况下应为有效，属于交易各方应当遵守的合同条款。该规则中对于违规订单情形及处理方式的内容，对交易各方具有约束力。根据查明的事实，可以认定本案交易存在该规则第 1 条第 4 项“商业使用为目的的订购行为”及第 9 项“购买商品或服务等数量超过正常生活消费需求的订购行为”的情形，属于该规则中认为构成违规订单的情形，按照该规则，被告可以取消订单，不发货。

［案例解析］

本案争议焦点为行为人以出卖（商业）为目的的购买行为是否具有“消费者”之法律主体地位。

根据《电子商务法》第49条第1款规定：“电子商务经营者发布的商品或者服务信息符合要约条件的，用户选择该商品或者服务并提交订单成功，合同成立。当事人另有约定的，从其约定。”原则上信息网络买卖合同在用户提交订单成功时，合同成立，但当事人另有约定的，合同成立时间应按照其约定。本案中，原、被告欲于京东商城的电子平台上成立合同法律关系，在不违反法律法规、违背公序良俗的情况下，平台所公示的相关规则应对买卖双方皆具有约束力，当事人在使用该平台购物时，已同意并接受平台规则，理应遵守。根据《京东商城注册协议》第1条第4项“商业使用为目的的订购行为”及第9项“购买商品或服务等数量超过正常生活消费需求的订购行为”的规定，原告主观非出于生活消费需求而是“商业目的”且购买数量明显超出正常数量，故涉案订单属于违规订单，经营者依规可以取消订单，不构成违约。《京东商城注册协议》第3条第3款规定：“销售商品展示仅仅是要约邀请，用户下单是向销售商发出的合同要约，在销售商将订单订购的商品从仓库直接向用户发出时（以出库为标志），视为用户与销售者就直接发出的商品建立了合同关系。”可见，原、被告的合同关系应在被告将商品向原告发出时成立，然因原告的恶意购买行为本案被告并未发出商品，合同未成立生效。

《消费者权益保护法》第2条规定：“消费者为生活消费需要购买、使用商品或者接受服务，其权益受本法保护；本法未作规定的，受其他有关法律、法规保护。”该条款明确表示，消费者之消费目的或动机是“为生活消费需要”，也就是说，非“为生活消费需要”则不能认定为该法所保护的消费者。然而，对于行为人主观心态的判断是较为困难的，因此，在认定时应根据当事人的购买行为、消费数量、通常情况下该商品的生活用途等客观事实，并结合诸如此类的可视化因素所流露出的主观意思进行综合性的判定。本案中，原告称其购买涉案商品的目的是提供给其他商业合作伙伴，显然，其具有以此牟利的主观心态，并非“为生活消费”。再者，其以低于市价近20倍的价格购买10台服务器，不符合通常消费者购买此类商品“为生活消费需要”的行为表征。无论是原告的主观意思还是其客观行为皆不符合《消费者权益保护法》关于消费者“为生活消费需要”从而购买、使用商品或接受服务的相关规定。故法院认定原告以提供给其他合作伙伴为目的购买涉案商品的行为不具有“消费者”的法律主体地位，不得适用《电子商务法》第49条第2款的规定。

综上，行为人购买商品的目的是生产经营（商业使用），不属于法律保护之“消费者”。

［规范指引］

《中华人民共和国电子商务法》（2018年8月31日）

第四十九条 电子商务经营者发布的商品或者服务信息符合要约条件的，用户选择该商品或者服务并提交订单成功，合同成立。当事人另有约定的，从其约定。

电子商务经营者不得以格式条款等方式约定消费者支付价款后合同不成立；格式条款等含有该内容的，其内容无效。

《中华人民共和国消费者权益保护法》（2013年10月25日修正）

第二条 消费者为生活消费需要购买、使用商品或者接受服务，其权益受本法保护；本法未作规定的，受其他有关法律、法规保护。

42. 对于知假买假人而言不存在主观上受到欺诈的情形，不宜将食药纠纷的特殊政策推广适用于所有消费者保护领域

——沈某某诉北京晨某迪科贸有限公司、北京万某丰商贸有限公司网络购物合同纠纷案

［案号］

（2018）陕0721民初356号

［案情简介］

原告沈某某于2017年12月19日，在被告北京晨某迪科贸有限公司（以下简称晨某迪公司）开办在天猫平台的店铺“圣某保罗晨某迪专卖店”下单

购买圣某保罗男士手包15个，颜色为咖啡色，单价398元，合计5970元，订单编号1142××××××9417。原告拍下商品后，随即通过支付宝向被告晨某迪公司支付价款5970元。2017年12月20日，被告晨某迪公司通过圆通快递向原告发货，2017年12月22日，原告在陕西省汉中市南郑区大河坎镇收到所购商品。被告北京万某丰商贸有限公司（以下简称万某丰公司）向原告出具了北京增值税普通发票6张，总额5970元。原告提交的商品交易快照显示，订单创建时该涉案商品网上页面描述为“圣某保罗男士手包真皮搭扣袋盖手拿包大容量头层牛皮商务手抓包潮”，商品ID：544382××××96，价格1528元，数量15个，颜色分类咖啡色等，下半部分宝贝详情描述：货号WA1602－469，质地：牛皮，颜色分类：浅咖啡色，皮革材料：牛剖层移膜革等信息。原告收到货品后，认为产品材料与宣传不符，遂将一个手包邮寄至温州市质量技术监督检测院检测，温州市质量技术监督检测院于2018年1月2日出具编号为FEP17120811的检测报告一份，显示受检男士手包表面材质为牛剖层移膜革。

一审法院经审理认为，被告晨某迪公司在网页中使用“头层牛皮、真皮”等字样对产品名称宣传易误导消费者作出错误的购买决策，有虚假宣传成分。故原告请求被告退还原告购物款的诉讼请求，依法予以支持。根据原告提交的交易快照可以看出，在宝贝详情一栏描述涉案商品皮革材料为牛剖层移膜革，与原告提交的检测报告结果一致，如实反映了涉案商品的真实情况，被告虽在涉案商品网页标题中存在虚假宣传行为，但现有证据不足以证明被告晨某迪公司对原告故意隐瞒真实情况，采取虚假或其他不正当手段欺骗消费者，使消费者的合法权益受到损害，因此不应认定被告晨某迪公司的行为构成欺诈行为。

二审法院经审理认为：关于二被上诉人作为经营者是否构成欺诈的问题。首先，上诉人沈某某一次性购买了15件涉诉手拿包，该数量超过普通消费者购买的件数，且沈某某在收到其所购买的产品后，认为该产品并非卖家向其说明的真皮材料时，怠于行使退货权利，却对该商品进行第三方鉴定，意图进行三倍索赔，其主观上是利用惩罚性赔偿为自己牟利。其次，该商品的宝贝详情中已明确该涉案产品皮革材质为牛剖层移膜革，而涉诉手拿包的合格证是经沈某某收到货物后发现的，并非被上诉人在售卖该手拿包之前向沈某某出示，故不存在上诉人沈某某主观上因受到欺诈而作出错误意思表示的情形。因此，认定二被上诉人构成欺诈的证据不充分。故判决驳回上诉，维持原判。

［案例解析］

本案的争议焦点为“知假买假”者是否可以基于“欺诈”行为请求经营者承担三倍惩罚性赔偿。

依据《消费者权益保护法》第55条第1款“经营者提供商品或者服务有欺诈行为的，应当按照消费者的要求增加赔偿其受到的损失，增加赔偿的金额为消费者购买商品的价款或者接受服务的费用的三倍；增加赔偿的金额不足五百元的，为五百元。法律另有规定的，依照其规定”的规定，经营者提供商品或者服务存在欺诈行为的，消费者依法可以诉请三倍赔偿。根据《最高人民法院关于适用〈中华人民共和国民法典〉总则编若干问题的解释》第21条规定：“故意告知虚假情况，或者负有告知义务的人故意隐瞒真实情况，致使当事人基于错误认识作出意思表示的，人民法院可以认定为民法典第一百四十八条、第一百四十九条规定的欺诈。”以买卖合同关系为例，“欺诈”行为之构成要件包含：（1）经营者具有欺诈故意；（2）经营者实施了欺诈行为（足以使人产生错误认知的行为）；（3）买受人产生错误认识；（4）买受人基于此错误认识作出意思表示（购买商品）。本案中，沈某某一次性购买了15件涉案商品，该数量明显超过普通消费者购买的件数，且沈某某在收到其所购买的产品后，认为该产品并非卖家向其说明的真皮材料时，怠于行使退货权利，却对该商品进行第三方鉴定，意图进行三倍索赔，其主观上是利用惩罚性赔偿为自己牟利。另外，沈某某并不是基于错误认识而作出成立买卖合同法律关系的意思表示，主观上没有产生错误认识。因此，被告不构成欺诈。

不宜将食药领域关于“知假买假”的特殊规定类推至其他领域。根据最高人民法院出台的《关于审理食品药品纠纷案件适用法律若干问题的规定》第3条规定：“因食品、药品质量问题发生纠纷，购买者向生产者、销售者主张权利，生产者、销售者以购买者明知食品、药品存在质量问题而仍然购买为由进行抗辩的，人民法院不予支持。”可以看出，人民法院对于“知假买假”者在食品、药品领域向经营者主张的合法权利为支持态度，但是否可以将食药领域的特殊规定广泛应用，学界持不同观点。支持广泛应用的学者认为，“知假买假”者行为有利于公共利益，可以弥补心存“非诉”“惧诉”

"怠于诉讼"的普通消费者与经营者信息不对称从而有失公平的情况。反对广泛应用的学者认为，对"知假买假"者食药领域的规定有其特殊性，食品、药品乃民生之本，关乎广大人民群众最直接、最根本之权益，应重拳出击，但在非食药领域鼓励"知假买假"者无疑助长了"钓鱼式"打假或敲诈勒索行为，极大地破坏了市场经济秩序和社会秩序，且"知假买假"者在浪费大量司法资源的同时也并未取得良好效果。

目前多数司法案例倾向后者之观点。首先，在进行个案审理时，应严格遵守法律规范，尤其是适用《消费者权益保护法》《食品安全法》等法律时，不可擅自类推适用，扩大经营者承担法律责任的边界，并且《最高人民法院办公厅对十二届全国人大五次会议第5990号建议的答复意见》明确指出"不宜将食药纠纷的特殊政策推广适用到所有消费者保护领域"，不然，其对于"食品、药品质量问题"的领域限定将变得没有意义。其次，"知假买假"事实上打击假冒伪劣商品和经营者欺诈行为的作用不大且极大地浪费了司法资源。最后，"知假买假"者不存在与经营者信息不对称的问题，保护"知假买假"者有悖于《消费者权益保护法》的立法宗旨。① 因此，不宜将食药领域关于"知假买假"的特殊规定类推至其他领域。本案中，沈某某购买涉案提包数量、售后鉴定等外在行为表征显然与正常消费者不符，系以牟利为目的的"知假买假"者，不属于法律保护的"为生活消费需要"之消费者，亦无理由适用食药领域的特殊规定。故不得适用《消费者权益保护法》相关规定。

[**规范指引**]

《中华人民共和国消费者权益保护法》（2013年10月25日修正）

第二条　消费者为生活消费需要购买、使用商品或者接受服务，其权益受本法保护；本法未作规定的，受其他有关法律、法规保护。

第五十五条　经营者提供商品或者服务有欺诈行为的，应当按照消费者的要求增加赔偿其受到的损失，增加赔偿的金额为消费者购买商品的价款或者接受服务的费用的三倍；增加赔偿的金额不足五百元的，为五百元。法律另有规定的，依照其规定。

经营者明知商品或者服务存在缺陷，仍然向消费者提供，造成消费者或

---

① 参见郭明瑞：《"知假买假"受消费者权益保护法保护吗？——兼论消费者权益保护法的适用范围》，载《当代法学》2015年第6期。

者其他受害人死亡或者健康严重损害的，受害人有权要求经营者依照本法第四十九条、第五十一条等法律规定赔偿损失，并有权要求所受损失二倍以下的惩罚性赔偿。

《最高人民法院关于适用〈中华人民共和国民法典〉总则编若干问题的解释》（2022年2月24日）

第二十一条 故意告知虚假情况，或者负有告知义务的人故意隐瞒真实情况，致使当事人基于错误认识作出意思表示的，人民法院可以认定为民法典第一百四十八条、第一百四十九条规定的欺诈。

《最高人民法院关于审理食品药品纠纷案件适用法律若干问题的规定》（2021年11月18日修正）

第三条 因食品、药品质量问题发生纠纷，购买者向生产者、销售者主张权利，生产者、销售者以购买者明知食品、药品存在质量问题而仍然购买为由进行抗辩的，人民法院不予支持。

（二）经营者及经营行为的认定

43. 主播私下带货行为应认定为经营者的经营行为，承担经营者责任

——王某诉许某、北京某科技有限公司网络购物合同纠纷案

［案号］

（2020）京0491民初7972号

［案情简介］

被告许某在某直播平台直播时称其有部闲置的二手手机（以下简称涉案手机）欲转让，原告王某当时正在许某的直播间观看直播，随即通过许某留下的微信号与其联系。许某称涉案手机已使用数月，功能完备，并应王某要求拍摄涉案手机“关于本机”页面信息发送给王某，双方约定转让价格为4000元，通过微信转账后快递发货。王某签收后认为涉案手机为假冒产品，要求退款退货，被许某拉黑。王某遂将相关情况投诉至直播平台，直播平台

接到投诉后对许某的账号进行封禁处理。在案件审理过程中，经协查涉案手机为仿冒产品。另查明，许某在直播过程中直播画面的右下方持续显示有“购物车”标志，销售模式为在其中设置第三方跳转链接将用户导流至其他电商平台进行销售。原告王某称，主播许某在直播平台直播时所出售的手机为仿冒 iPhone 的山寨机，与正版同型号苹果手机存在较大出入，且许某拒绝退货退款后将自己拉黑。其后向北京某科技有限公司投诉，该平台依照平台处罚规范对许某作出处罚，但许某仍然在平台直播。故诉至法院请求判令解除网络购物合同，被告许某退还货款并赔偿货款的三倍赔偿责任。被告许某辩称：出售手机的行为并非经常、持续、连续多次，不符合经营者的经营行为。故而仅出卖闲置物品不应该被界定为“经营者”，不能依照《消费者权益保护法》承担三倍赔偿的法律责任。

法院经审理认为，被告许某在直播平台发布过向第三方平台商品的跳转链接且在涉案直播时间段内直播间内持续挂有“小黄车”，属于利用主播身份为商家导流提供推广活动的行为，具有对外出售商品以获利的主观意图。《电子商务法》中将通过互联网等信息网络从事销售商品或者提供服务的经营活动的自然人、法人和非法人组织界定为电子商务经营者，同时《消费者权益保护法》与《电子商务法》均规定经营者要具备销售商品或提供服务这一要素。被告许某因在信息网络上出售商品，可以被认定为是上述两部法律所规制的经营者，具有经营者身份。被告通过直播将购机者引流至直播平台外的社交平台进行私下交易，利用主播身份导流进行流量变现，其满足主播与商品销售者的双重身份，此次直播带货行为应被认定为经营行为。涉案手机外观与实际使用情况存在明显差距，使用体验较差，被告许某在将手机转让前已实际使用该手机半个月时间，依常理应该对产品质量较为了解。然而许某在交易过程中明确告知原告王某涉案手机功能不存在问题，属隐瞒事实向原告王某告知虚假情况，王某因此陷入错误认识并支付相应价款。被告许某出售手机的行为符合欺诈行为的构成要件。故法院判令被告向原告王某退还购机款 4000 元，并赔偿原告王某 12 000 元。

［案例解析］

本案是全国首例直播带货案，当前我国直播行业正处于高速发展阶段，尽管政府部门出台了系列监管措施，但方兴未艾的行业发展仍然为法律规范的合理适用造成冲击与挑战。本案中，许某利用主播身份为商家导流，利用直播间粉丝的信任进行私下交易，其售卖假货行为对消费者权益构成损害。本案通过裁判明晰了主播与直播平台承担法律责任的界限，亮明司法对直播带货行为包容审慎的司法态度，受到社会各界的广泛关注，同时有力地促进了直播带货这一新兴业态持续健康发展。

直播带货是主播通过直播平台，使用直播技术对要出售的商品以现场讲解、试用等方式进行引流导购的新型销售模式，涉及销售、宣传、代言、引流，是社交、娱乐和电子商务的结合体，更融合了“直播”和“带货”两种形式。直播带货的影响力往往与主播个人知名度、受关注度、粉丝量、人脉以及在直播中呈现的个性与表达方式紧密相关。[①] 在直播带货的不同场景下，主播在直播中单纯以主播身份或以主播及销售者的双重身份从事带货行为，其法律地位和法律责任具有显著差别。

在一般的网络直播带货过程中，网络主播会在其直播间设置特殊链接入口进行导流，观看直播的网络用户通过该链接可直接进入商品销售平台，该销售平台可能属于直播平台本身，也可能是传统的电商平台如淘宝、京东等，这种情况下，一般会根据《广告法》等相关规定结合个案具体确认主播身份。但在一些特殊情况下，主播与商品销售者为同一主体，或销售者的员工作为主播进行产品宣传，此时网络主播兼具主播与电子商务经营者身份，主播应当承担法律规定经营者的相关责任。

本案的争议焦点为主播私下售卖商品的行为能否被认定为“经营者”，从而承担经营者责任。

第一，被告具有法律意义上的“经营者”主体身份。《消费者权益保护法》第3条规定：“经营者为消费者提供其生产、销售的商品或者提供服务，应当遵守本法；本法未作规定的，应当遵守其他有关法律、法规。”《电子商务法》第9条第1款规定：“本法所称电子商务经营者，是指通过互联网等信息网络从事销售商品或者提供服务的经营活动的自然人、法人和非法人组织，包括电子商务平台经营者、平台内经营者以及通过自建网站、其他网络服务销售商品或者提供服务的电子商务经营者。”综上，《消费者权益保护法》意义上的“网络平台经营者”所需要件有四：（1）主观上具有营利的目的；（2）提供生产、销售的商品或提供服务；（3）指向的相对人为“消费者”；

① 参见殷晓晨：《“直播带货”相关法律问题研究》，载《现代商贸工业》2020年第19期。

(4）通过互联网等信息网络从事经营活动的民事主体（自然人、法人、非法人组织)。本案中，原告购买涉案手机系“为生活消费需要”，符合“消费者”之主体身份。被告出售涉案手机的行为虽然并非经常、持续，但其利用主播的身份通过互联网直播平台推销涉案手机并与“消费者”私下交易，主观上有以此牟利的目的，符合上述法律关于“经营者”的规定。故可以认定被告为“经营者”。

第二，被告需承担“欺诈”行为的法律责任。《最高人民法院关于适用〈中华人民共和国民法典〉总则编若干问题的解释》第21条规定:“故意告知虚假情况，或者负有告知义务的人故意隐瞒真实情况，致使当事人基于错误认识作出意思表示的，人民法院可以认定为民法典第一百四十八条、第一百四十九条规定的欺诈。”基于本条款，“欺诈行为”的构成要件为:（1）行为人存在欺诈故意;（2）实施了足以使当事人产生错误认识的行为;（3）当事人产生错误认识;（4）基于此错误认识作出意思表示。本案中，被告在售卖涉案手机时已自用一段时间，对其真伪、缺陷理应清楚，但在其与原告磋商时，明确告知涉案手机“功能完备”，具有欺诈故意。原告信以为真，陷入手机功能完备的错误认识，并基于此认识购买手机。因此，被告符合欺诈行为的构成要件。根据《消费者权益保护法》第55条第1款“经营者提供商品或者服务有欺诈行为的……增加赔偿的金额为消费者购买商品的价款或者接受服务的费用的三倍……法律另有规定的，依照其规定”的规定，被告的“欺诈行为”应当承担法律责任，原告之诉请具有事实及法律依据，理应支持。

综上，被告具有法律意义上的“经营者”主体身份且其销售行为符合“欺诈”的构成要件，故法院所作判决事实清楚、适用法律准确，对于类案中“经营者”的认定具有指导意义。

［规范指引］

《中华人民共和国电子商务法》（2018年8月31日）

第九条第一款　本法所称电子商务经营者，是指通过互联网等信息网络从事销售商品或者提供服务的经营活动的自然人、法人和非法人组织，包括电子商务平台经营者、平台内经营者以及通过自建网站、其他网络服务销售商品或者提供服务的电子商务经营者。

《中华人民共和国消费者权益保护法》（2013年10月25日修正）

第三条　经营者为消费者提供其生产、销售的商品或者提供服务，应当遵守本法；本法未作规定的，应当遵守其他有关法律、法规。

第五十五条 经营者提供商品或者服务有欺诈行为的，应当按照消费者的要求增加赔偿其受到的损失，增加赔偿的金额为消费者购买商品的价款或者接受服务的费用的三倍；增加赔偿的金额不足五百元的，为五百元。法律另有规定的，依照其规定。

经营者明知商品或者服务存在缺陷，仍然向消费者提供，造成消费者或者其他受害人死亡或者健康严重损害的，受害人有权要求经营者依照本法第四十九条、第五十一条等法律规定赔偿损失，并有权要求所受损失二倍以下的惩罚性赔偿。

《最高人民法院关于适用〈中华人民共和国民法典〉总则编若干问题的解释》（2022 年 2 月 24 日）

第二十一条 故意告知虚假情况，或者负有告知义务的人故意隐瞒真实情况，致使当事人基于错误认识作出意思表示的，人民法院可以认定为民法典第一百四十八条、第一百四十九条规定的欺诈。

44. 在二手网络交易平台假借出售个人闲置物品的名义长期从事经营性销售活动，应认定为商业性经营行为，符合欺诈构成要件的，应承担欺诈责任

——高某诉杨某网络信息购物合同纠纷案[①]

[案情简介]

被告杨某在“闲鱼网”二手商品网络交易平台发布二手“某知名品牌无线耳机”的交易信息，称该无线耳机系其外出旅游时在官方专营店购买其他数码产品时赠送，全新正品，现闲置低价转让。高某获知该信息，向杨某确认该二手商品系全新官方正品后，通过二手商品网络交易平台与杨某达成交易。高某收到耳机后，发现该无线耳机系假冒产品，认为杨某销售行为构成

① 《最高人民法院 2022 年消费者权益保护典型案例》，载最高人民法院官网，https：//www. court. gov. cn/zixun/xiangqing/350961. html，最后访问日期：2024 年 9 月 3 日。

欺诈，遂向法院提起诉讼，请求判令杨某返还已支付的购物款并承担价款三倍的惩罚性赔偿责任。法院经审理查明，杨某销售的“二手商品”确系假冒产品，且杨某短时间内在某二手商品网络交易平台以同样宣传方式已销售同款无线耳机40余笔，交易金额超5万余元。

法院经审理认为，杨某在二手网络交易平台假借出售个人闲置物品的名义长期从事经营性销售活动，并以虚假宣传的方式销售假冒商品，致高某陷入错误认识，进而订立合同，形成交易，杨某行为应认定为商业性经营行为，其行为构成销售欺诈。高某主张杨某依据《消费者权益保护法》承担经营者责任，法院应予支持。故判令杨某退还高某已支付的商品价款并承担商品价款三倍的惩罚性赔偿。

［**案例解析**］

本案争议焦点为在二手交易平台长期出售闲置商品的行为能否被认定为法律所规定的“经营活动”，从而承担经营者责任。

第一，被告属于“经营者”。《反不正当竞争法》第2条第3款规定：“本法所称的经营者，是指从事商品生产、经营或者提供服务（以下所称商品包括服务）的自然人、法人和非法人组织。”《反垄断法》第15条规定：“本法所称经营者，是指从事商品生产、经营或者提供服务的自然人、法人和其他组织。”《消费者权益保护法》第3条规定：“经营者为消费者提供其生产、销售的商品或者提供服务，应当遵守本法；本法未作规定的，应当遵守其他有关法律、法规。”综上，《消费者权益保护法》虽并未直接对“经营者”的含义作出界定，但通过对该法体系理解及上述二法的相关规定，可以得出“经营者”包含以下特征：（1）从事商品生产、经营或者提供服务；（2）具有牟利、营利的目的；[①]（3）经营行为所指向的行为人为“消费者”。本案中，结合原告购买行为、购买数量等外在表征，认定其购买二手耳机的目的为生活使用，因此，原告属于《消费者权益保护法》所保护的“消费者”。被告在互联网交易平台发布二手无线耳机的出售信息，并长期假借“出售闲置”的名义售卖同款耳机40余笔，交易金额超5万元，主观具有强烈的营利目的，结合《电子商务法》第9条第1款规定：“本法所称电子商务经营者，

① 参见侯军、郑慧媛、夏海曼：《消费者保护视域下的惩罚性赔偿司法适用研究》，载《法律适用（司法案例）》2018年第6期。

是指通过互联网等信息网络从事销售商品或者提供服务的经营活动的自然人、法人和非法人组织……”被告行为应认定为“商业经营活动”，其在互联网平台出售二手耳机的行为属于法律所规定的“经营者”。

第二，被告构成“欺诈”。《最高人民法院关于适用〈中华人民共和国民法典〉总则编若干问题的解释》第21条规定：“故意告知虚假情况，或者负有告知义务的人故意隐瞒真实情况，致使当事人基于错误认识作出意思表示的，人民法院可以认定为民法典第一百四十八条、第一百四十九条规定的欺诈。”因此，经营者构成欺诈行为应当具备四个要件：（1）经营者有欺诈故意；（2）经营者实施了欺诈行为；（3）相对人产生错误认识；（4）相对人基于此错误认识作出意思表示。在具体认定时，由于欺诈故意是一种主观心理状态，消费者难以对此进行直接的证明，因此，应当从经营者在销售商品时是否尽到注意义务、具体的销售行为对消费者和经营者构成的影响、是否明知可能存在瑕疵而故意告知或放任等方面进行综合考察。① 本案中，被告称该无线耳机系其外出旅游时在官方专营店购买其他数码产品时赠送，全新正品，现闲置低价转让，系故意宣称虚假信息，意图使买受人陷入错误认识。而后，原告基于涉案商品为“全新官方正品”的信息作出购买的意思表示。因此，被告符合欺诈的构成要件。

综上，在清楚认定被告于二手网络交易平台销售商品系“经营者的商业经营活动”后，根据《最高人民法院关于审理网络消费纠纷案件适用法律若干问题的规定（一）》第7条规定以及《消费者权益保护法》第55条之规定，被告应承担“欺诈”的经营者责任。

[规范指引]

《中华人民共和国反不正当竞争法》（2019年4月23日修正）

第二条第三款 本法所称的经营者，是指从事商品生产、经营或者提供服务（以下所称商品包括服务）的自然人、法人和非法人组织。

《中华人民共和国反垄断法》（2022年6月24日修正）

第十五条第一款 本法所称经营者，是指从事商品生产、经营或者提供服务的自然人、法人和非法人组织。

---

① 参见侯军、郑慧媛、夏海曼：《消费者保护视域下的惩罚性赔偿司法适用研究》，载《法律适用（司法案例）》2018年第6期。

《中华人民共和国电子商务法》（2018 年 8 月 31 日）

第九条第一款　本法所称电子商务经营者，是指通过互联网等信息网络从事销售商品或者提供服务的经营活动的自然人、法人和非法人组织，包括电子商务平台经营者、平台内经营者以及通过自建网站、其他网络服务销售商品或者提供服务的电子商务经营者。

《中华人民共和国消费者权益保护法》（2013 年 10 月 25 日修正）

第三条　经营者为消费者提供其生产、销售的商品或者提供服务，应当遵守本法；本法未作规定的，应当遵守其他有关法律、法规。

第五十五条　经营者提供商品或者服务有欺诈行为的，应当按照消费者的要求增加赔偿其受到的损失，增加赔偿的金额为消费者购买商品的价款或者接受服务的费用的三倍；增加赔偿的金额不足五百元的，为五百元。法律另有规定的，依照其规定。

经营者明知商品或者服务存在缺陷，仍然向消费者提供，造成消费者或者其他受害人死亡或者健康严重损害的，受害人有权要求经营者依照本法第四十九条、第五十一条等法律规定赔偿损失，并有权要求所受损失二倍以下的惩罚性赔偿。

《最高人民法院关于适用〈中华人民共和国民法典〉总则编若干问题的解释》（2022 年 2 月 24 日）

第二十一条　故意告知虚假情况，或者负有告知义务的人故意隐瞒真实情况，致使当事人基于错误认识作出意思表示的，人民法院可以认定为民法典第一百四十八条、第一百四十九条规定的欺诈。

《最高人民法院关于审理网络消费纠纷案件适用法律若干问题的规定（一）》（2022 年 3 月 1 日）

第七条　消费者在二手商品网络交易平台购买商品受到损害，人民法院综合销售者出售商品的性质、来源、数量、价格、频率、是否有其他销售渠道、收入等情况，能够认定销售者系从事商业经营活动，消费者主张销售者依据消费者权益保护法承担经营者责任的，人民法院应予支持。

45. 平台未显著标示平台内经营者身份应承担平台经营者责任

——杨某诉北京某信息技术有限公司网络服务合同纠纷案

[案号]

(2018) 京 0491 民初 1623 号

[案情简介]

原告杨某于 2018 年 9 月 6 日，通过被告北京某信息技术有限公司经营的“×××网”预定促销酒店，即“2018 年 9 月 30 日入住，10 月 4 日离店，2 间 4 晚，三亚鹿岭海湾某国际大酒店鹿回头景观房（无早）”，并同时成功支付了酒店住宿的全部费用 464 元，得到了预定成功的短信确认。2018 年 9 月 6 日至 7 日，“×××网”客服人员电话通知原告：商家来电称满房，安排不了入住，希望协商取消订单，并提供补偿方案：换三亚其他酒店入住，本人入住，入离店时间不变，原单操作取消、退款，后续新入住的酒店提供发票和水单，“×××网”赔偿实际差价，但是差价不高于原单首晚房费的 100%（116 元）。原告表示再考虑一下。9 月 7 日，“×××网”客服人员又致电原告，原告本人按照原有入离店时间换三亚其他酒店入住，后续新入住的酒店提供发票和水单，被告赔偿不高于 764 元的实际差价，原告同意取消订单。随后“×××网”取消了订单，并将住宿费 464 元退还原告。订单取消后，原告通过“×××网”App 查询，三亚鹿岭海湾某国际大酒店 9 月 30 日入住、10 月 4 日离店的鹿回头景观房（无早）的最低单价为 378 元/间/天，原告重新预定同样房间入住的费用高达 3024 元。原告主张，作为互联网上的消费者，原告通过 App 预定并成功支付了促销的酒店订单，被告也短信确认预定成功。被告后续单方面以不恰当不真实的理由解除合同，若按原订单方案预订同一酒店将产生大额差价，因此与原订单的差价 2560 元应由被告赔偿。故诉至法院。被告辩称，原、被告之间系网络平台服务合同关系，原告通过被告提供的网络平台与商户达成酒店预订服务合同，原告主张的违约责任应该由其酒店预订服务合同的相对方承担。被告在网络平台上公示的酒店产品保障内容，是被告在并无法定责任的前提下，为保障消费者体验，主动承诺的平台保障条款，而不是代替商户承担违约责任。消费者到店前，供应商告知无法安排入住的，“×××网”将退还全部预订费用，并赔付消费者另行预订入住附近同等酒店房间的差价（不超过订单首晚房费的30%）。该保障内容系被告平台自发对消费者权益保障作出的承诺，而非被告要代替商户承担相关法律责任或者承担连带法律责任。此外，本案中合同系协商一致后解除，而非在未经原告同意的情况下单方解除。被告客服接到商户通知无房后，即与原告沟通补偿事宜，就合同解除及补偿方案于2018年9月7日达成一致意见，经原告同意后，被告才操作取消订单，订单款项已退回。被告告知原告，补偿方案待原告提供另行入住水单及发票后落实，而原告至今未提供。此处所述事实有被告提供的录音为证，原告在录音中的意思表示清晰准确。原告当庭否认并无合理理由。

法院经审理认为，作为网络商务平台的运营者与服务者，电子商务平台经营者应当以显著方式区分自营业务和平台内其他经营者开展的业务，不得误导消费者。本案中，被告未举证证明其在预订环节尽到了以显著方式区分不同业务的义务。在App预定页面，平台方并未明确标示服务经营者身份，造成了原告对服务提供者身份的误解。在预订成功后，“×××网”发送给原告的确认短信中提到“服务由艺某住提供”。但该提示内容并未明确地写明平台内经营者的真实名称，原告并不能通过这条确认短信获取经营者身份的相关信息，这造成了原告对于经营者身份的误解，无法判断该经营者属于平台自营还是第三方经营平台。因此，被告应当承担服务提供者的法律责任。在服务预定环节，被告并未能确定原告的订单是否得到了酒店的确认，在被告的举证证明中，也未证明该订单得到了酒店的确认，但依旧将未确认预定成功酒店的信息以短信的方式发送给原告。在后续的取消订单环节，自始至终未见酒店作出意思表示，被告方也没有证据证明取消订单的请求是酒店方发出的。因此，被告的行为将原告置于巨大的消费风险之中。因此，对被告提出的关于取消订单是由于商户原因造成的答辩意见，法院不予采纳。综上所述，被告在酒店预定订单的服务预定、服务确认、订单取消的各个环节中，都存有过错，并未尽到服务提供者的义务，已构成违约，应当对原告受到的经济损失承担相应的责任。故判令原告按照双方约定向被告提供水单和发票，被告收到水单和发票后赔偿原告不高于764元的实际差价。

[案例解析]

在电子商务平台的总体发展过程中，经历了独立平台到混合型平台的发展阶段。其中混合型商务平台既搭建网络交易空间，为第三方交易提供平台服务；又在其运营的交易平台上作为合同当事人的一方，参与商品与服务的交易。这种既展开自营业务又拓宽他营渠道的商务模式为市场带来了极大的活力。但是从监管的角度出发，这两种业务模式存在根本性的差异，法律上设置的权利义务也存在较大的不同。因此，无论是从保护消费者权益，还是从维护市场秩序的角度出发，两种业务模式相关法律的主体都必须做到明确的区分，以维护市场的正常运营模式，保障正常商业行为的良性运行。

本案争议焦点为平台经营者未显著标识平台"自营"与平台内"他营"是否要承担服务提供者的法律责任。

（1）厘清主体概念与客观事实。根据《电子商务法》第 9 条规定："本法所称电子商务经营者……包括电子商务平台经营者、平台内经营者以及……电子商务经营者。本法所称电子商务平台经营者，是指在电子商务中为交易双方或者多方提供网络经营场所、交易撮合、信息发布等服务，供交易双方或者多方独立开展交易活动的法人或者非法人组织。本法所称平台内经营者，是指通过电子商务平台销售商品或者提供服务的电子商务经营者。"由此，该法所规定的"电子商务经营者"包括电子商务平台经营者（北京某信息技术有限公司）；平台内经营者（某国际大酒店）。二者在符合条件的情况下皆可作为"经营者"承担经营责任，受到《消费者权益保护法》的约束。本案中，原告于被告经营的"×××网"预订促销酒店，后因价格产生纠纷，遂诉至法院。被告辩称其与原告间并无酒店服务合同关系，原告应请求某国际大酒店承担违约责任，被告并不是酒店服务合同的相对人，仅为平台经营者。换言之，被告认为客观上原告与某国际大酒店才是争议法律关系的当事人，其仅提供了平台的技术支持。

（2）被告为酒店服务合同关系的真实相对人。依据《电子商务法》第 37 条第 1 款规定："电子商务平台经营者在其平台上开展自营业务的，应当以显著方式区分标记自营业务和平台内经营者开展的业务，不得误导消费者。"平台经营者显著标识"自营"与"他营"意味着消费者在订立合同时，具有根据个人购物偏好、交易习惯等因素挑选合同相对人的权利，也就是说，消费者有权利知道"服务提供者"是平台经营者还是平台内第三方经营者。

结合本案，首先，被告作为电子商务平台的经营者，有义务以显著方式区分平台自营与第三方经营，避免以此模糊、干扰消费者的认知，从而损害消费者的选择权与知情权。然而，被告仅在短信中提及“服务由‘艺某住’提供”，但该提示内容并未清楚阐明平台内经营者的真实名称，原告并不能通过该条确认短信获取经营者身份的相关信息。也就是说，原告对合同相对人身份的误解是由于被告未尽到显著提示的义务造成的。其次，原告在准备预订酒店、确认酒店预订成功、订单取消的多个环节，一直是被告在与其沟通，实际扮演着合同相对人的角色并承担着合同所约定的义务。在此过程中，原告有理由相信其与平台经营者（被告）之间存在酒店服务合同关系而非平台内第三方经营者。《最高人民法院关于审理网络消费纠纷案件适用法律若干问题的规定（一）》第 4 条第 2 款规定：“电子商务平台经营者虽非实际开展自营业务，但其所作标识等足以误导消费者使消费者相信系电子商务平台经营者自营，消费者主张电子商务平台经营者承担商品销售者或者服务提供者责任的，人民法院应予支持。”当平台经营者违反法律规定的“自营”与“他营”的标识区分义务，从而使消费者产生对于合同相对人的错误认识，且客观上平台经营者又一直履行着相关义务，则其可以被认定为合同相对人，也即服务提供者。综上，本案被告属于法律规定的“服务提供者”，应当承担经营者责任。

本案判决认为，电子商务平台经营者应当以显著方式区分自营业务和平台内经营者开展的业务，不得误导消费者。上述案例判决之时《电子商务法》尚未正式实施，但自 2014 年 3 月 15 日起实施的《网络交易管理办法》第 29 条规定，第三方交易平台经营者在平台上开展商品或者服务自营业务的，应当以显著方式对自营部分和平台内其他经营者经营部分进行区分和标记，避免消费者产生误解。自 2019 年 1 月 1 日起实施的《电子商务法》第 37 条规定，电子商务平台经营者在其平台上开展自营业务的，应当以显著方式区分标记自营业务和平台内经营者开展的业务，不得误导消费者，《电子商务法》将上述规定上升至法律层面。

[规范指引]

《中华人民共和国电子商务法》（2018 年 8 月 31 日）

第九条第一款　本法所称电子商务经营者，是指通过互联网等信息网络从事销售商品或者提供服务的经营活动的自然人、法人和非法人组织，包括电子商务平台经营者、平台内经营者以及通过自建网站、其他网络服务销售商品或者提供服务的电子商务经营者。

第三十七条第一款 电子商务平台经营者在其平台上开展自营业务的，应当以显著方式区分标记自营业务和平台内经营者开展的业务，不得误导消费者。

《最高人民法院关于审理网络消费纠纷案件适用法律若干问题的规定（一）》（2022 年 3 月 1 日）

第四条 电子商务平台经营者以标记自营业务方式或者虽未标记自营但实际开展自营业务所销售的商品或者提供的服务损害消费者合法权益，消费者主张电子商务平台经营者承担商品销售者或者服务提供者责任的，人民法院应予支持。

电子商务平台经营者虽非实际开展自营业务，但其所作标识等足以误导消费者使消费者相信系电子商务平台经营者自营，消费者主张电子商务平台经营者承担商品销售者或者服务提供者责任的，人民法院应予支持。

二、欺诈及惩罚性赔偿的适用

46. 经营者将不能享受专柜保修服务的商品承诺为“行货”构成欺诈

——唐某某诉北京某卓越信息技术有限公司网络购物合同纠纷案

［案号］

（2015）三中民（商）终第 03660 号

［案情简介］

原告唐某某于 2012 年 9 月 1 日通过北京某卓越信息技术有限公司经营的 ×××网站下单购买 TITONI 梅花表 Cosmo 宇宙系列机械男表一只，优惠后价格为 12 228 元，被告在网站中承诺该手表系“正品行货”。2012 年 9 月 3 日，原告收到该货品并支付了上述价款。后原告发现该手表的保修卡上的销售商为巴林王国的一家手表店，且无法在专柜享受售后服务，无法进行全球联保，仅能由被告提供保修服务。被告称该手表系正品，并提供了采购合同、进口货物报关单以证明该手表来源合法，进口货物报关单中显示共计158只梅花手表的启运地区为中国香港，境内目的地为深圳，原产地瑞士，照章征税。故原告诉至法院，要求被告退货退款并三倍赔偿损失36 684元。

一审法院经审理认为，被告出售的梅花手表有合法的来源和报关手续，原告未能举证证明该手表系假货或“水货”，故驳回原告的全部诉讼请求。

二审法院经审理认为，涉诉商品作为全球知名品牌手表，其售后服务和质量保证情况属于重要的商品信息，系消费者选择和购买商品的重要参考。被告承诺该手表系“行货”，原告据此相信涉诉手表系能够享受与在专柜购买的同品牌、同款式手表相同售后服务和质量保证的正品手表，该理解符合交易习惯，亦符合普通消费者的认知。但实际上该手表不能享受专柜售后服务，仅由销售者被告提供售后服务。被告作为网站经营者，其明知上述情况，却仍将商品描述为“行货”，该描述足以构成对消费者的误导，属于诱使对方当事人作出错误意思表示的行为，故法院应认定被告的行为构成欺诈。

［案例解析］

本案的争议焦点为不能享受专柜保修的商品承诺为“行货”是否构成欺诈。

根据《最高人民法院关于适用〈中华人民共和国民法典〉总则编若干问题的解释》第21条规定：“故意告知虚假情况，或者负有告知义务的人故意隐瞒真实情况，致使当事人基于错误认识作出意思表示的，人民法院可以认定为民法典第一百四十八条、第一百四十九条规定的欺诈。”认定行为人构成欺诈的要件有四：（1）行为人存在欺诈的故意；（2）行为人实施了欺诈行为；（3）相对人陷入错误认识；（4）相对人基于此错误认识作出意思表示。根据欺诈行为的发生时间可以划分为缔约时欺诈与履约时欺诈，通常来说，虚假宣传和刻意隐瞒常常发生在缔约阶段，表现方式为语言文字、图片标识等具有描述性质的表达。[①] 本案中，被告称其所售涉案商品为“行货”，其目的就在于缔约磋商时使消费者产生错误认识。“行货”这个词并非法律用语，其与“水货”相对，所谓“行货”，是指经过合法的报关手续等正规渠道进

① 参见罗昆：《消费欺诈的认定及其私法效果》，载《当代法学》2023年第4期。

入国内市场的境外商品，其能在国内市场享受售后服务及质量保证。反之，“水货”则并不是通过正规渠道流入国内市场，并且不能在国内专柜享受售后服务的境外商品。因此，对于一般消费者而言，“行货”与专柜正品没有区别，从大众朴素认知的角度出发，“行货”几乎等同于正品，虽不是在专柜购买，但是可以在专柜享受保修、定期检查等售后服务。然而，涉案商品不仅无法在专柜保修，而且被告知只能在销售者（被告）处享受售后服务，不符合普通消费者对于“行货”的通常理解，因此，涉案商品并不是被告所称的“行货”。

对于欺诈行为的认定应根据其构成要件及欺诈人行为、对相对人产生的影响等外在表征综合判断。一审法院并没有清楚厘清“行货”的概念，且没有注意到涉案商品实际情况与被告宣传不符，因此在认定被告是否构成欺诈存在考虑不周的情况。本案中，被告作为电子平台销售者，其明知所售商品不是“行货”且不能在国内专柜享受保修服务，却仍将商品描述为“行货”，意图使消费者对涉案商品的性质产生错误认识，诱导其购买，主观上带有欺诈的故意，客观上以积极作为的形式实施了“欺诈行为”。进而，原告根据被告的宣传及描述产生了错误认识，并基于涉案商品为“行货”的错误认识作出了购买的意思表示。因此，被告符合欺诈行为的构成要件，原告之诉请具有事实及法律依据。

综上，经营者将不能享受专柜保修服务的商品承诺为“行货”构成欺诈，可以适用《消费者权益保护法》惩罚性赔偿的相关规定。

[规范指引]

《最高人民法院关于适用〈中华人民共和国民法典〉总则编若干问题的解释》（2022 年 2 月 24 日）

第二十一条 故意告知虚假情况，或者负有告知义务的人故意隐瞒真实情况，致使当事人基于错误认识作出意思表示的，人民法院可以认定为民法典第一百四十八条、第一百四十九条规定的欺诈。

47. 经营者明知二手手机的主板曾经过维修，仍将其宣传为“99新”进行售卖，构成欺诈

——蓝某某诉某科技公司信息网络买卖合同纠纷案

［案号］

（2022）浙01民终2581号

［案情简介］

被告某科技公司在京东平台开设网店，该店铺内销售有“【二手99新】华为HUAWEIMate30Pro麒麟990芯片4G/5G全网通二手手机”（以下简称涉案商品）。该商品介绍页显示99新手机为国行正品，全功能正常，屏幕或机身几乎无划痕，电池耗电正常，细微使用痕迹。2021年4月15日，原告蓝某某在前述页面下单购买涉案商品1部，支付价款3798.98元，但收货后在正常使用过程中发现手机屏幕出现一条竖线，于2021年8月7日联系被告客服将手机寄回售后维修，被告客服反馈手机屏幕线条是挤压或磕碰造成，属于人为原因，不属于店铺180天保修范围，要求原告付费维修。同年9月6日，原告将涉案商品自行送至华为授权服务中心维修，华为授权服务中心在维修过程中发现手机主板有焊接痕迹。原告为此支付维修费用1079元，遂以原告存在欺诈为由，起诉要求退货退款、三倍赔偿并赔偿维修费用。

法院审理后认为，涉案商品系二手商品，客观上与全新产品在外观、性能等方面存在一定差异，但该差异应与经营者所承诺的一致。被告宣传涉案商品为二手“99新”手机，按照一般消费者的理解，“99新”指的是成色、性能等接近于新机的手机，主板经过维修对手机的价值影响较大，不符合消费者对“99新”的认知。被告作为二手手机经营者，知道或应当知道涉案商品进行过主板焊接，但未将相关情况向消费者如实告知，侵犯了消费者的知情权，同时该虚假宣传行为导致原告基于错误认识而购买涉案商品，其行为已构成欺诈。原告据此主张被告退货退款、赔偿维修费用及惩罚性赔偿，符合法律规定，应予支持。遂判决，被告向原告退还货款3798.98元，赔偿维修费用1079元，并赔偿三倍价款11 396.94元。

二审法院审理后认为，被告作为卖家，有义务对交易标的的性状进行全

面的了解。且其为专业的二手手机经营者，相较于普通消费者，具有相应的能力、途径、方法掌握相关信息。主板焊接系肉眼可见的痕迹，被告又已确认其所售二手手机均经过了拆机检测，故其知道或应当知道涉案商品进行过主板焊接。被告以其拆机检测时并未出现主板焊接痕迹为由，主张其不可能也不应当能在销售时向原告披露相关信息，不予支持。遂判决，驳回上诉，维持原判。

[案例解析]

本案争议焦点为将主板存在问题的手机宣传为“99 新”是否构成欺诈。

（1）被告具有欺诈故意。根据《最高人民法院关于适用〈中华人民共和国民法典〉总则编若干问题的解释》第 21 条规定：“故意告知虚假情况，或者负有告知义务的人故意隐瞒真实情况，致使当事人基于错误认识作出意思表示的，人民法院可以认定为民法典第一百四十八条、第一百四十九条规定的欺诈。”行为人构成欺诈需具有主观上的故意，即故意告知或故意隐瞒，也就是说，行为人对于标的物（本案为二手手机）存在的问题或故障应为“明知”，若其不知晓标的物存在瑕疵，则当然不具有欺诈的主观故意。本案中，被告为专业的二手手机经营者，相较于一般手机经营者而言，应当具备更为专业的鉴别手机是否存在瑕疵或问题的能力，且被告称其所售二手手机均经过了拆机检测，那么，对于明显的主板焊接痕迹，其理应清楚手机主板存在故障。因此，“被告以其拆机检测时并未出现主板焊接痕迹为由，称其不可能也不应当能在销售时向原告披露相关信息”的相关主张并不能被依法采信，被告对于手机主板的焊接问题所持心态为“明知”，主观上具有欺诈消费者的故意。

（2）被告构成欺诈。行为人构成“欺诈”所需要件有二：一为行为人要具有主观欺骗他人的故意且实施了欺诈行为。综上所述，被告作为专业的二手手机经营者，并声称其所售二手手机均经过了拆机检测，因此，对涉案商品肉眼可见的主板焊接理应清楚。此外，被告设置商品介绍页宣传语，显示：“99 新手机，国行正品……”笔者认为，按照普通消费者的一般理解，所谓“99 新”应是无限接近于“新”，消费者的容忍限度实为不影响手机的使用价值及性能的轻微瑕疵，包括但不限于诸如细微划痕、轻微磨损等可以忽略的损耗。然而，涉案手机主板存在焊接，此种情况显然会大大影响手机的性能，从而降低消费者对于手机的使用价值与体验感。被告以“99 新”为名误导消费者，进行虚假宣传行为，具备欺诈的故意并具有欺诈行为。二为当事人陷入错误认识并基于此错误认识作出意思表示。本案被告实施的虚假宣传行为，侵犯了原告的知情权并使其产生手机为“99 新”的错误认识，原告基于此错误认识作出购买的意思表示。综上，被告符合欺诈行为的构成要件，根据《消费者权益保护法》第 55 条第 1 款规定：“经营者提供商品或者服务有欺诈行为的……增加赔偿的金额为消费者购买商品的价款或者接受服务的费用的三倍……法律另有规定的，依照其规定。”被告的“欺诈行为”应承担法律责任，原告之诉请具有事实及法律依据，理应支持。

[规范指引]

《中华人民共和国消费者权益保护法》（2013 年 10 月 25 日修正）

第五十五条 经营者提供商品或者服务有欺诈行为的，应当按照消费者的要求增加赔偿其受到的损失，增加赔偿的金额为消费者购买商品的价款或者接受服务的费用的三倍；增加赔偿的金额不足五百元的，为五百元。法律另有规定的，依照其规定。

经营者明知商品或者服务存在缺陷，仍然向消费者提供，造成消费者或者其他受害人死亡或者健康严重损害的，受害人有权要求经营者依照本法第四十九条、第五十一条等法律规定赔偿损失，并有权要求所受损失二倍以下的惩罚性赔偿。

《最高人民法院关于适用〈中华人民共和国民法典〉总则编若干问题的解释》（2022 年 2 月 24 日）

第二十一条 故意告知虚假情况，或者负有告知义务的人故意隐瞒真实情况，致使当事人基于错误认识作出意思表示的，人民法院可以认定为民法典第一百四十八条、第一百四十九条规定的欺诈。

48. 随意将行业内惯常的命名标准赋予其他含义，误导消费者，应认定构成欺诈

——张某某诉上海某公司信息网络买卖合同纠纷案[①]

［案情简介］

原告张某某于2021年5月在被告开设的网店中购买了两块“45D”加厚加硬高密度海绵沙发垫，购买时上海某公司介绍“45D”密度的海绵最硬，质量最好。收到货物后张某某发现硬度明显不够，便向客服反馈，但客服不予承认密度不达标，且拒绝退、换货或者补差价的协调方案。后张某某将案涉沙发垫送至北京市建设工程质量第四检测所进行密度检测，检测结果显示密度为38.2。张某某认为根据国家海关部门相关规定，聚氨酯海绵密度大于等于45为高密度，18～45为中密度，低于18为低密度，其购买的两块高密度海绵实为中密度海绵，认为被告的行为构成虚假宣传，故诉至法院，要求被告承担退一赔三责任。

一审法院经审理认为，在案证据能够认定双方建立了信息网络买卖合同关系。案涉产品为定制海绵，其在行业内区分的方法是以密度来划分，密度一般用“D”表示。在采购海绵类商品时，看到商家标注“45D”，一般会认为系对海绵密度的标示。上海某公司虽抗辩称店内所标示的“45D”仅是海绵型号，不涉及其他任何含义，但其作为海绵类行业的从业者，不可能对“45D”在该行业具有的特定含义不知晓。被告在设置商品分类时，故意使用容易让消费者混淆的数字符号，其目的明显系让消费者在购买时认为其所出售的海绵密度较高。因此，对于被告的该抗辩意见，一审法院不予采纳。案涉产品名称即为“高密度海绵”，被告标榜销售的系高密度海绵，但却未向消费者及法院提供与案涉产品密度相关的任何检测材料。原告所提交的检测报告显示案涉产品密度为38.2，与公开材料所介绍的密度大于等于45为高密度海绵的分类存在较大差距。因此，被告销售案涉产品时，以行业内惯常的命

---

① 《售卖海绵垫竟胡乱标注硬度蒙骗消费者 一公司构成欺诈被判退一赔三》，载中国法院网，https：//www.chinacourt.org/article/detail/2023/05/id/7284746.shtml，最后访问日期：2024年9月3日。

名标准对所销售的商品赋予其他含义，存在混淆消费者的故意，同时未提供证据证明其所销售的案涉产品符合“高密度”的标准，认定构成欺诈，故判决被告退还货款，赔偿原告6839.52元并支付检测费用300元。

二审法院审理后认为，根据本案查明的事实，被告使用“45D”“高密度”字样宣传案涉产品，却不能提供检测数据或其他证据证实上述产品宣传内容属实，考虑“45D”“高密度”极易令消费者误认为案涉产品已达到某种密度、质量标准要求，进而作出错误购买意思的可能性，法院认为一审据此认定被告的行为构成欺诈并无不妥，被告将“45D”解释为简单的产品型号的说法既缺乏相应事实依据，也难以信服，法院不予采纳。对于被告的上诉请求，法院不予支持。故二审法院维持了一审判决。

［案例解析］

近年来，随着互联网技术的快速发展，各类网络交易平台应运而生，网络购物已经成为人们日常生活中常用的消费方式。由于商品种类纷繁多样，消费者对其性能、质量等不可能有足够的了解，消费者获取的商品信息源于商品详情页面上的标注或者客服的答复，如果经营者提供虚假的信息，将会使消费者作出错误的判断，从而引发与本案类似的纠纷。

经营者向消费者提供有关商品或者服务的质量、性能、用途、有效期限等信息，应当真实、全面，不得作虚假或者引人误解的宣传。消费者因经营者利用虚假广告或者其他虚假宣传方式提供商品或者服务，构成欺诈的，消费者可以要求三倍赔偿。

本案争议焦点为将行业内惯常的命名标准赋予其他含义从而误导消费者是否构成欺诈。

（1）被告的抗辩理由不得被依法采纳。根据《消费者权益保护法》第20条第1款规定：“经营者向消费者提供有关商品或者服务的质量、性能、用途、有效期限等信息，应当真实、全面，不得作虚假或者引人误解的宣传。”由此，经营者在其经营活动中，不得以夸大用语、模糊用语等不真实的信息进行宣传，从而误导消费者。本案中，被告辩称，店内所标识的“45D”仅是海绵型号，不涉及其他任何含义，但“45D”标识在海绵行业却有特殊含义，“D”为密度，聚氨酯海绵密度大于等于45为高密度，18～45为中密度，低于18为低密度，因此，“45D”含义为高密度海绵，其并不是普通的名称，不可随意作为产品型号进行宣传。被告作为海绵类产品经营者，理应清楚

"45D"所代表的含义，却依旧将该标识作为商品分类的依据，故意使用容易让消费者混淆的数字符号进行宣传，将业内具有特定含义的标识进行歪曲解释，随意赋予该标识其他含义，主观带有混淆消费者认知的故意，意欲借此"模糊标识"诱导消费者购买密度并不达标的海绵。行业惯常名称，如本案涉及的数字字母符号（"45D"），对于该行业的从业者而言，其含义通常为约定俗成的概念或不争的事实，若单方面随意将其赋予其他含义，将会大大增加误导他人的可能性，有损公平、诚信的交易环境。因此，法院对于被告的抗辩理由不予采信的认定是准确的，具有事实及法律依据。

（2）被告构成欺诈。根据《最高人民法院关于适用〈中华人民共和国民法典〉总则编若干问题的解释》第21条规定："故意告知虚假情况，或者负有告知义务的人故意隐瞒真实情况，致使当事人基于错误认识作出意思表示的，人民法院可以认定为民法典第一百四十八条、第一百四十九条规定的欺诈。"欺诈行为的构成要件包括：①行为人具有欺诈故意；②行为人实施了欺诈行为；③受欺诈人产生错误认识；④受欺诈人基于此错误认识作出意思表示。本案中，涉案商品名为"高密度海绵"，可见被告意图向消费者传达其所售商品用料系高密度海绵的虚假信息，但原告提交的北京市建设工程质量第四检测所的检测报告显示，涉案商品海绵密度为38.2，用料系中密度海绵，与被告宣称的海绵密度不符，被告也并未就海绵密度是否符合宣传标准提供证据。同时，被告将行业内具有特殊含义的"45D"标识随意赋予其他含义进行宣传，具有诱导消费者使其产生错误认识的主观意图。原告基于被告上述宣传行为而相信涉案商品符合相关的密度、质量标准，进而作出购买的意思表示，符合欺诈的构成要件。因此，法院认定被告将行业内惯常的命名标准赋予其他含义从而误导消费者的行为构成欺诈，具有事实和法律的依据，可以适用《消费者权益保护法》三倍惩罚性赔偿的相关规定。

[规范指引]

《中华人民共和国消费者权益保护法》（2013年10月25日修正）

第二十条第一款 经营者向消费者提供有关商品或者服务的质量、性能、用途、有效期限等信息，应当真实、全面，不得作虚假或者引人误解的宣传。

《最高人民法院关于适用〈中华人民共和国民法典〉总则编若干问题的解释》（2022年2月24日）

第二十一条 故意告知虚假情况，或者负有告知义务的人故意隐瞒真实情况，致使当事人基于错误认识作出意思表示的，人民法院可以认定为民法典第一百四十八条、第一百四十九条规定的欺诈。

49. 经营者对重要商品信息披露不准确、不全面或者不明显，可认定其构成欺诈

——王某诉某电子商务公司、某电信公司买卖合同纠纷案

［案号］

(2016) 京03民终14124号

［案情简介］

原告王某于2015年5月17日在被告某电信公司经营的天猫商城网店某电信旗舰店购买“送钢化膜Apple/苹果iPhone 6Plus电信联通移动5.5寸公开版手机”一部，机身内存64GB，金色，价格6443元，某电子商务公司开具发票。王某收货后发现，某电信旗舰店网页宣传该苹果6Plus手机屏幕尺寸为5.5寸，但实际屏幕内屏只有4.2寸，且收到的发票开具单位为某电子商务公司，并非某电信公司，故原告认为被告某电信公司及某电子商务公司以虚假的信息为噱头和诱饵诱导消费者购买，欺诈消费者，违反公平公正原则。故诉至法院，要求被告退还货款6443元，三倍赔偿19 329元。

一审法院经审理认为，本案的争议焦点有二：一是某电子商务公司负责运营某电信旗舰店并出售苹果6Plus手机是否构成对消费者的欺诈；二是某电信旗舰店网页宣传显示苹果6Plus手机屏幕为“5.5寸”是否构成虚假宣传、欺诈消费者。就第一个争议焦点，一审法院认为，首先，依据庭审查明的事实，某电信旗舰店的实际所有者为某电信公司，但根据某电信公司与某电子商务公司签署的运营协议约定，某电子商务公司负责某电信旗舰店的具体运营，并有权自筹终端机进行销售，因此消费者在某电信旗舰店所购买到的手机，有可能出现销售者并非某电信公司的情况。对此，某电子商务公司应在编辑网络宣传页面时作出明确提示，以便消费者进行区分选择。根据法律规定，消费者享有知悉其购买、使用的商品或者接受的服务的真实情况的权利；消费者有权自主选择提供商品或者服务的经营者。本案中，根据庭审查明的

事实，某电子商务公司在其销售的苹果6Plus宣传页面中并未提示消费者注意到实际销售者为某电子商务公司，其宣传为某电信旗舰店已对消费者产生误导，该行为构成对消费者的欺诈，故王某主张某电子商务公司退还货款6443元并三倍赔偿19 329元的诉讼请求于法有据，法院予以支持。某电子商务公司退还价款的同时王某应将所购商品如数返还。因本案中买卖合同关系发生于王某与某电子商务公司之间，王某与某电信公司本身不存在买卖合同关系，故王某主张某电信公司退款并赔偿的诉讼请求缺乏事实及法律依据，法院不予支持。就第二个争议焦点，虽然某电子商务公司在宣传页面中标注为“5.5寸大屏幕”，但在该产品的规格参数中写明尺寸为5.5英寸，某电子商务公司将产品的实际单位“英寸”标注为“寸”，虽存在标注行为不够规范的情形，但不足以构成对消费者的误导，故王某主张某电子商务公司因此构成欺诈的诉讼请求缺乏事实依据，法院不予支持。王某主张误工费、交通费、打印费但无任何凭证，法院对该诉讼请求不予支持。综上，依据《消费者权益保护法》第8条、第9条、第20条、第55条之规定，判决如下：一、某电子商务公司于判决生效之日起十日内向王某退还价款6443元，并三倍赔偿原告王某19 329元；二、王某在收到上述价款及赔偿款的同时，应向某电子商务公司返还所购“送钢化膜Apple/苹果iPhone 6 Plus电信联通移动5.5寸公开版手机”一台；三、驳回王某的其他诉讼请求。如果未按判决指定的期间履行给付金钱义务，应当依照《民事诉讼法》第253条之规定，加倍支付迟延履行期间的债务利息。

二审法院经审理认为，首先，《消费者权益保护法》第8条第1款规定：“消费者享有知悉其购买、使用的商品或者接受的服务的真实情况的权利。”实际经营者是谁属于商品的重要信息，涉及企业信誉、售后服务等多方面问题。故知悉商品的实际经营者是消费者购买商品时的重要参考。经庭审询问，在涉诉商品的售后服务主体选择上确实存在容易给消费者造成混淆的情况，且售后服务存在差别。其次，因网店注册名称为某电信旗舰店，消费者有合理理由认为被告某电信公司为该网店的经营者，而被告某电子商务公司上诉主张其在正规发票样式上标注开具发票的单位为某电子商务公司，但是该信息并未足够明显地在网络宣传页面标注。并且，消费者难以从发票样式看出实际经营主体。故某电子商务公司在客观上隐瞒了商品的真实情况，消费者基于对涉诉商品经营者的错误认识而作出了购买商品的意思表示。因此，客观上某电子商务公司的销售行为存在欺诈。消费者难以对经营者的主观状态进行直接的证明，因此，应当从经营者在销售商品时是否尽到注意义务、具体的销售行为对消费者和经营者构成的影响，结合消费者的举证能力及案件的客观事实，综合推断经营者是否存在欺诈的故意。手机实际经营者对手机本身的质量保证以及售后服务有重要意义，某电子商务公司作为某电信旗舰店的实际经营者，其应当将影响消费者选择商品的重要信息告知消费者。此外，从行为效果上看，某电子商务公司未在网络宣传页面明确告知消费者其为某电信旗舰店的实际经营者，使消费者基于对某电信公司的品牌知名度以及售后服务方面的信任而陷入错误认识购买涉诉商品，客观上有利于提高其销量，可能给其带来更多的收益。故某电子商务公司存在主观上的故意和客观上的欺诈行为，本案可推定某电子商务公司的行为构成欺诈，原告要求某电子商务公司退还货款并三倍赔偿符合法律规定，法院予以确认。

［案例解析］

本案的争议焦点为某电子商务公司的销售行为是否构成欺诈。

（1）某电子商务公司具有欺诈故意。《最高人民法院关于适用〈中华人民共和国民法典〉总则编若干问题的解释》第 21 条规定："故意告知虚假情况，或者负有告知义务的人故意隐瞒真实情况，致使当事人基于错误认识作出意思表示的，人民法院可以认定为民法典第一百四十八条、第一百四十九条规定的欺诈。"根据上述规定，可以得出欺诈行为的构成要件为：①行为人具有欺诈故意；②行为人实施了足以使相对人产生错误认识的欺诈行为；③相对人陷入错误认识；④相对人基于此错误认识作出意思表示。所谓"故意"，其属于一个主观上的概念，为人的心理活动、状态，较难界定。但是，"故意"是可以通过客观行为表现出来的，即经营者的行为是受其主观意志支配的，因此，对"故意"的判断需结合经营者的行为，标准应适度客观化。[①] 线上经营者所表达的主观意思更为隐晦，那么，其发布的有关商品的名称、商品经营者、宣传语、图片标识等意图使不特定多数人关注的重要信息留存时间之长短，则能够直观反映其主观心态。本案中，原告在网店注册名为"某电信旗舰店"的线上店铺购买涉案商品，其有理由相信该店经营者为某电信公司，但该店铺的实际经营者为某电子商务公司。手机实际经营者对手机

---

① 参见扈芳琼：《网络消费欺诈的民事责任研究》，载《法律适用》2023 年第 8 期。

本身的质量保证以及售后服务有重要意义，某电子商务公司在其所售商品的宣传页面明确标明“某电信旗舰店”为手机经营者，且其并未向消费者披露、解释“某电子商务公司”与该线上店铺的关系，此行为具有时间上的跨度和持续性，主观上具有借“某电信公司”的品牌知名度混淆、干扰消费者的选择与认知的目的。因此，某电子商务公司具有主观的欺诈故意。

（2）某电子商务公司构成欺诈。《消费者权益保护法》第 8 条第 1 款规定：“消费者享有知悉其购买、使用的商品或者接受的服务的真实情况的权利。”对于消费者而言，实际经营者是与其意欲购买产品的质量、真伪、规格等重要因素密切挂钩的，在某种意义上讲，一家店铺背后的经营者是谁，是一件商品最重要的信息，其影响着消费者的购买欲望，从而影响店铺经营者的收益。本案中，某电子商务公司明知其将店铺命名为“某电信旗舰店”会引起消费者的误解，却仍然不对该信息做基本的披露和标识，具有主观欺诈的故意，客观上实施了欺诈行为。原告基于某电信公司的品牌影响力，误以为该店铺为某电信公司经营，从而基于此错误认识购买涉案商品。因此，某电子商务公司符合欺诈的主观及客观要件，可以认定为欺诈。

综上，经营者对重要商品信息披露不准确、不全面或者不明显，符合欺诈构成要件的，可以认定为经营者欺诈，适用《消费者权益保护法》关于惩罚性赔偿的相关规定。

［规范指引］

《中华人民共和国消费者权益保护法》（2013 年 10 月 25 日修正）

第八条第一款 消费者享有知悉其购买、使用的商品或者接受的服务的真实情况的权利。

《最高人民法院关于适用〈中华人民共和国民法典〉总则编若干问题的解释》（2022 年 2 月 24 日）

第二十一条 故意告知虚假情况，或者负有告知义务的人故意隐瞒真实情况，致使当事人基于错误认识作出意思表示的，人民法院可以认定为民法典第一百四十八条、第一百四十九条规定的欺诈。

50. 食品标签不合格但不产生食品安全影响的，不适用惩罚性赔偿，符合欺诈构成要件的，可认定为欺诈

——周某某诉某信息技术（上海）有限公司买卖合同纠纷案

［案号］

（2016）沪0115民初28093号

［案情简介］

原告周某某诉称：原告基于对被告网络购物平台的信任，在被告标注为自营的网店处购买了“海沛仕系列葡萄酒”，共计消费4361.60元，其酒瓶标签上显示为原料：葡萄汁100%（含微量二氧化硫），原产国：法国，外文：PRODUITDEFRANCE，生产日期为2014年4月18日、2015年7月。嗣后，原告投诉至上海市酒类专卖管理局，经检验判定上述产品不合格、不符合国家食品安全标准，严重违反国家法律法规的规定。由于上述涉案产品在产品标签中的配料表一栏均标注了“含微量二氧化硫”，但均未标注二氧化硫的具体含量，已违反食品安全国家标准及食品安全国家强制性标准GB 7718—2011第4.1.4.2条等规定。上述产品标示了原产国为法国，但实际并不是在法国成为最终产品，而是在国内灌装制造，因此标签中原产国和外文标示的内容不真实、不准确，也没有标示“过量饮酒有害健康”，容易造成消费者的误解，从而对消费者的身体健康造成损害，属于不符合食品安全标准的产品。故起诉要求：（1）被告基于违反食品安全规定退还原告货款4361.60元，并给予十倍赔偿金43 616元。（2）判令被告基于欺诈退还原告货款4361.60元，并给予三倍赔偿金。

法院经审理后认为，原告在被告处购买涉案葡萄酒，共支付4361.60元，被告完成发货义务，双方之间成立买卖合同关系，合同依法成立并生效。本案的争议焦点在于：（1）被告销售的葡萄酒是否属于违反我国食品安全标准的不安全食品？（2）被告销售的葡萄酒瓶身标示的原产国问题是否构成欺诈？

关于争议焦点一，涉案产品标示“含微量二氧化硫”，参照《预包装食品标签通则》及卫生部门发布的相关问答的规定，2013年8月1日以后生产、进口的使用食品添加剂二氧化硫的葡萄酒，应当标示为二氧化硫或标示为微

量二氧化硫及含量。因此，涉案产品的标签标示不符合食品安全标准中关于标签标示的规定，被告作为销售商，对其销售食品及其标签负有审核、注意的义务，现涉案产品存在明显的标签标示瑕疵，不符合上述食品安全标准，按照相关法律规定，经营者应承担退货、更换等义务，审理中被告同意原告的退货请求，故原告要求被告退还货款 4361.60 元的请求法院予以支持。鉴于原告已将涉案三种葡萄酒各七瓶送检，原告应将送检之外剩余的葡萄酒全部退还给被告。根据原、被告提交的检测报告，涉案产品中的成分及含量并未违反相关食品安全国家标准，上述标签标示的瑕疵尚不影响食品安全。原告称涉案产品对特殊过敏人群存在危害，法院认为，《预包装食品标签通则》虽然规定应标注具体含量，但该食品安全标准系针对食品标签标识的统一规范，如食品标签违反食品安全标准的规定，也并不必然产生食品安全的实质性影响。本案原告已向酒类管理部门进行投诉，对于食品标签瑕疵问题应由相关行政部门予以处理。原告主张赔付十倍赔偿金，但未举证证明饮用涉案葡萄酒会对其产生损害，根据立法本意，食品标签不合格但不产生食品安全影响的不适用惩罚性赔偿，故原告的上述请求缺乏事实及法律依据，法院不予支持。

关于争议焦点二，根据《食品安全法》及相关食品安全标准、文件的规定，进口预包装食品应标示原产国或原产地区的名称，是指食品成为最终产品的国家或地区名称，包括包装（或灌装）国家或地区名称。法院认为，本案中被告对原产国的标示具有欺诈故意，从主观上而言，被告作为葡萄酒销售商，在引进和销售预包装葡萄酒时理应注意到“原产国”这一用词的特殊性、法律规定以及国家标准，应当以客观真实的文字介绍葡萄酒液从国外进口、在国内灌装形成最终产品的过程。被告确认涉案葡萄酒系国内灌装，但瓶身标注“原产国：法国”以及外文“PRODUITDEFRANCE”的中外文标示明显与我国关于原产国的规定不符，被告对此未予以注意和及时更正。关于葡萄酒的进口来源，被告仅提交系争葡萄酒中的一种酒类进口材料，未能提交完整进关材料，系对于所销售的葡萄酒未尽到审核义务。由于原产地直接进口的葡萄酒与国内灌装葡萄酒在品质、价格有所不同，消费者对进口葡萄酒存在主观偏好，商家对于原产国的不实描述在市场销售环节有较大影响，因此被告对标签标示瑕疵的放任行为具有误导消费者的主观过错。从客观后果来看，涉案葡萄酒瓶身对于产地的中文、外文介绍均指向为法国生产制造，容易使消费者陷入葡萄酒系原装进口的错误认识。即便葡萄酒瓶身标示了监制商、进口灌装商等信息，但未明确生产和灌装的形成地和具体过程，对于原产国的介绍使消费者产生错误认识的可能系客观存在。因此，法院认定被告销售涉案葡萄酒存在欺诈故意，容易产生误导消费者的后果，原告要求三倍赔偿金的主张于法有据，法院予以支持。故判令被告退还原告货款4361.60元，并赔偿原告13 084.80元。

［案例解析］

本案的争议焦点有二，一为标签存在瑕疵的食品是否适用惩罚性赔偿？二为标签存在标识不准确的情况是否构成“欺诈”？

（1）标签瑕疵在不影响食品安全的情况下不适用惩罚性赔偿。根据《食品安全法》第148条第2款规定，“生产不符合……食品安全标准的食品，消费者除要求赔偿损失外……但是，食品的标签、说明书存在不影响食品安全且不会对消费者造成误导的瑕疵的除外”。消费者对于购买的不符合安全标准的食品有权依法请求生产者、经营者给予惩罚性赔偿，但是，食品标签存在瑕疵且不会影响食品安全、不会误导消费者的除外。可见，《食品安全法》的立法目的是“保证食品安全，保障公众身体健康和生命安全”，是回应社会对食品安全深深的忧虑与不安，关注的焦点只在于保障食品本身的安全与公众的生命健康权，[①] 也就是说，若标签、说明书存在的瑕疵不足以危害到公众的生命健康，其就不属于食品本身的安全问题，进而不属于《食品安全法》的约束范围，则消费者就不能适用该法惩罚性赔偿的相关规定。本案中，原告基于对被告网络购物平台的信任，在被告标注为自营的网店购买涉案商品，双方基于自愿、平等的原则成立合同法律关系。涉案商品标签处仅标识“含微量二氧化硫”未标明具体含量，的确违反食品安全标准中关于标签标示的规定，但在国内外生产红酒的过程中通常都会添加二氧化硫，且原料表中已经明确标注仅含“微量二氧化硫”，微量是指含量非常低，作为一般的红酒消费者，此处标签瑕疵明显不存在误导其认知的情形，原告作为具备完全民事行为能力的理性人，对所购买产品的参数应有基本的合理判断，其亦不存在被此处标签瑕疵所误导从而影响其作出缔结合同法律关系的意思表示。再者，

① 参见李硕：《食品安全领域“知假买假”问题再讨论》，载《河南大学学报（社会科学版）》2023年第1期。

根据原、被告提交的检测报告，显示涉案产品中的成分及含量并未违反相关食品安全国家标准且上述标签标示的瑕疵不会损害公众的生命健康权。因此，从立法目的角度出发，标签瑕疵在不影响食品安全的情况下不适用惩罚性赔偿；从条款本身来看，原告不存在被误导的情形且该瑕疵不会影响消费者的生命健康权，亦不适用惩罚性赔偿。

关于被告“标签标识”的违规行为，原告可以依法向行政机关投诉或举报，由相关的行政部门进行管理。

（2）被告构成欺诈。根据《最高人民法院关于适用〈中华人民共和国民法典〉总则编若干问题的解释》第 21 条规定：“故意告知虚假情况，或者负有告知义务的人故意隐瞒真实情况，致使当事人基于错误认识作出意思表示的，人民法院可以认定为民法典第一百四十八条、第一百四十九条规定的欺诈。”欺诈行为的构成要件为：（1）行为人有欺诈故意；（2）其实施了欺诈行为；（3）相对人陷入错误认识；（4）其基于此错误认识作出意思表示。根据《〈预包装食品标签通则〉（GB 7718—2011）问答（修订版）》第 56 条第 5 款规定：“进口预包装食品的原产国国名或地区区名，是指食品成为最终产品的国家或地区名称，包括包装（或灌装）国家或地区名称。进口预包装食品中文标签应当如实准确标示原产国国名或地区区名。”因此，即使是在国外生产的半成品、成品，只要是在国内包装或罐装使其成为“产品”，那么该产品标签上就应该如实、准确地标明。本案中，被告承认涉案红酒是在国内完成罐装，但瓶身却标注“原产国：法国”以及外文“PRODUITDEFRANCE”的中外文标示，与我国关于“原产地”的规定不符。被告作为红酒销售者，理应清楚上述事实及相关法律规定，其却长时间未对标签进行更改，由此，被告的放任行为其实是源于“原产地：法国”所具有的影响力与知名度，从而使其提升销量、增加收益。因此，被告主观上具有以此误导消费者购买的欺诈故意，客观上实施了欺诈行为。对于一般的红酒消费者而言，原产地、酒庄的不同直接影响其购买的欲望和偏好。“原产地：法国”的标签标识足以使原告产生错误认识，并基于此认识作出错误的意思表示。综上，被告的行为符合欺诈的构成要件，原告第二项诉请可以支持。

［规范指引］

《中华人民共和国食品安全法》（2021 年 4 月 29 日修正）

第一百四十八条第二款 生产不符合食品安全标准的食品或者经营明知

是不符合食品安全标准的食品，消费者除要求赔偿损失外，还可以向生产者或者经营者要求支付价款十倍或者损失三倍的赔偿金；增加赔偿的金额不足一千元的，为一千元。但是，食品的标签、说明书存在不影响食品安全且不会对消费者造成误导的瑕疵的除外。

《最高人民法院关于适用〈中华人民共和国民法典〉总则编若干问题的解释》（2022 年 2 月 24 日）

第二十一条 故意告知虚假情况，或者负有告知义务的人故意隐瞒真实情况，致使当事人基于错误认识作出意思表示的，人民法院可以认定为民法典第一百四十八条、第一百四十九条规定的欺诈。

51. 消费欺诈中关于消费误导的认定，涉及消费者购买时的决策因素，其判断标准应结合案件的实际情况综合认定

——孙某与南康区某家具销售部网络购物合同纠纷案

［案号］

（2023）京 04 民终 493 号

［案情简介］

2022 年 8 月 22 日，孙某在抖音“×家居”订购了“真皮床”1 件，共支付 1798 元。到货安装后，发现收到的是普通排骨床，而不是自己下单的框架床。此外，床与商家宣传照片均存在多处差异。南康区某家具销售部在抖音平台的商品介绍中对床品进行宣传时，商品详情图和规格未如实描述真实情况，故意告知消费者虚假情况，主观上存在欺骗消费者的故意，孙某出于对宣传链接图片的信任购买了床。安装的床品与产品宣传图示、说明存在多处明显不符，部分内容如床的排骨架样式、箱体开合方式、结构样式和做工已严重偏离商品真实情况。某家具销售部的行为严重侵害了消费者的知情权和选择权，令孙某购买前陷入错误认识，构成欺诈。依据《消费者权益保护法》，网络购物中，经营者向消费者提供商品或服务，应当诚信经营，保证商

品或服务质量，不做虚假宣传，否则将承担相应的法律责任。

一审法院认为，《最高人民法院关于适用〈中华人民共和国民事诉讼法〉的解释》第90条规定："当事人对自己提出的诉讼请求所依据的事实或者反驳对方诉讼请求所依据的事实，应当提供证据加以证明，但法律另有规定的除外。在作出判决前，当事人未能提供证据或者证据不足以证明其事实主张的，由负有举证证明责任的当事人承担不利的后果。"孙某在某家具销售部运营的抖音店铺购买涉案床，双方构成信息网络买卖合同法律关系。根据孙某起诉理由，其系以某家具销售部在商品销售页面使用箱体床图片误导消费，构成欺诈为由，主张退货退款，并由某家具销售部承担三倍赔偿。但根据在案证据，孙某系通过进入某家具销售部抖音店铺直播间，在直播页面小黄车中选定涉案商品，而某家具销售部在直播过程中已明确告知，消费者若想将其店铺销售的框架床升级为箱体床，需统一加拍15号商品链接。涉案商品销售页面虽展示有箱体床图片，但同样展示有框架床图片，且"规格参数"处明确标明该商品链接指向的床不带储物空间。加之，孙某下单前，某家具销售部应孙某要求向其发送的床外观图片亦为框架结构，且送货前与孙某确认的订单名称中亦注明"框架结构"。故综合考量前述证据，孙某仅以某家具销售部在商品销售页面使用箱体床图片，进而主张某家具销售部欺诈，显然依据不足，难以成立。本案一审审理过程中，孙某另提出某家具销售部提交的质检报告显示涉案床使用的是"家具用皮革"，而非商品页面宣称的"意大利进口真皮"，此亦构成欺诈。对此，法院认为，孙某若主张某家具销售部构成欺诈，需举证证明其基于某家具销售部欺诈而为相关意思表示，但根据孙某提交的其与某家具销售部的沟通记录及其就涉案床进行投诉的相关记录，均未显示其对涉案床皮质问题提出过质疑，故仅凭现有证据难以认定孙某系基于"意大利进口真皮"而订购涉案床，孙某以质检报告中的"家具用皮革"之表述与商品销售页面所称"意大利进口真皮"不符，主张某家具销售部欺诈，同样依据不足，法院难以支持。

二审法院认为，关于孙某主张某家具销售部在商品销售页面宣传图文与实际商品结构功能不一致，构成欺诈的问题。首先，涉案商品链接销售商品实际为不带储物功能的排骨架床品，但该链接商品详情页面中展示的涉及床品内部结构的图片均为带有储物功能的图片，并对商品储物功能作了突出宣传。某家具销售部上述图片极易引起消费者误解。其次，某家具销售部在宣传中对“排骨架结构”“框架结构”“气压结构”的宣传存在概念混淆。某家具销售部主张孙某选择购买商品为“框架结构”，该结构区别于带有储物功能的“气压结构”，但是在涉案商品详情页面中在带有储物功能的两款床品功能对比的图片中写明“实木分段式箱体框架结构，结构更稳固，使用更方便”，上述宣传图文不能得出本案所售“框架结构”床品即为不带储物功能床品的结论。最后，直播讲解不是消费者购买商品的必经流程，且孙某下单当日，直播间并未就涉案商品进行直播讲解，故直播中对其他商品的说明提示不能免除销售者对涉案商品的告知提示义务。综上，本案中某家具销售部在商品销售页面的图文宣传中使用了功能更多、价格更高的气压式储物功能床品，与该链接下实际销售商品不符，且未作合理提示，极易引起消费者的误解，并最终影响消费者的消费选择，对孙某构成消费误导。关于孙某主张商品材料非商品页面宣称的“意大利进口真皮”，构成欺诈的问题。一方面，某家具销售部在商品详情页面标注“意大利进口真皮”，但其在一、二审中均未能举证证明涉案商品皮质系“意大利进口真皮”，故法院有理由相信某家具销售部就涉案商品皮质在客观上具有未作真实、全面宣传的行为，在主观上具有诱导消费者的故意；另一方面，消费者依据经营者对商品详情的宣传等作出消费决策，商品价格、性能、材质、售后服务政策等众多因素都会影响消费者的最终选择。消费者售后的投诉和质疑不能反推确定其购买时的决策因素。本案中，虽孙某未能举证其在售后沟通和投诉过程中对该涉案商品的皮质提出过质疑，但其在投诉过程中依据某家具销售部提交的质检报告，得出涉案商品非其宣称的“意大利进口真皮”，进而在诉讼中主张受到欺诈符合消费常理。综上所述，法院认为某家具销售部销售行为存在消费误导、虚假宣传的情形，对孙某构成消费欺诈，赔偿数额应当以孙某实际支付涉案商品价格三倍计算。

［案例解析］

消费者依据经营者对商品详情的宣传等作出消费决策，商品价格、性能、材质、售后服务政策等众多因素都会影响消费者的最终选择。不能因消费者在诉讼中才发现的虚假宣传，而否认其为影响消费者购买时的决策因素。在该案中，经营者在商品详情页面标注“意大利进口真皮”，但其在一、二审中均未能举证证明涉案商品皮质系“意大利进口真皮”，故商家就涉案商品皮质问题未做到真实客观地宣传，在主观上具有诱导消费者的故意；孙某在诉讼过程中依据某家具销售部提交的质检报告，发现涉案商品非其宣称的“意大利进口真皮”，进而主张受到欺诈。而一审以孙某未能举证其在售后沟通和投诉过程中对该涉案商品的皮质提出过质疑，说明该事项并非影响其购买的决策性因素，属于认定事实错误。

［规范指引］

《中华人民共和国消费者权益保护法》（2013 年 10 月 25 日修正）

第五十五条 经营者提供商品或者服务有欺诈行为的，应当按照消费者的要求增加赔偿其受到的损失，增加赔偿的金额为消费者购买商品的价款或者接受服务的费用的三倍；增加赔偿的金额不足五百元的，为五百元。法律另有规定的，依照其规定。

经营者明知商品或者服务存在缺陷，仍然向消费者提供，造成消费者或者其他受害人死亡或者健康严重损害的，受害人有权要求经营者依照本法第四十九条、第五十一条等法律规定赔偿损失，并有权要求所受损失二倍以下的惩罚性赔偿。

《最高人民法院关于适用〈中华人民共和国民法典〉总则编若干问题的解释》（2022 年 2 月 24 日）

第二十一条 故意告知虚假情况，或者负有告知义务的人故意隐瞒真实情况，致使当事人基于错误认识作出意思表示的，人民法院可以认定为民法典第一百四十八条、第一百四十九条规定的欺诈。

52. 经营者在销售中夸大宣传，构成消费欺诈

——王某某与上海某商贸有限公司信息网络买卖合同纠纷案

［案号］

（2023）京 04 民终 416 号

［案情简介］

上海某商贸有限公司（以下简称上海某公司）是京东店铺“W××L 官方旗舰店”的经营者。王某某于 2015 年 12 月 11 日从涉案店铺购买了一套

"非凡钻石"系列不粘锅，订单编号114××××××76，支付价款3235元。王某某使用后，于2018年11月以发现锅底不粘涂层出现脱落情况为由与上海某公司交涉质量问题，上海某公司予以否认，后于2018年12月5日出具了关于涉案商品的检测报告，王某某根据此份报告记载内容，认为涉案"非凡钻石"系列不粘锅的材质是聚四氟乙烯，并非上海某公司当初宣传的钻石镀层，进而认为上海某公司虚假宣传隐瞒真相属于欺诈行为。据查，上述《分析测试报告》由国家有色金属及电子材料分析测试中心于2018年2月7日出具，载明：（1）样品名称：W××L钻石系列煎炒锅，规格型号：1726TBL。（2）涉案产品的测试结果物相分析：样品主要为AL、（CF2）n（聚四氟乙烯）、SiC、SiO_2以及微量的C（金刚石）。（3）1726TBL平底深煎锅含有钻石（金刚石，C）。上海某公司另提供了上海市质量监督检验技术研究院于2021年9月18日出具的《检测报告》载明，对于W××L尊贵钻石XR系列锅具，规格型号1726TBL的"耐磨性"检测结果为经6万次平面耐磨性试验后无裸露基体的磨痕和线性磨痕（Ⅰ级），"持久不粘性"检测结果为经6万次平面耐磨性试验，再经3次鸡蛋不粘性试验后，用塑料铲不能使鸡蛋无损伤取出，但用湿海绵轻拭即可去除残渣（Ⅱ级）。国标（北京）检验认证公司于2021年9月25日出具的《检验检测报告》载明，样品主要为SiC、AL、SiO_2、（CF2）n（聚四氟乙烯）以及微量的C（金刚石）。

一审法院认为，评判民事行为是否构成欺诈需要满足客观和主观两方面条件：第一，行为人要存在通过虚假宣传或隐瞒真实情况，诱使对方作出错误意思表示的主观故意；第二，行为人要有作出虚假宣传或隐瞒真实情况的客观行为，足以使对方作出错误意思表示。本案中，上海某公司在商品详情页面确实有标注diamond、"非凡钻石系列""材质为铝合金、钻石不粘镀层"进行介绍，且突出以"钻石不粘镀层用等离子技术在2万度高温气化钻石后浇筑锅具表面，具有良好的耐磨损、耐腐蚀特性，使锅具的不粘特性更佳……"表述来对产品特色进行强调，可以看出含钻石的不粘镀层是涉案商品的一大卖点。根据国家对食品容器内壁聚四氟乙烯涂料卫生标准（GB 11678—1989）在2015年的规定，不粘涂层主要材料是聚四氟乙烯，上海某公司在商品详情页面虽未对涂层中的主要材质聚四氟乙烯单独标注，仅对商品材质标注为"铝合金钻石不粘涂层"，但根据上海某公司提供的多份质检报告可以看出该厨具材料中确有微量的金刚石、铝、聚四氟乙烯、二氧化硅等成分，另外，从生活常识和现有技术条件而言，市面主流的不粘锅涂层仍应为聚四氟乙烯，“钻石不粘涂层”更适宜理解为含有钻石（金刚石）成分的不粘涂层，且质检报告亦能验证涉案商品耐磨性符合国家标准，因此对于王某某认为上海某公司虚假宣传欺诈销售的主张，无事实及法律依据，一审法院不予支持。《合同法》第8条①规定，依法成立的合同，对当事人具有法律约束力。当事人应当按照约定履行自己的义务，不得擅自变更或者解除合同。鉴于涉案商品系套系厨具，王某某收货后使用至纠纷产生时已逾数年，在上海某公司已就涉案商品提供质检报告，而王某某未能提供证据证明涉案系列锅具出现涂层脱落系该商品本身质量瑕疵所致，无法据此认定上海某公司有根本违约行为；鉴于上海某公司于店面公开承诺对涉案商品提供十年质量保证，王某某可在合同项下就涉案商品向上海某公司主张相关维修或更换等质保期内相应权利，从保护交易稳定性及公平原则出发，不宜径行裁判解除合同，对于王某某要求解除合同并双方互返货物货款的诉讼请求，一审法院依法不予支持。但应指出的是，上海某公司应在日后广告宣传中，加强注意对于不粘锅涂层和主体材质的准确标注及表述，以充分保障消费者的知情权。综上，判决驳回王某某的全部诉讼请求。

二审法院认为，民事行为中的欺诈通常是指故意告知虚假情况，或者负有告知义务的人故意隐瞒真实情况，致使当事人基于错误认识作出意思表示。具体到本案，涉案商品以“diamond”“非凡钻石”作为主打宣传，在不粘镀层上宣传用语为“经切割的耐磨损的高硬度钻石，钻石不粘镀层具有良好不粘性”“钻石不粘镀层用等离子技术在2万度高温气化钻石后浇筑锅具表面、具有良好的耐磨损，耐腐蚀特性……”，按照通常理解，这种“钻石不粘镀层”其涂层应以钻石为主要材质，而根据上海某公司提交的《检验检测报告》可知，涉案商品镀层主要材质为聚四氟乙烯以及微量的金刚石。正如一审判决所述，涉案商品采用的是含有金刚石成分的聚四氟乙烯不粘涂层，而涉案商品的详情介绍中并未提及聚四氟乙烯这个主要成分，却突出宣传了微量的金刚石成分，结合涉案商品3235元的价格，“钻石不粘镀层”的表述势必会对消费者造成涉案商品为金刚石镀膜的误导。这种主次成分的宣传误导，加之价格因素的暗示，最终影响消费者的消费选择。故此，二审法院认为上海

① 现对应《民法典》第119条。

某公司销售行为存在夸大宣传，对王某某构成消费欺诈，应当依照《消费者权益保护法》第55条之规定，承担惩罚性赔偿责任。在上海某公司构成消费欺诈的情况下，王某某的退货退款诉讼请求应否支持，《合同法》第54条规定一方以欺诈、胁迫的手段或者乘人之危，使对方在违背真实意思的情况下订立的合同，受损害方有权请求人民法院或者仲裁机构变更或者撤销。《合同法》第55条规定，具有撤销权的当事人自知道或者应当知道撤销事由之日起一年内没有行使撤销权，撤销权消灭。本案中，2018年12月5日，王某某根据商家出具的检测报告，既已得知撤销事由，虽然在诉讼时效内提起了诉讼，但已过法律规定的除斥期间，撤销权已经消灭。故对其退货退款的诉讼请求二审法院不予支持。

需要说明的是，涉案商品更新涂层工艺、添加金刚石来达到更好的耐磨效果，是我们鼓励和支持的，这既是市场需求，亦是科技进步的表现，但商家宣传新产品的材质和功能时应尽到如实告知义务，满足消费者的知情权。否则，消费者因误信金刚石涂层的耐磨程度，不按照不粘锅的操作规程使用，反而会减少产品的使用寿命，引发更多不必要的矛盾纠纷，这也是本案改判的意义所在。诚实守信是中华民族的道德的根基，也是我国社会主义核心价值观的主要内容。公民要塑造诚信人格，商家亦应建立诚实守信的商誉体系，只有诚信无欺才会带来更多的商业利益。希望商家能够从中吸取教训，改进经营理念，共筑公平诚信的网络消费环境。故撤销一审判决，判决上海某公司赔偿王某某9705元。

［案例解析］

《最高人民法院关于适用〈中华人民共和国民法典〉总则编若干问题的解释》第21条规定："故意告知虚假情况，或者负有告知义务的人故意隐瞒真实情况，致使当事人基于错误认识作出意思表示的，人民法院可以认定为民法典第一百四十八条、第一百四十九条规定的欺诈。"经营者在商品销售中夸大宣传商品的次要成分、品质、功能等信息，而故意隐瞒主要成分、品质、功能等信息，足以致使消费者将次要成分错误认为是主要成分而作出意思表示。在本案中，涉案商品采用的是含有金刚石成分的聚四氟乙烯不粘涂层，而涉案商品的详情介绍中并未提及聚四氟乙烯这个主要成分，却突出宣传了微量的金刚石成分，结合涉案商品3235元的价格，"钻石不粘镀层"的表述势必会对消费者造成涉案商品系金刚石为主要材质的误导。这种主次成分的宣传误导，加之价格因素的暗示，最终影响消费者的消费选择。故此，二审法院认为上海某公司销售行为存在夸大宣传，对王某某构成消费欺诈，应当依照《消费者权益保护法》第55条之规定，承担惩罚性赔偿责任。

[规范指引]

《中华人民共和国消费者权益保护法》（2013年10月25日修正）

第五十五条　经营者提供商品或者服务有欺诈行为的，应当按照消费者的要求增加赔偿其受到的损失，增加赔偿的金额为消费者购买商品的价款或者接受服务的费用的三倍；增加赔偿的金额不足五百元的，为五百元。法律另有规定的，依照其规定。

经营者明知商品或者服务存在缺陷，仍然向消费者提供，造成消费者或者其他受害人死亡或者健康严重损害的，受害人有权要求经营者依照本法第四十九条、第五十一条等法律规定赔偿损失，并有权要求所受损失二倍以下的惩罚性赔偿。

《最高人民法院关于适用〈中华人民共和国民法典〉总则编若干问题的解释》（2022年2月24日）

第二十一条　故意告知虚假情况，或者负有告知义务的人故意隐瞒真实情况，致使当事人基于错误认识作出意思表示的，人民法院可以认定为民法典第一百四十八条、第一百四十九条规定的欺诈。

53. 平台设置虚假优惠组合价格销售机票构成欺诈

——王某某诉北京某快科技有限公司网络服务合同纠纷案

[案号]

（2023）京04民终925号

[案情简介]

原告王某某在被告北京某快科技有限公司运营的“××机票”平台上购买1月8日青岛到宁波的海南航空HU7688次航班。购票时被告提示：成人票票面价280元，机建+燃油70元，另外可享受优惠40元；原告最终实际支付人民币 310 元。原告在收到被告提供的客票信息后，在中航信旗下官方软件“航旅纵横”上发现该客票实际票面价为 230 元，机建 + 燃油 70 元，并非原告在购买时被告显示的 350 元。原告诉至法院，要求被告退还原告机票款人民币 310 元；被告赔偿原告人民币 930 元；被告赔偿原告因诉讼维权产生的一切费用，包括诉讼费、差旅费及通讯费等。被告辩称，案涉机票是机票加外卖礼包的联合产品，购买包括两个服务，我方后台记录显示，原告订购的服务为“HU 机 + 外卖”，请求驳回原告的全部诉讼请求。

法院经审理认为，本案的争议焦点在于：××外卖平台案涉机票销售行为是否构成欺诈。本案中，被告主张根据其后台记录，原告所购服务为“HU 机 + 外卖”，支付价款包括由被告提供的外卖服务，但原告的订单截图上未列明其所购服务存在“外卖”一项。被告所称 10 元价款为“外卖超值礼包”的费用，该费用明显属于非机票本身价格的额外支出，无论是被告客服一开始所说该费用为等值外卖券还是庭审中声称其为××会员权益的对价，其性质皆可认定为额外的增值服务，同时，原告表示未收到被告的超值礼包内容，被告亦无证据证明其已向原告发放该礼包。

被告作为平台运营者，有能力且有义务在用户的购买界面设置醒目、清楚的提示语与是否勾选增值服务的选项，然而，本案被告未明确向原告释明其支付金额的构成情况及金额用途，原告在购买界面并不能清楚地知悉费用的支出细节且无法拒绝支付 10 元的额外费用，被告主观上存在隐瞒真实情况的故意。并且，被告在购买界面标明“另外可享受优惠 40 元”，使用户误以为从被告平台购买机票的价格低于其他购买途径，存在主观上积极引诱用户购买的故意，实际上非但没有优惠反而提高了价格，导致原告处于不公平、不透明的交易环境并最终支付了高于机票价格的价款。综上，被告主观上具备欺诈故意，客观实施了欺诈行为，原告基于被告的隐瞒、未加以提醒及其标明的优惠信息陷入错误认识，并基于此作出错误的意思表示。由此，被告符合欺诈的构成要件，故原告主张退一赔三的诉求于法有据，法院予以支持。故判决被告向原告三倍赔偿购物款 930 元。

［案例解析］

本案认定了××平台以设置虚假价格及优惠的方式销售机票的行为属于故意隐瞒商品真实信息或提供虚假商品信息的情况，构成价格欺诈，平台应返还机票货款，并承担三倍赔偿责任。

在网络消费中，平台常常利用自身算法和信息优势，设置虚假优惠信息侵害消费者权益。本案就如何认定平台的价格欺诈行为，准确把握和适用法律规范提供了参考适用，对外卖平台完善经营产品设计、组合和宣传具有重要规范和指导意义。

首先，从现有订单信息反映的事实情况看，案涉订单仅包含一张由青岛至宁波的海南航空 HU7688 航班机票。除此之外，订单记录中未显示包含有其他一并下单购买的商品或服务内容，且根据订单总额展示的详细价格组成信息，案涉订单总额为 310 元，由成人票 280 元、机建燃油 70 元和立减 40 元组成，不存在其他订单标的和标的价格组成的情况。基于此，法院认为王某某主张的订单内容为一张机票的事实能够成立，案涉订单总额 310 元仅指向该机票订单，不包含其他有价内容。诉讼中，被告为证明案涉订单不仅包括机票，还包括外卖权益，提供了部分后台数据作为证据。对此法院认为，一方面，后台数据由北京某快科技有限公司自行掌握、控制，当后台数据与前端展示数据不一致时，应以前端展示数据作为判断被告向消费者披露商品或服务信息的依据；另一方面，被告并不能提供案涉交易达成时的具体页面详情信息，被告的举证行为并不完整，举证责任并未完成。

其次，从北京某快科技有限公司对案涉订单内容解释的情况看，无论案涉订单包含的机票之外的标的内容为 × × 会员权益或外卖券等其他内容，被告均未能在被告下单支付成功后将相关权益发送到原告的账户内。在原告未收到相关权益的情况下，被告所作解释既缺乏客观依据，也难令法院采信。

综上，对于被告关于案涉订单包含其他权益的意见，法院不予采纳。案涉机票真实含税票价为 300 元，被告通过设置不同价格及优惠的方式实际以 310 元的价格展示并销售给原告，属于故意隐瞒商品真实信息或提供虚假商品信息的情况。

［**规范指引**］

《中华人民共和国消费者权益保护法》（2013 年 10 月 25 日修正）

第五十五条第一款 经营者提供商品或者服务有欺诈行为的，应当按照消费者的要求增加赔偿其受到的损失，增加赔偿的金额为消费者购买商品的价款或者接受服务的费用的三倍；增加赔偿的金额不足五百元的，为五百元。法律另有规定的，依照其规定。

《最高人民法院关于适用〈中华人民共和国民法典〉总则编若干问题的解释》（2022年2月24日）

第二十一条　故意告知虚假情况，或者负有告知义务的人故意隐瞒真实情况，致使当事人基于错误认识作出意思表示的，人民法院可以认定为民法典第一百四十八条、第一百四十九条规定的欺诈。

54. 经营者未在涉案商品详情页面对于涉案商品的功能以及重要元件的配置情况作出介绍和宣传构成欺诈

——张某某诉上海澜某电子商务有限公司信息网络买卖合同纠纷案

[案号]

（2023）京0491民初9263号

[案情简介]

2022年7月11日，原告在被告经营的京东平台店铺购买“科沃斯（ECOVACS）地宝X1自动免洗抹布自动集尘扫地机器人扫拖吸一体智能家用除菌洗地机X1单机版”一台（以下简称涉案商品），实付款3385.53元。涉案交易快照显示商品名称下方的“选择颜色”处有“X1 TURBO”“X1OMNI”“X1单机版”三款可选择，显示网页介绍页面可以实现多产品功能表格式介绍，但未提到配备长抹布或圆抹布，其后介绍了“全能扫拖洗X1 TURBO的秘密，多功能基站清洁液更具实力”的功能介绍和配图宣传，描述“采用圆形双盘拖布支架设计”。整个商品详情页没有关于“X1单机版”的功能以及配置何种抹布的介绍和宣传。原告在收到涉案商品后询问被告客服能否使用交易快照所示的赠品圆抹布，被告客服未明确说明涉案商品不能使用。原告认为，被告商品详情页中描述功能与实际不一致，属于虚假宣传，且被告多次告知有圆抹布清扫功能，并且邮寄圆抹布赠品，形成功能介绍的误导，被告的行为已构成欺诈。

法院生效判决认为：关于被告销售涉案商品是否存在欺诈行为问题，法院认为，经营者采取虚假或者其他不正当手段欺骗、误导消费者，使消费者的合法权益受到损害的行为，属于欺诈消费者行为。一般来讲，欺诈的认定应具备以下几个要素：（1）欺诈的故意；（2）告知对方虚假情况或隐瞒真实情况；（3）对方陷入错误认识；（4）对方基于错误认识而为意思表示。法院调取的涉案商品的交易快照结合在案证据能够证明，被告在商品销售宣传页面中没有对涉案商品的功能和抹布形状的详细介绍，绝大部分篇幅是对“X1 TURBO”款式的介绍，且均为对圆抹布的介绍，原告收到的商品与被告在店铺中宣传明显不符。被告主张因不是自营店铺，商品详情页面的介绍不能实现多商品介绍，但法院注意到调取的交易快照中有三款商品的对比，被告完全可以通过该种对比形式明确原告所购买的商品的功能和所使用的抹布配置，对圆抹布和长抹布能否通用这一影响商品的最主要功能进行对比介绍，避免对消费者造成误导。此外，本案中，抹布是涉案商品的重要组成元件，原告在收到涉案商品后询问被告客服能否使用交易快照所示的赠品圆抹布，被告客服未明确说明涉案商品不能使用，直至原告收到圆抹布后发现无法使用，被告客服才告知无法使用，导致原告陷入错误认识，认为收到的圆抹布可以通用于涉案商品，在等待圆抹布的过程中错过了七天无理由退换货的时间，被告的上述行为，已足以使原告在购买涉案商品时和购买后陷于错误认识，构成欺诈。原告的合同目的已不能实现，故对原告主张被告退货退款及构成欺诈的诉讼请求，具有事实和法律依据，法院予以支持。

［**案例解析**］

消费者享有知悉其购买、使用的商品或接受服务的真实情况的权利。经营者未在涉案商品详情页面对于涉案商品的功能以及重要元件的配置情况作出介绍和宣传，亦未在消费者向客服进行询问时作出明确说明，导致消费者对于涉案商品与商品销售宣传页面中的其他商品造成混淆，经营者的行为构成欺诈。

经营者与消费者进行交易，应当遵循诚信原则。在电子商务交易中，商品展示页面对于产品功能、配置等介绍构成要约，对消费者选择商品具有重要影响。作为经营者，应当对于涉案商品作出全面介绍与客观宣传，尽量对于同一商品展示页面中多产品的主要功能及配置情况以对比形式作出明确介绍，避免消费者陷入误导。作为消费者，应当积极维护自身权益，尽量完整留存下单之时商品销售宣传页面信息，遇到产品介绍得不全面或模糊之处，及时询问经营者并完整留存聊天记录信息，以便向平台投诉及向法院起诉之时形成完整清晰的证据。

［规范指引］

《中华人民共和国消费者权益保护法》（2013 年 10 月 25 日修正）

第五十五条 经营者提供商品或者服务有欺诈行为的，应当按照消费者的要求增加赔偿其受到的损失，增加赔偿的金额为消费者购买商品的价款或者接受服务的费用的三倍；增加赔偿的金额不足五百元的，为五百元。法律另有规定的，依照其规定。

经营者明知商品或者服务存在缺陷，仍然向消费者提供，造成消费者或者其他受害人死亡或者健康严重损害的，受害人有权要求经营者依照本法第四十九条、第五十一条等法律规定赔偿损失，并有权要求所受损失二倍以下的惩罚性赔偿。

三、不认定为欺诈的情形

55. 行政机关认定的违反绝对化用语禁令的宣传广告，不必然构成民事欺诈

——张某某诉广州某旅行用品有限公司网络购物合同纠纷案

［案号］

（2017）沪 01 民终 1561 号

［案情简介］

原告 2016 年 5 月 15 日于被告在京东商城开设的旗舰店处购买了 WENGERNOBLR 牌“新款牛津布男女士通用旅行手拉登机箱商务潮万向轮托运拉杆箱（086－1）”黑色 20 寸、28 寸各一只，价格分别为 229 元、269 元，共计 498 元。原告于 2016 年 5 月 17 日通过网页截屏的方式保存了被告在该旗舰店网页上的“商品介绍”部分，其中关于高级密码锁的宣传内容为“选用最优质的锁芯和最好的原料精制而成，安全系数高”。原告于 2016 年 5 月 22 日收到该两只拉杆箱。

2016年6月17日，广东省广州市工商行政管理局花都分局芙蓉工商所出具12315消费者投诉案件终止调解通知书，载明投诉人为原告，被投诉人为刘某灿，内容为“市民于2016年5月5日在京东商城网购了两个拉杆箱，其反映商家使用了‘最优秀、最好’等字眼，违反了《广告法》之规定，要求退一赔三”。该所经组织双方调解未达成协议。同日，被告向广东省广州市花都区市场和质量监督管理局出具一份情况说明，内容为“关于我公司在京东商城网店商品材料发布的广告中使用了‘最优秀的锁芯和最好的原材料’的情形，我司特将情况说明如下：（1）我公司产品广告中确实于5月15日前发布了包含该用语的广告。（2）我公司接到商户投诉后，在第一时间进行了清查整改。（3）我公司于2016年6月17日向贵局执法人员说明了该广告的详细情况并签收《广州市花都区工商行政管理局责令改正通知书》（以下简称《责令改正通知》）……”。2016年9月，原告起诉至法院，要求判令被告退还原告拉杆箱的购物款人民币498元，并按照退一赔三的标准赔偿原告损失1494元。

法院经审理认为：本案的争议焦点为被告涉案广告宣传行为是否构成对原告的欺诈？被告涉案广告宣传行为确因使用了“最优质”“最好”等字眼而违反了《广告法》相关规定，并已受到行政部门的相关处理，但不当的广告宣传行为并不必然构成对消费者的欺诈，应结合欺诈的构成要件进行判断。首先，是否存在欺诈故意？对于涉案拉杆箱密码锁的不当广告宣传用语，被告在出具给工商部门的情况说明中予以承认，并表示在接到客户投诉的第一时间进行了清查整改，亦签收了工商部门的《责令改正通知》，可见被告并无通过广告宣传欺诈消费者的故意。其次，是否存在欺诈行为？虽然被告对于涉案拉杆箱的密码锁宣传使用了不当的广告用语，但尚无证据证明该密码锁存在以次充好等质量问题，或者对于其他核心的质量信息未能进行真实全面的描述，故被告上述行为尚不足以构成虚构事实或隐瞒真相。最后，是否使被欺诈人陷入错误认识而作出意思表示？本案原告作为具备完全民事行为能力的理性人，对所购买产品的各项主要参数应有基本的合理判断。原告可依据广告页面的相关信息综合判断是否购买该款拉杆箱，而其仅凭关于密码锁绝对化的广告用语便轻率购买涉案产品，故其自身未尽合理的审慎义务。原告购买行为不属于错误的意思表示，该意思表示的后果应由原告自行承担。原告关于被告欺诈而要求退一赔三的诉讼请求并无事实及法律依据，不予支持。故驳回原告的诉讼请求。

［案例解析］

绝对化广告用语与欺诈存在共同点，即信息之不实性。此类违反绝对化用语禁令的广告是否构成经营者欺诈，成为司法实践新的问题与难点。绝对化广告用语是指不符合客观条件或不受时空限制，对事物的形容达到某种极致状态的夸张化语言。《广告法》第 9 条第 3 项规定，“广告不得有下列情形：……（三）使用‘国家级’、‘最高级’、‘最佳’等用语”。第 28 条第 1 款规定：“广告以虚假或者引人误解的内容欺骗、误导消费者的，构成虚假广告。”虚假广告的本质在于虚假性、欺骗性或者误导性，广告宣传的内容与商品的客观情况不符，有意夸大或者予以模糊，使人产生误解。依据上述规定，虚假广告所含内容包括虚假的内容与引人误解的内容。

本案的争议焦点为行政机关认定经营者广告用语违反“绝对化用语禁令”是否构成欺诈。

根据《最高人民法院关于适用〈中华人民共和国民法典〉总则编若干问题的解释》第 21 条规定：“故意告知虚假情况，或者负有告知义务的人故意隐瞒真实情况，致使当事人基于错误认识作出意思表示的，人民法院可以认定为民法典第一百四十八条、第一百四十九条规定的欺诈。”本案中，认定被告是否构成欺诈，不能只着眼于行政机关所出具的《责令改正通知》中被告广告用语违法的相关内容，还要结合当事人认知水平、欺诈行为的构成要件等因素综合判断。

（1）被告并不具备欺诈故意。在宣传涉案商品的高级密码锁时，被告虽使用了“最好”“最优质”等绝对化用语，违反了《广告法》规定，但不难看出，此类用语属于“明显夸张的绝对化用语”，笔者认为，被告使用绝对化宣传用语，其主观目的并不是希望通过此广告使消费者产生错误认识，这其中蕴含的是经营者意欲吸引消费者眼球、迫切销售盈利的主观心态，其虽然不符合法律规定，但本质仍属于商业行为，理解为一种促销手段似乎更为妥当。同时，广告的首要功能在于合理的影响与说服，绝对化广告用语只是将这一点放大，意图通过此种形式更好地引起消费者的注意，猛地一看，似有欺诈之形，但实无欺诈之核。甚至，我国有学者主张，不会欺骗和误导消费者的绝对化用语应不在禁止范围之列。[①] 这也从侧面说明绝对化广告用语与欺诈行为的不同，而这之中首要不同便应是二者主观心态的不同，前者带有积极正向的意味，属于商业竞争行为；后者带有消极负向的意味，属于违法犯罪行为。另外，被告于工商部门的情况说明中承认广告用语使用不当，并表示在接到客户投诉的第一时间进行了清查整改，同时，签收了工商部门的《责令改正通知》，积极配合行政机关修正用语不当的广告，因而，实难认定被告意欲欺诈消费者。综上，被告显然不具有欺诈的主观故意。

（2）被告不存在欺诈行为。本案中，被告所设置之广告用语虽有不当，但综上论述，其并不具有误导、诱导消费者的主观故意，且没有证据表明被告所售涉案商品存在质量问题，亦没有证据证明其存在积极诱导消费者陷入错误认识或不履行告知义务的行为。

（3）原告没有陷入错误认识并基于此作出意思表示。消费者自身对于广告的真实性应当具有一定的判断力，也就是说，立法者预设浏览广告的消费者是理性的，因此，绝对化用语的广告是否可信，消费者自身作为一个理性人会有基本的判断。对于高级密码锁而言，诸如“最好”“最优质”等明显夸张的宣传语显然不具有迷惑性和诱导性，且原告购买的商品是行李箱，其主要功能是装载衣物等随身必需品方便出行，而其密码锁仅为辅助部件，不影响行李箱的主要功能。原告仅以“辅助部件”的“明显夸张化的”广告用语就作出购买的意思表示，其并没有对该商品的整体参数作出合理且理性的判断，亦没有尽到消费者的审慎义务，故其购买涉案商品的意思表示并不是基于错误认识而作出的，原告对其作出的真实意思表示理应承担其法律后果。

综上，行政机关认定被告违反《广告法》并作出相应行政处罚，并不能等同于被告存在欺诈行为，对于欺诈行为的认定应当根据构成要件并结合实际情况综合判断，因此，被告不构成欺诈。

同时，行政责任与民事责任分属不同性质的责任类型，理应区分。国家工商行政管理局在《关于工商行政管理部门对消费者申诉能否作出赔偿决定问题的答复》中明确指出，行政机关的处罚并不意味民事责任的构成。对于经营者欺诈的认定，仍应严格按照欺诈构成要件进行判断，但相关行政措施在一定程度上具有证据意义。

---

① 参见施立栋：《绝对化广告用语的区分处罚》，载《法学》2019 年第 4 期。

［规范指引］

《中华人民共和国广告法》（2021 年 4 月 29 日修正）

第九条　广告不得有下列情形：

……

（三）使用“国家级”、“最高级”、“最佳”等用语；

……

《中华人民共和国消费者权益保护法》（2013 年 10 月 25 日修正）

第五十五条第一款　经营者提供商品或者服务有欺诈行为的，应当按照消费者的要求增加赔偿其受到的损失，增加赔偿的金额为消费者购买商品的价款或者接受服务的费用的三倍；增加赔偿的金额不足五百元的，为五百元。法律另有规定的，依照其规定。

《最高人民法院关于适用〈中华人民共和国民法典〉总则编若干问题的解释》（2022 年 2 月 24 日）

第二十一条　故意告知虚假情况，或者负有告知义务的人故意隐瞒真实情况，致使当事人基于错误认识作出意思表示的，人民法院可以认定为民法典第一百四十八条、第一百四十九条规定的欺诈。

56. 行政机关认定的价格欺诈并不必然构成民事欺诈

——李某某诉海某科龙电器股份有限公司网络购物合同纠纷案

［案号］

（2015）盐民终字第 0480 号

［案情简介］

原告李某某于 2014 年 3 月 27 日、3 月 28 日在淘宝网站拍买被告海某科龙电器股份有限公司在该网站所开设的官方旗舰店中的特价商品（【江南风】，kelon/科龙，KFR－35GW/EFVLS3 1.5 匹变频空调），先后 11 次下单购买该促销商品 12 台（成交价格为 2599 元/台），并将款项支付至淘宝网支付宝平台。购买时，商品宣传网页显示活动时间为 2014 年 3 月 12 日至 2014 年 3 月

31日，清仓特价2599元（满2899元减300元），全国仅限80台，原价3699.00元等内容。原告付款后又解除了商品买卖合同，并于2014年3月28日申请退款。该型商品在开展特价活动之前7日内的成交价格也为2599元/台。退款后，原告以被告存在价格欺诈为由，向产品生产地价格主管部门投诉。2014年11月12日，广州市海珠区物价局作出价格举报处理结果告知书，认定被告的行为存在虚构原价的价格欺诈违法行为，对被告进行了行政处罚。处罚依据是原国家发展计划委员会《禁止价格欺诈行为的规定》（以下简称《规定》）和国家发展改革委员会《关于〈禁止价格欺诈行为的规定〉有关条款解释意见的通知》（以下简称《解释意见》）。《解释意见》第4条规定："《规定》第七条第（一）项所称的'原价'是指经营者在本次降价前七日内在本交易场所成交的有交易票据的最低交易价格；如前七日内没有交易价格，以本次降价前最后一次交易价格作为原价。"该型商品在开展特价活动之前7日内的成交价格也为2599元/台，被告的行为构成《规定》和《解释意见》中的虚构原价，将原价虚构为3699元。原告诉至法院，要求被告向其增加赔偿受到的损失人民币94 464元。

一审法院经审理认为，民事活动应当遵循自愿、平等、等价有偿以及诚信原则。被告在网络上销售商品，原告下单购买，并支付相应价款，双方之间买卖合同关系已经成立。但行政机关依据《规定》和《解释意见》认定被告的行为构成价格欺诈是否等同于《消费者权益保护法》第55条第1款中规定的欺诈行为？《规定》和《解释意见》是行政机关为了具体直观地适用上位法——《价格法》而制定，《价格法》第11条第1款赋予经营者自主制定属于市场调节价格的权利。市场调节价格是指由经营者自主制定，通过市场竞争形成的价格。在商品经济高度发达的当今，种类繁多的商品价格受到市场规制，经营者根据市场形势自主制定商品价格，这给价格主管部门的价格监管工作带来很大困难。为此，《解释意见》对商品的原价作了限制性规定。《解释意见》第1条还规定："《规定》第三条'经营者利用虚假的或者使人误解的标价形式或者价格手段，欺骗、诱导消费者或者其他经营者与其进行交易的行为'，是指该行为不论是否形成交易结果均构成价格欺诈行为。"即经营者不论是否形成交易，一旦存有《解释意见》规定的虚构原价情形，即构成行政法律法规中的价格欺诈，这样的限制性规定是为了方便行政管理。

因而，原告以行政机关依据部门规章及其解释认定的价格欺诈行为作为要求增加赔偿受到损失的依据，应当结合民事法律上的欺诈行为构成要件综合认定。对《消费者权益保护法》第 55 条第 1 款中规定的欺诈行为，参照《最高人民法院关于贯彻执行〈中华人民共和国民法通则〉若干问题的意见（试行）》第 68 条的规定："一方当事人故意告知对方虚假情况，或者故意隐瞒真实情况，诱使对方当事人作出错误意思表示的，可以认定为欺诈行为。"另外，《合同法》中所称欺诈，是交易一方利用另一方获取交易信息上的弱势地位，利用双方交易信息的不对称，通过欺骗或误导方式诱骗另一方完成交易，进而损害另一方民事权益的行为。本案中，原、被告双方基于网络平台进行商品交易，交易当时商品的成交时间、成交价格等信息均可查询，商品信息公开透明，原告并不存在获取价格信息上的弱势地位，也不存在交易信息上的不对称，这在原告提供的证据中得到证实。原告作为网络购物消费者，声称其在成交后才查询发现被告的价格欺诈行为，其做法与一般网购者在拍买前更加关注商品的价格、防范商家价格欺诈，到货后更加关注实物与网页描述是否一致等品质事宜的做法并不一致，也不符合普通消费者的交易习惯。原告付款后在很短时间内就进行退款，也未能提供证据证明其受到了损失。被告对商品进行明码标价，并将商品交易信息提供给消费者查询，没有故意隐瞒真实情况。因此，本案中行政机关依据《规定》和《解释意见》认定被告构成价格欺诈的行为，并不等同于《消费者权益保护法》第 55 条第 1 款中规定的欺诈行为。综上，原告主张被告存在欺诈行为无法律依据，要求被告增加赔偿损失的请求未能提供相关损失依据。对此，法院不予支持。故驳回原告对被告的诉讼请求。

［案例解析］

行政责任和民事责任是两个不同的法律责任，追究责任的标准不完全相同，国家工商行政管理局 1997 年《关于工商行政管理部门对消费者申诉能否作出赔偿决定问题的答复》就曾明确答复："《中华人民共和国消费者权益保护法》第四十九条规定的欺诈消费者行为的赔偿责任，属于民事赔偿责任；《欺诈消费者行为处罚法》（国家工商行政管理局令第 50 号公布）第六条是对前述法条的援引，是同类性质的规定。根据现行法律、行政法规和行政规章的规定，工商行政管理机关无权对欺诈消费者行为作出责任赔偿的决定；此类赔偿可以由消费者申请人民法院通过诉讼途径解决。"可见，民事责任构成与否还需要法院依据民事法律综合认定，直接依据行政处罚决定认定经营者欺诈并承担民事责任明显欠妥。

本案争议焦点为行政机关认定经营者构成价格欺诈是否必然构成民事欺诈。

（1）被告构成行政法意义上的价格欺诈。根据《国家发展改革委关于〈禁止价格欺诈行为的规定〉有关条款解释的通知》（以下简称《解释通知》）第1条规定："《规定》第三条所称……无论是否形成交易结果，均构成价格欺诈行为。"可以得出，经营者承担关于"价格欺诈"的行政责任与民事责任之构成要件是不同的，其行政责任相较于民事责任更易构成，不要求消费者陷入错误认识并与之成立法律关系，也就是说，经营者价格欺诈的行政责任仅需两要件即可成立：①经营者存在价格欺诈的故意；②经营者实施了价格欺诈行为。

根据《解释通知》第2条第1款、第2款规定："《规定》第七条第（一）项所称'虚构原价'，是指经营者在促销活动中，标示的原价属于虚假、捏造，并不存在或者从未有过交易记录……前款所称'原价'指经营者在本次促销活动前七日内在本交易场所成交，有交易票据的最低交易价格……"《解释通知》对于"原价"有明确的定义，因此，经营者在促销活动中价格设定违反有关"原价"的定义并存在虚构原价的情形，结合《解释通知》第1条有关规定，即构成行政法上的价格欺诈，应当承担行政责任。本案中，被告所售商品的宣传页显示"清仓特价2599元（满2899元减300元），全国仅限80台，原价3699.00元"等内容，明确清仓价格为2599元，然而，该商品在开展促销活动之前7日内的成交价格也为2599元，违反《解释通知》中关于商品价格的规定，构成行政法意义上"虚构原价"的价格欺诈行为，理应承担行政责任。

（2）被告不构成民事欺诈。前文所述，被告应承担价格欺诈的行政责任，原告以此请求被告承担价格欺诈的民事责任，但民事责任与行政责任分属不同性质的法律责任，行政违法不必然构成民事违法，其是否应当承担民事欺诈责任应根据民事法律及《消费者权益保护法》中关于欺诈的规定具体分析。根据《最高人民法院关于适用〈中华人民共和国民法典〉总则编若干问题的解释》第21条规定："故意告知虚假情况，或者负有告知义务的人故意隐瞒真实情况，致使当事人基于错误认识作出意思表示的，人民法院可以认定为民法典第一百四十八条、第一百四十九条规定的欺诈。"欺诈行为构成要件有四：①行为人具有欺诈故意；②实施了欺诈行为；③当事人陷入错误认识；④基于此错误认识作出意思表示。《消费者权益保护法》第2条规定："消费者为生活消费需要购买、使用商品或者接受服务，其权益受本法保护……"第55条第1款规定："经营者提供商品或者服务有欺诈行为的，应当按照消费者的要求增加赔偿其受到的损失……法律另有规定的，依照其规定。"由此可知，经营者欺诈的对象为"为生活消费"的消费者。本案中，被告主观上具有价格欺诈的故意、客观上实施了价格欺诈的行为，构成行政法意义上的价格欺诈，但被告对商品进行明码标价，并将商品交易信息提供给原告查询，原告先后11次下单购买该促销商12台，付款后又在短时间内解除了商品买卖合同，并申请退款，显然不属于"为生活消费需要"的一般消费者，而后在庭审中，原告声称在成交后才查询发现被告的价格欺诈行为，与一般消费者在购物前对商品参数全面了解、核查信息的交易习惯不符，且其并没有尽到合理的审慎义务，因此，原告并没有对商品产生错误认识从而作出意思表示，其也不属于《消费者权益保护法》所保护的消费者。被告虽构成行政法律法规意义上的价格欺诈，但其并不构成民事欺诈，无须承担民事责任，进而，被告不适用《消费者权益保护法》惩罚性赔偿的有关规定。

综上，行政机关认定的价格欺诈并不必然构成民事欺诈。

［规范指引］

《中华人民共和国消费者权益保护法》（2013年10月25日修正）

第三条　经营者为消费者提供其生产、销售的商品或者提供服务，应当遵守本法；本法未作规定的，应当遵守其他有关法律、法规。

第五十五条第一款　经营者提供商品或者服务有欺诈行为的，应当按照消费者的要求增加赔偿其受到的损失，增加赔偿的金额为消费者购买商品的价款或者接受服务的费用的三倍；增加赔偿的金额不足五百元的，为五百元。法律另有规定的，依照其规定。

《最高人民法院关于适用〈中华人民共和国民法典〉总则编若干问题的解释》（2022年2月24日）

第二十一条　故意告知虚假情况，或者负有告知义务的人故意隐瞒真实情况，致使当事人基于错误认识作出意思表示的，人民法院可以认定为民法典第一百四十八条、第一百四十九条规定的欺诈。

《国家发展改革委关于〈禁止价格欺诈行为的规定〉有关条款解释的通知》（2015 年 6 月 15 日）

一、《规定》第三条所称“经营者利用虚假的或者使人误解的标价形式或者价格手段，欺骗、诱导消费者或者其他经营者与其进行交易的行为”，是指经营者通过标价形式或者价格手段虚构事实、隐瞒真实情况，欺骗、诱导消费者或者其他经营者与其进行交易；无论是否形成交易结果，均构成价格欺诈行为。

二、《规定》第七条第（一）项所称“虚构原价”，是指经营者在促销活动中，标示的原价属于虚假、捏造，并不存在或者从未有过交易记录。所称“虚假优惠折价”，是指经营者在促销活动中，标示的打折前价格或者通过实际成交价及折扣幅度计算出的打折前价格高于原价。

前款所称“原价”是指经营者在本次促销活动前七日内在本交易场所成交，有交易票据的最低交易价格；如果前七日内没有交易，以本次促销活动前最后一次交易价格作为原价。

经营者开展连续促销活动，首次促销活动中的促销让利难以准确核算到单个商品或者服务（以下统称商品）的，应当以首次促销活动中单个商品的结算价格作为计算下次价格促销活动时的原价。

57. 错误设置商品价格导致订单实付金额错误，商品价格并非其真实意思表示，不存在不予发货的主观故意，不构成欺诈

——谢某某诉浙江森某电子商务有限公司网络购物合同纠纷案

[案号]

（2021）粤 0192 民初 22756 号

[案情简介]

原告于 2021 年 7 月 28 日，在被告开设的“森某官网店”淘宝店铺购买三件服装，订单号 1981××××××××××1567，商品链接价格显示 68

元，3 件 99 元，宣传页面还附多个店内优惠券供消费者领取，原告领取了 80 减 50 的优惠券，以及淘宝平台夏季清仓券 15 元，最终以 6 元的价格支付了商品价款。次日被告以活动商品价格低于成本价为由要求原告申请退款。原告认为被告存在虚假宣传、欺诈消费者以及强迫交易的行为，侵害了消费者合法权益，应当承担赔偿责任。故诉至法院请求认定被告构成欺诈。

法院经审理认为，《民法典》第 148 条规定："一方以欺诈手段，使对方在违背真实意思的情况下实施的民事法律行为，受欺诈方有权请求人民法院或者仲裁机构予以撤销。"欺诈，是指故意隐瞒真实情况或者故意告知对方虚假的情况，导致对方陷入错误认识而作出错误的意思表示。本案中，原告主张被告故意不发货构成欺诈，被告则主张其真实意思并非以案涉订单显示的"总价金额"销售订单商品，如以案涉价款成交则会对被告造成重大损失。案涉订单页面显示商品总价 204 元，满就送优惠 133 元，2021 年淘宝夏季清仓优惠 15 元，双方对订单的优惠幅度不持异议，但被告对商品总价金额有异议。《民法典》第 142 条规定："有相对人的意思表示的解释，应当按照所使用的词句，结合相关条款、行为的性质和目的、习惯以及诚信原则，确定意思表示的含义。无相对人的意思表示的解释，不能完全拘泥于所使用的词句，而应当结合相关条款、行为的性质和目的、习惯以及诚信原则，确定行为人的真实意思。"首先，从案涉订单实付金额来看，每件 T 恤实付金额仅为 2 元，根据日常生活经验，该价格明显低于正常商品售价，不符合常情。其次，从被告提交的 2021 年 3 月以来的案涉商品后台订单记录可知，案涉商品单件售价在 100 至 150 元，在促销活动下历史最低价格记录为 × ×元，被告抗辩主张其设置价格错误，具有一定的合理性，法院予以采纳。最后，案涉订单生成后，被告于次日分别通过淘宝平台以及短信通知原告申请退款并予以补偿，且通过商品页面发布了"致歉声明"告知价格设置错误，通知买家申请退款，可知被告发现订单异常后，及时采取措施作出了撤销订单的意思表示。综上，被告主张案涉商品价格并非其真实意思表示，其错误设置商品价格导致订单实付金额错误，如被告以该价格发货将显失公平的理由，具有一定的合理性，法院予以采纳。被告并不存在不予发货的主观故意，原告主张被告销售案涉商品存在欺诈，要求赔偿损失 300 元、赔偿惩罚金 500 元，缺乏事实依据，法院不予支持。

[案例解析]

本案争议焦点为经营者错误设置商品价格导致订单实付金额错误是否构成欺诈。

《最高人民法院关于适用〈中华人民共和国民法典〉总则编若干问题的解释》第21条规定："故意告知虚假情况，或者负有告知义务的人故意隐瞒真实情况，致使当事人基于错误认识作出意思表示的，人民法院可以认定为民法典第一百四十八条、第一百四十九条规定的欺诈。"由此可以得出，欺诈行为的构成要件为：（1）行为人具有欺诈的故意；（2）行为人实施了欺诈行为；（3）当事人陷入错误认识；（4）当事人基于此错误认识作出意思表示。笔者认为，对于本案而言，认定被告是否构成欺诈关键在于正确界定被告是否具有主观的欺诈故意。本案中，原告主张其下单后被告一直未发货，构成欺诈，被告则主张其真实意思并非以案涉订单显示的"总价金额"销售订单商品，如以案涉价款成交则会对其造成重大损失，那么，被告究竟是故意以低价诱导消费者下单从而提高销量，还是错误操作系统误使商品金额明显过低的无心之举？

首先，从涉案金额来看，原告所购商品平均单价为2元，同时，被告提交了2021年3月以来涉案商品的订单记录，显示单件售价在100至150元，原告所拍订单的交易金额确实存在致使被告遭受重大损失的情形，明显不符合此类商品的正常交易金额。其次，原告提交涉案订单后，被告发现涉案商品的金额标记错误，于是在次日分别通过淘宝平台以及短信通知原告申请退款并予以补偿，且通过商品页面发布了"致歉声明"，通知买家申请退款，可知被告发现订单异常后，及时采取措施并作出了撤销订单的意思表示。因此，被告与原告成立合同法律关系的意思表示并不是其真实意思表示，是基于网络系统订立合同的局限性（不能即时补正错误的意思表示）而导致的失误，非真实意思表示，被告不具有主观上的欺诈故意。最后，原告作为具有完全民事行为能力的理性人，对其所购涉案商品价格明显低于正常价格的情况应保持起码的判断能力，合理推测被告系操作失误且属于非真实意思表示的表达，而原告在被告告知情况后却仍然请求被告履行明显不公平的合同，显然是基于被告的错误表示而谋取不当利益，进而，基于诚信原则、公平原则与上述分析，被告错误标记价格且未发货的行为，不构成欺诈，不必承担欺诈的民事责任。

综上，经营者非因故意导致商品价格标记错误从而未进行发货，那么，应结合诚信原则及公平原则对其进行具体分析，从而判断经营者是否具有主观上的欺诈故意，若经营者无欺诈故意仅为无意导致的错误设置，则其错误标识且不发货的行为不构成欺诈，不得适用《消费者权益保护法》有关惩罚性赔偿的规定。

[规范指引]

《最高人民法院关于适用〈中华人民共和国民法典〉总则编若干问题的解释》（2022 年 2 月 24 日）

第二十一条　故意告知虚假情况，或者负有告知义务的人故意隐瞒真实情况，致使当事人基于错误认识作出意思表示的，人民法院可以认定为民法典第一百四十八条、第一百四十九条规定的欺诈。

58. 对待证欺诈事实存在的可能性不能排除合理怀疑的，不能认定为欺诈

——朱某某、北京炜某相机部与陈某文信息网络买卖合同纠纷案

[案号]

（2023）京 04 民终 329 号

[案情简介]

北京炜某相机部在某二手交易平台开设店铺，店铺经营者为朱某某。陈某文以及朱某某、北京炜某相机部提交了订单信息截图。证据显示：陈某文以“××”作为下单账号，于 2022 年 3 月 20 日在某二手交易平台的涉案店铺购买佳能 5DS 国行全套包装保卡三码合一相机，交易金额为 5999 元。订单编号为 151968835233130××××（以下简称涉案订单）。朱某某、北京炜某相机部提交了涉案订单退货退款处理详情截图，其显示，涉案店铺已经完成了涉案订单的退货退款。陈某文主张涉案店铺交付的相机并不符合双方的约定，朱某某、北京炜某相机部的行为构成欺诈，朱某某、北京炜某相机部辩称其仅为发错货，并不存在欺诈行为，双方当事人就此提交了聊天记录。

一审法院认为，本案中，陈某文在某二手交易平台购买涉案店铺的涉案商品，与朱某某、北京炜某相机部之间成立信息网络买卖合同关系，未违反国家法律、行政法规的强制性规定，合同成立。经审理，一审法院认为本案的争议点在于朱某某、北京炜某相机部对涉案商品是否存在虚假宣传从而构成欺诈消费者的情况。《消费者权益保护法》第55条第1款规定："经营者提供商品或者服务有欺诈行为的，应当按照消费者的要求增加赔偿其受到的损失，增加赔偿的金额为消费者购买商品的价款或者接受服务的费用的三倍；增加赔偿的金额不足五百元的，为五百元。法律另有规定的，依照其规定。"法律关于惩罚性赔偿金的立法目的在于消除商业交往中存在信息不对等，防止商家利用自身优势欺诈消费者，保护处于弱势地位的消费者的合法权益，营造健康诚信的市场环境。在认定商家是否构成欺诈时，应当严格按照法律规定的标准予以审查。根据《民法典》第148条的规定，构成欺诈应符合以下要件：（1）行为人具有主观过错，即具有欺诈的故意；（2）行为人基于欺诈的故意作出虚假陈述或隐瞒真实情况；（3）相对人因此陷入错误认识进而作出不真实的意思表示。就本案查明的事实而言：首先，经营者是向消费者提供其生产、销售的商品或者提供服务的公民、法人或者其他经济组织，是以营利为目的从事生产经营活动并与消费者相对应的另一方当事人。北京炜某相机部的经营者朱某某长期在某二手交易出售二手相机设备，且其自述还运营有线下实体店用于专门经营出售相关产品，因此一审法院认为北京炜某相机部的经营者朱某某符合《消费者权益保护法》关于经营者的认定，受该法规制。其次，根据陈某文与朱某某的事先磋商情况，双方关于涉案商品规格的约定为"商品的型号为CanonEOS5DS，序列号为1340220×××××，快门数815"，因此，朱某某后期交付的相机并不符合双方的约定。就此，朱某某回复陈某文称"发错了"。陈某文认为朱某某并非发错货，而是发错图，一开始即使用了与商品实际情况不符的图片进行宣传，因此朱某某的行为构成欺诈。朱某某则称其为发错货了，其后期积极沟通协调退货事宜，并不具有欺诈故意。对此，一审法院认为，关于朱某某是否具有欺诈之故意应当结合陈某文与朱某某的整体沟通情况加以认定。本案中，陈某文在向朱某某告知快门数不符后，朱某某质疑陈某文为同行，这并不是常见的发错货的售后服务反应。而即使如朱某某所言"发错货了"，在陈某文提出合理的换货请求后，朱某某并未同意，而是表示"价格不一样，你退了吧"，因此可推知朱某某并不具有“以协商的价格5999元将快门数为815的涉案商品售卖给原告”的意思。朱某某并不具有真实的售卖意思而向陈某文售卖且并未实际交付符合约定的相机的行为，已经构成了欺诈。本案陈某文因朱某某的欺诈行为陷入错误认识进而与之订立了信息网络买卖合同，故陈某文要求朱某某、北京炜某相机部共同承担要求价款三倍赔偿的诉讼请求，一审法院予以支持。

二审法院认为，一方当事人故意告知对方虚假情况，或者故意隐瞒真实情况，诱使对方当事人作出错误意思表示的，可以认定为欺诈行为。《消费者权益保护法》第55条第1款规定：“经营者提供商品或者服务有欺诈行为的，应当按照消费者的要求增加赔偿其受到的损失，增加赔偿的金额为消费者购买商品的价款或者接受服务的费用的三倍；增加赔偿的金额不足五百元的，为五百元。法律另有规定的，依照其规定。”《最高人民法院关于适用〈中华人民共和国民事诉讼法〉的解释》第109条规定：“当事人对欺诈、胁迫、恶意串通事实的证明，以及对口头遗嘱或者赠与事实的证明，人民法院确信该待证事实存在的可能性能够排除合理怀疑的，应当认定该事实存在。”具体到本案，根据在案证据，从涉案订单详情情况看，下单前双方沟通过程中，上诉人所发相机快门测试截图中显示的相机序列号与详情页面展示的相机序列号并不对应，可以认定并非同一台相机；收货后，被上诉人表示其实际收到的相机快门数与此前上诉人发出的相机快门测试截图的快门数不一致，上诉人表示其发货的相机快门数“应该有1W到2W次了吧”，被上诉人回复“2万多次”。一审庭审中，上诉人陈述其在与被上诉人售后沟通中所称“我发错了”系指“截图发错了，不是货发错了”。尽管上诉人对于发错快门截图负有一定过错，但综合全案证据及双方沟通情况，难以据此认定上诉人具有欺诈的主观意图。二审法院认为，本案情形尚未达到能够排除合理怀疑的证明标准，故被上诉人以上诉人存在欺诈为由要求承担赔偿责任缺乏事实和法律依据，二审法院不予支持。综上所述，撤销一审民事判决，驳回陈某文的全部诉讼请求。

[案例解析]

《最高人民法院关于适用〈中华人民共和国民事诉讼法〉的解释》第109条规定，当事人对欺诈、胁迫、恶意串通事实的证明，以及对口头遗嘱或者赠与事实的证明，人民法院确信该待证事实存在的可能性能够排除合理怀疑的，应当认定该事实存在。根据上述规定可知，立法拔高了待证欺诈事实的证明标准，其高于高度盖然性，应综合全案证据及当事人具体情况，如果不能排除当事人存在其他合理原因的可能性，难以直接认定当事人具有欺诈的主观意图和行为。本案中，从涉案订单详情情况看，下单前双方沟通过程中，上诉人所发相机快门测试截图中显示的相机序列号与详情页面展示的相机序列号并不对应，可以认定并非同一台相机；收货后，被上诉人表示其实际收到的相机快门数与此前上诉人发出的相机快门测试截图的快门数不一致。综合全案证据及当事人沟通情况，不能排除上诉人过失发错截图的可能性，难以据此认定上诉人具有欺诈的主观意图。

［规范指引］

《最高人民法院关于适用〈中华人民共和国民法典〉总则编若干问题的解释》（2022 年 2 月 24 日）

第二十一条 故意告知虚假情况，或者负有告知义务的人故意隐瞒真实情况，致使当事人基于错误认识作出意思表示的，人民法院可以认定为民法典第一百四十八条、第一百四十九条规定的欺诈。

《最高人民法院关于适用〈中华人民共和国民事诉讼法〉的解释》（2022 年 4 月 1 日修正）

第一百零九条 当事人对欺诈、胁迫、恶意串通事实的证明，以及对口头遗嘱或者赠与事实的证明，人民法院确信该待证事实存在的可能性能够排除合理怀疑的，应当认定该事实存在。

59. 文物交易中出现因个人水平不足导致错误描述商品信息，一般不认定为欺诈

——蔡某某与陈某某信息网络买卖合同纠纷案

［案号］

（2023）京 04 民终 5 号

［案情简介］

2021 年 7 月，北京市海淀区的蔡某某在“闲鱼”交易平台上花费 6500 余

元从卖家陈某某处购买了“雍乾青花琵琶尊”瓷瓶一个。收到货后，蔡某某对瓷瓶的真实性产生疑虑，要求退货。卖家陈某某要求蔡某某提供第三方权威鉴定证明，并赔偿20%的货款作为退货补偿才同意退货，双方未能达成共识。随后买家蔡某某向法院起诉，认为卖家陈某某构成欺诈，要求其退还货款并基于《消费者权益保护法》承担三倍赔偿。

卖家陈某某辩称自己只是文物爱好者而非专业经营者，其从山东一家古玩店购得涉案琵琶尊，购买时并未标注年份信息，其依据自身经验判断涉案琵琶尊来自清代乾隆或雍正年间，故在商品名称中标注“雍乾”以代表涉案琵琶尊的年代，并不存在欺诈的故意与欺诈的行为。

本案审理过程中，因双方当事人对涉案琵琶尊真伪问题存在较大争议，经双方协商一致，由鉴定专家崔某对涉案琵琶尊进行鉴定，鉴定结果认定涉案琵琶尊为现代仿制品，双方认可该鉴定结果。

法院经审理认为，在案证据能够认定蔡某某在陈某某处购买了案涉琵琶尊，双方建立了信息网络买卖合同关系。

文物是指人类创造的或者与人类活动有关的，具有历史、艺术、科学价值的物质文化遗产。涉案合同交易的标的物名称为“雍乾青花琵琶尊”，根据陈某某自述称该“雍乾”代表的系案涉琵琶尊的年代，即来自清代乾隆或雍正年间。鉴于案涉琵琶尊发行年代距今已超100年且具有一定的历史价值，宜将案涉琵琶尊认定为文物。

本案中，案涉琵琶尊标榜其系“雍乾”年间的商品，买家购买案涉琵琶尊看中的系其历史性，“雍乾”年间的商品和后期仿造的市场价值有明显差异。关于案涉琵琶尊是否为赝品，本案中原、被告双方共同协商确定由崔某进行鉴定，鉴定结果认定案涉琵琶尊为现代高仿的商品。因此，对于蔡某某主张案涉琵琶尊为赝品并且据此主张退货退款的诉请，法院予以支持，退货产生的物流费用由陈某某负担。

对于蔡某某主张陈某某应当支付三倍惩罚性赔偿的诉请。文物交易虽有特殊性，但仍应符合《民法典》的相关规定，遵循诚信原则。诚信原则要求交易过程中卖家全面、真实、准确地披露商品的信息，保障交易相对方的知情权和选择权。因此，陈某某应全面、真实、准确地向蔡某某介绍案涉琵琶尊的情况，而其将案涉琵琶尊的年份描述为清代乾隆或雍正年间确实存在不准确的情形。就陈某某如何确定案涉琵琶尊的年代的问题，陈某某表示其从山东一家古玩店购得案涉琵琶尊，购买时并未标注年份信息，其依据自己的认识认定案涉琵琶尊系清代乾隆或雍正年间。考虑到文物商品系非标准产品，个人对文物的认识会因学识、认知水平的高低遭受影响，由此所作出的判断将直接反映在其对商品的描述上，因此因个人水平不足导致的错误描述商品信息的情况亦属正常。因此，在案证据不足以证明陈某某存在欺诈的故意，不构成欺诈。

[案例解析]

在文物交易漫长的发展历程中，逐渐形成了“不打假、不三包、出售赝品不算骗”的行规，卖家往往也以此为由拒绝退款。对此，法院认为，文物虽为特殊商品，但任何交易都应始终遵守《民法典》规定的诚信原则。在文物交易中，买卖双方应如实告知相关交易信息、意思表示真实，建立民事法律关系后，依承诺全面履行义务，保护对方的合理期待与信赖。若在交易过程中，卖家故意虚构商品信息，编造商品来源渠道或伪造鉴定结果，诱导买家陷入错误认知下单购买，均属于欺诈行为。

[规范指引]

《最高人民法院关于适用〈中华人民共和国民法典〉总则编若干问题的解释》（2022 年 2 月 24 日）

第二十一条　故意告知虚假情况，或者负有告知义务的人故意隐瞒真实情况，致使当事人基于错误认识作出意思表示的，人民法院可以认定为民法典第一百四十八条、第一百四十九条规定的欺诈。

第六章　网络消费纠纷中的主播

2024年3月发布的《中国网络视听发展研究报告（2024）》显示，截至2023年12月，全网短视频账号总数达15.5亿个，职业主播数量达1508万人，主要短视频平台日均短视频更新量近8000万，日直播场次超过350万场。庞大的从业者体量、可观的市场规模，推动网络视听成为数字经济新质生产力的重要力量，网络主播足够有资格“转正”成为新职业。[①] 人力资源和社会保障部会同国家市场监督管理总局、国家统计局发布的19个新职业、28个新工种信息中就包括网络主播。

互联网直播是指基于互联网，以视频、音频、图文等形式向公众持续发布实时信息的活动。当前，网络直播流行于哔哩哔哩、抖音、斗鱼等各大平台，直播题材非常广泛，涉及游戏、电商、教育、公益、美妆等诸多方面，在丰富人们精神文化生活的同时形成了一种经济发展新模式。与此同时，主播所享权利不明确、平台避谈劳动关系成潜规则、主播遭遇欠薪和“金牌协议”、直播平台“挖角”频发等涉及直播行业从业者群体的权益问题引起诸多关注。

从目前司法裁判实践来看，网络主播处于何种法律地位并无定论。从学术界现有关于网络主播权益保障的相关研究来看，对直播行业用工关系的法律调整亦持有不同观点，比如认为可以完善劳动关系认定标准、构建非标准劳动者概念模型等。尽管如此，对于论及网络主播权益保障的问题，几乎都主张应当积极采取有效保障措施加以应对。网络主播和直播平台之间的关系主要可分为三种情形，即授权直播、签约模式和代理模式。在签约模式和代理模式中，主播通过此种方式谋生，获取直播报酬，与经纪公司或平台之间的关系更为紧密和复杂，涉及诸多利益纠纷，但主播所处法律地位不明、权

---

① 《网络主播成为新职业，只是个开始》，载《工人日报》2024年8月1日。

益保障不清。因此，有必要补齐制度短板，不断完善相关法律规定。为此，本章围绕主播劳动关系认定、主播违约行为认定等常见实践问题，选取了5个典型案例加以分析研究。

60. 主播与经纪公司之间的关系应从工作内容、报酬支付等角度进行综合判断

——汕头市某星文化传播有限公司诉余某服务合同纠纷案

[案号]

(2022) 粤民申5387号

[案情简介]

原告汕头市某星文化传播有限公司（以下简称某星公司）称，汕头市劳动人事争议仲裁委员会作出了汕劳人仲案字（2021）318号仲裁决定书，认定了申请人与被申请人之间不属于劳动关系，为再审新证据。双方签订的书面合同《艺人主播服务合作合同》第1条第5点明确约定双方并非劳动关系，该合同系双方合意的体现，系合法有效的，被申请人作为完全民事行为能力人应当清楚、知悉合同内容，也清楚双方不存在劳动合同关系，双方均应认可、遵守合同的约定。本案是平等主体之间的合同关系，申请人没有对网络主播实施具有人身隶属性的劳动管理行为，不符合《劳动和社会保障部关于确立劳动关系有关事项的通知》第1条等相关法律法规的规定，不应认定为劳动关系。

法院认为，本案的争议焦点是余某与某星公司之间是否构成劳动关系。双方签订的《艺人主播服务合作合同》明确约定：某星公司仅指定平台供余某进行在线演艺，主播受某星公司管理规章制度约束，但不得视为某星公司与主播建立了劳动关系，某星公司无义务承担余某的任何费用，包括但不限于社会保险、福利和医疗保险等。《劳动和社会保障部关于确立劳动关系有关事项的通知》第1条规定："用人单位招用劳动者未订立书面劳动合同，但同时具备下列情形的，劳动关系成立。（一）用人单位和劳动者符合法律、法规规定的主体资格；（二）用人单位依法制定的各项劳动规章制度适用于劳动

者，劳动者受用人单位的劳动管理，从事用人单位安排的有报酬的劳动；（三）劳动者提供的劳动是用人单位业务的组成部分。”从双方签订的《艺人主播服务合作合同》来看，余某提供的主播演出并不是某星公司业务的组成部分，某星公司的经营业务范围是文化艺术交流活动策划、展览展示、婚庆策划、公关活动策划、企业形象策划、市场营销策划等，与余某的主播演出工作性质不同，这一情形不符合劳动者提供的劳动是用人单位业务的组成部分这一规定，故不应视为双方之间具有劳动合同关系。从收入分配上看，余某的直播演出收入虽最终由某星公司支付，但主要是余某通过网络直播吸引粉丝获得打赏所得，某星公司仅是按照其与直播平台和余某之间的约定比例进行收益分配，某星公司无法掌控和决定余某的收入金额，双方在合作协议中约定的保底收入应属于某星公司给予直播合作伙伴的保障和激励费用，并非余某直播收入的主要来源，故某星公司基于合作协议向余某支付的直播收入不应视为用人单位向劳动者支付的劳动报酬。

[案例解析]

主播与经纪公司之间的关系应从工作内容、报酬支付等角度进行综合判断。若主播提供的主播演出并非经纪公司业务的组成部分，从收入分配上看，主播的收入虽最终由经纪公司支付，但主要是通过网络直播吸引粉丝获得打赏所得，经纪公司无法掌控和决定主播的收入金额，则主播的收入不应视为用人单位向劳动者支付的劳动报酬，双方不构成劳动关系。

本案的争议焦点为主播与经纪公司之间的关系是否构成劳动关系。首先应当明确主播与经纪公司之间的关系应从工作内容、报酬支付等角度进行综合判断。

具体到本案，余某与某星公司不属于劳动关系。关于劳动关系的认定要素，根据《劳动和社会保障部关于确立劳动关系有关事项的通知》第1条规定：“用人单位招用劳动者未订立书面劳动合同，但同时具备下列情形的，劳动关系成立。（一）用人单位和劳动者符合法律、法规规定的主体资格；（二）用人单位依法制定的各项劳动规章制度适用于劳动者，劳动者受用人单位的劳动管理，从事用人单位安排的有报酬的劳动；（三）劳动者提供的劳动是用人单位业务的组成部分。”在本案中，（1）从双方签订的《艺人主播服务合作合同》来看，余某提供的主播演出并不是某星公司业务的组成部分，某星公司的经营业务范围是文化艺术交流活动策划、展览展示、婚庆策划、公关活动策划、企业形象策划、市场营销策划等，与余某的主播演出工作性质不同，这一情形不符合劳动者提供的劳动是用人单位业务的组成部分这一规定，故不应视为双方之间具有劳动合同关系。（2）从收入分配上看，余某的收入虽最终由某星公司支付，但主要是通过网络直播吸引粉丝获得打赏所得，某星公司无法掌控和决定主播的收入金额，双方在合作协议中约定的保底收入应属于某星公司给予直播合作伙伴的保障和激励费用，并非余某直播收入的主要来源，故余某的收入不应视为某星公司向其支付的劳动报酬，双方不构成劳动关系。

此外，关于民事主播经纪关系与劳动关系的区分。目前，网络主播有三种主要的运行模式：一是主播与网络直播平台直接签订合同，成为直播平台的签约艺人，接受直播平台的规章制度约束，在保证有经济收入的同时承担对应的职责任务并接受考核。此种情形下可以认定网络主播与直播平台之间形成劳动关系。二是直播平台授予网络主播直播权限，网络主播通过注册进行直播表演，获取一定收益。三是主播与经纪公司签订经纪合同，由经纪公司安排其在网络直播平台上进行直播。为辨别网络主播与经纪公司之间形成的经纪关系与劳动关系的异同，应当厘清主播经纪合同的性质及其法律适用。主播经纪合同是一种综合性的合同，合同当事人之间存在多重关系。（1）经纪合同首先包含委托代理关系，例如经纪人代表主播洽谈直播合作、主播应向经纪人支付报酬等，此类行为方式与委托合同法律关系的特征具有一致性。（2）主播经纪合同还包括经理关系，经纪公司对主播提供职业规划、培养、包装、形象设计、营销等经理人服务内容。（3）除此之外，主播经纪合同包含管理关系。如在经纪合同中约定主播有义务服从经纪公司安排的工作、接受公司管理，不与第三方进行主播事务合作义务等内容。管理关系中包含管理者与被管理者，经纪公司对网络主播的工作进行安排与管理，二者之间形成了一定的从属关系。但是基于经纪合同产生的管理关系与基于劳动合同产生的劳动关系有根本的区别。从双方的地位来看，主播将其主播工作的主导权交给经纪人，是双方意思表示一致、协议选择的结果，这与劳动合同法律关系中用人单位与劳动者天然的控制与从属关系存在差异。主播通常不需要遵守经纪公司针对其内部员工所制定的各项劳动规章制度。从工作内容看，主播的播放内容通常在不违反法律规定的情形下由自己决定，经纪公司对网络主播的工作强度、工作地点、工作内容不做强制性的限制，直播的内容、方式、形式基本上由主播个人自主决定。从报酬的来源看，具有一定工作自主权的主播提供演艺劳务所获得的劳务报酬并非出自经纪公司，而是源自演艺活动产生的收益，这与认定劳动关系的一般标准有所不同。①

［规范指引］

《劳动和社会保障部关于确立劳动关系有关事项的通知》（2005年5月25日）

一、用人单位招用劳动者未订立书面劳动合同，但同时具备下列情形的，劳动关系成立。

（一）用人单位和劳动者符合法律、法规规定的主体资格；

（二）用人单位依法制定的各项劳动规章制度适用于劳动者，劳动者受用人单位的劳动管理，从事用人单位安排的有报酬的劳动；

（三）劳动者提供的劳动是用人单位业务的组成部分。

二、用人单位未与劳动者签订劳动合同，认定双方存在劳动关系时可参照下列凭证：

（一）工资支付凭证或记录（职工工资发放花名册）、缴纳各项社会保险费的记录；

（二）用人单位向劳动者发放的“工作证”、“服务证”等能够证明身份的证件；

（三）劳动者填写的用人单位招工招聘“登记表”、“报名表”等招用记录；

（四）考勤记录；

（五）其他劳动者的证言等。

其中，（一）、（三）、（四）项的有关凭证由用人单位负举证责任。

① 参见梁桂平、赵新梅：《网络主播与经纪公司之间不构成劳动关系》，载《人民司法·案例》2021年第29期。

61. 直播平台与网络主播之间如果具有经济从属性和人身从属性的权利义务关系，则构成劳动关系

——河南某特网络科技有限公司诉张某劳动合同纠纷案

［案号］

（2020）豫05民终800号

［案情简介］

2018年10月22日，河南某特网络科技有限公司（以下简称某特公司）（甲方）与张某（乙方）签订一份《主播劳动合同书》，协议约定，甲方安排乙方从事主播岗位的工作，在本劳动合同期限内乙方接受甲方根据其相关规章制度的要求进行考核，甲方根据岗位职责赋予乙方相关的权利、责任、义务。乙方根据甲方要求全面完成各项工作任务并履行各项职责。协议约定，劳动合同效期为固定期限：从2018年10月22日起至2021年10月22日止。乙方的工作地点为林州市龙安路与金鑫大道交会处—太行声谷。双方约定了试用期一个月，乙方最低收入3000元，第二个月至第四个月甲方保障乙方最低收入5000元，超出最低保障以上的按照薪资提成比例发放薪资，乙方每天直播时间不低于6小时，在附则中约定了乙方在工作期间内的分成比例、休假时间（运营及主播可以休息两天）和奖励标准。第4条约定："原则上，乙方的待遇由底薪、提成、奖金构成，具体构成及数额根据乙方每月表现进行确定，底薪5000元（播够44小时），提成35%。底薪、奖金、提成每月15日发放。"第5条第2款约定："乙方月直播有效天数22天、时长44小时，月刷量不符合底薪领取标准的，甲方有权下月取消乙方主播资格。"第5款约定："乙方在签约期内，如因故辞职，未经甲方允许不得以任何形式在其他类似的平台、网站进行开播，如上述问题出现，甲方有权要求乙方支付50 000元的违约金。备注：1. 正式主播每天必须按时上播，如有特殊情况需提前一天申请，批准之后方可请假，无批准不开播的，视为旷工处理，扣除底薪100元，出现2次以上甲方有权取消主播资格，一个月内只允许三天带薪请假，多请假一天扣50元，2日扣100元，以此类推。2. 直播时间未满一个月工资不予发放……"2019年5月3日，乙方以多次受到公司主管骚扰，公司不予

处理为由离职，2019年6月18日，某特公司曾向林州市劳动人事争议仲裁委员会申请仲裁，2019年6月24日，仲裁委作出林劳人仲案字〔2019〕30号不予受理通知书，以反映事项不属于劳动人事争议仲裁受理的争议范围为由决定不予受理。被告某特公司未为张某缴纳社会保险。2019年7月11日，某特公司持上述请求及理由诉至法院。请求：（1）依法判决被告向原告支付因其合同违约应当承担的违约金、经济损失以及因本案引起的仲裁、诉讼代理费用共计40万元。（2）依法裁决被告至2021年10月22日前不得在任何平台上从事网络直播活动。（3）案件诉讼费用由被告承担。

法院经审理认为：原告某特公司、被告张某签订的《主播劳动合同书》系双方当事人的真实意思表示，不违反法律和行政法规的效力性强制性规定，合法有效，双方均应按合同约定履行义务。本案争议的焦点是，该合同是否属于劳动合同，双方是否为劳动关系。依据我国《劳动法》和《劳动合同法》的相关规定，劳动关系的确立需同时符合“四项标准”，即当事人双方主体适格、用人单位各项规章制度适用于劳动者，包括工资报酬、劳动时间、劳动纪律、奖惩规则等，劳动者接受用人单位管理，从事用人单位安排的有报酬的劳动，劳动者提供的劳动是用人单位业务的组成部分。从本案看，某特公司对张某进行了工作强度、工作纪律、工作内容和形式的强制性管理，对工作时间、工作地点也进行了限制。张某接受某特公司的管理，按照合同要求提供劳动，某特公司对张某进行工作安排，并按月支付工资报酬。上述《主播劳动合同书》已经具备劳动合同的要件，具有劳动合同的性质，原、被告双方之间属于劳动关系。因某特公司未为张某交纳社会保险及其他事由，违反了《劳动合同法》的相关规定，被告张某已于2019年5月离职，与某特公司解除劳动关系，被告张某不存在违约行为。原告关于违约金、经济损失、因本案引起的仲裁、诉讼代理费用及竞业禁止的请求，证据不足，法院不予支持。

[案例解析]

本案的焦点在于双方是否为劳动关系，以及被告是否存在违约行为。

关于网络主播与直播平台公司之间是否存在劳动关系，司法实践中存在较大争议。一种观点认为，直播平台与网络主播之间存在平等的商事合作关系，并非劳动关系。另一种观点认为，直播平台与网络主播之间构成劳动关系。司法观点普遍认为判断直播平台与网络主播之间是否劳动关系，要从两者之间是否具有经济从属性和人身从属性的权利义务关系进行。从属性是劳动关系的核心特征，是劳动关系有别于承揽关系、劳务关系的最显著特点。就本案而言，双方构成劳动关系，理由如下：

劳动关系是一种具有经济从属性和人身从属性的权利义务关系，在这种关系中，劳动者与用人单位达成合意，一方提供劳动，另一方给付报酬。法律规定，劳动者与用人单位成立劳动关系应具备以下特征：（1）劳动者与用人单位应符合劳动法规定的主体资格；（2）在劳动过程中，劳动者的劳动力与用人单位给付的相应报酬形成对价，从而建立起一种社会经济关系；（3）劳动关系存续期间，用人单位对劳动者有用工管理权，双方形成人身隶属关系；（4）劳动者提供的劳动是用人单位业务的组成部分，满足组织从属性。本案中，双方显然符合第一点和第四点特征。关键看双方在实际履行合同过程中，有无明显的劳动关系人格从属性和经济从属性特征。

（1）张某与某特公司之间存在人身隶属性。某特公司对张某进行了实质上的管理，主要体现于某特公司对张某进行了工作强度、工作纪律、工作内容和形式的强制性管理，对工作时间、工作地点也进行了限制。张某接受某特公司的管理，按照合同要求提供劳动，某特公司对张某进行工作安排，并按月支付工资报酬。这些因素足以认定网络主播与直播平台存在人身隶属性。

（2）张某与某特公司存在财产上的隶属性。双方薪资结构符合劳动报酬的形式。双方合同约定，采取“底薪+提成”的模式计薪，该形式与现行用人单位的薪酬模式相符。与劳务关系等平等民事主体之间建立的合同不同的是，该公司按月支付固定薪资用于维持合同关系，也符合劳动报酬的特征。张某的收入最终也是由该公司支付的，可认定双方存在财产上的隶属性。

综上，原、被告双方之间属于劳动关系。因某特公司未为张某交纳社会保险及其他事由，违反了《劳动合同法》的相关规定，被告张某主动离职，与某特公司解除劳动关系，被告张某不存在违约行为。原告关于违约金、经济损失、因本案引起的仲裁、诉讼代理费用及竞业禁止的请求，法院不予支持。

[规范指引]

《中华人民共和国劳动合同法》（2012年12月28日修正）

第二十六条第一款 下列劳动合同无效或者部分无效：

（一）以欺诈、胁迫的手段或者乘人之危，使对方在违背真实意思的情况下订立劳动合同的；

（二）用人单位免除自己的法定责任、排除劳动者的权利的；

（三）违反法律、行政法规强制性规定的。

第三十八条　用人单位有下列情形之一的，劳动者可以解除劳动合同：

（一）未按照劳动合同约定提供劳动保护或者劳动条件的；

（二）未及时足额支付劳动报酬的；

（三）未依法为劳动者缴纳社会保险费的；

（四）用人单位的规章制度违反法律、法规的规定，损害劳动者权益的；

（五）因本法第二十六条第一款规定的情形致使劳动合同无效的；

……

《中华人民共和国劳动争议调解仲裁法》（2007 年 12 月 29 日）

第二条　中华人民共和国境内的用人单位与劳动者发生的下列劳动争议，适用本法：

（一）因确认劳动关系发生的争议；

（二）因订立、履行、变更、解除和终止劳动合同发生的争议；

（三）因除名、辞退和辞职、离职发生的争议；

（四）因工作时间、休息休假、社会保险、福利、培训以及劳动保护发生的争议；

（五）因劳动报酬、工伤医疗费、经济补偿或者赔偿金等发生的争议；

（六）法律、法规规定的其他劳动争议。

《劳动和社会保障部关于确立劳动关系有关事项的通知》（2005 年 5 月 25 日）

一、用人单位招用劳动者未订立书面劳动合同，但同时具备下列情形的，劳动关系成立。

（一）用人单位和劳动者符合法律、法规规定的主体资格；

（二）用人单位依法制定的各项劳动规章制度适用于劳动者，劳动者受用人单位的劳动管理，从事用人单位安排的有报酬的劳动；

（三）劳动者提供的劳动是用人单位业务的组成部分。

二、用人单位未与劳动者签订劳动合同，认定双方存在劳动关系时可参照下列凭证：

（一）工资支付凭证或记录（职工工资发放花名册）、缴纳各项社会保险费的记录；

（二）用人单位向劳动者发放的“工作证”、“服务证”等能够证明身份的证件；

（三）劳动者填写的用人单位招工招聘“登记表”、“报名表”等招用记录；

（四）考勤记录；

（五）其他劳动者的证言等。

其中，（一）、（三）、（四）项的有关凭证由用人单位负举证责任。

62. 若直播平台运营者对网络主播未达到实质的管理和指挥，网络主播对许多事项享有自主决定权，其收入并非仅来源于直播平台，还依赖于观众粉丝的打赏，则双方形成的应为民事合作合同关系

——广州某冠信息科技有限公司诉冯某佳等网络服务合同纠纷案

［案号］

（2021）粤 01 民终 24316 号

［案情简介］

原告广州某冠信息科技有限公司（以下简称某冠公司）系 CC 直播平台经营者，与被告冯某佳签订《主播合作协议》，约定：协议有效期间为 2019 年 7 月 1 日至 2021 年 7 月 1 日；CC 直播平台为被告冯某佳视频直播的独家平台，被告冯某佳不得在任何第三方平台进行任何视频直播活动；若被告冯某佳违反该约定，则案外人某易股份有限公司有权收回被告冯某佳在 CC 直播平台上已获得的全部平台/合作资源，有权追究被告冯某佳的违约责任及收取违约金，违约金数额应至少为 100 万元。该协议符合直播行业惯例，不违反强制性法律规定，被告冯某佳作为具有完全民事行为能力的网络主播，理应对直播行业有相当了解，其与原告某冠公司签订的该协议为双方意思自治结果，故该协议合法有效，对双方均有约束力。原告某冠公司为被告冯某佳提供 CC

直播平台，给予被告大量资源，提升被告知名度，已履行协议项下义务。2019 年 11 月 1 日，被告冯某佳擅自停止 CC 直播平台的直播，前往第三人北京某房科技有限公司（以下简称某房公司）运营的六间房直播平台进行直播活动，构成根本违约。原告某冠公司据此向被告冯某佳发函要求其立即停止在六间房直播平台的直播行为，继续履行《主播合作协议》，但未果。原告某冠公司因此产生巨大经济损失。根据《主播合作协议》的约定，在未与案外人某易股份有限公司因协商一致的情况下，被告冯某佳不享有单方解除权，且该协议继续履行的障碍仅在于被告冯某佳的违约行为，不存在无法继续履行的情形。原告某冠公司故诉至法院，请求判令：（1）被告冯某佳立即停止在第三人某房公司直播平台及任何第三方平台的视频直播活动或与其开展任何形式的视频直播合作；（2）被告冯某佳继续履行与原告某冠公司签订的《主播合作协议》；（3）被告冯某佳向原告某冠公司支付违约金 200 万元；（4）被告冯某佳赔偿原告某冠公司因本案诉讼发生的公证费 2800 元；（5）被告冯某佳承担本案诉讼费。

被告冯某佳辩称：（1）被告冯某佳与第三人某房公司签订《金牌主播合作协议》的时间先于《主播合作协议》的签订时间。《金牌主播合作协议》经双方同意续约，协议有效期至 2024 年 3 月 28 日止。《主播合作协议》剩余协议期间不足 3 个月，已无继续履行的必要。2018 年 3 月，被告冯某佳与第三人某房公司签订《金牌主播合作协议》，协议有效期间为 2018 年 3 月 29 日至 2021 年 3 月 28 日。2019 年 4 月，被告冯某佳与原经纪公司即案外人淮安市某艺娱乐传媒有限公司（以下简称某艺公司）产生劳务报酬纠纷，案外人南昌某星文化传媒有限公司（以下简称某星公司）借此邀请被告冯某佳签约 CC 直播平台，并承诺提供大量推广资源，被告冯某佳遂与原告某冠公司签订《主播合作协议》。原告某冠公司当时口头承诺为被告冯某佳提供人力、财力及推广等资源，但未实际履行。在此期间，第三人某房公司多次催告被告冯某佳返回六间房直播平台，并威胁起诉、通报被告冯某佳就读学校。当时被告冯某佳已办理毕业手续，担心无法正常毕业，同时考虑到原告某冠公司缺乏契约精神，故于 2019 年 11 月返回六间房直播平台。综上，被告冯某佳违约尚有客观因素，并非故意，且《金牌主播合作协议》签订在先、剩余履行期间较长，《主播合作协议》已无继续履行的实际意义。（2）《主播合作协议》的违约条款加重了被告冯某佳的责任，综合协议履行情况、原告某冠公司的实际损失、被告冯某佳的主观过错及网络影响力等因素，原告某冠公司不可能产生较大损失，其主张的200万元高额违约金不应得到支持。《主播合作协议》为原告某冠公司单方制作的格式合同。原告某冠公司未提供证据证明已提供相关资源，与被告冯某佳所承担的合同义务并不对等。故合同违约条款加重被告冯某佳的责任，应为无效。被告冯某佳虽构成违约，但在承担责任时应根据协议履行期限、原告某冠公司实际损失等因素作为计算违约金的基础。被告冯某佳违约行为发生时，《主播合作协议》仅履行4个月，在原告某冠公司未对被告冯某佳进行任何宣传、包装或投资的情况下，原告某冠公司不可能产生较大损失。原告某冠公司主张已向被告冯某佳的经纪公司支付449 126.62元，被告冯某佳实际获得的收益远低于该金额。故原告某冠公司可向经纪公司主张赔偿，不应要求被告冯某佳一人承担全部损失。如前所述，被告冯某佳并非故意违约，实属无奈选择。本案前期协商和解过程中，被告冯某佳已愿尽全力承担赔偿责任，但原告某冠公司提出的赔偿方案远超其承受能力，导致和解未能达成。同时，根据原告某冠公司提交的证据，被告冯某佳在网络直播领域的影响力十分有限，原告某冠公司主张违约金200万元明显偏高，违反公平原则，请求法院酌情调整。（3）被告冯某佳亦为直播平台恶性竞争的受害者，原告某冠公司明知被告冯某佳有约在先仍与其签订独家合作协议，通过高额违约金迫使被告冯某佳选择，与当前直播平台反垄断精神背道而驰，不利于社会和谐稳定。原告某冠公司为新型互联网企业，非如传统企业通过生产、贸易、服务等方式直接获取利润，主要通过提升访问流量扩大市场份额并获取利润，主播为其提升访问流量的主要资源。原告某冠公司作为网络直播平台的经营者、管理者，亦需要投入大量资金对主播进行推广及提升知名度，才可能提升访问流量。现已有大量生效判决确立此类损失的计算标准。被告冯某佳离开其平台可能产生的损失，应于服务协议剩余期限内，原告某冠公司CC直播平台可获得的预期收入减去平台应向被告冯某佳及其经纪公司支付的费用及其他相关成本后的金额。另被告冯某佳签订《主播合作协议》时尚未大学毕业，原告某冠公司亦未交付协议原件，被告冯某佳对条款细节并不知晓，无法完全意识到相应法律风险。综上所述，恳请人民法院调整违约金金额，并依法驳回原告某冠公司的其他诉讼请求。

第三人某房公司陈述称：（1）第三人某房公司与被告冯某佳基于共同开展网络直播演艺事业的合意，于2018年3月签订独家排他合作协议。第三人某房公司切实履行全部合同义务，被告冯某佳持续3年在第三人某房公司运营的六间房直播平台开展直播活动，截至目前已积累了大量粉丝，拥有非常高的人气热度，被告冯某佳与第三人某房公司之间存在长期稳定的合作关系。（2）原告某冠公司的诉请不应得到支持。案涉违约金的标准，第三人某房公司同意被告冯某佳的答辩意见，依此类计算方法，被告冯某佳对原告某冠公司违约造成的损失金额相对固定且能够得到弥补，其在第三方平台的直播活动并不会扩大原告某冠公司所遭受的损失。被告冯某佳在CC直播平台的直播活动时间非常短暂，积累粉丝数量极少。被告冯某佳在六间房直播平台未采用其在CC直播平台使用的昵称“×××”以吸引其在该平台的粉丝或采用其他方式吸引粉丝，不会导致原告某冠公司平台的用户流失或遭受其他损失。从被告冯某佳在原告某冠公司平台直播期间所获收益来看，原告某冠公司平台所遭受的损失金额低于原告某冠公司主张的违约金。另外，若支持原告某冠公司继续履行《主播合作协议》的诉请，对第三人某房公司造成的损害将会超过不继续履行协议对原告某冠公司造成的损害，导致原、被告及第三人某房公司之间的利益显著失衡。如前所述，第三人某房公司与被告冯某佳自2018年3月起即签订独家合作协议开展直播合作，双方之间存在合法成立的独家合作关系。第三人某房公司与被告冯某佳的协议成立在先、合作在先，且持续近3年，第三人某房公司所享有的合同利益及商业利益理应得到保护。被告冯某佳完全系在六间房直播平台的挖掘及培养下，借助平台知名度、用户基数以及推广、技术服务资源等成为一名受欢迎的主播。第三人某房公司为推广被告冯某佳的直播投入大量资源。与之相比，原告某冠公司与被告冯某佳的合作时间始于2019年7月，开展独家合作时间仅有4个月，当时被告冯某佳已为成熟的主播，原告某冠公司投入的资源极其有限。若原告某冠公司继续履行合同的诉请获得支持，则将引起第三人某房公司平台用户流失，第三人某房公司已经投入的资源将无法得到回报，第三人某房公司的合法利益亦将受到损害。综上，第三人某房公司在履约过程中完全出于善意且无过错，若要求第三人某房公司承担被告冯某佳违约所导致的不利后果，不符合公平原则。

法院审理认为，《主播合作协议》为双方当事人真实意思表示，没有违反法律和行政法规的强制性规定，合法有效，双方应恪守履行。冯某佳自2019年11月1日起未在CC直播平台进行直播活动，在明知双方有关于禁止在其他第三方平台直播的情况下，仍在合同期内擅自停播并在与同CC直播平台有竞争关系的六间房直播平台进行直播活动，经函告后仍未纠正违约行为，以行为明确表示不再继续履行《主播合作协议》。冯某佳上述行为导致某冠公司合同目的无法实现，已构成根本违约。本案诉讼中，经法院多次询问，冯某佳再次明确表示不愿意继续履行《主播合作协议》。截至本案一审民事判决书作出之日止，该协议约定的履行期限亦已届满。某冠公司诉请主张冯某佳继续履行合同，法院依法不予支持。但应当强调的是，即便法院综合各方面因素认定冯某佳无须继续履行《主播合作协议》，但因某冠公司为守约方，冯某佳为根本违约方，冯某佳应当承担相应违约责任。

关于违约金数额的认定问题。《合同法》第113条[①]第1款规定，当事人一方不履行合同义务或者履行合同义务不符合约定，给对方造成损失的，损失赔偿额应当相当于因违约所造成的损失，包括合同履行后可以获得的利益，但不得超过违反合同一方订立合同时预见到或者应当预见到的因违反合同可能造成的损失。该法第114条第2款规定，约定的违约金低于造成的损失的，当事人可以请求人民法院或者仲裁机构予以增加；约定的违约金过分高于造成的损失的，当事人可以请求人民法院或者仲裁机构予以适当减少。《最高人民法院关于适用〈中华人民共和国合同法〉若干问题的解释（二）》第29条规定，当事人主张约定的违约金过高请求予以适当减少的，人民法院应当以实际损失为基础，兼顾合同的履行情况、当事人的过错程度以及预期利益等综合因素，根据公平原则和诚实信用原则予以衡量，并作出裁决。当事人约定的违约金超过造成损失的30%的，一般可以认定为《合同法》第114条[②]第2款规定的“过分高于造成的损失”。本案中，《主播合作协议》约定违约金计算标准为不低于100万元。某冠公司诉请主张的违约金数额为200万元。法院具体分析如下：

首先，《主播合作协议》为双方自愿协商一致签订。从协议签订的背景及目的来看，某冠公司应系基于对冯某佳主播事业寄予更高的商业回报的期望，据此双方才签订独家排他性直播合作协议，并约定较长的协议履行期间及金额较高的违约金。双方约定违约责任条款的目的是保证协议履行的稳定性，

---

① 现对应《民法典》第584条。

② 现对应《民法典》第585条。

符合主播行业的交易习惯，不违背公平原则，亦不存在排除冯某佳获得收益的主要权利，故应为有效。冯某佳对此理应知晓，应当预见到违约成本，同时亦体现某冠公司对履约利益的期待即预期利益。其次，直播平台运营公司与主播之间的独家合作，系通过主播的解说特点、风格、水平、人气指数等具有人身属性吸引受众观看并打赏，通过吸引用户、扩大市场份额来实现直播平台运营公司盈利，同时亦给主播带来收益。网络直播行业竞争激烈，其核心系主播资源的竞争。故在市场竞争中应当注重保护直播平台运营公司培养主播的利益，鼓励、保障其逐步培养优秀主播，规制其他公司违规挖人及主播不正当跳槽等现象。本案中，冯某佳在《主播合作协议》存续期间到某房公司从事相同性质的主播活动，势必会对某冠公司造成一定影响，已违背诚信原则。再次，本案诉讼期间，冯某佳与某房公司在明知冯某佳与某冠公司存有本案纠纷且尚未解决的情况下，擅自续签《金牌主播合作协议》，事后才告知法院及某冠公司，严重违背诚信原则。该行为不应予以认可及鼓励。最后，从现有证据可知，某冠公司及冯某佳在合作前自身均具有一定的优势，冯某佳自带的吸粉能力及资源助力某冠公司收益有所提高。而某冠公司主张CC直播平台对冯某佳主播事业的发展亦起到一定的培养及推广作用。某冠公司已就冯某佳履行协议期间双方实际收益分配提供了初步证据及说明了计算依据，亦就其投入的运营维护成本、资源位成本及预期商业损失提供自身系统内部数据及说明计算依据。若《主播合作协议》完整履行将给某冠公司带来一定收益。综上，法院认为，《主播合作协议》约定的100万元违约金尚属合理。综合《主播合作协议》的性质、协议期限、履行情况、冯某佳过错程度及给某冠公司造成的损失等因素，根据公平原则和诚信原则予以衡量，法院认为某冠公司诉请的违约金数额确实过高，酌定冯某佳向某冠公司赔偿违约金100万元为宜，并承担本案全部诉讼费。至于某冠公司诉请主张的公证费损失，法院在确定违约金时已对某冠公司的实际损失情况进行考虑，故对某冠公司主张的其他损失不予支持。某冠公司诉请超出法院认定的部分，法院依法予以驳回。

［**案例解析**］

本案的争议焦点有三：一为网络主播与直播平台运营者之间是民事合同关系还是劳动合同关系？二为主播擅自跳槽的行为是否构成民事违约？三为守约的平台一方要求因主播一方的违约行为赔偿损失，赔偿范围如何确定？

（1）双方属于民事合同关系。判断网络主播与直播平台运营者的法律关系性质问题，应当综合双方合同约定、实际履行情况判断是符合《民法典》中有关合同的构成要件还是劳动合同法上劳动关系的构成要件，不宜一概定性为某一特定类型。认定劳动关系的关键在于劳动者一方对于用工单位存在从属性，即“人身从属性（劳动者受用人单位的劳动管理，从事的劳动是用人单位的组成部分）”和“经济从属性（用人单位提供劳动报酬，且是劳动者的主要收入来源）”。从属性是劳动关系区别于民事关系的本质特征。[①] 具体到网络主播与直播平台的关系中，①如果直播平台运营者对网络主播的劳动状态存在实质性控制管理，并决定指挥直播的内容、方式、时间及地点等事项，同时网络主播的收入完全由直播平台运营者决定，其报酬仅来自直播平台的酬金，则双方构成的应为劳动合同关系而非民事合同关系。②如果直播平台运营者对网络主播未达到实质的管理和指挥，网络主播对许多事项享有自主决定权，其收入并非仅来源于直播平台，还依赖于观众粉丝的“打赏”，则双方形成的应为民事合同关系。在本案中，双方符合民事合同关系的特征，属于民事合同关系。

（2）主播擅自跳槽的行为构成违约。根据《民法典》第 577 条规定：“当事人一方不履行合同义务或者履行合同义务不符合约定的，应当承担继续履行、采取补救措施或者赔偿损失等违约责任。”本案中，《主播合作协议》为双方当事人真实意思表示，协议约定的“冯某佳为 CC 直播平台的独家签约主播”“若违约，应承担至少 100 万元的违约金”等内容，没有违反法律和行政法规的强制性规定，双方应恪守履行。冯某佳自 2019 年 11 月 1 日起未在 CC 直播平台进行直播活动，在明知双方有关于禁止在其他第三方平台直播的情况下，仍在合同期内擅自停播并在与同 CC 直播平台有竞争关系的六间房直播平台进行直播活动，经函告后仍未纠正违约行为，以行为明确表示不再继续履行《主播合作协议》，该行为导致某冠公司合同目的无法实现，已构成根本违约。

（3）损失赔偿的范围包括实际损失及可得利益损失。《民法典》第584 条规定：“当事人一方不履行合同义务或者履行合同义务不符合约定，造成对方损失的，损失赔偿额应当相当于因违约所造成的损失，包括合同履行后可以获得的利益；但是，不得超过违约一方订立合同时预见到或者应当预见到的

① 王全兴：《劳动法》（第 4 版），法律出版社 2017 年版，第 35～36 页。

因违约可能造成的损失。”我国《民法典》对损失的认定采取“实际损失（信赖利益损失）+可得利益损失（期待利益损失）”标准。网络主播恶意跳槽纠纷的违约赔偿计算规则既需要通过对传统违约赔偿认定标准进行扩大化解释，亦需要积极探寻更具包容性的概念体系及创新路径。具体可尝试从以下几方面出发解决：

①着眼于实际损失的违约赔偿计算。这里主要是指原直播平台的初始投资损失，其性质经济学上称为“沉没成本”，包括原直播平台已为网络主播投入的资源及成本。如对网络主播的培训、包装推广及运营维护，为其分配的宽带资源、曝光资源位等。建议双方在签订合同时细化直播平台的推广成本类别及具体计算规则，为法院认定原直播平台投入的成本提供充分依据。而法院在审理过程中应注意平衡权益保护与合意自由两者的关系，在确定该部分损失数额时，总体思路是先扣除网络主播已为原直播平台带来的经济利益，剩余部分按照余下未履行的合同期限进行分摊。本案中，某冠公司对冯某佳直播投入的运营维护成本、资源位成本等则属于此处的实际损失，但应扣除冯某佳在履行协议期间为平台带来的收益。

②着眼于可得利益损失的违约赔偿计算。可尝试参考“违约获益”理论，[①] 将网络主播的违约收益归入原直播平台所有。诉讼中，若考虑采用该规则，则应将挖角直播平台追加为第三人，明确要求网络主播及挖角直播平台提交新合同及履行情况的相关证据，以查明网络主播的获益。另外，应当注意的是，获益交出属于补偿性质，其与损害赔偿均系以“替代利益”来填补守约方的损失。[②] 若原直播平台在选择此途径获得补偿后再主张损失赔偿，其获得的收益部分应予扣减。若原直播平台通过上述途径仍无法得到充分救济时，还可尝试从引诱违约角度出发考虑将挖角直播平台纳入损害赔偿的责任主体范围，要求其对赔偿限额之内网络主播不能赔偿的部分承担最后的补充赔偿责任，引入《反不正当竞争法》规制挖角直播平台的引诱违约行为，以最大限度弥补原直播平台的损失及遏制恶意挖角行为。[③]

③其他损失。网络主播违约跳槽还会给原直播平台带来其他负面效应，如直播市场预期悲观、其他主播跟风跳槽、平台投入的有形和无形资源遭到

① 孙良国：《违约责任中的所获利益赔偿研究》，载《法制与社会发展》2008 年第 1 期。
② 孙良国：《期望损害赔偿的实现：替代交易的研究》，载《当代法学》2009 年第 6 期。
③ 刘彦君：《网络直播不正当竞争行为法律规制研究》，云南大学出版社 2020 年版。

较大浪费。若违约跳槽的为头部主播，仅赔偿初始投资损失及预期可得利益损失有时并不足以覆盖其带来的负面影响。法院针对此类情况应考虑酌情提高赔偿数额。酌定因素至少应包括网络主播的知名度及影响力、原合同履行持续时间、跳槽行为的过错程度及损害程度，还可结合网络直播产业平均利润率等数据综合考虑。另外，法院还应在裁判文书中阐述酌定因素之间的逻辑关系及其对赔偿数额的影响等，为类案审理提供依据。

[**规范指引**]

《**中华人民共和国民法典**》（2020 年 5 月 28 日）

第五百七十七条 当事人一方不履行合同义务或者履行合同义务不符合约定的，应当承担继续履行、采取补救措施或者赔偿损失等违约责任。

第五百八十四条 当事人一方不履行合同义务或者履行合同义务不符合约定，造成对方损失的，损失赔偿额应当相当于因违约所造成的损失，包括合同履行后可以获得的利益；但是，不得超过违约一方订立合同时预见到或者应当预见到的因违约可能造成的损失。

第五百八十五条第一款、第二款 当事人可以约定一方违约时应当根据违约情况向对方支付一定数额的违约金，也可以约定因违约产生的损失赔偿额的计算方法。

约定的违约金低于造成的损失的，人民法院或者仲裁机构可以根据当事人的请求予以增加；约定的违约金过分高于造成的损失的，人民法院或者仲裁机构可以根据当事人的请求予以适当减少。

63. 网络主播单方终止履行合同所约定的义务，构成根本性违约，应承担相应的违约责任

——广州某牙信息科技有限公司诉高某、高某东网络服务合同纠纷案

[**案号**]

（2018）粤 01 民终 21394 号

［案情简介］

2017 年 2 月 1 日，原告广州某牙信息科技有限公司（以下简称某牙公司）作为甲方，被告高某作为乙方签订《某牙主播服务合作协议（月付)》，高某东在乙方一栏一并签名，与本案有关的约定主要有：（1）甲方旗下的某牙直播平台是国内领先的互联网直播互动平台，乙方是一名具有直播及解说特长，有志于长期在某牙直播平台上发展，逐步提升直播水平及解说水平的主播；（2）乙方将甲方的某牙直播平台作为乙方所有的网络直播及解说的独家、唯一平台，乙方可在甲方平台获得礼物分成及合作费用，合作期二年自 2017 年 2 月 1 日起至 2019 年 1 月 31 日止；（3）排他条款：乙方在合作期间不得在与甲方存在或可能存在竞争关系的现有或未来的网络直播平台及移动端应用程序（包括但不限于斗鱼 TV、战旗 TV、龙珠 TV 等）以任何形式进行或参与直播，不得出现任何与上述竞争平台相关的信息内容。2017 年 4 月 1 日，某牙公司与高某签订《游戏主播独家合作协议（月付）补充协议》，对合作费用和违约责任等进行了变更约定，其中违约责任条款中的 45 万元变更为 200 万元，并且双方在此补充协议中确认某牙公司累计为高某投入了价值 100 万元的包装推广成本。上述协议签订后，高某以“游 ×”的推广名在某牙直播平台进行游戏“王者荣耀”的直播及解说，于 2017 年 5 月起停止在某牙直播平台的直播，转到斗鱼 TV 进行该游戏的直播。

一审法院认为：（1）关于协议效力。本案协议包括《某牙主播服务合作协议（月付)》《游戏主播独家合作协议（月付）补充协议》，是双方当事人的真实意思表示，高某一方亦有法定代理人高某东一并签署协议，故上述协议合法有效，双方应当履行。（2）关于高某是否违约。高某的行为构成重大违约，某牙公司有权要求其承担违约责任。从行业特点来看，网络直播平台对主播依赖性较强且行业竞争激烈，网络直播平台经营者需要投入大量资金进行推广和维系，用户数量、观看人数对平台利益有重大影响。某牙公司、高某在涉案合同中特别约定了排他条款，即高某不得在与某牙公司存在竞争关系的现有或未来的网络直播平台及移动端应用程序进行直播，这一点是某牙公司缔结合同的重要目的。高某在明知该约定的情况下，仍然转至与某牙公司经营的某牙直播平台有直接竞争关系的斗鱼直播平台进行游戏直播活动，此后未在某牙直播平台直播，直接导致双方的合作实际无法继续履行，显然与涉案协议约定的内容相违背，不符合协议签订的目的，故高某构成重大违约。(3)关于违约责任。①高某的违约行为确实造成了某牙公司的相关损失。如合同能够正常履行，某牙公司投入资源推高高某的行业知名度，高某在某牙平台上的直播聚集人气并为平台带来收益，双方均可获益。但高某擅自决定转到与某牙公司存在竞争关系的斗鱼平台直播的违约行为，必然会加剧某牙公司平台用户的流失，严重降低某牙公司的前述利益，合同可预期利益亦完全无法实现。高某关于某牙公司无实际损失的观点，不能成立。②某牙公司主张继续履行合同，但鉴于本案中高某系以自身的直播行为履行涉案协议内容，根据合同法的规定，债务的标的不适于强制履行的，守约方不得要求违约方继续履行原合同，只能要求违约方以其他方式承担责任，某牙公司在本案审理中也撤回此项请求，系自行处分民事权利，一审法院对此予以准许。③某牙公司主张违约金200万元，合理有据，一审法院予以支持。如前所述，某牙公司已经举证证明其基于直播平台用户量的合同利益因高某的违约行为受到损害。高某在订立合同条款时也对该损失可以预见。该违约金数额虽较大，但鉴于高某直播的游戏在国内具有较大用户量，其本身也是该款游戏国内知名主播之一，故高某违约跳至竞争平台对某牙公司造成的损失亦较为严重。另需指出的是，高某在另一平台直播的行为并非偶发的、不影响合同继续履行的违约，而是直接导致本案双方合作实际无法继续履行，故某牙公司的损失亦包括预期利益损失。因此，在高某不能举证证明违约金过分高于某牙公司实际损失的情况下，一审法院对某牙公司的违约金主张予以支持。

二审法院审理认为，关于高某是否享有合同解除权。高某上诉主张其具有任意解除权，对此，任意解除权属于法定解除权范畴，并非具有人身性质的合同当事人均当然享有任意解除权，现并无法律规定提供网络服务的自然人享有任意解除权，高某该项上诉理由，二审法院不予采纳。至于高某上诉认为合同无效，一审法院已予以详述，二审法院予以确认。据此，高某在明知合同具有排他条款的情况下，转至斗鱼直播平台进行直播，违反合同约定，已经构成根本违约。关于一审认定的违约金是否过高，各项违约责任处理是否妥当。第一，关于违约金标准。因网络直播而为主播及平台方带来的收益不仅体现为已经实际取得的现实收入，还会带来提升知名度、增加点击率、聚集人气并随之带来其他收益。高某违约转至合同排他条款明确约定的斗鱼平台直播，必然会导致某牙公司前述利益减损，高某仅以其收入衡量全部收益、并进一步反推某牙公司收益，有违涉案合同特点及履行实际。虽主播商业价值和可得利益具有一定的不稳定性，但本案中是因高某的根本违约行为造成上述利益无法通过合同的实际履行得以最终确定，且双方签署补充协议亦是在调整高某收入分配的基础上对违约金金额进行了调整，可见高某在合同履行过程中对于违约后果应有明确认知。一审法院综合合同约定、高某用户数量、违约程度等因素支持某牙公司200万元违约金的主张合理，二审法院予以维持。第二，关于律师费，某牙公司提交的证据不足以证实针对本案实际支出的律师费金额，一审酌定支持律师费8万元并无不妥。关于担保费用，一审综合考虑上述费用涵盖范围及合理性，酌定支持3500元并无不妥，二审法院亦予以确认。关于高某东是否应当承担责任的问题。根据《民法通则》第11条第2款的规定，16周岁以上不满18周岁的公民，以自己的劳动收入为主要生活来源的，视为完全民事行为能力人。本案中高某自2017年2月以来持续进行网络直播并取得收益，与某牙公司合同期间平均月收入超过2万元，应视为完全民事行为能力人，某牙公司主张高某东承担补充清偿责任理据不足，二审法院不予支持。

［案例解析］

本案争议焦点有二，一为被告高某未满18岁是否属于“完全民事行为能力人”，独自承担责任？二为其单方终止履行合同义务是否构成根本违约？

（1）被告高某属于“完全民事行为能力人”，可以独自承担民事责任。《民法典》第18条第2款规定：“十六周岁以上的未成年人，以自己的劳动收入为主要生活来源的，视为完全民事行为能力人。”根据该规定，已满16周岁未满18周岁的未成年人通过自己的劳动收入为其生活主要来源的，可视为完全民事行为能力人，也就是说，其可以独立承担民事责任，而非其监护人承担无过错的替代责任。本案中，被告高某违约时年满16周岁未满18周岁，但其自主从事直播业务，取得直播收益，平均月收入2万余元，符合当地一般自然人的收入水平，完全满足“以自己的劳动收入为主要生活来源”，应视其为“完全民事行为能力人”，独立承担民事责任。

（2）被告高某单方终止履行合同义务，系根本违约。首先，原、被告之间订立的协议是在双方协商一致的情况下订立的，体现双方合意，且被告方在订立合同时其法定代理人高某东在场，一并签署协议，故《某牙主播服务合作协议（月付）》与《游戏主播独家合作协议（月付）补充协议》均合法有效，双方应共同遵守。其次，根据《民法典》第577条“当事人一方不履行合同义务或者履行合同义务不符合约定的，应当承担继续履行、采取补救措施或者赔偿损失等违约责任”及第578条“当事人一方明确表示或者以自己的行为表明不履行合同义务的，对方可以在履行期限届满前请求其承担违约责任”的规定，可以得出，合同当事人对明确表示不履行或以行为表明不履行合同义务的一方，可以请求其承担一系列违约责任。本案中，被告高某在合同履行期间内，停止在原告方平台的直播业务，在其明知协议规定排他条款并就该条款达成一致的情形下，仍然转投具有竞争关系的第三方平台进行直播，明显违反了协议约定，并有违诚信原则，系“以自己的行为明确表明不履行合同义务”之根本违约，故原告有权请求被告承担违约责任。

［规范指引］

《中华人民共和国民法典》（2020年5月28日）

第十八条第二款　十六周岁以上的未成年人，以自己的劳动收入为主要生活来源的，视为完全民事行为能力人。

第五百七十七条　当事人一方不履行合同义务或者履行合同义务不符合约定的，应当承担继续履行、采取补救措施或者赔偿损失等违约责任。

第五百七十八条　当事人一方明确表示或者以自己的行为表明不履行合同义务的，对方可以在履行期限届满前请求其承担违约责任。

64. 直播服务提供者未经商家同意，擅自以关注度较低、粉丝数量较小的网络主播替换合同约定人选的，原则上构成违约

——上海某鼎文化传媒有限公司诉上海某钛实业有限公司服务合同纠纷案

［案号］

（2019）沪02民终829号

［案情简介］

上海某钛实业有限公司（以下简称某钛公司）与上海某鼎文化传媒有限

公司（以下简称某鼎公司）签订了《隆力奇 KIDS 天猫旗舰店淘宝直播服务合同》，约定由某鼎公司为某钛公司提供天猫旗舰店淘宝直播传播服务，若淘宝主播档期无法协调或其他不可抗因素，某鼎公司将与某钛公司协商，并为某钛公司提供替换淘宝主播名单，以确保项目进行；经双方当事人协商一致，可以对合同有关条款进行变更或者补充且必须以书面形式确认；合同期内某鼎公司未能达到附件中推广效果，某钛公司有权扣除相关款项的部分或全部等。合同另确定了服务合作金额为 318 000 元以及首款、尾款支付时间。合同附件中明确了 16 名参加直播人员的平台昵称及其相应粉丝数量、直播日期、直播时长等。合同签订后，某钛公司向某鼎公司支付了 159 000 元。在实际履行合同过程中有五名附件中约定的主播未能参加直播，某鼎公司以其他粉丝数量较少的主播代替完成了直播。某钛公司认为某鼎公司未按合同约定履行义务，拒绝支付剩余服务合作费用。某鼎公司认为其已完成合同义务，要求某钛公司按合同约定的金额支付。双方发生争议，诉至法院。

法院经审理认为：本案的争议焦点在于，一是双方在履行合同过程中就部分主播的变更是否已协商一致？二是某鼎公司要求某钛公司按照合同约定价款支付剩余服务费是否应予支持？

关于争议焦点一，在实际履行合同过程中，合同附件中约定的五名主播未能参加直播，而是由替换后的主播进行直播。对此，某钛公司在主播更换伊始即对更换直播人员一事明确提出异议，表示粉丝数量有差距。318 000 元的报价中包含了对约定主播等级的考虑，但替换的人中无同等级别的主播，从单纯的级别上有必要调整，希望能够尽量调整同档同等级主播。因此，尽管涉案直播活动已经完成，但某鼎公司未能提供其与原合同约定的五名主播具有合作关系以及曾经就直播事宜进行沟通协商的相关证据，双方也未就部分主播的替换形成书面协议，由此不能表明某鼎公司与某钛公司已就该五名主播人员的变更经协商达成一致，故对某鼎公司的主张法院不予采信。关于争议焦点二，从双方签订合同的目的看，某鼎公司受托进行的淘宝直播传播服务，其实质是为商品进行推广提供宣传推销服务，该种方式中主播的粉丝数量与宣传效果具有直接的关联。因此，双方在服务合同中将主播的昵称、粉丝数量等作为合同附件，约定某鼎公司必须按照该附件的要求进行网络推广、营销等工作，合同期内未达到附件中推广效果的，某钛公司有权扣除相关款项的部分或全部。而某鼎公司替换的五名主播的粉丝数量与原合同约定的五名主播的粉丝数量存在明显差距，势必将导致实际接受推广宣传的受众数量与服务合同的预期数量之间存在差异，难以达到合同中所约定的推广效果。某鼎公司不能证明部分主播的替换系因主播档期无法协调或其他不可抗因素所致，故某鼎公司的行为已构成瑕疵履行，最终法院根据双方的合同约定以及某鼎公司的履约情况，酌情认定在某鼎公司主张的服务费 159 000 元中减少价款 79 500 元，判令某钛公司应支付某鼎公司服务费 79 500 元。

［案例解析］

流量经济时代，拥有一定数量粉丝的主播在直播间里通过对商品生动直观的展示，可以有效刺激观看者尤其是粉丝的购买欲，正是“粉丝经济”的最佳体现。网红主播的粉丝数量和受关注度直接影响到主播在进行直播推销商品时的影响力及实际销售业绩，是商家选择直播服务提供者的重要参考。本案即为因直播服务提供者更换主播而引发的网络直播服务合同纠纷。除上述法院归纳的争议焦点和严密的说理之外，笔者关于本案的衍生思考有二，一为网络直播服务合同的法律性质界定，二为网络直播服务合同违约责任的认定以及违约金的酌情标准。

（1）网络直播服务合同的法律性质界定。网红主播是基于其个人能力、魅力或行为等自身特质，满足部分受众心理的需求而被网民所关注，其关键点在于受关注度，即每个主播拥有的粉丝数量，进而影响到主播在进行直播推销商品时的影响力及实际销售业绩。商家正是看中主播的受关注度，与网红主播签订合同，由主播提供网络直播服务从而对产品进行推广，以达到扩大产品影响面及提高产品宣传力度的效果。在此类合同中，其中涉及的网络直播服务既包括网络服务与演出、委托、劳务、合作等内容，又具有较强的人身属性，在法律性质上属于综合性无名合同，应适用《民法典》合同编的一般规定，同时参照合同的目的及当事人的约定并结合实际的直播效果，按照公平原则作出认定处理。

（2）网络直播服务合同违约责任的认定以及违约金的酌情标准。淘宝直播传播服务的实质系为商品推广提供的宣传服务，诚如业主支付价格不等的费用在不同电视台投放产品宣传广告一样，该种方式中主播的粉丝数量与宣传效果具有直接的关联，拥有粉丝数量多的网络主播其影响力、传播力、宣传力更大，能吸引更多的网民关注。若以粉丝量较少的主播替换粉丝量多的主播，势必会减少受关注程度，影响产品推广效果。本案中，某鼎公司应按照合同及其附件的要求进行网络推广与营销。双方在服务合同中约定进行淘宝直播传播服务，若主播档期无法协调或其他不可抗因素，双方应当通过协商一致，为某钛公司提供替换主播名单以确保项目的顺利进行；并约定对合同条款进行变更或者补充的必须以书面形式确认。同时，将淘宝直播名单及排期作为合同附件一并附后。然而，本案中某鼎公司进行主播替换并未与某钛公司书面确认，且替换的主播粉丝数量与原合同约定的主播粉丝数存在明显差距，必将导致实际接受推广宣传的受众数与服务合同的预期数间存在差异，难以达到合同约定的推广效果。某鼎公司不能证明部分主播的替换系因主播档期无法协调或其他不可抗因素所致，某鼎公司的行为已构成瑕疵履行。

《民法典》第582条规定："履行不符合约定的，应当按照当事人的约定承担违约责任。对违约责任没有约定或者约定不明确，依据本法第五百一十条的规定仍不能确定的，受损害方根据标的的性质以及损失的大小，可以合理选择请求对方承担修理、重作、更换、退货、减少价款或者报酬等违约责任。"本案中某钛公司作为受损害方要求减少直播服务价款，属于法律规定的违约责任承担方式。因网络直播服务合同属于综合性无名合同，且具有较强的人身属性，故法院依照双方的合同约定以及某鼎公司的履约情况，并结合实际履行合同主播的粉丝数量及直播效果，基于公平原则酌情认定某钛公司应向某鼎公司支付其服务费159 000元中减一半的价款。

[**规范指引**]

《**中华人民共和国民法典**》（2020年5月28日）

第五百一十条 合同生效后，当事人就质量、价款或者报酬、履行地点等内容没有约定或者约定不明确的，可以协议补充；不能达成补充协议的，按照合同相关条款或者交易习惯确定。

第五百八十二条 履行不符合约定的，应当按照当事人的约定承担违约责任。对违约责任没有约定或者约定不明确，依据本法第五百一十条的规定仍不能确定的，受损害方根据标的的性质以及损失的大小，可以合理选择请求对方承担修理、重作、更换、退货、减少价款或者报酬等违约责任。

第七章　网络消费纠纷中的直播打赏

网络直播打赏是近年来兴起的重要网络娱乐形式，也产生了很多纠纷。在相关案件处理中，主要涉及用户与主播、平台之间的法律关系，网络直播打赏行为法律性质的界定以及网络直播打赏行为法律效力等重要问题。

一、用户与主播、平台之间的法律关系

互联网经济下的交易模式具有多元化、灵活性、复合性等特点，解决交易主体之间的民事纠纷需要梳理清楚交易模式和交易规则，在交易主体之间构建一套完整的法律关系框架体系。

1. 主播与平台的主要合作模式。目前，主播与平台主要有以下三种合作模式：（1）授权直播。即直播平台授予主播在本平台的直播权限，主播可以在平台进行直播表演并获取一定收益，但不受直播平台规定的直播时间、劳动总量等管理约束。（2）签约模式。即主播成为直播平台的签约艺人，在获取有保证的经济收入的同时需要承担对应的职责任务，包括直播时长、内容质量、粉丝数量、直播活跃度等多重标准的考核。（3）经纪代理。即主播与经纪公司签订经纪协议，再由经纪公司与直播平台签订合作协议，也存在主播与经纪公司以及直播平台分别签署合作协议等情形。“网络主播与经纪公司签订主播经纪合约，双方的约定包含了代理关系、经理关系、管理关系等系列内容。主播经纪合同是一种综合性合同，与劳动合同有本质区别。”① 主播与经纪公司之间法律关系定性的问题争议较小，双方之间一般不构成劳动关系。

① 梁桂平、赵新梅：《网络主播与经纪公司之间不构成劳动关系》，载《人民司法·案例》2021年第29期。

在主播与平台不同的合作模式中，一般有如下共同点：合同约定双方非劳动关系，从形式上排除了双方构成劳动关系的合意；主播接受平台规则的约束，该种情形属于平台经济的共同特征，也符合监管部门对于平台经济良性规范发展的政策导向；主播的收益无论是直接从平台获取或者从第三方机构（公会[①]）获取，收入分成大多是主播直播收入的主要来源。上述共同点显示主播与平台之间的人身从属性和经济从属性均呈现“弱从属性”。

2. 主播与平台通常构成劳务关系或“不完全劳动关系”。主播与平台之间的法律关系通常不能归入劳动关系领域，也有别于传统意义上的劳务关系，而是属于互联网经济模式下包含了提供劳务、接受管理、合作分成等主要权利义务的新型法律关系。“某些特定类型的主播与直播平台之间建立的是一种基于共同经营目的的商业性质的合伙关系。这一界定在某些情况下，更加符合直播行业的商业逻辑，而且与当事人界定的合作协议也不矛盾。严格来说，合伙就是合作关系的一种类型。”[②] 一般而言，授权主播受到平台的约束管理更少，属于平等主体间的劳务合同法律关系。签约模式下的主播受到平台的约束管理较多，经纪代理模式下的主播受到经纪公司的约束管理较多，但通常并未达到劳动关系的程度，签约主播与平台的关系、与经纪公司的关系均可归入“不完全劳动关系”的范畴。

因此，既不能认为用户的打赏行为发生在平台内所以对打赏行为无须进行单独的法律评价，也不能认为主播和平台之间构成了完全统一、无须区分的网络服务主体。换言之，主播与平台形成了互联网经济下的新型劳务合作关系，用户与主播、平台之间构成相互独立又相互交织的复合型法律关系，但并不排斥用户与若干个主播之间形成相对独立的法律关系。

二、网络直播打赏法律关系性质的认定

1. 网络直播打赏通常情况下属于网络服务合同关系。这一观点得到了理论界和实务界的广泛认可，越来越多的法院判决认定网络直播打赏属于网络

① 所谓公会，即 MCN（Multi - Channel Network）机构，全称直播营销人员服务机构，为直播营销人员从事网络直播营销活动提供策划、运营、经纪、培训等的专门机构。

② 薛军：《网络直播平台与网络主播之间合同关系的几个疑难问题》，载《人民司法·应用》2018 年第 22 期。

服务合同纠纷，也有个别法院判决将网络直播打赏归入无名合同范畴。既然认定为网络服务合同关系，就会涉及网络服务合同中的对价问题。“服务人——主播提供技术、文化、生活服务，即进行直播表演的服务，服务受领人——打赏用户接受服务并给付服务费（即打赏的虚拟财产），在此过程中形成服务合同。基于互联网的开放性，采取非强制性模式是最合理的商业选择。”① 正是由于网络直播的非强制性消费模式，其才能够吸引海量的用户参与到网络直播打赏的交易模式中。用户的打赏是其自行确定的网络直播服务的“对价”。从司法实践看，真正的知识付费领域的网络直播打赏产生的法律纠纷极少，该类直播实际可以归入在线教育培训范畴，该领域中用户与主播一般不会产生情感纠葛，打赏的“对价”比较合理，较少出现大额或者天价打赏。

2. 网络直播打赏特殊情形下构成赠与合同关系。从文义解释角度看，网络直播打赏本身就有“赏”的意思，“赏”即有赏赐、赠送之含义，这就为直播打赏乱象和相关主体之间的法律纠纷埋下了隐患。赠与合同是赠与人将自己的财产无偿给予受赠人，受赠人表示接受赠与的合同。在网络直播的商业模式下，打赏金额并无统一标准而由用户自行确定，体现了打赏的单方决定权。作为用户而言，由于受到主播语言或行为的诱导，或者受到平台营造的直播氛围的影响，存在一定程度的激情消费或者说非理性消费；作为主播和平台，直播打赏款越多，双方能够分得的收益就越高。正是由于网络直播打赏的这一特点，导致司法实践对于大额打赏行为属于网络服务合同还是赠与合同仍然存在一定争议。如果直播打赏的对价明显不合理，该大额打赏行为会被认定为赠与关系。

在网络直播打赏纠纷中，如果主播与用户建立了直播外的联系并混杂着男女情感关系，主播要求用户在直播时为其“刷礼物”进行大额打赏且获得了用户的同意，则可以认为用户在直播时“刷礼物”的大额打赏行为并不存在合理对价，或者说直播服务的内容对用户而言都已无关紧要。此时，可以认定基于用户与主播达成的赠与合意，该种情形下持续“刷礼物”累积形成的大额打赏行为构成赠与合同关系。综上，在判断网络直播打赏法律关系的

① 潘红艳、罗团：《网络直播打赏的法律性质认定及撤销权行使》，载《湖北警官学院学报》2018 年第 4 期。

性质时需要考虑两个关键要素：一是合意，二是对价。在判断是否存在赠与的合意时，既可以结合用户与主播的线上、线下等联络互动行为进行综合判断，也可以结合网络直播打赏过程中的相关要素进行判断。

三、网络直播打赏行为的效力认定

如果主播明知用户已经结婚仍然与其保持不正当关系，则该种交往行为构成违背公序良俗，进而仍需判断该种违背公序良俗的不正当关系与直播打赏行为是否存在直接的关联性。当上述不正当关系与直播打赏行为具有紧密的直接关联时，相应的打赏行为应当认定为无效。

此外，针对涉及未成年人或限制民事行为能力人等主体的打赏行为效力，最有难度的就是外观行为的判断和主体的认定。一是行为主体识别难。超过半数的未成年人网络消费案件均绕开身份认证实施充值打赏行为，其“权利外观”均为成年人，实践中甚至出现出售实名认证游戏账号等黑灰产。对此，法院只能通过对账户信息，未成年人所在地，充值打赏时间、频率、金额，打赏内容，游戏或直播特点，用户与主播对话，用户与平台协商的时间及内容等方面进行盖然性认定，难以形成较为客观的标准。二是行为效力认定难。首先，对“与年龄、智力相适应的民事法律行为”的理解，多数从未成年人在一定时间内充值或打赏金额认定是否与其年龄、智力相适应，但由于个案金额及地域等因素差别较大，标准相对较为主观。其次，对“经法定代理人同意、追认”的理解，有观点认为监护人起诉即代表对其起诉范围内的未成年人充值打赏行为均不予追认，但亦有观点认为，将账户内金钱或一定数额的金钱交予未成年人控制消费，即视为对未成年人在该金额范围内消费的默认。此外，互联网背景下，相对人多数情况下无法识别合同对象为未成年人，相对人催告与撤销制度无法完全发挥应有的作用。三是返还金额及过错认定裁量标准不清晰。实践中对于网络直播打赏应判决予以全额返还，或仍应遵循适用折价及赔偿规定存在一定分歧。

（一）直播打赏的法律性质

65. 直播打赏行为的法律性质应认定为服务合同关系

——刘某与北京快某科技有限公司、王某网络服务合同纠纷案

［案号］

（2022）京04民终234号

［案情简介］

原告刘某诉称被告快某平台主播以美丽的外貌谎称欲与其谈恋爱，诱骗其在快某平台多次打赏，造成8万余元的经济损失，要求被告北京快某科技有限公司（以下简称快某公司）和王某承担欺诈赔偿责任。

一审法院经审理认为，本案系网络服务合同纠纷，根据刘某提交的实名认证快某账号“天下网维×”，以及快某公司提交的《用户服务协议》，能够证明刘某与快某公司之间建立了网络服务合同关系，该网络服务合同系双方当事人的真实意思表示，且形式和内容不违背法律、行政法规的强制性规定，合法有效，双方均应依约履行己方义务。刘某在王某直播间打赏的行为，系刘某先向快某公司完成充值获得虚拟货币后，再通过支付虚拟货币向特定主播发送虚拟礼物的方式，使主播获得一定收益的行为。故涉案行为分为充值和打赏两个过程，应分别予以论述。关于充值过程，用户通过注册与平台订立服务合同，并预先充值兑换虚拟货币用于打赏。用户充值兑换虚拟货币的行为并未完全完成消费行为，其充值目的系进一步享受打赏等服务内容，为预付款行为，故需进一步考察打赏行为。对于打赏过程，一审法院认为，主播提供了表演服务，打赏方作为观众获得了精神上的享受，属于网络新业态下非强制性付费的一种服务形态，属于一种新型服务模式。综合考虑直播打赏明显的商业化经营属性、表演服务的对价和新型非强制性付费的交易形式、打赏可能获得互动性差异化服务等因素，法院认定直播打赏的法律性质为服务合同关系。

关于刘某主张的要求快某公司退还充值款的意见。法院认为，如前所述

刘某与快某公司之间建立的网络服务合同关系系双方当事人的真实意思表示，刘某系有民事行为能力的成年人，对于其在快某平台充值的行为，是自愿非强制性的，根据刘某提交的在案证据未显示有快某公司存在违约等情形的存在，因此，对于刘某主张的要求快某公司退还其在快某平台充值款的诉讼请求，于法无据，不应予以支持。关于刘某主张王某欺骗其感情从而达到让其打赏的目的，并据此要求返还打赏的意见。根据《民法总则》第143条[①]之规定："具备下列条件的民事法律行为有效：（一）行为人具有相应的民事行为能力；（二）意思表示真实；（三）不违反法律、行政法规的强制性规定，不违背公序良俗。"刘某系完全民事行为能力人，具有辨别能力和认知水平，结合刘某提交的聊天记录以及庭审记录可知，王某以"上千元榜"等为由要求刘某为其打赏，刘某对于打赏目的明知，不存在其所主张的欺诈行为。刘某亦未举证证明涉案主播在直播过程中存在相关不当的言行，亦并无违反效力性强制性法律法规的行为。刘某据此要求王某赔偿损失，缺乏事实和法律依据，不予支持。综上所述，驳回原告刘某的全部诉讼请求。

二审法院经审理认为，刘某通过在快某平台注册账号的方式与快某公司形成网络服务合同关系，该合同是双方当事人真实意思表示，不违反法律、行政法规的强制性规定，合法有效。刘某向快某公司充值购买虚拟货币，目的是在快某平台直播间中向主播进行打赏。虽然快某平台的网络主播面向不特定的对象提供服务，平台用户可根据满意程度自主决定是否对网络主播进行打赏及打赏之具体数额，但打赏行为本身仍是针对网络主播提供表演服务的对价给付，亦是一种消费行为，故一审法院认定本案直播打赏行为的法律性质为服务合同关系并无不当。如前所述，刘某与王某之间成立网络服务合同法律关系，在网络主播表演、用户打赏结束后，该服务合同便已履行完毕，根据刘某提供的证据，网络主播王某多次要求刘某在直播间内向其进行打赏，刘某进行打赏时明知王某的目的是"上千元榜"，鉴于网络主播真实姓名及家庭住址的告知并非网络服务合同约定的义务，且刘某未提交证据证明王某在履行涉案服务合同过程中实施了欺诈行为或存在其他违背社会公序良俗的情形，故一审法院驳回刘某要求王某赔偿经济损失的诉请并无不当。

---

① 现对应《民法典》第143条。

[案例解析]

本案的争议焦点为用户对主播的打赏行为其法律性质是否属于服务合同法律关系。

原、被告间存在合法有效的服务合同法律关系。行为人在直播间对网络主播进行打赏的行为应如何进行法律意义上的定性，学界一直存在争议，目前主流观点有二，一为用户与主播间存在服务合同关系；二为用户与主播间存在赠与合同关系。笔者认为，从学理解释及司法实践的角度出发，将其认定为服务合同更为妥当。

（1）理论维度。当某个法律行为存在定性上的模糊，可以将范围内争议的法律概念进行汇总、阐释，就不同法律关系所具有的特征进行对比，以此为切入点开展分析与界定。《民法典》第657条规定："赠与合同是赠与人将自己的财产无偿给予受赠人，受赠人表示接受赠与的合同。"由此，赠与合同具有单务性、无偿性。虽然于服务合同而言，因其现实中的多变性、复杂性，《民法典》并未将其有名化，但不可否认的是，服务合同具有双务性、有偿性。网络打赏行为，系用户将人民币充值于平台兑换为虚拟货币，进而在浏览到喜爱的主播后以送礼物的形式进行消费，成立某种法律关系。就本案而言，原告打赏被告的行为，系意使被告履行表演义务或其他增值服务并以此达成某种主观目的，也就是说，原告对主播实施的打赏虚拟礼物的行为，可以获得精神上的愉悦和满足。被告在直播间进行表演服务，原告的打赏行为可以看作表演活动的对价，哪怕对于不同用户而言，该"对价"并不统一、或多或少，但仍是用户对主播表演活动的买单，反之，主播收到的打赏是基于其直播表演而获得的收益，并非单纯的获利行为，[①] 换句话说，若被告在直播间不进行表演活动，那么用户则不会对其进行打赏，其亦不可能获得收益。因此，被告所取得的打赏收益并非不需要履行对价义务（表演活动），原告通过充值取得虚拟货币对被告进行打赏并非无所得，故不具备赠与合同所具有的单务性、无偿性，原、被告间存在非典型服务合同关系。

（2）实践维度。当然，在学术上允许百家争鸣、观点各异，但在法院进行裁判时，应当回归法条本身，去界定该行为的法律性质，服务于司法实践。《民法典》第658条第1款规定："赠与人在赠与财产的权利转移之前可以撤

---

① 参见陕西省西安市中级人民法院（2021）陕01民终6928号民事判决书。

销赠与。”由此可见，赠与人在标的物权利移转之前享有任意撤销权。在网络直播打赏中，用户先将人民币充入平台兑换成虚拟货币，其后以虚拟货币购买礼物等方式进行打赏，若将用户与主播间的法律关系界定为赠与合同关系，那么，用户在打赏主播时，如何界定该虚拟财产何时进行了权利的移转？用户的任意撤销权又当在何时行使？针对以上问题，在实践中较难解决。

再者，若认定打赏系赠与行为，则不得不严格界定、认定用户的主观意思指向，因为用户与主播间并不存在事实上财产的移转，其只存在法律意义上的财产利益的移转，用户打赏主播转移虚拟财产的行为本质是一种观念表示行为，是用户意志的体现，① 具有财产属性的虚拟财产的移转，得益于用户主观意志的确认与支配。用户将虚拟财产以礼物的形式打赏至主播处时，主播并不能取得完整的收益，部分收益将由平台取得，而平台之性质非公益而为商业盈利，用户显然不具有将虚拟财产打赏（赠与）至平台的意思表示，也不能以用户明知主播与平台间的分成就草率地认定平台也为用户的打赏对象，因为用户不能也无权干涉主播与平台所形成的“分成协议”，该法律关系的当事人为主播与平台，与用户无关。因此，用户对平台不具有上述所言的“观念表示行为”，进而，其打赏行为的法律性质不应认定为赠与合同。对此观点学界存在质疑的声音，认为打赏资金在移转特点上非流向单一主体，这一事实不影响用户赠与主播的意志及效力，至于主播愿意基于协议将其收入分给他人，那是主播的权利，非用户所关心，因此不影响赠与合同的效力。但笔者认为，支持此观点的学者忽略了赠与合同最本质的特性，即单务性，受赠与对象、赠与意愿所主导的单务性。赠与人负有赠与财产的义务，在财产移转所有权后，如何支配是受赠人的权利，赠与人无权干涉，但在网络打赏中，主播与平台订立分账协议的时间早于用户对主播进行打赏的时间，也就是说，用户知道与否，其都没有能力干涉，用户所怀有的是迫于无奈的主观心境，进而，抛开平台身负运营成本需要借此盈利、分账协议存在有其合理性等因素不谈，假设用户主观上可以选择虚拟财产的流向，也即用户可以选择完整履行其义务的对象，平台也许面临寸账未入的尴尬处境，因此，用户履行义务（打赏行为）的指向性是十分明确具体的，仅为网络主播本人，

---

① 参见刘海安：《论网络直播用户与主播之间的法律关系属性》，载《政治与法律》2023 年第 1 期。

那么，打赏财产流向的主体是谁当然与用户有关，其具有完整支配虚拟财产的权利与资格，因此，打赏行为系用户的网络消费行为而非赠与行为。那么，在实际打赏过程中资金流向与用户主观意志相悖的情况下，还能说用户与主播间形成了赠与法律关系吗？答案是否定的。笔者浅见，用户根本不关心虚拟财产流转至何处，无须界定用户主观上意欲将虚拟财产处置于主播处还是平台处抑或二者兼得，只要在用户打赏前或打赏后，主播的表演活动可以为其带来精神上的愉悦，使此次打赏行为“物”有所值即可，无所谓虚拟财产的流向与分红归于何主体，这更符合服务合同的特征，二者之间存在事实上的对价给付。因此，实践中难以将这种法律关系定性为赠与合同，这是悖于用户主观意思且无法自圆其说的。

若将打赏行为的法律性质认定为服务合同，不难看出，相较于将打赏者认定为赠与人，服务合同关系中享受服务的一方当事人主观上并不存在严格且强烈的指向性，也即主播与平台之间对用户打赏的虚拟财产进行的分成活动（资金流向），同用户意欲享有服务内容进而取得精神满足的状态无关。这有别于严格明确对象进而准确处分财产的赠与法律关系。主播在直播间进行表演活动时，用户因其对主播的表演心生喜爱，遂自愿将虚拟财产打赏至主播处，系消费行为，用户仅需存在笼统的处分虚拟财产的观念表示行为，且事实上取得了对价的表演服务即可。综上得出，主播的表演服务为之义务，收取虚拟财产为之权利；用户自愿给付虚拟财产的行为为之义务，观看一般或增值表演获取愉悦感为之权利，符合服务合同之有偿、双务性，即时成立服务合同关系。

本案中，原告通过向被告发送虚拟礼物的方式进行打赏，究其原因是被告提供了表演服务，原告基于此取得了精神上的愉悦，享有法律上的精神利益，二者间存在对价给付，成立服务合同法律关系。原告作为完全民事行为能力的理性人，对于打赏行为理应具有正确认识和判断，在被告表演、原告打赏结束后，该服务合同便已履行完毕，整个过程中不存在欺诈的情形，皆为双方真实意思表示的流露。因此，法院对于原、被告间法律关系的认定准确、适用法律法规正确，具有较高的类案指导意义。

[规范指引]

《中华人民共和国民法典》（2020 年 5 月 28 日）

第六百五十七条　赠与合同是赠与人将自己的财产无偿给予受赠人，受赠人表示接受赠与的合同。

第六百五十八条第一款 赠与人在赠与财产的权利转移之前可以撤销赠与。

66. 通过平台充值及发送虚拟礼物的行为是网络消费行为

——林某与廖某、北京市某播视界科技有限公司网络服务合同纠纷案

[案号]

(2022)粤19民终7122号

[案情简介]

原告林某诉称被告廖某为骗取其刷礼物刷榜而故意隐瞒年龄，对身份证进行ps处理，声称自己系于1994年出生，但真实身份信息显示，廖某出生于1987年。廖某隐瞒已婚已育的真实情况，私下与林某保持情侣关系，使林某在不知情的情况下与廖某发展婚外情，实施情侣间的赠与行为。林某基于结婚的目的，在恋爱期间持续不断地给廖某充值抖某币、为其刷榜，这种目的性指向明显的赠送财物的行为实质上是基于双方可能结婚的赠与。廖某自认识林某以来，一直处于非单身的状态，林某的赠与目的不可能达成，也必然违背公序良俗，可见，赠与行为自始至终丧失法律基础，廖某应将所接受赠与的财产全部返还给林某。又因廖某系北京市某播视界科技有限公司（以下简称某播公司）平台上的签约主播，林某若要为廖某在其直播间实施刷礼物、刷榜等赠与行为，必须通过充值抖某币来实现。10个抖某币对应1元，刷礼物、刷榜需消耗相应的抖某币，故林某在平台上充值抖某币的行为与为主播刷礼物、刷榜的行为，属于不可割裂的整体行为，两者均是为实现赠与目的所作出的一系列过程。因此，林某为廖某充值抖某币、在直播间刷礼物等行为，是实施赠与行为的表现形式，而非一般的消费行为。综上，廖某与某播公司之间的关系为网络平台合作关系，由于廖某的欺诈行为，林某基于错误认识所实施的民事法律行为可请求撤销。

一审法院认为，关于林某与某播公司之间的法律关系，根据某播公司提供的《用户注册协议》《充值协议》等内容可知，某播公司是抖某平台服务提供者，对其网站运营、用户个人服务、直播服务等提供技术和人力支持，林某在抖某平台注册成为用户，并在抖某平台观看直播，林某与某播公司成立合同关系，该合同性质比照合同相对方的权利和义务，应界定为网络服务合同，林某的充值行为，应理解为一种网络消费行为。关于林某打赏行为的法律性质，林某对廖某的打赏行为是将虚拟道具发送给廖某，该些虚拟道具在林某以人民币兑换抖某币时已经做了对价，即完成消费，林某对廖某的打赏行为不产生新的价值，不构建新的法律关系。本案中，廖某是在抖某平台注册的主播，根据与平台签署的协议，使用平台的技术和用户资源，通过在直播间内向公众进行表演获得人气，从粉丝处获得打赏礼物，并以此作为获得收益的结算依据，是互联网直播服务的使用者之一，其效果意思是通过直播获得报酬。林某的打赏行为虽然不产生新的法律关系，但是其打赏行为可以决定其对某播公司兑换抖某币的消费金额的分配结果，即林某的案涉打赏行为可使廖某获得利益。

林某主张廖某隐瞒真实年龄身份，在微信中要求林某对其消费打赏属于欺诈行为，并主张撤销该打赏行为，首先，从林某的行为看，包括充值、打赏、与廖某聊天三组行为，其中，充值行为是针对抖某直播平台，与廖某无关，充值本身不存在欺诈，亦不违背公序良俗。对于打赏行为，本案中应结合双方线下微信聊天对打赏行为的效力进行判断，按照林某陈述，其2020年4月开始观看廖某直播两天后，廖某主动要求加微信，并在互加微信后开始真正聊天，该微信聊天是存在于双方抖某平台打赏以外的行为，通过双方的微信聊天可以看出，林某与廖某的交谈较为亲密，超出偶像、粉丝的关系，且廖某在现实生活中也赠送林某印有爱意表达的打火机等礼物，并且在线下也见面数次，微信中的交谈内容更贴近情侣间的对话，而廖某在与林某相识时作为已婚人士，却对林某作出较为密切的意思表示，且多次隐瞒真实年龄，谎称自己出生于1994年，拒不告知自己婚姻状况，使林某陷入与廖某发展成恋人关系的错误认识，并且在林某认为双方已确立情侣关系并产生建立婚姻关系的期待的情况下，多次要求林某对其进行打赏，其目的在于获得抖某平台因林某的打赏行为而分配的相应报酬。廖某具有明显过错，廖某的行为故意隐瞒已婚身份及真实年龄，运用感情联系的方式促使林某在抖某直播间对其进行了持续大额的打赏，且该打赏行为并非因欣赏了廖某的表演而即兴付出的对价，而是因廖某的欺骗行为，自认为是男朋友身份的赠与，造成林某的资金损失，廖某的行为有悖公序良俗，应认定构成欺诈，根据《合同法》第54条[①]规定，林某有权主张撤销。根据《合同法》第58条[②]规定："合同无效或者被撤销后，因该合同取得的财产，应当予以返还；不能返还或者没有必要返还的，应当折价补偿。有过错的一方应当赔偿对方因此所受到的损失，双方都有过错的，应当各自承担相应的责任。"本案中，廖某虽存在过错，但其在抖某直播间收到的虚拟礼物，并无法直接占有、使用、收益和处分，仅作为一份计分符号用以评价直播流量带动能力进而用于向抖某平台索取报酬，其实际仅获得收到的虚拟礼物所对应价值50%的报酬收益。结合某播公司统计得出的数据显示，林某在廖某直播期间共计向廖某打赏虚拟礼物折合3 393 000个抖币，兑换成人民币即为339 300元，因此廖某实际获益的金额为169 650元（廖某在2020年2月14日以后可提现金额按照50%比例分成）。综合考虑到，一方面，根据打赏记录来看无法区分哪些打赏为林某受到廖某欺诈后应廖某要求进行的打赏；另一方面，因对廖某直播间进行的打赏，林某也获得了比如使用虚拟礼物时产生的特效体验、提升账户等级并享受等级特权等，以及在虚拟环境中享受位列直播间排行榜前列所带来的满足感，据此得到精神上的法律利益。况且，林某作为成年人，具有一定的辨别能力，应当对网络虚拟聊天是否能够真实了解对方并发展恋爱关系进而组建家庭具有一定的心理预期和判断，林某清楚知晓廖某的主播身份，亦明确知晓其对廖某的打赏，廖某也仅能从抖某平台获取一部分收益。因此，可见林某对于自身资金损失后果的发生具有一定过错，应当承担相应的责任。根据过错大小，在结合林某打赏抖币数量与其充值购买的抖币数量并不完全一致的情况，据此一审法院酌情认定，廖某对实际获益部分应当向林某返还118 755元（169 650元×70%）。因林某自身存在部分过错，对于林某关于资金占有利息的诉请，一审法院不予支持。

一审法院审理认为，某播公司作为抖某平台的管理者与林某之间的网络服务合同关系并不存在可撤销的情形，且廖某与林某私下微信聊天行为并不

---

① 现对应《民法典》第148条。

② 现对应《民法典》第157条。

属于某播公司监管范围，虽然某播公司在林某打赏金额中分流了部分利益，但属于其搭建平台、提供服务的运营模式，不违反法律法规的强制性规定，且林某在为廖某打赏而向某播公司购买抖币时也清楚某播公司将获取部分利益，因此，对林某要求某播公司承担案涉连带责任的诉请，一审法院不予支持。根据林某提交的红包转账记录可知，该些微信转账或者红包均发生在2020年5月双方刚认识不久时，根据林某讲述的双方发展过程，2020年5月林某正处于追求廖某阶段，林某并未有证据证明该些小额红包及转账是在廖某要求下所为，在林某追求廖某过程中林某自愿给予廖某小额款项赠与不存在可撤销事由，林某主张廖某予以返还，没有事实与法律依据，一审法院不予支持。

二审法院审理后认为，第一，关于本案案由应为赠与合同纠纷还是网络服务合同纠纷。赠与合同是赠与人将自己的财产无偿给予受赠人的合同，具有单务性和无偿性。综观本案，首先，林某注册成为抖某平台的用户，使用真实货币在抖某平台进行充值兑换成虚拟礼物，从而能够进入抖某平台提供的直播间观看直播并向主播发送虚拟礼物。林某发送的虚拟礼物，系产生并储存于直播平台网络数据库中的数据信息等衍生物，廖某不能对此实际控制及处分，而要根据其与抖某平台之间的约定规则按照一定比例进行换算及提现，即非由廖某直接和全部收取。其次，廖某在抖某平台为林某等用户提供直播等服务，林某在观看直播的同时，通过发送虚拟礼物所产生的特效增加观看体验、享受其他增值服务及特权、获得主播及其他用户的关注从而获得精神层次的愉悦和满足，显然不符合赠与合同的单务、无偿的构成要件。林某通过抖某平台充值及发送虚拟礼物的行为是网络消费行为，双方存在对价给付，应构成网络服务合同关系，故本案案由应为网络服务合同纠纷，而非赠与合同纠纷，一审法院案由定性错误，二审法院予以纠正。

第二，对于打赏行为的效力，本案中，主播廖某在线上提供网络表演的同时，私下与林某接触并见面，故意隐瞒其年龄和已婚身份，向林某赠送印有爱意表达的打火机、水杯等礼物，在二人微信聊天记录中含有讨论吃避孕药等问题，二人关系已超出一般网络主播与粉丝之间的正常交流行为。廖某通过言语及行为诱导的方式，促使林某在其直播间持续、大额地打赏虚拟礼物，以获得平台收益，廖某的上述行为已违背了社会主义核心价值观，有损社会公序良俗，其与林某之间成立的网络服务合同应属无效。依据《合同法》

第58条[①]的规定，合同无效的，因该合同取得的财产，应当予以返还，双方都有过错的，应当各自承担相应的责任。本案中，廖某的不当牟利行为是导致其与林某之间的网络服务合同无效的主要原因，应承担主要责任。林某作为抖某充值用户，理应对充值抖币及发送虚拟礼物的性质和法律效果具有充分、全面的认知，其对于主播并不能全额等值获益用户打赏的虚拟礼物亦系明知。且林某对廖某的打赏行为并不全部源于其与廖某的私下接触而产生的支出，廖某在直播时提供了表演服务，林某在使用虚拟礼物进行打赏后，不仅观看了表演，还获得了主播及直播间其他用户的关注、账户升级特权、直播间排行前列显示等精神利益。行为动机并非意思表示的构成要件，林某作为成年人，其对于自身通过直播打赏方式满足追求对象欲望的消费行为，理应有清晰的认知以及对其行为后果有充分的判断。可见，林某对其自身资金损失的后果，亦具有部分过错，应承担次要责任。廖某违反社会公序良俗的不当行为主要发生在抖某平台之外，某播公司对此并无过错，故无须对廖某的返还责任承担连带责任。一审法院根据林某及廖某双方的过错大小，酌情认定廖某针对实际获益部分，应当向林某返还118 755元，处理并无不当。

[案例解析]

本案争议焦点为打赏行为是否属于消费行为，构成网络服务合同。

(1) 本案案由应为网络服务合同纠纷。用户依托平台对网络主播实施的“广义打赏行为”由两部分组成，一为用户在平台注册账号，并通过充值将真实货币兑换成虚拟货币或其他虚拟财产，也即充值行为；二为用户以虚拟货币购买虚拟财产，并将该虚拟财产以“刷礼物”的形式交与主播处，主播以此获利，也即狭义的打赏行为。对于前者而言，用户与平台是合同法律关系的当事人，用户基于二者所达成一致的平台协议进行充值，用户基于充值后的虚拟财产，可以解锁平台提供的一系列增值服务，应界定为网络消费行为无疑，用户与平台间存在网络服务合同关系。而对于打赏行为（狭义，下文无特别标注皆为狭义）的性质，学界及实践领域存在较多争议，笔者认为，打赏行为界定为网络消费行为，用户与主播间成立网络服务合同关系较为妥当。首先，用户在直播间向网络主播“刷礼物”（打赏）的行为应单独评价，其与充值行为分属不同的法律关系，当事人不同。用户虽将真实货币兑换成

---

① 现对应《民法典》第157条。

虚拟货币，实施了消费行为并与平台间成立了合同关系，但此时没有任何一位主播获利，用户仍存在自主处置虚拟货币的权利，同时，用户亦存在选择打赏对象的权利，进而实施打赏行为使主播获利。究而论之，本案原、被告之间客观上存在“具有财产属性的虚拟礼物”之移转，彼此间成立了新的法律关系，明显需要法律对该虚拟礼物的产权归属进行界定与评价。本案一审法院未对用户的打赏行为作出评价，难以厘清原告与被告、原告与平台、被告与平台之间错综复杂的法律关系，因而一审法院对原、被告间法律关系的性质、案由认定存在错误，误认为本案纠纷系赠与法律关系。其次，根据《民法典》第657条规定：“赠与合同是赠与人将自己的财产无偿给予受赠人，受赠人表示接受赠与的合同。”可以得出，赠与合同具有无偿性、单务性。本案中，被告在直播间实施表演活动，原告在观看直播的同时，发送虚拟礼物以打赏被告。原告基于打赏礼物展现出的特效、被告所提供的增值表演服务、霸据打赏榜单等因素，吸引了其他用户或主播的关注、崇拜，获得了精神层次的愉悦和满足，显然不符合赠与合同单务、无偿的构成要件，因此，原告向被告发送虚拟礼物的行为系网络消费行为，双方存在对价给付，应认定为网络服务合同关系。

综上，二审法院对本案案由认定准确，原告打赏行为系网络消费行为，其与被告成立网络服务合同关系。

（2）被告构成欺诈，但原告亦有过错。根据《最高人民法院关于适用〈中华人民共和国民法典〉总则编若干问题的解释》第21条规定：“故意告知虚假情况，或者负有告知义务的人故意隐瞒真实情况，致使当事人基于错误认识作出意思表示的，人民法院可以认定为民法典第一百四十八条、第一百四十九条规定的欺诈。”由此，可以得出欺诈行为的构成要件有四：一为行为人具有欺诈故意；二为其实施了足以使相对人产生错误认识的欺诈行为；三为相对人产生错误认识；四为相对人基于此错误认识作出意思表示。本案中，被告隐瞒其已婚事实，且谎称出生于1994年，线下与原告见面数次，交谈亲密，使原告产生双方已然建立情侣关系并存在结婚可能性的错误认识，被告基于原告该错误认识，多次通过言语及行为诱导，促使原告向其“刷礼物”，其目的在于骗取原告打赏礼物至平台系统进而可获得相应的利益，原告确因上述错误认识作出处分虚拟财产的意思表示，因此，被告构成欺诈。《民法典》第148条规定：“一方以欺诈手段，使对方在违背真实意思的情况下实施的民事法律行为，受欺诈方有权请求人民法院或者仲裁机构予以撤销。”第157条规定：“民事法律行为无效、被撤销或者确定不发生效力后，行为人因该行为取得的财产，应当予以返还；不能返还或者没有必要返还的，应当折价补偿。有过错的一方应当赔偿对方由此所受到的损失；各方都有过错的，应当各自承担相应的责任。法律另有规定的，依照其规定。”由此可见，原告有权诉请法院撤销其与被告之间的服务合同，并要求被告返还其所打赏虚拟财产同等价值的全部真实财产，本案被告违反公序良俗实施欺诈行为，理应承担相应的民事责任，但本案原告并非无瑕，其亦存在过错。

对于被告基于欺诈行为而牟利和基于服务行为而获利应准确界定、区分，不可混淆。

原告自愿与平台订立《用户服务协议》《充值协议》等协议，成为平台用户，因此，其作为具有完全行为能力的理性人，应对充值行为、打赏行为及其法律后果有着充分且全面的认知。同时，被告在直播间进行了表演活动，原告向被告打赏礼物的行为并非完全基于被告所实施的欺诈行为，二者之间存在对价给付，原告通过打赏行为获得了精神上的愉悦与满足，系自然人精神上的法律利益。另外，原告理应对网络上同主播发展恋爱关系并组建家庭具有一定的前瞻性和心理预期，其对主播所实施的打赏行为应当内涵作为成年人的理性与思考。故原告对其资金损失的后果，亦存在过错，应承担次要责任，被告无须返还全部财产。一审判决虽案由认定有误，但认定事实清楚，适用法律正确，判决被告按比例承担返还义务于法有据。

[规范指引]

《中华人民共和国民法典》（2020年5月28日）

第一百四十八条　一方以欺诈手段，使对方在违背真实意思的情况下实施的民事法律行为，受欺诈方有权请求人民法院或者仲裁机构予以撤销。

第一百五十七条　民事法律行为无效、被撤销或者确定不发生效力后，行为人因该行为取得的财产，应当予以返还；不能返还或者没有必要返还的，应当折价补偿。有过错的一方应当赔偿对方由此所受到的损失；各方都有过错的，应当各自承担相应的责任。法律另有规定的，依照其规定。

第六百五十七条　赠与合同是赠与人将自己的财产无偿给予受赠人，受赠人表示接受赠与的合同。

《最高人民法院关于适用〈中华人民共和国民法典〉总则编若干问题的解释》（2022 年 2 月 24 日）

第二十一条 故意告知虚假情况，或者负有告知义务的人故意隐瞒真实情况，致使当事人基于错误认识作出意思表示的，人民法院可以认定为民法典第一百四十八条、第一百四十九条规定的欺诈。

（二）直播打赏行为的效力

67. 完全民事行为能力人在平台进行充值、打赏的行为属于合法有效

——郑某某与北京某播视界科技有限公司网络服务合同纠纷案

[案号]

（2023）京 04 民终 109 号

[案情简介]

2020 年 1 月，原告郑某某在被告北京某播视界科技有限公司（以下简称某播公司）运营的“抖某”平台注册，注册时与某播公司签订《抖某用户服务协议》。郑某某在“抖某”平台充值、购买“抖币”、再购买虚拟礼物，在直播间给提供表演服务的相应主播打赏。2021 年 4 月 14 日至 5 月 24 日，郑某某在抖某平台共计充值 669 321 元，购买“抖币”510 余次，购买礼物打赏 50 余位主播、共计 19 650 余次。郑某某主张 2021 年 4 月 14 日起至 5 月 24 日止为自己发病期间，充值系在精神疾病发作、本人无法辨认自己行为的情况下作出的，自己系无民事行为能力人，《抖某用户服务协议》及《抖某充值协议》等协议无效且不适用，充值行为应当被认定无效。

一审法院审理认为，在案证据足以证明郑某某在某播公司经营的“抖某”平台注册用户后进行了充值打赏，某播公司提供了相应的网络服务内容，双方之间建立了网络服务合同法律关系。根据双方的诉辩主张归纳案件的争议焦点为 2021 年 4 月 14 日至 5 月 24 日郑某某是否因精神疾病发作而属于无民事行为能力人，直播打赏行为是否无效。

郑某某是否因精神疾病发作而属于无民事行为能力人？从郑某某提交的在案证据看，5月24日《门诊病历》显示“精神检查：意识清醒，定向力完整……”；5月25日《住院病历：精神检查》载明“一般情况：意识清晰、定向力完整……”“认知活动：认知活动无障碍……”“智能：未见异常，粗测一般常识、专业知识、计算力、理解力、分析综合及抽象概括能力未明显见异常……”“入院诊断：伴有精神病性症状的躁狂发作……”；5月25日及26日《住院病历》显示“确定诊断：不伴有精神病性症状的躁狂发作……”。郑某某提供的无锡市精神卫生中心司法鉴定所2021年12月24日受理、2022年2月10日作出的《司法鉴定意见书》中，鉴定意见为“鉴定诊断：躁狂发作（缓解期）”“民事行为能力的评定：被鉴定人郑某某目前具有完全民事行为能力”。对于郑某某提交的医院保安书写的情况说明、拨打急救中心及报警电话的记录截图、聊天记录、银行流水、出行记录、对账单等其他证据，以及某播公司提交的郑某某设立公司情况等证据，一审法院经审查认为，综合审查判断与在案其他证据之间的联系、与待证事实尤其是争议焦点的关联程度，对该部分证据均不予采信。综上所述，一审在案证据并不能证明郑某某在2021年4月14日至5月24日属于“因精神疾病发作、导致无法辨认自己的行为”的情形，亦不能证明郑某某在此期间属于“无民事行为能力人”，故对郑某某的上述主张不予支持。

直播打赏作为一种网络服务合同下进行的一种消费形式，郑某某在平台充值、购买、打赏的行为系网络消费行为。郑某某在抖某平台进行充值、购买“抖币”、再用“抖币”购买虚拟礼物，然后在平台的直播间根据自己的认可度和满意度给提供表演服务的相应主播打赏，结合前述在2021年4月14日至5月24日郑某某并不属于“因精神疾病发作、导致无法辨认自己的行为”的情形，郑某某属于完全民事行为能力人，可以独立实施民事法律行为，其直播打赏行为受平台协议与规则约束，系有效的网络消费行为，与此同时某播公司业已履行完毕网络服务合同义务。因此，对于郑某某请求判令某播公司立即返还“抖某”充值款669 321元的诉讼请求，缺乏法律和事实依据，一审法院不予支持。

二审法院经审理认为，郑某某在某播公司经营的“抖某”平台注册用户后进行了充值、打赏行为，某播公司提供了相应的网络服务，双方之间建立了网络服务合同法律关系。根据双方二审诉辩意见归纳争议焦点为郑某某主张2021年4月14日至5月24日在“抖某”平台进行的充值行为无效并据此要求某播公司返还其在上述期间的充值款是否有法律依据、是否符合双方的网络服务合同约定。经审查，首先，鉴于郑某某在一审提交的证据既不能证明其在2021年4月14日至5月24日属于“因精神疾病发作、导致无法辨认自己的行为”的情形，也不能证明其在此期间属于“无民事行为能力人”，故应承担举证不能的法律后果。其次，郑某某在注册抖某用户时，与某播公司签订了《抖某用户服务协议》，系双方当事人的真实意思表示，且形式和内容不违背法律、行政法规的强制性规定，双方之间建立的网络服务合同法律关系应为有效。根据《抖某用户服务协议》的约定，郑某某作为抖某注册用户，其在平台充值、购买、打赏的行为受到《抖某用户服务协议》《抖某隐私政策》《抖某充值协议》约束，鉴于郑某某属于完全民事行为能力人，可以独立实施民事法律行为，其在平台进行充值、打赏的行为属于合法有效的网络消费行为，郑某某请求判令某播公司立即返还“抖某”充值款669 321元的诉讼请求，缺乏事实根据和法律依据，故一审法院判决驳回其全部诉讼请求并无不当。关于一审法院不予准许郑某某提出重新鉴定申请的问题，经审查，无锡市精神卫生中心司法鉴定所2022年2月10日作出的《司法鉴定意见书》鉴定机构及鉴定人员具备鉴定资质、鉴定程序合法、鉴定依据充足、鉴定结论明确，且上述鉴定意见书系郑某某所提交，某播公司对此未表示异议，故一审法院对郑某某申请重新鉴定不予准许符合法律规定。综上所述，郑某某的上诉理由不能成立，不予采纳。最后，驳回原告上诉，维持原判。

［**案例解析**］

本案要点为完全民事行为能力人所实施的网络打赏行为合法有效。

用户打赏系网络消费行为，其与主播成立服务合同关系。随着网络直播行业的兴起，直播打赏行为逐渐走入人们的视野，其性质在司法实践中存在诸多争议。用户的打赏行为在程序上分为两步：其一，行为人在运营平台注册成为其用户，随后以真实货币充值于平台处，兑换为虚拟货币并储存于系统中，在此过程中，用户的充值行为系网络消费行为，与平台成立网络服务合同。其二，用户将存储于平台系统处的虚拟货币在主播的直播间购买虚拟礼物，进而实施打赏行为。因其涉及移转虚拟财产的权属，构建新的法律关系，故此行为系独立的法律行为，应单独评价，不可与用户的充值行为看作一个整体，且该打赏行为本质上属于“观念表示行为”，是用户意志的体现。

用户的打赏行为源于其对主播的表演活动或其他活动的喜爱，其通过打赏行为所附带的礼物特效、主播的增值服务、其他用户的关注与追捧、直播间特权等获得精神上的满足与愉悦，也即其获得了精神上的法律利益，同时，主播通过用户所打赏的虚拟礼物获得相应的财产利益。由此，打赏行为系网络消费行为，用户与主播之间存在对价给付，成立网络服务合同关系。本案中，原告提交的证据不能证明其在2021年4月14日至5月24日属于“因精神疾病发作、导致无法辨认自己的行为”的情形，同时也不能证明其在此期间属于“无民事行为能力人”，故依据《民事诉讼法》第67条第1款“当事人对自己提出的主张，有责任提供证据”以及《最高人民法院关于适用〈中华人民共和国民事诉讼法〉的解释》第90条第2款“在作出判决前，当事人未能提供证据或者证据不足以证明其事实主张的，由负有举证证明责任的当事人承担不利的后果”的规定，原告应承担其举证不能的法律后果，其应属于“完全民事行为能力人”，因此，其与平台所订立的《抖某用户服务协议》及《抖某充值协议》有效，其充值行为、打赏主播行为皆合法有效，其在直播间移转虚拟财产权属的打赏行为属于体现其真实意志的表示行为，故原告实施的一系列行为，皆为原告自主、理性的网络消费行为，与平台间、主播间分别成立网络服务合同关系。

综上，笔者将打赏行为之效力要件总结为四方面：（1）用户注册时、充值时、打赏主播时均需属于“完全民事行为能力人”；（2）用户打赏主播的意思表示真实，实施了“观念上移转虚拟财产权属”的表示行为；（3）不违反用户与平台达成一致的一系列合法、有效的协议；（4）不违反法律、行政法规的强制性规定，不违背公序良俗。

故本案一审与二审法院认定事实清楚，适用法律法规正确，法律关系之性质认定准确，具有较高的类案指导意义。

[规范指引]

《中华人民共和国民事诉讼法》（2023年9月1日修正）

第六十七条第一款　当事人对自己提出的主张，有责任提供证据。

《最高人民法院关于适用〈中华人民共和国民事诉讼法〉的解释》（2022年4月1日修正）

第九十条第二款　在作出判决前，当事人未能提供证据或者证据不足以证明其事实主张的，由负有举证证明责任的当事人承担不利的后果。

68. 限制民事行为能力人充值行为与其年龄和智力水平相适应，无须其法定代理人代理或追认

——温某与北京某享时光科技有限公司网络服务合同纠纷案

［案号］

（2020）京 0491 民初 472 号

［案情简介］

原告温某主张 2018 年 8 月 21 日至 11 月 26 日其通过微信账号、支付宝账号及秀色账号向涉案平台多位代理转账充值 477 次，金额 50 元到 5000 元不等，共计充值 424 010.96 元。原告温某称上述充值行为发生时其未满 18 周岁，属于限制民事行为能力人，主张上述充值行为不发生法律效力，据此要求被告北京某享时光科技有限公司（以下简称某享时光公司）退还全部充值款。经查，被告某享时光公司系网站“秀色”（网址 www.showself.com）的主办单位。“秀色”网站系直播网站，具有充值打赏功能。2019 年 8 月 15 日，广州市黄埔区人民法院出具（2019）0112 刑初 938 号刑事判决书，其中记载：被告人温某于 2018 年 11 月 16 日被羁押。原告的刑事讯问笔录中显示，原告自初中就学一年后即辍学离开老家前往东莞打工至刑事案发，并且其拥有约 13 万元存款。2018 年 8 月上旬，温某冒充女子身份，化名“韩某”与被害人吴某某网络交友并发展为恋爱关系。后温某编造生病没钱治疗、欠信贷、没钱吃饭等各种理由，要求被害人吴某某向其转账资助。其间，温某通过樊某某（已判刑）伪造了 4 张患者姓名为“韩某”的《安徽省医疗收费票据》用于骗取被害人吴某某支付“医药费”。经统计，2018 年 8 月 13 日至 11 月 1 日，温某通过微信、QQ 和支付宝等方式共诈骗被害人吴某某人民币共计 406 869.32元，温某将从被害人处获得的大部分钱投入“秀色直播” App 用于个人娱乐。判决温某有期徒刑二年，并处罚金 4000 元；向被害人吴某某退赔人民币 406 869.32 元等。

法院审理认为，对于原告以其向涉案平台充值时未满 18 周岁，属于限制

民事行为能力人，主张涉案充值行为不发生法律效力的意见，依据《民法总则》第18条①规定，成年人为完全民事行为能力人，可以独立实施民事法律行为。16周岁以上的未成年人，以自己的劳动收入为主要生活来源的，视为完全民事行为能力人。完全民事行为能力人可以完全独立地进行民事活动，并通过自己的行为取得民事权利、负担民事义务。第145条②规定，限制民事行为能力人实施的纯获利益的民事法律行为或者与其年龄、智力、精神健康状况相适应的民事法律行为有效；实施的其他民事法律行为经法定代理人同意或者追认后有效。

本案中，结合在案证据及当庭陈述可知，原告初一辍学后已打工多年，可以推定其以自己的劳动获得收入为主要生活来源，而涉案充值行为发生时其已满17周岁半，应当被视为完全民事行为能力人。退一步讲，即便原告不被视为完全民事行为能力人，结合其当时冒充女子身份并伪造医疗收费票据诈骗他人的事实，以及涉案平台充值款大部分来自诈骗所得等情况，可以认定当时原告已拥有较为丰富的社会生活经验，具备较高的认知和独立判断能力，其当时的年龄和智力水平已能与其主张的金额50元至5000元不等的多次充值行为相适应，无须其法定代理人代理或追认。故此，原告以其属于限制民事行为能力人主张涉案充值行为不发生法律效力的意见，法院不予采纳，对其要求被告退还充值钱款及相应利息的诉求，缺乏依据，法院不予支持。故判决驳回原告温某的全部诉讼请求。

［案例解析］

本案要点为限制民事行为能力人所实施的打赏行为与其年龄、智力水平相适应则无须其法定代理人同意或追认。

第一，关于原告打赏行为之效力。根据《民法典》第19条“八周岁以上的未成年人为限制民事行为能力人，实施民事法律行为由其法定代理人代理或者经其法定代理人同意、追认；但是，可以独立实施纯获利益的民事法律行为或者与其年龄、智力相适应的民事法律行为”的规定，可以得出，限制民事行为能力人在符合条件的情况下所实施的民事法律行为皆为合法有效，但如何认定其实施的行为是与其年龄、智力相适应，一直是司法实践中的难

① 现对应《民法典》第18条。

② 现对应《民法典》第145条。

点。新兴的网络直播活动中涉及用户的充值、打赏行为，导致正确认定行为效力更加困难。笔者认为，网络直播中充值、打赏行为属于互联网信息技术高速发展的产物，对于此类非传统领域的民事活动更应以严谨的态度作出正确的认定，这不仅是对限制民事行为能力人民事权利的保护，更是为新技术的发展、长兴提供法律支持，保驾护航。进而，依据《最高人民法院关于适用〈中华人民共和国民法典〉总则编若干问题的解释》第5条“限制民事行为能力人实施的民事法律行为是否与其年龄、智力、精神健康状况相适应，人民法院可以从行为与本人生活相关联的程度，本人的智力、精神健康状况能否理解其行为并预见相应的后果，以及标的、数量、价款或者报酬等方面认定”的规定，在司法实践中，应从其认识力、理解力、辨别力等角度加以分析，考虑其能否认识该法律行为的性质、内容及后果，综合判定该法律行为系有效抑或效力未定须法定代理人进行同意、追认。本案中，原告以其向涉案平台充值时未满18周岁，属于限制民事行为能力人，主张充值行为不发生法律效力，但原告初一时辍学，外出打工并有13万元存款，其自立、自理能力明显高于同年龄段群体，且其充值时已满17周岁半，依据《民法典》第18条第2款“十六周岁以上的未成年人，以自己的劳动收入为主要生活来源的，视为完全民事行为能力人”的规定，法院有理由相信其为“以自己的劳动收入为主要生活来源”的情况，视为完全民事行为能力人，可以自主实施民事法律行为，承担民事法律责任。

况且，原告冒充女性身份，通过樊某某（已判刑）伪造了4张患者姓名为“韩某”的《安徽省医疗收费票据》用以其实施诈骗活动，并将诈骗所得大部分赃款充值于平台处，用以个人娱乐，可见，其对充值行为具有全面的认识、理解、辨别能力，对该行为的法律性质、内容、后果有着充分的预见能力，不存在任何表示上的瑕疵与误解，其实施的一系列充值消费行为当然合法有效。退一步讲，即便将其认定为“限制民事行为能力人”，也无须其法定代理人同意、追认，原告须为自己所实施的民事法律行为承担法律后果。

第二，关于充值行为与年龄、智力水平相适应之判断标准。在网络直播中，8周岁以上的未成年人对所实施的充值、打赏行为是否具有相应的行为能力，应当考虑未成年人是否对消费的价值有明确的认识，可从充值和打赏的数额、未成年人的经常居所地、家庭经济状况等角度综合分析。[①] 首先，如前所述，就其消费水平可以与同年龄段的相似人群进行比较，若相差不大，则可初步认定与其年龄、智力水平相适应，但若其一个月充值、打赏数千乃至数万元，则当然与其年龄、智力水平不符，其并不具备支配如此数额的财产能力，须其法定代理人追认或同意。其次，要综合当地经济水平和其家庭情况，不可脱离于现实，盲目制定基准，僵硬、刻板地进行判断。最后，则要参考其之前所从事的事实行为或法律行为，判断其是否对网上充值、打赏行为具备应有的认知能力，对该行为之性质、内容、结果是否具有理解能力并可以独自承担该行为所带来的法律后果。综上，在司法实践中应多角度、多维度综合分析，进而准确认定，更好地保护限制民事行为能力人的人身、财产安全，思想、心智的健康发展，同时，有助于厘清互联网发展过程中产生的新型法律关系，为其蓬勃发展提供法律支持。

综上所述，法院对原告的行为能力认定准确，事实认定清楚，适用法律正确，所作判决于法有据，对类案具有较高的指导意义。

［规范指引］

《中华人民共和国民法典》（2020 年 5 月 28 日）

第十八条第二款　十六周岁以上的未成年人，以自己的劳动收入为主要生活来源的，视为完全民事行为能力人。

第十九条　八周岁以上的未成年人为限制民事行为能力人，实施民事法律行为由其法定代理人代理或者经其法定代理人同意、追认；但是，可以独立实施纯获利益的民事法律行为或者与其年龄、智力相适应的民事法律行为。

《最高人民法院关于适用〈中华人民共和国民法典〉总则编若干问题的解释》（2022 年 2 月 24 日）

第五条　限制民事行为能力人实施的民事法律行为是否与其年龄、智力、精神健康状况相适应，人民法院可以从行为与本人生活相关联的程度，本人的智力、精神健康状况能否理解其行为并预见相应的后果，以及标的、数量、价款或者报酬等方面认定。

① 参见程啸、樊竟合：《网络直播中未成年人充值打赏行为的法律分析》，载《经贸法律评论》2019 年第 3 期。

69. 限制民事行为能力人所实施的直播打赏行为之效力要根据其智力、年龄、精神状态及客观事实具体分析予以综合认定

——徐某某与某短视频公司网络服务合同纠纷案

[案号]

(2023)京0491民初4331号

[案情简介]

原告徐某某在2022年5月7日在某短视频平台付款20次，共充值9702元，其监护人（法定代理人）吴某某当日发现后立即联系该平台客服进行沟通，并提交各种证明材料（原告智力残疾证、支付凭证等）拟证明原告系限制民事行为能力人，要求平台退还充值金额，随后，客服告知其必须出具法院判决书才可以确认其为限制民事行为能力人。吴某某于2022年8月17日取得法院判决书后再次与该平台客服沟通，其只同意退还支付总金额的35%，遂将经营该短视频平台的公司诉至法院。在补充材料期间，吴某某发现原告徐某某于2022年2月11日在该短视频平台付款6次，充值660元，因此一并起诉，要求被告某短视频公司依《民法典》相关规定返还充值支付的金额，共计10 362元。

被告某短视频公司辩称：对于原告徐某某的充值金额没有争议，对于返还比例存在争议。首先，原告徐某某是通过苹果设备充值，因此要扣除30%的充值款额，我司收到70%的充值款，另外，还需将收到充值款的一半分成至主播，我司实际只收到35%的款项，故同意退还35%的充值款。其次，原告徐某某智力残疾是4级，相当于11岁的智力，其为拆分打赏，亦为小额打赏，类比11岁的未成年人，属于一个适度的生活消费。

法院经审理认为：（1）涉案信息网络服务合同应属无效。根据《民法典》第145条规定，限制民事行为能力人实施的纯获利益的民事法律行为或者与其年龄、智力、精神健康状况相适应的民事法律行为有效；实施的其他民事法律行为经法定代理人同意或者追认后有效。原告提交的黑龙江省某市某区人民法院判决书、《司法鉴定意见书》对原告徐某某属于限制民事行为能

力人进行了认定。本案中，原告徐某某在某短视频平台内通过购买虚拟货币用于打赏主播，该行为事后能得到其监护人同意、追认，亦非属于纯获利益的民事法律行为或者与其智力、精神健康状况相适应的民事法律行为，故法院认为该合同无效。（2）被告某短视频公司应当承担责任。原告徐某某购买的虚拟货币系直接从被告某短视频公司开发并运营的短视频平台内所购买，形成合同关系，并非向主播及苹果 Apple 公司购买，与主播及苹果 Apple 公司之间不存有合同关系，至于被告某短视频公司与主播及苹果 Apple 公司各方对购币款分配另有约定，对原告徐某某不发生效力，故被告某短视频公司主张仅返还 35% 的涉案充值金额，无事实及法律基础，法院不予采纳。庭审中，经询问徐某某之所以可以进行充值，系因徐某某的监护人吴某某将平板电脑交由徐某某所致，吴某某应知道此平板电脑绑定有可支付的银行卡，吴某某在履行其监护职责时亦存在一定过失，故法院酌定被告向原告返还 80% 充值款。综上，被告某短视频公司应当承担责任，返还原告徐某某充值款 8290 元。

［案例解析］

限制民事行为能力人所实施的直播打赏行为之效力要根据其智力、年龄、精神状态及客观事实具体分析予以综合认定。在直播打赏合同无效或被撤销后，直播平台不得以其与第三人订立的抽成协议主张部分返还直播打赏人。

第一，关于“苹果税”支出返还问题。原告徐某某以苹果支付通道在被告所经营的短视频平台购买虚拟货币，其中，30% 的款额被苹果公司收取，被告以此主张该部分款额不予返还。在多方法律关系中，软件开发者与苹果公司之间存在达成一致的佣金协议，同意其抽取虚拟物品交易费用的 30%，系软件开发者独立意志的体现。本案中，原告徐某某在某短视频公司（软件开发者）经营的短视频平台进行充值，经最终认定，该行为无效，应当返还财产，被告作为服务合同的相对人，应在过错范围内将合同总标的额的 80% 返还于原告，至于被告同主播、苹果公司等主体之间订立的抽成协议，系其基于真实、自由意思表示所建立的法律关系，其应当承担给付二者价款的义务，该义务并不属于用户也即原告徐某某，与其充值行为明显分属不同的法律关系，对其不发生法律效力。

第二，监护人存在过错的应承担相应责任。本案系因其监护人吴某某将绑定银行卡的平板电脑交由原告徐某某使用、娱乐所致，原告作为智力存在缺陷的限制民事行为能力人，其监护人应当负有更高的监护职责，严格履行监护义务，避免因其监护不利而导致人身、财产的损害，吴某某作为徐某某之监护人，主观上存在过失、客观上由于怠于履行监护职责而至发生财产损害的后果，故法院酌定其承担20%的过错责任合法且合理，并通过判决的形式对监护人所承担的对于智力存在缺陷的限制民事行为能力人之监护义务提出了更严格的要求。

本案中，原告徐某某系限制行为能力人，其在被告某短视频公司（软件开发者）经营的短视频平台进行充值，经最终认定该行为无效。被告作为服务合同的相对人，应在过错范围内将合同总标的额的80%返还于原告，至于被告同主播、苹果公司订立的抽成协议，系其基于真实、自由意思表示所建立的法律关系，其应当承担给付二者价款的义务，该义务并不属于用户也即原告徐某某，更好地保障了消费者的合法利益及财产权利。

［**规范指引**］

《中华人民共和国民法典》（2020年5月28日）

第一百四十五条第一款 限制民事行为能力人实施的纯获利益的民事法律行为或者与其年龄、智力、精神健康状况相适应的民事法律行为有效；实施的其他民事法律行为经法定代理人同意或者追认后有效。

第八章　网络消费纠纷中的虚拟财产保护

信息网络时代，各种虚拟货币（包括比特币、游戏货币等）、各类电子账号（包括网店账号、电子邮箱、手机号、QQ 号、微信账号、微博账号、游戏账号）、游戏装备、个人网上积分下载权限等虚拟财产的花样和种类层出不穷，虚拟财产成为社会生活的必需品，也都产生了一定经济价值。并且，诸如电子账号等虚拟财产，都还涉及大量公民个人隐私信息。随着互联网技术进一步发展，未来对虚拟财产的保护需求会更加突出。

网络游戏虚拟财产应当受到法律的保护，为此建立网络游戏虚拟财产的保护机制是十分重要的。2021 年 1 月 1 日实施的《民法典》第 127 条规定了“法律对数据、网络虚拟财产的保护有规定的，依照其规定”，其不但将原《民法总则》中确定的虚拟财产的民事权利地位规范的内容考虑在了其中，而且将虚拟财产保护纳入《民法典》当中，对其进行了原则性规范。《民法典》从网络游戏虚拟财产特殊性的角度出发，明确规定了网络游戏虚拟财产定义、性质、侵权标准、保护手段、处罚措施等内容，具有十分重要的现实意义和价值。

虚拟财产作为一种财产，不同于一般物权或知识产权，其基于技术限制或对平台运营的依赖，而呈现有用性、相对的稀缺性与受限的可支配性。物权说的缺陷源于平台无法做到无限期运营，而债权说的弊端在于过度贬损了网络用户寻求救济的权利。事实上，知识产权的出现已经对诞生于罗马法时代的物债二分体系形成了突破，而虚拟财产的出现深化了这种突破。从财产权法律效力的绝对和相对二分来看，物权、知识产权以及虚拟财产权等权利均属于绝对财产权，而债权属于相对财产权，商业秘密、未注册商标则属于未上升为权利的财产法益。

目前，只有《民法典》第 127 条对数据和网络虚拟财产保护作出了总则性规定，相对应的具体内容的法律法规还有待进一步完善。

70. 网络游戏账号和装备属于虚拟财产的范畴，受法律保护

——李某诉某易公司网络服务合同纠纷案

［案号］

（2019）粤 0192 民初 271 号

［案情简介］

原告李某诉称，2018 年 10 月 10 日，被告某易公司因游戏漏洞，导致其游戏账号被他人绑定密保，在异地登录并被盗游戏装备。后某易公司找回被盗游戏装备，但要求李某支付价值 2000 多元的游戏币赎回装备。被告某易公司称，李某作为《梦幻西游》玩家，与某易公司签订《某易邮箱账号服务条款》《〈梦幻西游〉电脑版服务条款》《玩家守则》等系列网络服务合同，意思表示真实，合同合法有效，对双方均有约束力。双方在系列网络服务合同明确约定：用户需保管好账号和密码，发现异常情况应及时告知某易公司处理，如用户未尽妥善保管和及时通知义务造成损害，用户负全部责任，某易公司接到通知后应及时采取必要措施。上述条款，某易公司采用标红、加粗、下划线的特殊标识，多次提醒用户注意，尽到重点提示义务，系列条款合法有效。依照合同约定，李某未尽妥善保管账号、密码等安全信息和及时履行通知义务，存有严重过错，应承担全部责任。某易公司在接到李某通知后，及时采取有效的措施处理，已经尽到合同义务，对涉案损失不存在任何过错，无须承担责任。

法院审理认为，首先，某易公司在客户端设置《〈梦幻西游〉电脑版服务条款》和《玩家守则》，在注册账号时设置了《某易邮箱账号服务条款》，上述条款、守则并未违反法律强制性规定，且李某对此表示认可，故对双方均具有约束力，可以作为裁判的依据。其次，《最高人民法院关于民事诉讼证据的若干规定》第 2 条规定，当事人对自己提出的诉讼请求所依据的事实或者反驳对方诉讼请求所依据的事实有责任提供证据加以证明。没有证据或者证据不足以证明当事人的事实主张的，由负有举证责任的当事人承担不利后果。当事人双方各自主张的盗号原因，未能提供证据加以证明。故对当事人主张

的盗号原因，法院均不予采信。最后，结合某易公司的相关条款、守则来审查某易公司的行为，法院认定如下：（1）盗号者能通过李某的账号密码登录账户，并能知悉李某手机号收取验证码，进而绑定“将军令”。并无证据能够证明此情况是某易公司存在漏洞所致。至于第一次验证码可以用任意手机获取的问题，虽然该步骤可能被他人恶意使用，但是该步骤属于整个验证程序中的一环，结合输入账号密码、输入第二次验证码两步程序，并不会因此步骤而对账号的安全问题产生实质性影响。在绑定“将军令”的过程中，某易公司向李某发送了验证码短信，并在绑定“将军令”后发送了信息，可以认定某易公司已及时通知李某其账号存在异常情况。综上，可以认定某易公司采取了合理措施保障用户账号的安全。（2）从李某首次告知某易公司其账号和网络游戏道具被盗，到某易公司查证并帮李某追回涉案的网络游戏道具，时间不足10小时，可以认定某易公司已及时采取必要措施。（3）《最高人民法院关于民事诉讼证据的若干规定》第10条规定，根据法律规定或者已知事实和日常生活经验法则，能推定出的另一事实，当事人无须举证证明，当事人有相反证据足以推翻的除外。根据盗号者的盗号过程可知，盗号者知晓李某两个账号和密码。因账号的密码由李某保管，故在无相反证据的情况下，法院推定李某账号被盗系其未妥善保管其账号及密码所致，因此，因盗号给他人的民事权利造成损害的，李某应当承担由此产生的法律责任。

第三方玩家购买的涉案网络游戏道具，某易公司收回该道具后，须返还第三方玩家为购买该道具而支付的合理对价，故某易公司要求李某支付与游戏道具交易时数额相同的游戏币，具有合同依据。综上所述，某易公司在履行网络服务合同中不存在违约行为，李某要求某易公司直接返还涉案的网络游戏道具，缺乏事实和法律依据，法院对此不予支持。

［案例解析］

本案的争议焦点有二：一为网络游戏装备是否属于虚拟财产受法律保护；二为原告是否应支付对价赎回被盗卖的游戏装备。

第一，网络游戏装备系物权客体，属于“网络虚拟财产”。《民法典》第127条规定：“法律对数据、网络虚拟财产的保护有规定的，依照其规定。”由此可见，法律对于非实体化的虚拟财产同样予以保护。如今，学界对于“网络虚拟财产”之性质仍存争议，主流观点有二：其一，认为网络虚拟财产系债权客体；其二，认为网络虚拟财产系物权客体。笔者基于“物”的价值性、有用性，“物权”所具有的支配性、排他性（效力）、可追及性（效力）并结合司法实践，倾向于将其认定为物权客体。

《民法典》第118条第2款规定：“债权是因合同、侵权行为、无因管理、不当得利以及法律的其他规定，权利人请求特定义务人为或者不为一定行为的权利。”该条款明确指出债权的客体为“行为”，而非其他任何形式的客观存在，而网络虚拟财产（本案网络虚拟财产为游戏装备）是独立于人主观之外的客观存在，独立于人的意志之外，不是民事主体的行为，因而不可能成为债权的客体。① 以本案涉及的“游戏装备”为例，用户有权对因充值、网络交易等合法行为所得的网络游戏装备作出诸如买卖、抛弃（毁弃）、赠送等自由处分之意思表示，可以据其意志支配存在于个人账户内的游戏装备，具有独立的支配权，并且，网络游戏装备可以在游戏中进行流通与交易，是游戏用户在平台处或在其他玩家处以花费对价虚拟货币的形式取得的，用户所购并非“行为”而是具有财产利益属性的“虚拟物”，其可以大幅度提升用户的游戏体验，具有价值性与有用性。因此，网络游戏装备为物权之客体，其当然属于法律规定的“网络虚拟财产”，进而得出，承载着有价性游戏装备的网络游戏账号（游戏装备的数据代码附属于整个网络游戏账号）亦为物权客体，属于“网络虚拟财产”的范畴，应依法予以保护。本案中，原告的游戏账号被他人绑定密保，并盗卖其账号内的游戏装备，因其对网络游戏账号及装备具有排他的所有权，故原告有权追回属于自己的“网络虚拟财产”，这亦是物权追及效力的体现。

第二，原告理应支付对价。原告因未妥善保管账号及密码，致使其账号被盗取，游戏装备被盗卖，根据其自愿与平台订立的《某易邮箱账号服务条款》《〈梦幻西游〉电脑版服务条款》《玩家守则》等一系列网络服务合同，理应承担相应的法律责任，因此，被告要求原告支付与游戏道具交易时数额相同的游戏币，具有合同依据。

结合“网络虚拟财产”的性质，从物权保护的角度出发去剖析案件，可以得出与法院判决相同的结论。原告想追回其网络游戏装备，那么首先就要排除买受人的善意取得。根据我国法律规定及司法实践，对于占有委托物才

① 参见杨立新：《民法总则规定网络虚拟财产的含义及重要价值》，载《东方法学》2017年第3期。

可适用善意取得制度，占有脱离物诸如赃物，无论辗转几手，无论第三人是否为善意，皆不可善意取得该物的所有权，同时，若第三人在实施法律行为时出于善意且支付了一定的价款，那么，所有权人在取回该标的物时应当支付合理对价于第三人，其损失可向无权处分人追偿。回到本案，在盗卖人与第三人交易的过程中，可以视出售的网络游戏装备为盗窃物，也即赃物，进而，被盗卖之游戏装备不适用善意取得制度，其所有权不发生变化，因此，原告即可向第三人主张返还原物请求权，但其仍需向不知情且支付游戏币取得涉案游戏装备的善意买受人支付合理对价，如此才可赎回其网络游戏装备。故法院驳回原告要求直接返还涉案网络游戏装备的诉求具有法律与事实依据，无论是从合同法律关系的角度还是物权法律关系的角度去分析，原告皆需支付合理对价。

[规范指引]

《中华人民共和国民法典》（2020 年 5 月 28 日）

第一百一十八条第二款　债权是因合同、侵权行为、无因管理、不当得利以及法律的其他规定，权利人请求特定义务人为或者不为一定行为的权利。

第一百二十七条　法律对数据、网络虚拟财产的保护有规定的，依照其规定。

71. 网络服务合同中，网络游戏运营商对玩家的虚拟财产负有安全保障义务

——马某诉上海某大网络发展有限公司网络服务合同纠纷案

[案号]

（2007）澄民一初字第 37 号

[案情简介]

《传奇世界》系一大型多人在线网络游戏，被告上海某大网络发展有限公司（以下简称某大公司）是该游戏的经营者，原告马某是某大公司《传奇世界》2 区盘古服务器“Live560. × × ”账号的密宝用户，在游戏中的角色名

为“★司其雅贝☆女武士60级”。2006年7月6日晚11时45分左右，马某在江阴市喜来登网吧登录某大公司《传奇世界》游戏时，突然游戏中断，无法再登录，马某即致电某大公司客服部，要求冻结该账号，并于凌晨2时左右向江阴市公安局城中派出所报案，该所于2006年7月25日出具证明，主要内容为2006年7月6日晚上，江阴市定波新村××幢××室的马某来所报案称：他到喜来登网吧去玩游戏，屠龙刀被盗，该刀是5－36攻击力，全区只有一把，一般的屠龙刀是5－35攻击力，特此证明。2006年7月7日马某到某大公司，某大公司经核实，出具证明1份，确认《传奇世界》2区盘古服务器“Live560. ××”账户基本系马某所有。马某发现该账号游戏角色及屠龙刀等游戏装备均丢失了，他遂按某大公司要求至江阴市公安局计算机安全监察科开具协查函，2006年8月29日江阴市公安局计算机安全监察科出具给某大公司函1份，内容为我市居民马某到我局报案称，其在玩《传奇世界》游戏时，被盗“屠龙刀”“重生戒指”装备，请贵公司给予协查。此后某大公司恢复了马某的游戏角色和其他游戏装备，但马某认为其一把5－36级别的屠龙刀装备未能恢复。为此诉至法院，要求判令某大公司返还（恢复）《传奇世界》游戏装备5－36屠龙刀一把，交通费、诉讼费由被告承担。

法院审理认为，被告某大公司经营《传奇世界》游戏，原告马某作为游戏的玩家之一，某大公司为玩家提供网络在线游戏服务，双方形成网络服务合同关系，某大公司对玩家有游戏安全保障义务。某大公司认为按照《互联网信息服务管理办法》和《互联网安全保护技术措施规定》，其公司只对用户资料保存60日，这是针对一般用户而言，该案中，马某发现其账号有异常情况后即到某大公司反映情况，并先后提供了公安局的报案证明和协查函，某大公司也进行了查核，应该知道其账号内虚拟装备情况存在争议，作为服务器数据的控制方，某大公司也完全可以通过掌握的资料确认马某角色装备信息及丢失装备情况。因此，对存在争议的用户，某大公司有技术能力也有义务保存争议资料至争议结束，现某大公司未能提供马某发生争议时的用户资料，其以起诉前60日的用户资料认为马某账号中虚拟装备里不存在5－36级别屠龙刀，法院不予采信，而马某主张其在《传奇世界》2区盘古服务器的账号“Live560. ××”中虚拟装备5－36级别屠龙刀丢失，也能与其报案情况及证人姚某宇、唐某庆证言相印证，故法院予以采信。

在网络游戏中，玩家在游戏设定的环境下进行活动，活动的自主程度受环境设定的限制，而某大公司作为游戏经营者，掌握服务器运行，了解玩家活动情况，并可控制服务器数据，因此要求其对玩家承担更严格的保障义务，相较于玩家而言，某大公司也具备更优越的举证能力。某大公司应对马某丢失虚拟装备的责任进行举证，其认为马某装备的丢失是自身原因造成的，责任应由玩家自负，未能提供证据证明，而某大公司提供的服务器安全说明、产品销售许可证、检验报告及某大密保产品质量合格证明也只能说明其游戏和产品本身的情况，并不能证明其安全防范措施已到位。况且，在该案中，某大公司就马某多次反映情况以及收到公安局的协查函后，并未采取有效措施进行举证，不能证明其作为游戏经营者已尽力采取了安全防范措施。综上，法院认为被告某大公司应对马某虚拟装备丢失承担保障不力的责任。由于虚拟装备本身不具有具体价值，作为救济，丢失的装备可由某大公司通过技术操作进行恢复。至于马某主张的交通费，其未能提供相应的证据证明，法院不予支持。

［案例解析］

本案的争议焦点为网络游戏运营商对玩家的虚拟财产是否负有安全保障义务。

网络游戏运营商应当对游戏用户的虚拟财产负有安全保障义务。所谓“安全保障义务”，是指从事服务性行业的经营者或其他公共社会活动的管理者、组织者应尽的在合理限度内使消费者、用户等免受人身、财产损害的义务。也就是说，该义务是法定于经营者、管理者、组织者等具备相应管理能力的主体，其相较于消费者、用户等群体而言，具有更加强大的力量与专业知识，更有可能先于消费者、用户预见到风险和损害，从而采取有效的、全面的措施减轻或防止一定领域内的群体遭受损害与危险，因此，让有能力防范控制危险的诸主体承担安全保障义务，是社会活动效率原则的体现，有利于社会资源的最大化。对于互联网虚拟世界而言，安全保障义务同样适用于强势主体。安全保障义务产生的原因在于，进入某空间领域的社会成员对该场所的安全有合理的信赖期待。那么，我们就有理由相信每一位用户在进入、使用互联网服务时也心怀同样的期待，相信自己不应因合理、合法的网络行为遭受他人或平台的人身、财产侵害。如果否认，即认同网络用户应自负网银资产被盗、网络游戏虚拟财产（装备）丢失等风险和损害,① 此种状态下的网络世界明显不符合当下的法治要求，因此，网络运营者也应当负有对用户财产的安全保障义务。

上述观点并不等同于任何用户在进入网络世界之时平台皆负安全保障义务，以本案为例，行为人只有与运营商订立了一些合理、合法的平台规则、协议，成为该游戏用户后，平台才对该用户负有安全保障义务。换句话说，无论是游戏运营商还是网购平台抑或提供其他服务的互联网平台，在行为人没有成为其用户之前，平台无须承担该责任，其承担安全保障义务是附条件的，该条件的基础就在于行为人与其达成一致的网络服务合同。本案原告与被告就平台协议达成一致，二者之间形成了网络服务合同关系，原告遂可以实施充值、购买等一系列消费行为，那么，被告作为服务提供者，理应担负起保障用户在该网络空间中享有的具有财产属性的虚拟游戏装备。况且，原告是在正常游戏过程中突然断线，无法再行登录，其随即致电被告公司客服部，要求冻结该账号，其所采取的行为及时、合理、必要，不存在明显瑕疵，而被告作为游戏经营者，掌握服务器运行，了解玩家活动情况，并可控制服务器数据，因此，被告应对原告虚拟装备的丢失承担保障不利的法律责任。

综上，无论是现实世界还是虚拟世界，让有能力尽到管理职责的诸主体承担安全保障义务是社会所需、法治所需、发展所需，互联网运营商、平台理应对进入网络虚拟领域的用户之人身及财产安全负有安全保障义务。

［规范指引］

《中华人民共和国民法典》（2020 年 5 月 28 日）

第一百二十七条 法律对数据、网络虚拟财产的保护有规定的，依照其规定。

① 参见陈芳:《虚拟空间之安全保障义务研究——以互联网服务提供商的视角》，载《武汉大学学报（哲学社会科学版)》2014 年第 1 期。

72. 游戏玩家违约转让游戏账号导致账号丢失向网络游戏运营商主张损害赔偿时，应以游戏玩家间自愿交易价格确定涉案账号的财产价值

——王某诉上海某进网络科技有限公司、夏某网络服务合同纠纷案

［案号］

（2020）沪 0114 民初 24294 号

［案情简介］

原告王某诉称，其于 2016 年 3 月开始玩被告上海某进网络科技有限公司运营的“金刚葫芦娃”手机网络游戏，累计充值 400 000 余元。2019 年 3 月 15 日，原告登录游戏时发现游戏账户已被被告封禁，游戏中所有虚拟道具及财产被冻结，当时尚余元宝价值约 1000 元。原告与微信昵称“无所有谓”之人（以下简称“无所有谓”）系认识几个月的朋友，偶尔会让该人代玩涉案游戏账号，其与该人间 6000 元的经济往来系“无所有谓”体验涉案游戏账号的保证金，后其因与“无所有谓”就游戏账号出售价格未谈妥而将 6000 元退还。被告未告知封禁游戏账户的理由，并拿虚假事实抵赖，已构成违约，应当退还原告损失。被告上海某进网络科技有限公司辩称，原告充值的元宝已经消耗完毕，其享受了相关服务，所以被告就服务合同已履行完毕；因原告以 6000 元的价格出售涉案游戏账号致原、被告之间的合同终止，故不同意解除合同；即便被告存在过错，也应在 6000 元范围内承担责任。第三人夏某述称，涉案游戏账号系其以三四千元的价格自游戏交流群玩家处购买，使用 3 个月后便不再使用。

法院经审理查明：原告王某以其名下手机 151××××0077 在被告运营的“金刚葫芦娃”手机网络游戏中注册账号（游戏账号同手机号），2017 年 3 月 1 日至 2019 年 2 月 26 日，原告累计充值共计 275 085 元。涉案游戏的《用户注册服务协议》第二章第 7 条约定：“本平台从未授权用户从任何第三方通过购买、接受赠与或者其他方式获得本平台账号，亦未授权用户将本平台账号转让或出借、共享给其他第三方使用（包括但不限于直播、录制、代练等

情形)。因实施前述行为产生任何法律后果及责任均由用户自行承担。本平台不对前述未授权的用户行为负责，不受理因前述未授权的用户行为发生纠纷而带来的申诉……”2019年3月8日，“无所有谓”向原告转账6000元，后原告将涉案游戏账号和密码告知“无所有谓”，并将该账号交付“无所有谓”使用。同月14日，原告将6000元退还“无所有谓”。次日，原告与“无所有谓”聊天记录如下：“王某：……你既然收了那钱，我就感觉你不想要号了，所以我收回，你理解有误。号我肯定是不玩，至于你要不要另外再说吧。无所有谓：以后不要摆甩了，谦虚点，没坏处的。”同月19日，原告与被告公司客服“紫娃”聊天记录如下：“王某：看见没有！我收了吗，你是个做什么的？几千块钱的交易，你动我大几十万的号……紫娃：请提供前后聊天记录，以证明你退还了，不卖号了。王某：我钱都给他了，给你看了，还提供什么，你有本事就封着……还叫我提供退钱的给你了，还要记录，你给我等着。紫娃：登录IP，重置问题都是你这里，卖号记录都在，你去投诉也可以，证据都有的，证据是不会说谎的。”另查明，现涉案游戏账号登记在第三人夏某名下，被告无法提供涉案游戏账号自注册至今的实名认证身份信息记录。

法院审理认为：关于原告与案外人“无所有谓”之间转账的性质，原告先称偶尔让“无所有谓”代玩，后又称其与“无所有谓”曾就账号买卖进行讨论，该6000元仅是“无所有谓”体验涉案游戏账号的担保金，但否认以6000元的价格交易，上述陈述存在矛盾。根据原告分别与“无所有谓”、客服“紫娃”的聊天记录中提及“不想要号了”“至于你要不要另外再说吧”“几千块钱的交易”等，应认定原告与“无所有谓”曾达成交易价格为6000元的买卖游戏账号合意。关于原、被告之间的服务合同是否解除，原告在登录游戏时与被告间达成了服务协议，双方之间形成服务合同法律关系，因涉案游戏账号现已登记于第三人名下，原告已失去该游戏账号的控制权，合同目的已无法实现，故原、被告之间的服务合同法律关系应予解除。关于原、被告的行为是否存在过错，应如何担责。根据法律规定，当事人双方都违反合同的，应当各自承担相应的责任，当事人一方违约造成对方损失，对方对损失的发生有过错的，可以减少相应的损失赔偿额。本案中，原、被告均违反《用户注册服务协议》第二章第7条之约定，原告未经被告授权将涉案游戏账号进行买卖；被告则对原告与“无所有谓”之间的交易纠纷进行评判，且未遵循服务协议擅自将涉案游戏账户变更登记至他人名下，导致本纠纷发生。且被告作为游戏账号信息管理控制方，未提供涉案游戏账号注册至今的实名登记信息及变更登记信息，在管理上多有纰漏，应当予以改正。评定原告的损失应考虑该游戏账号的市场价值，原告认为该游戏账号的市场价值应等同于其充值金额，但原告持续充值购买元宝，在游戏过程中利用该虚拟货币购买道具等，提升其游戏体验感，被告已为原告的充值提供对价服务，故原告的损失不能以充值金额来认定。结合本案案情，涉案游戏账号的市场价值即原告的损失应综合认定为6000元，根据原、被告各自承担的过错，认定被告应赔偿原告4200元。

［**案例解析**］

本案的争议焦点为网络游戏账号的财产价值如何认定。

网络游戏账号的财产价值应根据游戏玩家间自愿交易价格为准进行认定。在司法实践中，网络游戏账号的价值评估一直是难点所在，目前并没有专门的第三方评估机制对虚拟财产的价值进行评估，即使当事人因游戏账号纠纷诉至法院请求裁决，游戏账号的实际价值也大多为法院酌定，并无法律依据。笔者认为，在没有统一衡量标准的情况下，网络游戏账号的价值确定应以当事人协商为主，也即账号供求双方自愿交易价格为准。

本案中，原告与被告就平台协议达成一致，遂原告成为游戏用户，可以实施充值、购买虚拟游戏装备等消费行为。在该账号由第三人夏某购买并转至其名下后，原告丧失了对该账号的实际控制权，无法继续支配该游戏账号、登录游玩，也就是说，原告此时已不再是被告游戏平台的用户，其注册游戏时与被告达成一致的服务协议已无继续履行的现实条件，无法达成合同目的，故，原、被告之间合同应予以解除，债权关系消灭。《用户注册服务协议》第二章第7条约定："本平台从未授权用户从任何第三方通过购买、接受赠与或者其他方式获得本平台账号……不受理因前述未授权的用户行为发生纠纷而带来的申诉。"本案中原、被告皆存在违约行为。原告未经被告授权将涉案游戏账号进行买卖，将账号转至他人名下；被告则对原告与"无所有谓"之间的交易纠纷进行评判，且未遵循服务协议擅自将涉案游戏账号变更登记至他人名下，导致本纠纷发生。因此，原、被告皆需承担违约责任。

至此，本案之法律关系及法律责任已基本厘清，关键所在就是如何界定该游戏账号的财产价值，进而作出判决。原告认为该游戏账号的市场价值应等同于其充值金额，乍看之下，似乎存在其合理性，但通常情况下[①]，用户将货币充值于游戏平台兑换成虚拟货币，其目的并不是以此方式进行“投资”，不是日后某一天与他人从事交易活动，而是获得增值服务，提升游戏体验感和刺激感，从而享受游戏带来的快感与精神上的满足，据此，被告已将该对价服务提供于原告，其已全面、充分履行了作为游戏平台的义务，故原告的损失并不能以实际充值金额来界定。根据原告与“无所有谓”之间的聊天记录进行判断，可以得出二者之间对该账号的交易金额曾达成6000元的合意，该合意系独立、自由、真实，因此，游戏账号的市场价值即原告的损失应综合认定为6000元，后又根据原、被告之过错，认定被告应赔偿原告4200元之判决并无不妥，存在事实及法律依据，对类案判决具有较高的借鉴意义。

笔者浅见，就本案而言，其存在交易双方对游戏账号价值达成一致的情况，但若当事人难以达成一致，法院仍要面临虚拟财产难以估值的困局，因此，应逐步建立虚拟财产第三方评估机制，将虚拟财产的价值认定交由符合条件、具备资质、专业性强的第三方评估机构，避免对虚拟财产价值认定标准不一的情况，以此为司法审判助力，提高效率，保障当事人的合法权益。

［规范指引］

《中华人民共和国民法典》（2020年5月28日）

第一百二十七条　法律对数据、网络虚拟财产的保护有规定的，依照其规定。

① 排除保值率极高的网络游戏，如csgo、魔兽世界等，对其价值认定应区别于普通游戏的认定标准，依其游戏交易环境、虚拟游戏装备货币化交易模式、虚拟装备在游戏中保有率等要素进行综合判定。

73. 网络游戏运营商未对玩家利用游戏中的漏洞刷道具、等级等行为进行处理时，对遵守游戏的玩家构成违约；玩家要求因其违约行为赔偿损失，仅限于网络游戏虚拟财产贬损导致的直接损失

——赖某某诉广州某多网络科技有限公司网络服务合同纠纷案

［案号］

（2016）粤01民终14916号

［案情简介］

2012年12月，赖某某填写个人信息后注册成为“多玩通行证用户”，该平台《用户注册协议》载明：“本《用户注册协议》是您（下称‘用户平台’）与某多公司（下称‘欢聚时代’）之间在使用欢聚时代出品的互联网产品之前，注册欢聚时代账号（又名‘YY账号’，下统称‘YY账号’）时签署的协议。1. 重要须知——在签署本协议之前，欢聚时代正式提醒用户：……1. 2. 除非您接受本协议，否则用户无权也无必要继续接受欢聚时代的服务，可以退出本次注册，用户点击接受并继续使用欢聚时代的服务，视为用户已完全的接受本协议……1. 4. 在您签署本协议之后，此文本可能因国家政策、产品以及履行本协议的环境发生变化而修改，修改后的协议发布在本网站上，若您对修改后的协议有异议的，请立即停止登录、使用欢聚时代产品及服务，若您登录或继续使用欢聚时代产品，视为对修改后的协议予以认可。2. 关于‘YY账号’……2. 2用户在接受本协议后，有权选择未被其他用户使用过的字母符号组合作为用户的YY账号，并自行设置符合安全要求的密码。用户设置的账号、密码是用户用以登录欢聚时代产品、接受欢聚时代服务、Y币等虚拟物品持有的凭证……2. 5. YY账号还是用户持有、使用相关虚拟财产、道具的身份凭证，用户若需要接受欢聚时代提供的增值服务，YY账号同时也是用户支付费用、接受增值服务的凭证……2. 12. 如用户违反法律法规、欢聚时代各服务协议或社区规则等规定，欢聚时代有权根据相关规则进行违规判定，并采取相应限制或处罚措施，包括但不限于限制或冻结用户对YY账号的使用，限制或停止某项单独服务（如视频直播），扣除保证金，扣减收入分成并

根据实际情况决定是否恢复使用。3. 用户不得从事以下行为：……3.4. 进行任何破坏欢聚时代服务公平性或者其他影响应用正常秩序的行为，如主动或被动刷分、合伙作弊、使用外挂或者其他的作弊软件、利用 BUG（又叫‘漏洞’或者‘缺陷’）来获得不正当的非法利益，或者利用互联网或其他方式将外挂、作弊软件、BUG 公之于众……7. 其他条款……7.2. 本协议由欢聚时代公布在网站上，对欢聚时代具有法律约束力；用户一经点击接受或者直接登录的行为视为对本协议的接受，对用户具有法律约束力。7.3. 欢聚时代旗下具体的网站、网页应用、软件等的使用由用户和欢聚时代的业务平台另行签署相关软件授权及服务协议……”该协议还载明了欢聚时代声明、知识产权、隐私保护等条款。

赖某某称其在 2013 年 1 月 4 日至 2014 年 2 月 28 日期间通过网银共向广州某多网络科技有限公司（以下简称某多公司）的账户充值 176 万元，并提交了银行流水及其自行统计的付款情况说明。经质证，某多公司对此不予确认。赖某某解释称由于款项太多无法统计，同时某多公司的账号比较特殊，银行查询无法显示具体的账户名称。

赖某某认为 2014 年“YY 天行剑”游戏出现漏洞，有玩家恶意谋利，但某多公司没有向玩家追偿，违反了《YY 天行剑玩家守则》第 4 条第 2 款约定，即“所有利用游戏中的漏洞进行非法谋利或恶意攻击的行为被严格禁止，一经发现，账号将被删除”。赖某某提交了其与某多公司游戏客服的网络聊天记录、上海市闸北公证处作出的（2015）沪闸证经字第 1940 号《公证书》予以证实。《公证书》附有《YY 天行剑玩家守则》，载明：“在此特别提醒用户认真阅读本《协议》中各条款内容，包括免除或者限制本公司责任的免责条款及用户的权利限制。请您审阅并选择接受本《协议》（未成年人应在法定监护人陪同下审阅）。用户对本协议的接受即受本公司与用户之间全部协议的约束，包括接受本公司对服务条款随时所做的任何修改。这些条款可由本公司随时更新，且无须另行通知。修改后的用户协议一旦在协议发布页面上公布即有效代替原来的用户协议，用户可随时登录官网查阅最新用户协议。如果不同意所改动的内容，用户可以主动取消或立即停止使用本公司提供的网络服务。如果用户继续享用本公司提供的网络服务，则视为接受本公司对服务条款的变动。一、释义。本服务条款系由用户与本公司之间，关于用户注册、使用 YY 天行剑游戏相关服务所订立的协议。请于成为 YY 天行剑游戏用户之前，详细阅读本服务条款的所有内容，当您点选同意按钮或进入YY天行剑游戏中即视为同意并接受本服务条款的所有规范并愿受其约束……八、游戏规则的解释、变更和添加。本规则的解释、效力及适用以中华人民共和国法律为依据。如果本协议的任何内容与法律相抵触，以法律规定为准。此前提下，YY天行剑运营团队保留解释、更改和添加游戏规则的权利，规则解释、更改和添加自公布之日起生效，请玩家时刻关注本规则。”

某多公司辩称其已尽合同义务，提交了《YY天行剑11月24日关于恶意刷bug的公告》予以证实。该公告载明：“亲爱的玩家：近来，不少玩家恶意利用游戏漏洞违规刷道具，我们将作出封号处理，对于恶意刷的元宝需要补回，否则不予解封。”

一审法院经审理认为：某多公司为YY天行剑游戏提供销售平台，在游戏官网发布《用户注册协议》及《YY天行剑玩家守则》，载明：“《用户注册协议》是您与某多公司之间在使用欢聚时代出品的互联网产品之前，注册欢聚时代账号时签署的协议。”玩家接受某多公司提供的网络游戏服务即视为同意上述《用户注册协议》及遵守《YY天行剑玩家守则》，因此《用户注册协议》及《YY天行剑玩家守则》是赖某某、某多公司之间订立的合同，具有法律约束力，双方网络服务合同关系成立，均应依约恪守履行。根据《用户注册协议》第2.12条及《YY天行剑玩家守则》第4条第2款的约定，YY天行剑游戏出现漏洞后，如有玩家利用游戏中的漏洞进行非法谋利或恶意攻击的行为，某多公司有权根据相关规则进行违规判定，并采取相应限制及处罚措施等。由《YY天行剑11月24日关于恶意刷bug的公告》可知，某多公司明确知晓有玩家利用游戏漏洞违规刷道具，但某多公司未举证证实已对该部分玩家依约采取相应措施，故某多公司辩称其已依约履行合同，原审法院不予采信，认定某多公司履行合同不当。赖某某认为某多公司未对违规刷道具的玩家进行惩处，导致赖某某产生经济损失80万元，综观赖某某提供的银行流水及付款情况说明，赖某某名下账号与付款账号、某多公司名下账号与收款账号均无法一一对应，赖某某自行统计的付款情况说明与银行流水显示的各笔转账金额亦无法相互印证，不能证明赖某某主张的176万元充值金额，更不能证明赖某某估算的损失金额80万元有合理的估算依据，因此赖某某主张某多公司赔偿违约损失80万元，证据不足，原审法院不予支持。至于《YY天行剑11月24日关于恶意刷bug的公告》称“YY天行剑彻底关服后将对符合资格的玩家进行补偿”，需要双方对“符合资格的玩家”、补偿的条件、方式等另行作出明确约定，现赖某某仅以该公告为由主张某多公司亦应赔偿损失80万元，缺乏合同依据，原审法院不予支持。

二审法院经审理认为：本案为网络服务合同纠纷。根据赖某某的上诉及某多公司的答辩意见来看，本案的争议焦点问题为：（1）某多公司是否存在违约行为；（2）赖某某要求某多公司赔偿其损失依据是否充分。

关于第一个争议焦点问题，从某多公司发布的《YY天行剑玩家守则》第4条游戏漏洞规则：“YY天行剑运营团队鼓励玩家报告游戏中出现的问题和漏洞，一经证实将获得奖励。所有利用游戏中的漏洞进行非法谋利或恶意攻击的行为被严格禁止，一经发现，账号将被删除”的内容来看，某多公司是知道其已经上线的游戏可能存在漏洞。那么，在此情况下，某多公司本应尽到应尽的注意义务尽早发现漏洞，并予以修补。但从本案查明的事实来看，2012年12月涉案游戏上线，某多公司在该游戏运行将近两年的情况下才于2014年11月24日公告“亲爱的玩家，近来，不少玩家恶意利用游戏漏洞违规刷道具，我们将作出封号处理，对于恶意刷的元宝需要补回，否则不予解封”。而且从某多公司该份公告中所载明“玩家恶意利用游戏漏洞违规刷道具，我们将作出封号处理，对于恶意刷的元宝需要补回”的内容来看，某多公司在运行该游戏过程中是能够发现漏洞，并能查到相对玩家的。但某多公司在诉讼中没有提交证据证明截至2016年4月10日该游戏下线，其对于涉案游戏的漏洞都具体采取了哪些修补措施；而且从其公告内容来看，某多公司也没有根据玩家守则的规定删除相关账户，而是采取补交款项予以解封的方式处理。某多公司履行合同义务不符合合同约定，故某多公司违约。

关于第二个争议焦点问题，赖某某主张因某多公司违约导致其投入该游戏的176万元财产贬值，也致使其通过投入资金来获取游戏中巨大成就感的意愿得不到实现，故要求某多公司赔偿其80万元的损失。对此，二审法院认为：（1）关于赖某某主张其投入该游戏176万元证据是否充分的问题。赖某某为证明其已实际投入该游戏176万元，为此提交了相应的划款凭证，并主张某多公司是通过第三方收取的款项。对于赖某某的主张，虽然某多公司不确认，但某多公司没有为此提供相反的证据证明其在运行该游戏时收取客户的充值费用全部直接进入其银行账户，而非通过第三方收取。况且，某多公司在二审法院限定的时间内也没有提供证据以否定赖某某的主张，故某多公司对此应承担举证不能的不利后果。原审法院在某多公司作为收款方没有提供相反的证据否定赖某某主张的情况下，没有支持赖某某的主张属于认定事实错误。（2）关于赖某某主张其因为某多公司违约导致 80 万元损失的问题。从赖某某的上诉理由来看，其要求某多公司赔偿其损失分两部分，一部分为其所主张的“原本赖某某花费巨额资金获取的装备、元宝在此期间可以无偿获取或廉价获取，这直接导致赖某某所拥有的财产的贬值”；另一部分为“致使赖某某通过投入钱财来获取游戏巨大成就的意愿得不到实现”。对此，二审法院认为，关于第一部分损失，虽然赖某某已举证证明其投入游戏的资金数额，但却没有举证证明其损失的具体依据，且该依据与某多公司违约之间存在关联性，故二审法院对其该部分请求不予支持。关于第二部分损失，赖某某上诉称由于某多公司违约“致使赖某某通过投入钱财来获取游戏巨大成就的意愿得不到实现”，从赖某某该主张来看，其该主张应为精神损失。而本案赖某某是以某多公司违反合同约定为由对其提起诉讼的，并非以侵权为由提起诉讼，因此二审法院对于赖某某在本案中提出的该部分损失不予支持。综上所述，原审判决虽然对赖某某投入游戏款项部分的事实认定错误，但不支持其要求赔偿的认定正确，故二审法院予以维持。

［案例解析］

本案的争议焦点有二，一为网络游戏运营商未对玩家利用游戏中的漏洞刷道具、等级等行为进行处理时，对遵守游戏的玩家是否构成违约；二为玩家要求因其违约行为赔偿损失，赔偿范围如何确定，也即损失金额的认定应采取何种标准。

第一，被告存在违约行为，构成违约。根据《民法典》第 577 条规定：“当事人一方不履行合同义务或者履行合同义务不符合约定的，应当承担继续履行、采取补救措施或者赔偿损失等违约责任。”合同双方存在违约行为的，应当承担违约责任。本案中，在原告注册成为游戏用户时，就可以视其为同意被告游戏平台所发布的《YY 天行剑玩家守则》，从而与被告达成合意，成立合同法律关系，原、被告双方即受该协议约束，均应依约恪守履行。然而，在被告发现部分游戏用户恶意利用游戏漏洞违规刷道具的情况下，没有采取《YY 天行剑玩家守则》第 4 条第 2 款所规定的“删除账号”行为，而是在《YY 天行剑 11 月 24 日关于恶意刷 bug 的公告》中表示，玩家补缴通过游戏漏洞盗刷的元宝则存在予以解封的可能，由此看出，被告作为游戏平台，有能力、有义务对游戏环境进行监管，保障公平、清朗的游戏环境，完全可以发现游戏中存在的漏洞，并依照《YY 天行剑玩家守则》条款采取相应措施，对恶意利用游戏漏洞盗刷元宝的用户作出删除账号的惩罚，但没有相关证据证明其即时采取了修补措施，对该部分玩家的账号也仅为暂时封号，并不符合《YY 天行剑玩家守则》约定，故被告存在违约行为。

第二，赔偿范围仅限于网络游戏虚拟财产贬损导致的直接损失。被告虽存在违约行为，但不代表原告的诉请是合理并应当支持的。对于原告主张的 80 万元的损失金额，其并没有提供相应的证据证明损失与被告违约之间存在因果关系，被告的违约行为并不一定造成原告的财产损失，被告可以依据二者之间订立的《用户注册协议》与《YY 天行剑玩家守则》中解决争议条款、违约责任承担方式条款等向原告承担违约责任。那么，在司法实践中，原告所遭受的损失应如何划定范围？当下并没有统一标准。笔者认为，类似纠纷可以考虑游戏用户的直接利益损失，以当事人交易金额为参考标准。以本案为例，当用户将资金充值于平台兑换成虚拟货币，事实上该账号并无实际价值，用户充值的目的并不是希冀该账户以此保值、升值，而是获得游戏中的增值服务（更强的人物角色、游戏装备等），从而提升游戏体验感，收获精神上的满足与刺激，因此，原告主张的 80 万元损失金额毫无事实依据可言，唯一能以现实货币考量该账户价值的路径即为用户之间所达成一致的账号交易金额或装备交易金额，游戏用户在与他人交易时，虚拟装备的稀有度与能力值可以决定交易金额的多寡，因此，本案他人盗刷元宝购买装备的行为，则可能会导致原告账号在交易时贬值，从而影响其可以获得的直接利益。如此，被告不予及时采取修补措施、删除账号的行为则会为原告带来直接利益损失，其赔偿责任的范围可以合理地限定在因其违约行为而导致的虚拟财产贬损所造成的直接损失。

［规范指引］

《中华人民共和国民法典》（2020 年 5 月 28 日）

第五百七十七条　当事人一方不履行合同义务或者履行合同义务不符合约定的，应当承担继续履行、采取补救措施或者赔偿损失等违约责任。

74. 网络游戏当中运营商对游戏玩家利用其漏洞或错误（Bug）进行游戏的处罚条款有效，该条款为违约条款而非加重对方义务条款

——沈某诉杭州某易雷火有限公司网络服务合同纠纷案

[案号]

（2017）浙8601民初1023号

[案情简介]

被告系网络游戏《天谕》的运营商，原告系该游戏的玩家。根据该游戏的系统设置，玩家需同意《〈天谕〉服务条款》（以下简称《服务条款》）和《〈天谕〉玩家守则》（以下简称《玩家守则》），才能成功参与游戏。《服务条款》和《玩家守则》约定：用户不得利用程序的漏洞或错误（Bug）破坏游戏的正常进行或传播该漏洞或错误（Bug）；用户同意以游戏程序中的监测数据作为判断用户是否通过使用外挂等方法进行游戏作弊行为的依据；如果公司发现用户数据异常，有权采取相应措施：包括但不限于对游戏账号的冻结、封停、终止直至删除，以及对涉及使用外挂的游戏角色的隔离、封停和删除；玩家有义务向公司报告在游戏中出现的Bug、严禁直接或间接利用游戏Bug、程序漏洞等获利或扰乱游戏秩序，或者利用Bug、漏洞以达到个人目的。如果玩家有该等行为，一经查实，玩家可受到以下处罚措施：……收回游戏虚拟物品……封停账号……后被告根据其他用户举报发现原告后台监测数据存在多次异常情况，认定原告在该游戏中使用Bug，据此对原告的游戏账号进行永久封禁。原告不服该处罚措施，诉至法院。

法院审理认为，本案的争议焦点在于被告对原告作出永久封号的处罚是否合法有效。（1）关于双方协议约定是否有效的问题。首先，从条款的内容来看，《玩家守则》重点不在于约定玩家有报告Bug的义务，重点在于约定玩家应履行禁止利用Bug的义务。根据权利义务相对等的原则，若原告不履行禁止使用Bug的义务，则被告享有对原告作出相应处罚的权利。其次，被告处罚原告及在本案抗辩中的重点也不在于原告未履行报告Bug的义务，而是因为原告利用了Bug。玩家不履行报告义务，并不会给其带来不利后果。只有

利用 Bug，扰乱正常的网络秩序，才需要承担相应的责任。故相关协议中的“报告 Bug 义务”实际上并没有加重玩家的负担。最后，《服务条款》及《玩家守则》中关于被告享有处罚原告权利的约定是否有效的问题。由于网络服务的特殊性，网络游戏的运营商不仅是网络的服务者，也是网络游戏环境的管理者和维护者，提供并保持网络游戏环境的正常运行是每一个网络服务者的责任。这就必然需要赋予其相应的权利，对不遵守网络秩序和不履行义务的网民有相应的处罚权利才能真正使网络服务者维持良好的网络秩序。因此案涉《服务条款》及《玩家协议》的相关约定并不违反法律的相关规定，应属合法有效。(2) 关于原告是否利用了 Bug 及是否明知 Bug。Bug 的最终认定权利的确在于被告，但从原告在案涉游戏中的级别来看，其系资深玩家，对 Bug 的认知程度应当高于普通人。而且，原告在游戏论坛中发表“这个 Bug，先不要说出去”的言论，可以看出原告在玩游戏的过程中对于自己使用了 Bug 是明知的，且对于在游戏中禁止使用 Bug 也是明知的。原告在明知是 Bug 的情况下并未履行禁止使用 Bug 的合同义务。退一步讲，即便如原告在庭审中陈述“案涉 Bug 仅系原告主观认定”，其在明知双方已经约定玩家禁止使用 Bug 的情形下，也应当报告被告或者至少避免使用该 Bug。(3) 原告利用 Bug 的行为是否情节严重。从被告提供的后台监测数据来看，原告在 2017 年 5 月 1 日至 2 日短短的两天时间内，使用 Bug 多达 22 次，使自己 12 件装备中的 10 件装备精炼觉醒属性值均达到满级、完美的状态。原告在明知系统存在 Bug 的情况下，依然故意、多次、反复使用该 Bug，严重扰乱了该网络游戏的正常秩序，应视为情节严重。综上，案涉《服务条款》《玩家守则》等约定不具有《合同法》规定的无效情形，应属合法有效。根据法院认定的有效证据及当事人自认的情况来看，原告在 2017 年 5 月 1 日至 2 日的确存在多次利用该游戏精炼觉醒中的 Bug 的情形，而双方的《服务条款》《玩家守则》又对这一行为明确禁止并约定了相应的处罚措施，被告对原告作出永久封号的行为未违反双方的约定及法律规定。原告认为被告违约，要求被告解封账号并进行赔偿的诉讼请求，理由不足，法院不予支持。

[案例解析]

本案要点在于网络运营商对游戏玩家利用漏洞或 Bug 进行游戏的处罚条款有效，该条款系违约条款而非加重玩家义务的条款。

双方达成合意的协议有效。本案中，原告在注册成为游戏用户之时，即与被告游戏平台达成合意，成立服务合同法律关系，受到《服务条款》及《玩家守则》的约束。对于该格式合同，其中约定："玩家有义务向公司报告在游戏中出现的Bug，严禁直接或间接利用游戏Bug，程序漏洞等获利或扰乱游戏秩序……如果玩家有该等行为，一经查实，玩家可受到以下处罚措施：……"那么，此处游戏用户的"报告义务"是否属于加重对方责任（义务）的情形？

首先，可以明确，对于玩家积极利用Bug进行游戏的行为，此条款清晰地规定了罚则，也即处罚措施，而对于玩家不履行"报告义务"的行为，并没有设置相应的责任，事实上，此处的"报告义务"实为一种非强制义务，玩家不会因不履行"报告义务"而承担不利后果，游戏运营商并没有将不合理的义务强加于用户，该条款的核心在于积极利用Bug进行游戏的玩家，应当受到处罚，"报告义务"于玩家而言，似乎可以理解为平台为了公平清朗的游戏环境而对游戏玩家发出的倡议。

其次，该协议是双方合意的体现，不存在任何形式的意思表示瑕疵，双方理应遵守协议中约定的条款。被告对原告进行封号处理的决定并非没有事实基础，该处罚源于其利用Bug进行游戏，扰乱了网络游戏秩序，损害正常玩家的合法权益并降低了其游戏体验感；被告对原告进行封号的处罚决定也并不偏颇，原告在游戏论坛中发表"这个Bug，先不要说出去"的言论对游戏环境、秩序的破坏性极大，影响十分恶劣，助长了利用不合理手段进行游戏的不正之风，被告之目的在于保障网络游戏环境的公平、维护合法用户的游戏权益，封号处理并无不当，过与罚相适配，合理且合法。故该条款非但不属于加重用户义务的无效条款，相反，该条款有力地保障了游戏秩序、保护了其他用户的合法权益，对有损于游戏秩序的用户采取惩罚措施提供了合同依据，因此，该条款合法有效，其性质实为用户违约责任承担之条款。

平台既是网络服务的提供者，也是网络秩序的维护者。用户与平台之间的关系并不平等，平台方的优势地位主要源自"社会必要性"和"技术性权力"，平台可以依其算法技术、数据资源等对注册用户的网络动态进行全方位的监管，用户只要使用平台服务，就必然会受到平台规则的约束，且难以与平台经营者进行单独协商，无法超越平台提供的方案而个性化修改平台规则内容。[①] 因此，平台天然地拥有对其注册用户违规行为进行处理、惩罚的权利，同时，这也是其职责与义务。网络世界并非法外之地，如果不赋予平台一定的自治权，那么网络秩序将存在崩坏的可能，用户可以肆无忌惮地在网络世界实施有悖于公平、正义却又恰恰合法的行为，因此，平台合法、合理的管理措施对于维护网络世界的公平、正义至关重要，只有对不履行义务的用户采取强有力的惩罚措施，才能构建充斥着健康活力的网络生态环境。

[规范指引]

《中华人民共和国民法典》（2020 年 5 月 28 日）

第四百九十六条 格式条款是当事人为了重复使用而预先拟定，并在订立合同时未与对方协商的条款。

采用格式条款订立合同的，提供格式条款的一方应当遵循公平原则确定当事人之间的权利和义务，并采取合理的方式提示对方注意免除或者减轻其责任等与对方有重大利害关系的条款，按照对方的要求，对该条款予以说明。提供格式条款的一方未履行提示或者说明义务，致使对方没有注意或者理解与其有重大利害关系的条款的，对方可以主张该条款不成为合同的内容。

第五百七十七条 当事人一方不履行合同义务或者履行合同义务不符合约定的，应当承担继续履行、采取补救措施或者赔偿损失等违约责任。

75. 网络服务提供者在发现用户违反了其制定的规则后以冻结其账户的方式暂停向其提供服务不构成违约

——成某某诉北京某山数字娱乐科技有限公司服务合同纠纷案

[案号]

（2006）一中民终字第 2584 号

[案情简介]

原告诉称其从 2004 年年底开始，在被告北京某山数字娱乐科技有限公司

① 参见黄绍坤：《平台规则的合法性控制》，载《北京理工大学学报（社会科学版）》2023 年第 5 期。

（以下简称某山公司）的游戏网上进行“剑侠情缘”的游戏，至2005年3月底自己所拥有的金元宝已从原始的10个增加到20余个。但自2005年3月28日至今，某山公司却以成某某所有的金元宝中存在10个复制品为由，冻结了成某某的游戏账号，同时要求成某某书面承诺删除此10个金元宝，否则不予解冻账号。某山公司的行为使成某某正常的业余生活秩序长时间出现混乱，为此精神非常痛苦。现起诉要求某山公司立即解冻成某某的游戏账号，赔偿成某某5个金元宝、精神损害抚慰金10 000元及律师费等诉讼费用8000元。

一审法院经审理认为，经双方当事人共同确认，“chao××ud”账号的持有人真实姓名、身份证号等注册信息均与本案原告成某某一致，一审法院因此对成某某即为该账号持有人的事实予以确认。成某某通过互联网登录注册的方式取得了“剑侠情缘网络版”游戏账号，某山公司以对游戏的运营和管理的方式向成某某等玩家提供特定内容的服务，成某某参与游戏的过程表明其对服务内容的接受，双方因此形成了相应的服务合同关系。

某山公司通过ID编号查找的方式，发现账号为“chao××ud”的游戏角色持有的10个金元宝与其他玩家所持有的金元宝存在编号相同的情况，鉴于某山公司是“剑侠情缘网络版”这一游戏的运营和管理者，一审法院因此对该公司基于技术方法作出的相应认定不持异议。根据成某某自述，其在游戏中系以虚拟交易的方式取得某山公司认定为编号相同的金元宝，某山公司亦认可该游戏支持虚拟交易的方式。在诉讼过程中，某山公司未就成某某本人参与了产品的复制或其在交易的过程中存在主观过错向一审法院提供相应证据。在某山公司未能证明成某某本人以不正当或其他不公平的手段使用某山公司的产品和服务的情况下，一审法院依据现有证据认为成某某在接受服务的过程中并无违约行为。特别需要指出的是，某山公司表示游戏玩家在交易的过程中不可能自行识别产品的真伪。对此，一审法院认为，某山公司虽然可识别成某某在游戏中所持有的金元宝与其他玩家的产品编号相同，但成某某不可能自行识别金元宝的真伪，由此更无法表明成某某对持有金元宝复制品的事实存在主观过错。某山公司作为“剑侠情缘网络版”这一游戏的服务提供者，可通过完善技术手段、追查复制品来源等方法保护众多玩家的利益，维护游戏的正常运行。在该游戏无法为虚拟交易的参与者提供防范和识别功能的前提下，由接受服务一方对由此造成的不利后果承担责任显然是不恰当的。现成某某要求某山公司解除对其持有的“chao××ud”账号的冻结，理由正当，一审法院予以支持。成某某以某山公司违约为由要求该公司赔偿精神损害抚慰金及律师费用，缺乏法律依据，不予支持。因其就账号冻结期间造成5个金元宝的财产损失，未能提供相应的事实依据，亦不予支持。故判决被告解除对“剑侠情缘网络版”游戏中“chao××ud”账户的冻结。

二审法院经审理认为，某山公司是“剑侠情缘”游戏的运营方，亦是该款游戏规则的制定者和维护者，其有权在法律允许的范围内制定“剑侠情缘”的所有游戏规则。包括怎样玩这个游戏是正确的、怎样玩可以得分、怎样玩可以晋级、怎样玩就违反了游戏规则、违反游戏规则的人物角色应该受到怎样的处罚等，都为游戏规则所需要规定和约束的。游戏玩家要进入“剑侠情缘”游戏，必须无条件接受用户条款的规定，才能注册通过。该用户条款是以所有“剑侠情缘”的玩家为对象，玩家一旦注册通过了该款游戏，用户条款就转化为合同内容。成某某通过登录注册通过的方式取得了“剑侠情缘网络版”游戏账号，某山公司作为游戏的运营和管理方向成某某等玩家提供特定内容的服务，成某某参与游戏的过程表明其对服务内容的无条件接受，双方之间就此形成了相应的服务合同关系。某山公司通过ID编号查找的方式，发现成某某账号下的游戏角色持有的10个金元宝（网络游戏交易品）与其他玩家所持有的金元宝存在编号相同的情况，而该情况的出现则意味着该交易品并非通过正常的游戏方式取得，而系通过违反游戏规则的复制等手段取得。因某山公司是“剑侠情缘网络版”这一游戏的运营和管理者，所以对该公司基于技术方法作出的上述认定二审法院不持异议。同时拥有大量该类复制交易品的游戏玩家对其他游戏玩家所造成的不公平显而易见。故某山公司作为游戏的运营和管理者，基于游戏规则及为使全体游戏玩家在公平的运行环境下进行游戏，对上述复制品予以清理并对拥有该类复制交易品的玩家采取一定的限制措施，符合游戏规则。成某某作为该款游戏的玩家，在进入该款游戏时已无条件接受有关游戏条款，故某山公司在发现其违反了游戏规则后以冻结其游戏账户的方式暂停向其提供游戏服务并不违反合同约定。其要求无条件解冻账户的请求，缺乏法律依据。原审法院认定某山公司违反合同约定，属适用法律错误。

[案例解析]

本案争议焦点为平台在发现用户违反了其制定的规则后以“封号”方式暂停向其提供服务是否构成违约。

被告（平台）不构成违约。在数字时代的背景下，网络平台所扮演的角色越发重要，是协调、裁决互联网线上争议的第一主体，其所制定的平台规则亦是解决用户纠纷、维护网络秩序的基础。所谓平台规则，即为平台自治规则，《电子商务法》第32条规定："电子商务平台经营者应当遵循公开、公平、公正的原则，制定平台服务协议和交易规则，明确进入和退出平台、商品和服务质量保障、消费者权益保护、个人信息保护等方面的权利和义务。"据此，网络平台有权制定合法、合理的自治准则，约束用户的一系列线上行为，其天然地拥有对违规用户进行管理、惩罚的权利，此为构建公平、正义的网络生态环境、维护网络活动秩序的必然要求，应充分尊重平台自治权与市场自由的竞争机制，[①] 公权力不可轻易介入平台规则效力的争议。网络服务提供者（游戏运营商）同样是网络秩序的管理者、维护者，在平台发现用户存在违规行为后对其进行处罚，其目的是保障网络空间的有序活动与良好发展，其依据是双方达成合意的平台规则，这恰恰是平台规则效力与平台"准司法权"的体现，为网络平台（游戏运营商）处分他人的私权提供了法律基础。

本案中，被告系游戏服务的提供者，亦为游戏运营的管理者、监督者，原告自愿成为被告平台用户，同意被告所制定的平台规则并受其约束。随后，被告通过ID编号查找的方式，发现原告账号下的游戏角色持有的10个金元宝（网络游戏交易品）与其他玩家所持有的金元宝存在编号相同的情况，该情况的出现则意味着该交易品并非通过正常的游戏方式取得，而系通过违反游戏规则的复制等手段取得，原告此举严重地影响了其他玩家的游戏体验，破坏了公平的游戏环境，据此，被告当然可以依据平台规则对原告进行处罚，处罚决定符合平台规则之规定，并无不妥。

平台规则是平台内部运行的依据，承认其效力有助于优化平台运行生态。党的二十大报告提出要"健全网络综合治理体系，推动形成良好网络生态"，而合法、合理、有效的平台规则则是互联网综合治理的基础。平台基于法律授权制定平台自治规则。为节约治理成本，提升治理效率，现有立法赋予了平台经营者诸多平台治理权限，要求平台经营者承担多样的主体责任，[②] 以营

---

① 参见广东省广州市中级人民法院（2019）粤01民终19541号民事判决书。

② 参见丁道勤：《〈电子商务法〉平台责任"管道化"问题及其反思》，载《北京航空航天大学学报（社会科学版）》2018年第6期。

造健康的网络环境，而平台规则的效力来源于双方一致的意思表示所成立的网络服务合同关系，双方当事人受到该合同的约束。因此，平台规则是平台自治权的充分体现，平台有权依据该规则对违规用户作出“封号”的处罚决定，二审法院认定事实清楚，适用法律法规正确，对于今后的类案判决具有较高的指导意义。

［规范指引］

《中华人民共和国电子商务法》（2018 年 8 月 31 日）

第三十二条 电子商务平台经营者应当遵循公开、公平、公正的原则，制定平台服务协议和交易规则，明确进入和退出平台、商品和服务质量保障、消费者权益保护、个人信息保护等方面的权利和义务。

76. 网络游戏账号使用及数据迁移由账号初始注册人享有

——胡某某诉某游时代（北京）科技有限公司、北京某界星辉科技有限责任公司、王某网络服务合同纠纷案

［案号］

（2021）京 0491 民初 44088 号

［案情简介］

涉案游戏原系空某信使公司在线运营的一款网络游戏。原告胡某某和第三人王某均为该游戏玩家。胡某某曾在空某信使公司运营的网站注册涉案空中账号（A 账号），并绑定其实名认证的手机号码和邮箱，后胡某某因自身原因，有一段时间未登录涉案游戏。王某于 2019 年 12 月通过第三方网站购买了该涉案 A 账号，并将账号绑定的身份证号变更为本人身份证号，但未变更该账号绑定的手机号和邮箱号。

2020 年 7 月起，被告某游时代（北京）科技有限公司和北京某界星辉科技有限责任公司从空某信使公司取得授权，正式开始运营该游戏。涉案游戏运营主体变更后，二被告在登录页面公示了《空中服务器玩家账号数据继承至 360 服务器数据继承规则》，根据规定，用户如果想继续在 360 服务器上使

用涉案游戏及相关服务，并且保留在空中服务器现有账号中的所有游戏进度和成就，需要将现有的空中服务器上的账号数据继承至360服务器的账号中。

涉案游戏运营主体变更后，胡某某根据二被告开放的数据继承通道试图将在空中服务器上的A账号的数据继承到其在360服务器上的B账号中，在操作未成功后提起了“数据迁移账号争议申诉”。经平台判定申诉成功后，胡某某将涉案A账号数据继承到其B账号。后第三人王某也向平台提交了数据迁移账号争议申诉，要求找回涉案A账号数据，平台又判定第三人王某申诉成功，故封停原告胡某某的B账号。

因此，胡某某向法院提出诉讼，称不认识玩家王某，对自己涉案账号被买卖不知情，要求二被告公司将王某的B账号解封由胡某某使用，并承担本案的诉讼费用。

被告表示，胡某某在先继承了原账号中的数据，王某随后提出申诉，并提交了与涉案账号一致的实名信息和近期的充值消费记录，平台基于实名认证信息判定账号数据归属于第三人王某并无不当且已经尽到了平台的应尽义务，封禁胡某某账号的行为也具有充分的法律事实依据。

第三人王某表示，其与胡某某并不相识，但自己并不存在盗号行为。王某2019年通过第三方网站购买涉案A账号，花费了1000余元。购买账号后同时获得了该账号中原告认证时的身份证号、姓名、手机号、邮箱号等信息，此后，将账号中的姓名和身份证等信息变更为王某本人的信息，一直使用该账号进行游戏和充值，游戏账号继承数据和使用权应当归王某所有。

一审法院经审理认为：（1）涉案空中账号使用权归属原告。涉案空中账号的绑定手机号码和个人邮箱均为原告实名注册持有且长期使用，而且，原告的充值记录最早于2016年开始。在涉案游戏账号数据继承发生争议时，虽然涉案空中账号的绑定身份证号与原告身份证号不同，但第三人述称其在购买账号后将涉案空中账号绑定姓名、身份证号进行了更改。综上，结合现有证据，可以认定原告为涉案空中账号的初始申请注册人，享有涉案空中账号使用权。本案中，虽然第三人购买涉案空中账号并支付了一定对价，但本案原告或是空中网平台均并非出卖方，且《〈坦克世界〉网络游戏用户协议》明确约定账号使用权禁止售卖，因此，涉案空中账号使用权主体不因第三人账号购买行为发生变更。

（2）原告有权将涉案空中账号数据继承至360账号。原告根据《360用户服务协议》规定在360用户中心申请注册了360账号，与二被告订立了网络服务合同，其与二被告之间关于网络服务合同权利义务的涉案条款内容约定，以加黑字体方式进行了提示，且未违反法律法规的强制性规定，应属于合法有效，对双方当事人具有约束力。原告按照与二被告的约定进行了游戏账号注册，原告在同时拥有涉案空中账号和360账号使用权的情况下，有权按照数据继承流程将涉案空中账号数据继承至360账号中。

（3）被告封停原告360账号的行为构成违约。无论是游戏开发商公示的《最终用户许可协议》，还是原游戏运营者空某信使公司公示的《〈坦克世界〉网络游戏用户协议》，抑或二被告公示的《360游戏服务及许可协议》，均明确规定，游戏账号不得有赠与、转让或出售等行为。在原告依照二被告数据继承规则，将涉案空中账号数据继承至360账号后，第三人提起数据继承申诉并提供了账号使用权证据，其中包括与涉案空中账号一致的姓名、身份证号信息、近期充值记录以及涉案空中账号买卖交易的订单截图。

二被告作为原空中服务器玩家账号数据服务器实际管理者、涉案游戏实际运营者，在明知第三人系通过买卖方式取得涉案空中账号的情况下，未通过手机和邮箱验证信息等方式查证身份实名信息，而是仅根据争议申诉时，已经变更后涉案空中账号身份信息便认定涉案空中账号使用权归属第三人并封停了原告360账号，其行为构成违约。二被告虽主张在运营涉案《坦克世界》游戏中有内部分工，但游戏玩家很难区分二被告在涉案《坦克世界》游戏的运营分工，因此，二被告应承担连带责任。

［**案例解析**］

作为现代人休闲娱乐的重要方式，电子游戏已经成为许多人生活中不可或缺的组成部分。玩家在进行游戏时，会通过与游戏公司/运行方达成协议的方式获取登录游戏进行游玩的电子凭证——游戏账号。在如今的数字社会之中，游戏账号等网络虚拟财产形成了新的个人财产形式。而在这个全新的领域中，新技术为社会带来的巨大变革也带来了诸多全新的法律问题。

本案是涉及游戏账号等网络虚拟财产的归属权问题的新类型案件，明确了游戏账号使用权及数据迁移等权益归属初始申请注册人。在初始注册人不知情的情况下，账号数据上述权益不因他人购买行为发生变更。网络游戏服务商非依法律规定或者当事人约定，不得删除或者修改用户数据，不得干扰用户对数据、虚拟财产的使用，否则便侵害了用户对数据、虚拟财产的使用权益。该案判决有利于进一步规范网络游戏市场秩序，更好保护数字时代下公众的虚拟财产权益。

实践中，网络虚拟财产是指为所有人支配和控制且能带来经济利益或精神利益的存于网络空间的数字化、非物化财产。网络游戏账号具有财产利益属性和一般商品属性，属于网络虚拟财产。《民法典》第 127 条规定："法律对数据、网络虚拟财产的保护有规定的，依照其规定。"这是网络虚拟财产的概念第一次被写入民事基本法律，且规定在《民法典》总则编"民事权利"一章。该条宣示了对数据和网络虚拟财产的保护，并为后续特别法的规定提供了法律依据。但《民法典》只是原则性规定，对于虚拟财产的保护范围、权利人及权利范围、权利的行使及侵权保护等细节问题今后仍需进一步完善细化。

实践中，游戏运营商与用户关于虚拟财产的归属的约定以及禁止虚拟物品交易条款的效力，在不违反格式条款法律规则和消费者权益保护制度的前提下，原则上予以认可。用户基于游戏软件许可使用合同与网络服务合同享有的主要权利在于用户凭借其游戏账号使用游戏软件、获得运营商提供的游戏服务，禁止或限制账号转让、出租、出借等规定本身不影响用户自身正常使用游戏服务，服务合同禁止或限制账户转让、出租、出借，也并非在排除用户的主要权利。

另外需要指出的是，网络游戏账号本身具有财产属性，虽然实践中游戏运营商在游戏许可及服务协议中会明确约定，账号、账号内装备的所有权均归属于游戏权利方，用户因签订协议而取得授权使用，并要在使用过程中遵守相关规则，但网络游戏用户对创建的账号、角色和获取的虚拟财产也享有权利，该权利受法律保护。在服务期限内，网络游戏服务商非依法律规定或者当事人约定，不得删除或者修改用户数据，不得干扰用户对数据、虚拟财产的使用，否则便侵害了用户对数据、虚拟财产的使用权益。

[规范指引]

《中华人民共和国民法典》（2020 年 5 月 28 日）

第四百九十六条　格式条款是当事人为了重复使用而预先拟定，并在订立合同时未与对方协商的条款。

采用格式条款订立合同的，提供格式条款的一方应当遵循公平原则确定当事人之间的权利和义务，并采取合理的方式提示对方注意免除或者减轻其责任等与对方有重大利害关系的条款，按照对方的要求，对该条款予以说明。提供格式条款的一方未履行提示或者说明义务，致使对方没有注意或者理解与其有重大利害关系的条款的，对方可以主张该条款不成为合同的内容。

第五百七十七条 当事人一方不履行合同义务或者履行合同义务不符合约定的，应当承担继续履行、采取补救措施或者赔偿损失等违约责任。

第九章　网络消费纠纷案件中的平台责任

伴随互联网平台经济的快速发展，由平台型企业运营的大型互联网平台，借助强大的网络效应，在社会经济运行和民众日常生活中发挥着越来越重要的基础性作用，成为各类社会资源配置和人际连接、互动的中枢。

互联网平台作为一种新型的组织架构，在很大程度上区别于传统的企业。互联网平台在性质上也是不同于传统物理场所的网络空间，这一网络空间里聚集了大量经营者独立从事经营活动。平台为平台内各种主体之间的交互提供类似于民法上居间服务的同时，还能够借助其掌握的数据和算法，对经营者施加强大控制。这些控制包括但不限于搜索结果排序、封锁账号、限制登录、对平台内活动的经营主体进行评价，并且基于用户评价分配相应的交易机会，等等。此外平台还为在其建构和运营的网络空间中活动的各类主体制定各种具有约束力的行为规范（服务协议与交易规则或网络社区规范等），并且通过奖励遵守规则者、制裁违规者来确保相关的规范得到遵守和落实。对于建构、管理和运营相应平台的经营者而言，由于平台自身所具有的特殊属性，需要为此承担一系列的责任。网络购物交易产品普遍存在交易信息与交易实物相分离的特点。网络平台入驻商家及用户数量一般都非常巨大，平台上的信息发布和交易行为更以亿万条计。针对平台海量交易信息，网络平台并不具备对网络交易平台上每一个入驻商家的信息发布及交易行为进行事先逐一审查和实时监控的能力和义务。

《消费者权益保护法》第44条规定："消费者通过网络交易平台购买商品或者接受服务，其合法权益受到损害的，可以向销售者或者服务者要求赔偿。网络交易平台提供者不能提供销售者或者服务者的真实名称、地址和有效联系方式的，消费者也可以向网络交易平台提供者要求赔偿；网络交易平台提供者作出更有利于消费者的承诺的，应当履行承诺。网络交易平台提供者赔偿后，有权向销售者或者服务者追偿。网络交易平台提供者明知或者应知销售者或者服务者利用其平台侵害消费者合法权益，未采取必要措施的，依法与该销售者或者服务者承担连带责任。”由此可见，消费者就其网络购物纠纷，原则上应向销售者或者服务者要求赔偿，网络交易平台提供者需承担赔偿责任的仅限于三种情形：（1）不能提供销售者或者服务者的真实名称、地址和有效联系方式的；（2）作出更有利于消费者的承诺的；（3）明知或者应知销售者或者服务者利用其平台侵害消费者合法权益，未采取必要措施的。

《电子商务法》聚焦电商平台责任。该法确立的平台责任主要包括：（1）入驻者身份核验以及具备从事特定经营活动所需要的相关资质和已经获得相应的行政许可文件的审核责任（第27条）；（2）向相关主管部门报送平台内经营者信息，配合办理相应的市场主体登记以及税务登记的责任（第28条）；（3）针对平台上的信息的管理责任（第29条）；（4）网络安全维护以及网络犯罪防范责任（第30条）；（5）在一定期限内，保存平台内各种与交易相关信息的责任（第31条）；（6）与平台服务协议与交易规则的制定、修改、公示相关的平台责任（第31～36条）；（7）清晰区分自营业务与第三方业务的信息披露责任（第37条）；（8）采取措施保障平台上的消费者的人身与财产安全的责任，履行必要的安全保障义务（第38条）；（9）建立信用评价制度，为消费者提供评价途径的责任（第39条）；（10）对竞价排名结果标注“广告”的责任（第40条）；（11）知识产权保护责任（第41～45条）。①

司法实践中，平台一般均采取多种方式保障消费者合法权益：一是对于入驻商家而言，明确告知入驻商家发布的商品信息应合法、真实，否则会将商品或入驻商家按照平台规则进行处罚。二是对于通过网络交易平台购物的消费者而言，平台明确提示并告知消费者，网络交易平台上的信息系入驻商家自行发布，且可能存在风险和瑕疵，要求消费者自行分辨入驻商家所发布的交易信息。鉴于网络信息与交易实物相分离的特点，消费者对商品信息应谨慎判断。通过对消费者进行充分的合理提醒，证明自身不存在任何侵犯消费者权益的主观故意。三是对于自认权益受损的消费者，平台可以提供调处服务。但平台的调处仅能依据买卖双方的要求及提供的证据，在平台能力所

---

① 参见薛军：《〈电子商务法〉平台责任的内涵及其适用模式》，载 https：//mp. weixin. qq. com/s? _ _ biz = MzIxNjYxODI2NA = = &mid = 2247497010&idx = 1&sn = e6cc0fe08ab944b138a87de133dfaedc&chksm = 9784f145a0f378537638e92390ca764e154d3b9b9163e9f8b036d59cf55ee416ecb2df4c931e&scene = 27，最后访问日期：2024年1月19日。

及的范围内，以普通人的认知水平进行判断。如双方对调处决定不服可以通过其他途径解决纠纷。四是根据平台相关规则采取合理的必要措施，包括严格排查商品，采取下架措施及处罚等。

77. 外卖餐饮平台未审核商家资质，被判承担连带责任

——杨某诉上海某信息科技有限公司产品责任纠纷案

［案号］

（2019）京 0491 民初 26918 号

［案情简介］

2018 年 12 月 22 日，原告杨某于被告上海某信息科技有限公司（以下简称某信息公司）经营的饿了么平台上下单购买某宏福公司售卖的麻辣烫一份，订单金额为 20 元。被告在饿了么平台上公示：饿了么向消费者郑重承诺我平台已经对入网餐饮服务提供者的食品经营许可证进行严格的实地审查，并保证入网餐饮服务提供者食品经营许可证载明的经营者名称、经营场所、主体业态、经营项目、有效期等许可信息合法、真实、准确、有效。原告于北京市食品药品监督管理局网站对食品经营许可企业进行查询，某宏福公司于 2018 年未取得食品经营许可证。在本案审理过程中，原告与某宏福公司自行达成和解并撤回对该公司的起诉，和解金额为 500 元，且已履行完毕。杨某诉至法院，要求某信息公司与某宏福公司承担连带赔偿责任。

法院经审理认为，原告在被告某信息公司经营的饿了么外卖平台上购买某宏福公司经营的食品，被告属于网络食品交易第三方平台，根据《食品安全法》第 131 条规定，违反该法规定，网络食品交易第三方平台提供者未对入网食品经营者进行实名登记、审查许可证，或者未履行报告、停止提供网络交易平台服务等义务的，由县级以上人民政府食品安全监督管理部门责令改正，没收违法所得，并处 5 万元以上 20 万元以下罚款；造成严重后果的，责令停业，直至由原发证部门吊销许可证；使消费者的合法权益受到损害的，应当与食品经营者承担连带责任。被告作为网络食品交易第三方平台，按照法律规定以及被告于所经营的饿了么外卖平台上的承诺，被告理应履行审查

入网食品经营者的食品经营许可证的义务，但被告未履行该义务，使原告购买到了无食品经营资质商家制作的食品，原告的合法权益受到损害，被告应与食品经营者某宏福公司承担连带责任。

本案中，被告虽然有过错，鉴于原告已与某宏福公司达成和解，并已履行完毕，且原告提交的现有证据并无法证明其实际遭受的损失超出前述和解金额，某宏福公司已无另行赔偿义务，负有连带责任的被告亦无须赔偿。原告主张依据《食品安全法》第148条之规定，被告应承担增加赔偿的责任，对此，法院认为，如前所述，被告系提供食品交易的第三方平台，并非涉案食品的销售者或者生产者，故其不应承担增加赔偿的责任。综上，对于原告的全部诉讼请求，法院不予支持。

［案例解析］

本案的主要争议焦点包括：（1）被告与食品经营者某宏福公司是否承担连带责任；（2）原告已与某宏福公司达成和解并已履行完毕后，负有连带责任的被告是否应当赔偿。

第一，被告与食品经营者某宏福公司承担连带责任。根据《食品安全法》第62条第1款、第131条第1款，《电子商务法》第38条第2款之规定，被告作为网络交易第三方平台应当对入网食品经营者进行实名登记，明确其食品安全管理责任，审查其许可证，故被告有义务对某宏福公司的相关资质进行审查。因被告未依法履行资质审查义务，致使原告合法权益受到损害，故应当与某宏福公司承担连带责任。

第二，原告已与某宏福公司达成和解且已履行完毕，被告不应当赔偿。某宏福公司与被告对原告承担连带责任，且原告与连带责任主体之一的某宏福公司已经达成和解。对于债权人与连带债务人中之一人成立和解时，就该和解协议效力是否及于其他连带责任主体的问题，笔者认为，连带责任是多数人共担同一责任，且连带责任之中的所有主体都应对权利人承担全部责任，故在本案中，应当认定和解协议效力及于被告，被告不承担其他赔偿责任。被告亦不属于《食品安全法》第148条第1款所规定的“经营者”或“生产者”，故被告不应承担增加赔偿的责任。综上，原告已与某宏福公司达成和解并已履行完毕后，被告不应当赔偿。

［**规范指引**］

《中华人民共和国食品安全法》（2021 年 4 月 29 日修正）

第六十二条第一款　网络食品交易第三方平台提供者应当对入网食品经营者进行实名登记，明确其食品安全管理责任；依法应当取得许可证的，还应当审查其许可证。

第一百三十一条　违反本法规定，网络食品交易第三方平台提供者未对入网食品经营者进行实名登记、审查许可证，或者未履行报告、停止提供网络交易平台服务等义务的，由县级以上人民政府食品安全监督管理部门责令改正，没收违法所得，并处五万元以上二十万元以下罚款；造成严重后果的，责令停业，直至由原发证部门吊销许可证；使消费者的合法权益受到损害的，应当与食品经营者承担连带责任。

消费者通过网络食品交易第三方平台购买食品，其合法权益受到损害的，可以向入网食品经营者或者食品生产者要求赔偿。网络食品交易第三方平台提供者不能提供入网食品经营者的真实名称、地址和有效联系方式的，由网络食品交易第三方平台提供者赔偿。网络食品交易第三方平台提供者赔偿后，有权向入网食品经营者或者食品生产者追偿。网络食品交易第三方平台提供者作出更有利于消费者承诺的，应当履行其承诺。

第一百四十八条第一款　消费者因不符合食品安全标准的食品受到损害的，可以向经营者要求赔偿损失，也可以向生产者要求赔偿损失。接到消费者赔偿要求的生产经营者，应当实行首负责任制，先行赔付，不得推诿；属于生产者责任的，经营者赔偿后有权向生产者追偿；属于经营者责任的，生产者赔偿后有权向经营者追偿。

《中华人民共和国电子商务法》（2018 年 8 月 31 日）

第三十八条第二款　对关系消费者生命健康的商品或者服务，电子商务平台经营者对平台内经营者的资质资格未尽到审核义务，或者对消费者未尽到安全保障义务，造成消费者损害的，依法承担相应的责任。

【关联案例】

网购平台对不符合食品安全标准的食品未尽审查义务，应当承担赔偿责任

——王某诉当某网公司网络合同纠纷案[①]

［案情简介］

2012 年 2 月 25 日，原告王某在当某网订购 6 盒苦瓜清脂减肥胶囊，共计 336 元，并于当月 27 日确认收到上述货物。王某食用其中 2 盒后发现无任何减肥效果，且生产厂家及批准文号均为伪造，遂向工商部门进行举报。工商部门经调查核实，作出没收当某网公司 152.86 元违法所得、罚款 3 万元的处罚决定。王某诉至一审法院称，当某网公司作为当某网的经营主体，违反了《食品安全法》和《合同法》的相关规定，应承担相应的法律责任，要求该公司退还货款并给付 10 倍赔偿金。

被告当某网公司辩称，当某网公司不是本案适格被告，涉案商品由北京当某科文电子商务有限公司进货和负责销售，而不是当某网公司；当某网公司在进货时履行了验货的相关注意义务，并要求供货商提供了相关资质证明，因此当某网公司的行为不属于《食品安全法》规定的“销售明知是不符合食品安全标准的食品”，不同意承担 10 倍货款的赔偿责任。

法院经审理认为，被告当某网对外公示的经营性网站备案信息显示网站所有者是当某网公司，普通消费者对于当某网内部各关联公司之间的详细分工无法判断。在当某网购买商品存在质量问题时，以网站所有者作为被告提起诉讼并无不妥，当某网公司作为案件被告主体资格适格。当某网公司作为涉案商品销售者，虽然审查了供货商的营业执照、食品卫生许可证、食品流通许可证等材料，但当某网工作人员认可其在进货时未审查生产厂家的资质材料。当某网怠于履行审查义务，销售明知不符合食品安全标准的食品，依法应承担 10 倍货款的赔偿责任。

---

① 《当某网销售不达标保健品被判十倍赔偿》，载中国法院网，https：//www. chinacourt. org/article/detail/2013/10/id/1104213. shtml，最后访问日期：2024 年 9 月 3 日。

78. 购物平台作出更优承诺，被判承担连带责任

——林某某诉南通宝某家用纺织品有限公司、江苏苏某易购电子商务有限公司网络购物合同纠纷案

[案号]

(2016) 粤 17 民终 1188 号

[案情简介]

2016 年 1 月 15 日和 19 日，原告林某某通过苏某易购网在某官方旗舰店共购买了 6 张羽绒被，其中：2016 年 1 月 15 日购买羽绒被，规格为 2.2m × 2.4m 的有 2 张，单价为 499 元/张，规格为 2.0m × 2.3m 的有 1 张，单价为 329 元/张；2016 年 1 月 19 日购买羽绒被，规格为 2.2m × 2.4m 的有 3 张，单价为 499 元/张；合计共 2824 元（499 元/张 × 2 张 + 329 元/张 × 1 张 + 499 元/张 × 3 张），减除优惠 100 元后，林某某实际支付货款 2724 元。林某某支付货款后，某官方旗舰店按上述货物规格发货给林某某，林某某分别于 2016 年 1 月 29 日、2 月 2 日收到该两批货，林某某收到羽绒被后，发现羽绒被无商标、无厂名、无厂址，属于低劣产品，与江苏苏某易购电子商务有限公司（以下简称苏某易购公司）、南通宝某家用纺织品有限公司（以下简称宝某纺织公司）联系，但双方没有协商成功。为维护自身合法权益，林某某遂向法院提起诉讼，请求判令宝某纺织公司退还林某某购物款 2724 元，并五倍赔偿林某某 13 620 元，苏某易购公司对赔偿款承担连带责任。

法院经审理认为，本案为网络购物合同纠纷。林某某在宝某纺织公司处购买羽绒被，林某某是消费者，宝某纺织公司是经营者。根据《消费者权益保护法》第 48 条第 1 款第 4 项“经营者提供商品或者服务有下列情形之一的，除本法另有规定外，应当依照其他有关法律、法规的规定，承担民事责任：……（四）不符合商品说明、实物样品等方式表明的质量状况的……”和第 55 条第 1 款“经营者提供商品或者服务有欺诈行为的，应当按照消费者的要求增加赔偿其受到的损失，增加赔偿的金额为消费者购买商品的价款或者接受服务的费用的三倍；增加赔偿的金额不足五百元的，为五百元。法律

另有规定的，依照其规定”及《产品质量法》第27条第1款第1项、第2项“产品或者其包装上的标识必须真实，并符合下列要求：（一）有产品质量检验合格证明；（二）有中文标明的产品名称、生产厂厂名和厂址……”的规定，林某某作为消费者在宝某纺织公司经营的官方旗舰店所购买的羽绒被没有合格证、厂名、厂址，违反了法律强制性的规定，属于三无低劣产品，构成欺诈，故林某某诉请宝某纺织公司返还货款2724元，理据充分，予以支持。同时，根据《消费者权益保护法》第44条“消费者通过网络交易平台购买商品或者接受服务，其合法权益受到损害的，可以向销售者或者服务者要求赔偿。网络交易平台提供者不能提供销售者或者服务者的真实名称、地址和有效联系方式的，消费者也可以向网络交易平台提供者要求赔偿；网络交易平台提供者作出更有利于消费者的承诺的，应当履行承诺。网络交易平台提供者赔偿后，有权向销售者或者服务者追偿。网络交易平台提供者明知或者应知销售者或者服务者利用其平台侵害消费者合法权益，未采取必要措施的，依法与该销售者或者服务者承担连带责任”的规定，苏某易购公司在网络交易平台承诺假一赔五，故林某某诉请赔偿其购物款的5倍即13 620元（2724元×5），以及宝某纺织公司对该赔偿款承担连带责任，理据充分，一审法院予以支持。因此，一审法院判决宝某纺织公司退还购物款2724元并赔偿13 620元给林某某，苏某易购公司对宝某纺织公司的五倍赔偿款承担连带责任。苏某易购公司不服一审判决，提起上诉。

二审法院经审理认为，本案是林某某通过苏某易购公司网上购物网站购买宝某纺织公司所销售的羽绒被过程中所发生的纠纷，本案为网络购物合同纠纷。本案的争议焦点为苏某易购公司在本案中是否应当对林某某承担赔偿责任以及如何承担赔偿责任的问题。本案中，林某某通过宝某纺织公司在苏某易购公司网上购物网站所经营的官方旗舰店所购买的羽绒被没有合格证、厂名、厂址和商标，《产品质量法》第27条第1款规定：“产品或者其包装上的标识必须真实，并符合下列要求：（一）有产品质量检验合格证明；（二）有中文标明的产品名称、生产厂厂名和厂址……”第36条规定：“销售者销售的产品的标识应当符合本法第二十七条的规定。”《消费者权益保护法》第24条第1款规定：“经营者提供的商品或者服务不符合质量要求的，消费者可以依照国家规定、当事人约定退货，或者要求经营者履行更换、修理等义务。没有国家规定和当事人约定的，消费者可以自收到商品之日起七日内退货；七日后符合法定解除合同条件的，消费者可以及时退货，不符合法定解除合同条件的，可以要求经营者履行更换、修理等义务。”第 48 条第 1 款第 4 项规定：“经营者提供商品或者服务有下列情形之一的，除本法另有规定外，应当依照其他有关法律、法规的规定，承担民事责任：……（四）不符合商品说明、实物样品等方式表明的质量状况的……”第 55 条第 1 款规定：“经营者提供商品或者服务有欺诈行为的，应当按照消费者的要求增加赔偿其受到的损失，增加赔偿的金额为消费者购买商品的价款或者接受服务的费用的三倍；增加赔偿的金额不足五百元的，为五百元。法律另有规定的，依照其规定。”因此，宝某纺织公司所出售的涉案产品违反了法律的规定，依法应当承担相应的赔偿责任。《产品质量法》第 58 条规定：“社会团体、社会中介机构对产品质量作出承诺、保证，而该产品又不符合其承诺、保证的质量要求，给消费者造成损失的，与产品的生产者、销售者承担连带责任。”《消费者权益保护法》第 44 条规定：“消费者通过网络交易平台购买商品或者接受服务，其合法权益受到损害的，可以向销售者或者服务者要求赔偿。网络交易平台提供者不能提供销售者或者服务者的真实名称、地址和有效联系方式的，消费者也可以向网络交易平台提供者要求赔偿；网络交易平台提供者作出更有利于消费者的承诺的，应当履行承诺。网络交易平台提供者赔偿后，有权向销售者或者服务者追偿。网络交易平台提供者明知或者应知销售者或者服务者利用其平台侵害消费者合法权益，未采取必要措施的，依法与该销售者或者服务者承担连带责任。”本案中，苏某易购公司承诺对在其网上购物网站的产品假一赔五，同时苏某易购公司也在庭审中确认无商标、无厂名、无厂址的产品属于上述承诺赔偿的范围，苏某易购公司在本案中应当按照林某某所购买的产品价格的五倍赔偿给林某某，即苏某易购公司应当赔偿13 620元给林某某。一审判决苏某易购公司对宝某纺织公司赔偿 13 620 元给林某某的义务承担连带责任并未加重苏某易购公司的负担，二审法院应予支持。苏某易购公司主张其已经对涉案产品进行了下架处理、其不存在明知销售者利用自身平台侵害消费者合法权益且未采取必要措施而不应在本案中承担责任的理据不足，二审法院不予支持。故二审法院依法驳回上诉。

［案例解析］

本案的争议焦点包括：（1）苏某易购公司是否应当承担连带责任；（2）苏某易购公司是否应当超出法律规定的赔偿范围对原告履行五倍赔偿

义务。

第一，苏某易购公司应当承担连带责任。根据《产品质量法》第27条第1款规定："产品或者其包装上的标识必须真实，并符合下列要求：（一）有产品质量检验合格证明；（二）有中文标明的产品名称、生产厂厂名和厂址……"第58条规定："社会团体、社会中介机构对产品质量作出承诺、保证，而该产品又不符合其承诺、保证的质量要求，给消费者造成损失的，与产品的生产者、销售者承担连带责任。"本案中，苏某易购公司作为社会中介机构承诺对在其网上购物网站的产品假一赔五，且涉案羽绒被无商标、无厂名、无厂址，属于低劣产品，违反了《产品质量法》第27条第1款的规定，并给林某某造成损失，故苏某易购公司应当与宝某纺织公司承担连带责任。

第二，苏某易购公司应当对原告履行五倍赔偿义务。根据《消费者权益保护法》第44条第1款之规定，消费者通过网络交易平台购买商品或者接受服务，其合法权益受到损害的，可以向销售者或者服务者要求赔偿。网络交易平台提供者作出更有利于消费者的承诺的，应当履行承诺。《消费者权益保护法》第55条第1款规定，经营者提供商品或者服务有欺诈行为的，应当按照消费者的要求增加赔偿其受到的损失，增加赔偿的金额为消费者购买商品的价款或者接受服务的费用的三倍；增加赔偿的金额不足500元的，为500元。法律另有规定的，依照其规定。本案中，宝某纺织公司明知涉案产品无商标、无厂名、无厂址，隐瞒事实，使林某某产生错误认识从而购买涉案产品，损害林某某合法权益，故宝某纺织公司出售低劣产品的行为应当被认定"欺诈"。苏某易购公司承诺对在其网上购物网站的产品假一赔五，该承诺相较于《消费者权益保护法》第55条第1款所规定的"三倍赔偿"明显更有利于消费者，故苏某易购公司应当对原告履行五倍赔偿义务。

［规范指引］

《中华人民共和国产品质量法》（2018年12月29日修正）

第二十七条第一款 产品或者其包装上的标识必须真实，并符合下列要求：

（一）有产品质量检验合格证明；

（二）有中文标明的产品名称、生产厂厂名和厂址；

（三）根据产品的特点和使用要求，需要标明产品规格、等级、所含主要成份的名称和含量的，用中文相应予以标明；需要事先让消费者知晓的，应当在外包装上标明，或者预先向消费者提供有关资料；

（四）限期使用的产品，应当在显著位置清晰地标明生产日期和安全使用期或者失效日期；

（五）使用不当，容易造成产品本身损坏或者可能危及人身、财产安全的产品，应当有警示标志或者中文警示说明。

第五十八条 社会团体、社会中介机构对产品质量作出承诺、保证，而该产品又不符合其承诺、保证的质量要求，给消费者造成损失的，与产品的生产者、销售者承担连带责任。

《中华人民共和国消费者权益保护法》（2013年10月25日修正）

第四十四条 消费者通过网络交易平台购买商品或者接受服务，其合法权益受到损害的，可以向销售者或者服务者要求赔偿。网络交易平台提供者不能提供销售者或者服务者的真实名称、地址和有效联系方式的，消费者也可以向网络交易平台提供者要求赔偿；网络交易平台提供者作出更有利于消费者的承诺的，应当履行承诺。网络交易平台提供者赔偿后，有权向销售者或者服务者追偿。

网络交易平台提供者明知或者应知销售者或者服务者利用其平台侵害消费者合法权益，未采取必要措施的，依法与该销售者或者服务者承担连带责任。

第五十五条第一款 经营者提供商品或者服务有欺诈行为的，应当按照消费者的要求增加赔偿其受到的损失，增加赔偿的金额为消费者购买商品的价款或者接受服务的费用的三倍；增加赔偿的金额不足五百元的，为五百元。法律另有规定的，依照其规定。

79. 电子商务平台应当保障网络安全，采取技术措施和其他必要措施修复交易安全漏洞，保证虚拟财产交易安全

——张某某诉广州交某猫信息技术有限公司网络服务合同纠纷案

［案号］

（2020）粤0192民初28060号

［案情简介］

2019年8月14日17时6分，原告张某某在被告广州交某猫信息技术有限公司（以下简称交某猫公司）运营的交某猫平台购买游戏账号“【89级狮驼岭·杀破狼】一区勇武区霸号”，商品类型为“其他账号【担保】”，实际支付7272元。17时6分至18时50分，卖家假冒交某猫平台客服要求张某某提供手机号及验证码，原告张某某未察觉异常并将相关信息提供给卖家。后原告张某某发觉上当，向被告交某猫平台客服寻求帮助。客服提示原告张某某重新登录交某猫平台刷新验证码并帮其登记反馈处理。原告张某某重新登录多次，但仍未能避免损失。19时26分，原告张某某的账号被操作确认收货，价款被转移给卖家。《交某猫用户服务协议》载明用户有义务妥善保管其账号、验证码；用户对用户名、验证码保管不善导致的损失由用户自行承担；用户如发现有他人冒用或盗用用户的账户、验证码等任何其他未经合法授权之情形时，应立即以有效方式通知交某猫平台，要求交某猫平台暂停相关服务；用户在交易过程中可能产生用户名被盗或被骗的情况，为维护用户的权益，交某猫网站可以视情况采取要求重置用户密码及限制资金支付的操作。原告张某某主张：其因被告交某猫平台客服的误导、交某猫平台存在安全漏洞和交某猫平台的不作为，导致卖家骗取其交某猫账号并操作收货。原告张某某因未收到涉案游戏账号且损失了款项，遂起诉要求交某猫平台赔偿7272元。

被告交某猫公司辩称：交某猫账号不能在两台同类的设备端中同时登录，但可以在不同类的设备端同时登录。若在不同类的设备端登录，则张某某即使重新登录输入验证码也无法强制已经登录另一台设备的交某猫账号退出，需要采取其他操作。网页端登录在48小时内有效，48小时后需重新输入验证码登录。

法院经审理认为，根据交某猫平台在涉案订单交易中的地位和所起作用，以及涉案的《交某猫用户服务协议》，交某猫公司通过交某猫平台为交易双方提供交易场所和信息发布等服务，系电子商务平台经营者。张某某系交某猫平台的用户，与交某猫公司成立网络服务合同关系。本案争议焦点为交某猫公司是否对张某某的损失承担赔偿责任。首先，张某某将涉案交易的手机号码以及验证码发送给了卖家，未尽必要的谨慎义务，保管账号、验证码不善，存在一定的过错。其次，《电子商务法》第30条第1款规定：“电子商务平台经营者应当采取技术措施和其他必要措施保证其网络安全、稳定运行，防范网络违法犯罪活动，有效应对网络安全事件，保障电子商务交易安全。”交某猫平台的账号可以在不同设备端登录，且网页端有48小时的有效时间，意味着只要其他人在网页端登录张某某账号且48小时不退出就可以一直使用其账号。在张某某向交某猫平台客服反映问题后，交某猫平台本应及时采取冻结交易、要求重置密码、限制资金支付等必要、及时、有效的措施保障交易安全，但交某猫平台客服未考虑到交某猫账号可以在不同设备中同时登录的风险，仅指引张某某重新登录交某猫账号，未能有效、及时地防止损失扩大，违反了协议约定，对此存在过错。法院结合涉案交易的交易过程、涉案商品页面的提示内容、当事人双方的合同义务内容及履行情况，酌定交某猫公司赔偿张某某损失3636元。

[案例解析]

本案的争议焦点包括：（1）网络装备是否属于虚拟财产，是否受法律保护；（2）交某猫公司是否对张某某的损失承担赔偿责任（是否存在故意或者过失）。

第一，网络装备属于虚拟财产，受法律保护。网络游戏账号等虚拟财产应法律保护的观点已被立法者与学界接受。《民法典》第127条规定，法律对数据、网络虚拟财产的保护有规定的，依照其规定。网络游戏账号是用户投入时间或支付相应对价而取得的，具有使用价值，可用来进行游戏内流通与交易，这种使用价值使得游戏账号具有了财产属性，因此，网络游戏账号属于“网络虚拟财产”的范畴，应依法予以保护。

第二，交某猫公司应对张某某的损失承担赔偿责任。《交某猫用户服务协议》载明，用户有义务妥善保管其账号、验证码；用户对用户名、验证码保管不善导致的损失由用户自行承担；用户如发现有他人冒用或盗用用户的账户、验证码等任何其他未经合法授权之情形时，应立即以有效方式通知交某猫平台，要求交某猫平台暂停相关服务；用户在交易过程中可能产生用户名被盗或被骗的情况，为维护用户的权益，交某猫网站可以视情况采取要求重置用户密码及限制资金支付的操作。张某某注册成为交某猫平台用户，应当视为签署并同意《交某猫用户服务协议》，张某某与交某猫平台成立网络服务合同，合法有效。张某某对验证码、用户名、登录密码、交易密码、验证码保管不善，未能尽到必要的谨慎义务，存在一定的过错。根据《电子商务法》

第 30 条第 1 款规定，电子商务平台经营者应当采取技术措施和其他必要措施保证其网络安全、稳定运行，防范网络违法犯罪活动，有效应对网络安全事件，保障电子商务交易安全。本案中，交某猫账号可以在不同类的设备端同时登录。若在不同类的设备端登录，用户即使重新登录输入验证码也无法强制已经登录另一台设备的交某猫账号退出，需要采取其他操作。网页端登录在 48 小时内有效，48 小时后需重新输入验证码登录。上述漏洞极大增加了虚拟产品安全交易的风险，并且在张某某告知客服相关性情况后，客服未能有效措施，及时地防止损失扩大，违反了协议约定，故应当认定交某猫公司作为平台经营者并未采取足够的技术措施保障电子商务交易安全，存在一定过错。根据《民法典》第 577 条、第 592 条规定，交某猫公司未采取必要措施维护交易的正常进行，违反了交易安全保障义务；张某某违反《交某猫用户服务协议》约定，未尽到妥善保管交易个人信息的义务，亦存在过错，故交某猫公司应当承担相应的违约责任。

［规范指引］

《中华人民共和国电子商务法》（2018 年 8 月 31 日）

第三十条第一款　电子商务平台经营者应当采取技术措施和其他必要措施保证其网络安全、稳定运行，防范网络违法犯罪活动，有效应对网络安全事件，保障电子商务交易安全。

《中华人民共和国民法典》（2020 年 5 月 28 日）

第五百七十七条　当事人一方不履行合同义务或者履行合同义务不符合约定的，应当承担继续履行、采取补救措施或者赔偿损失等违约责任。

第五百九十二条　当事人都违反合同的，应当各自承担相应的责任。

当事人一方违约造成对方损失，对方对损失的发生有过错的，可以减少相应的损失赔偿额。

80. 网络交易平台应消费者需求及时提供卖家注册信息及有效联系方式，履行相应的披露义务的，不承担赔偿责任

——刘某与佛山市顺德区莎某娜家具有限公司、浙江天某网络有限公司网络购物合同纠纷案

［案号］

（2016）辽 0291 民初 2548 号

［案情简介］

原告刘某用旺旺号“××”于 2015 年 4 月 30 日在被告佛山市顺德区莎某娜家具有限公司开设在天某商城的佛某特旗舰店购买了几件家具（包括佛某特床头柜、双人床皮艺床、3D 面料乳胶床垫、电视柜茶几套装），金额共计 6260 元。随后双方约定发货时间，商家按约定时间正常发货，然而收到货之后发现均为三无产品，没有厂名、厂址、执行标准等，且质量亦存在问题。原告与被告佛山市顺德区莎某娜家具有限公司的客服协商之后，仍未解决家具质量问题。原告看了网页宣传，发现商家有涉嫌虚假宣传、误导消费者购买的行为，包括皮床广告的页面使用“顶级黄牛皮”“床垫子平衡护脊，血液循环，亲肤减压，让深受气喘等呼吸系统病症困扰的人受益等图片宣传保健甚至药用功效，使用最划算，史上最低”等绝对化用语，商家在宣传页面非常醒目地标注了“赠送枕头一对和四件套一套”，但是原告只收到了一个枕头。另外，原告购买家具的时候商家搞活动，页面大量使用了虚假宣传，实际上在本次降价之前 7 日之内商家根本没有以所谓的原价销售过。根据相关法律法规，被告佛山市顺德区莎某娜家具有限公司构成欺诈行为，在销售产品的宣传上违法标注内容，严重虚假、误导和欺骗了消费者；销售三无产品，质量不合格产品，承诺赠品不兑现等，已构成了事实上的欺诈行为。被告浙江天某网络有限公司作为网络交易平台，负有对网站商户进行监督管理的职责，在被告佛山市顺德区莎某娜家具有限公司长期利用被告浙江天某网络有限公司的网络交易平台进行违法宣传、虚假宣传欺诈、误导消费者的情况下，被告浙江天某网络有限公司知道或者应当知道被告佛山市顺德区莎某娜家具有限公司利用其平台侵犯消费者权益，但其并未采取任何必要措施，从而使

包括原告在内的广大消费者的合法权益受到侵害，应与被告佛山市顺德区莎某娜家具有限公司共同承担连带责任。

一审法院经审理认为，原告与被告佛山市顺德区莎某娜家具有限公司之间的网络购物买卖合同关系依法成立。其内容未违反法律、行政法规的强制性规定，合法有效。原告因生活消费需要而购买商品，其合法权益应当受到法律保护。关于被告浙江天某网络有限公司辩称原告购买商品的目的是索赔，而不是普通的消费者的抗辩意见，因未提供证据且无事实及法律依据而不予采纳。被告佛山市顺德区莎某娜家具有限公司作为经营者负有诚信经营的义务，不得作虚假宣传。《最高人民法院关于贯彻执行〈中华人民共和国民法通则〉若干问题的意见（试行）》第 68 条规定："一方当事人故意告知对方虚假情况，或者故意隐瞒真实情况，诱使对方当事人作出错误意思表示的，可以认定为欺诈行为。"被告佛山市顺德区莎某娜家具有限公司在其天某销售网站上对原告购买的双人床皮艺床作出引人误解的虚假宣传，其发布虚假信息的行为违反了《消费者权益保护法》第 55 条的规定，被告佛山市顺德区莎某娜家具有限公司应当向原告退还案涉双人床皮艺床货款并向原告赔偿三倍损失共计 10 528 元。关于原告要求其在被告佛山市顺德区莎某娜家具有限公司处购买的其他家具用品返还货款并赔偿三倍损失的诉请，因原告未提供有效证据证明被告佛山市顺德区莎某娜家具有限公司的行为构成欺诈、存在质量问题而不予支持。关于原告请求被告浙江天某网络有限公司承担连带责任的诉请，被告浙江天某网络有限公司及时披露了卖家的真实名称、地址和有效联系方式等注册信息，同时，原告并未向被告浙江天某网络有限公司申请争议处理，不存在没有采取必要措施的情形，故被告浙江天某网络有限公司不应当承担相应的责任。

[**案例解析**]

本案的争议焦点为浙江天某网络有限公司是否应当承担相应责任。本案中，莎某娜家具有限公司在广告宣传中使用"最划算""史上最低"用词的行为不符合《广告法》第 9 条第 3 项之规定，莎某娜家具有限公司作为经营者对其产品进行虚假宣传，使刘某陷入错误认识并作出错误的意思表示，该行为应当认定为"欺诈"，但现有证据不能证明浙江天某网络有限公司向消费者推荐涉案商品，且浙江天某网络有限公司及时披露了卖家的真实名称、地址和有效联系方式等注册信息，故刘某无权要求浙江天某网络有限公司承担连带责任。

关于平台的审查义务，网络交易平台提供者应当对入驻商家进行实名审查、资质资格审查、交易监管与消费者保障，并不承担普遍事前审查义务。[①]其中，交易监管与消费者保障要求平台对商品或者服务的安全性进行审查。《电子商务法》第38条第2款规定，对关系消费者生命健康的商品或者服务，电子商务平台经营者对平台内经营者的资质资格未尽到审核义务，或者对消费者未尽到安全保障义务，造成消费者损害的，依法承担相应的责任。

涉案产品是否属于关系消费者生命健康的商品？观点一认为属于，家具如不符合国家标准可能会对人体造成危害；观点二认为不属于，生命健康的商品应该限缩到“药品”等可以直接危害生命健康的领域。事实上，任何不合格产品都可能对生命健康造成损害，生命健康产品的范围不宜过大，范围过大将增加平台的事前审查义务，况且本案中并无证据证明涉案产品危害当事人的身体健康，故平台无须对涉案产品进行事前审查。

如要求平台对入驻商家进行广告内容、是否存在侵权行为等实质审查，明显超越网络交易平台提供者的能力范围，且现有证据无法推定浙江天某网络有限公司知晓莎某娜家具有限公司存在虚假宣传行为，故浙江天某网络有限公司不应当承担连带责任。

［规范指引］

《中华人民共和国广告法》（2021年4月29日修正）

第九条　广告不得有下列情形：

……

（三）使用“国家级”、“最高级”、“最佳”等用语；

……

《中华人民共和国消费者权益保护法》（2013年10月25日修正）

第四十四条　消费者通过网络交易平台购买商品或者接受服务，其合法权益受到损害的，可以向销售者或者服务者要求赔偿。网络交易平台提供者不能提供销售者或者服务者的真实名称、地址和有效联系方式的，消费者也可以向网络交易平台提供者要求赔偿；网络交易平台提供者作出更有利于消

① 参见程增雯：《“守门人”责任视角下平台私法事前审查义务的构建》，载《南大法学》2023年第3期。

费者的承诺的，应当履行承诺。网络交易平台提供者赔偿后，有权向销售者或者服务者追偿。

网络交易平台提供者明知或者应知销售者或者服务者利用其平台侵害消费者合法权益，未采取必要措施的，依法与该销售者或者服务者承担连带责任。

第四十五条第三款 社会团体或者其他组织、个人在关系消费者生命健康商品或者服务的虚假广告或者其他虚假宣传中向消费者推荐商品或者服务，造成消费者损害的，应当与提供该商品或者服务的经营者承担连带责任。

《中华人民共和国电子商务法》（2018 年 8 月 31 日）

第三十八条第二款 对关系消费者生命健康的商品或者服务，电子商务平台经营者对平台内经营者的资质资格未尽到审核义务，或者对消费者未尽到安全保障义务，造成消费者损害的，依法承担相应的责任。

81. 电商平台未显著标示平台内经营者身份应承担平台经营者责任

——杨某与北京趣某信息技术有限公司网络服务合同纠纷案

［案号］

（2018）京 0491 民初 1623 号

［案情简介］

2018 年 9 月 6 日，原告杨某通过北京趣某信息技术有限公司（以下简称趣某公司）经营的“×××网”手机客户端预订了三亚鹿岭海湾维景国际大酒店鹿回头山景房 2 间，入住时间为 2018 年 9 月 30 日，离店时间为 10 月 4 日，共 4 晚，住宿费总计 464 元。杨某当即支付了全部住宿费用。“×××网”随即向杨某发送了确认短信，内容为：“【×××网】预订成功：您预订的 9 月 30 日入住三亚鹿岭海湾维景国际大酒店（原三亚海湾维景国际大酒店）鹿回头山景房［无早（预付促销）］2 间 4 晚，已支付 464.00 元。入住请出示入住人有效身份证件，服务由艺某住提供：0101010×××4。酒店地址……”同时，“×××网”手机客户端也提示预订成功。

当日，“×××网”客服人员电话通知杨某：商家来电称满房，安排不了入住，希望协商取消订单，并提供补偿方案：换三亚其他酒店入住，本人入住，入离店时间不变，原单操作取消、退款，后续新入住的酒店提供发票和水单，“×××网”赔偿实际差价，但是差价不高于原单首晚房费的100%（116元）。杨某表示再考虑一下。9月7日，“×××网”客服人员又致电杨某，将赔偿的实际差价提高到不高于764元，双方达成一致意见，杨某同意取消订单。随后“×××网”取消了订单，并将住宿费464元退还杨某。10月6日，“×××网”客服再次致电杨某，询问是否实际更换酒店入住，是否能够提供发票和水单，杨某表示10月10日左右可以收到发票。趣某公司提交了上述联系过程的全部录音。

关于杨某主张的赔偿金额，其表示从2018年9月6日至17日，用“×××网”手机客户端仍可预订同一酒店同样房型的房间，但单价最低为378元/间/天；如其按原订单方案预订，需支付住宿费总计3024元，与原订单的差价2560元应由趣某公司赔偿。对此，杨某提交“×××网”报价列表的手机截屏予以证明。本案审理过程中，趣某公司提交了“用户协议”、“艺某—去某某合作框架协议”、订单快照、工单日志等，以证明趣某公司提供的是平台服务，酒店产品由代理商提供，案涉产品代理商为“艺某住”。杨某认为其与趣某公司作为合同当事人，与第三方没有任何关系，且自始至终都是“×××网”的客服与其联系，不知道“×××网”与“艺某住”的关系。经审查，在双方提交的证据中，能够体现代理商信息的有“×××网”发送给杨某的确认短信中有“服务由艺某住提供：0101010×××4”，另外就是趣某公司提交的工单日志中有“代理商：艺某住（艺某分销到去某某）”的字样，但趣某公司未证明工单日志和“艺某—去某某合作框架协议”能被杨某获知。

关于已经预订成功的订单为何会出现满房并取消订单的情况，趣某公司表示该酒店产品由“艺某住”提供，“×××网”在接受杨某的预订后，向“艺某住”确认酒店情况，再确认预订成功；“×××网”只能沟通到“艺某住”，无法直接与酒店沟通。趣某公司没有提交证据证明杨某的订单经过酒店确认，也未证明取消订单的请求由该酒店提出。

法院经审理后认为，电子商务平台经营者应当以显著方式区分自营业务和平台内经营者开展的业务，不得误导消费者。本案中，趣某公司未举证证明其在预订环节尽到了以显著方式区分不同业务的义务；在预订成功后，“×××网”所发送的确认短信中才提到“服务由艺某住提供”，该提示内容没有标明平台内经营者的真实名称，不足以让杨某理解其准确含义，无法判断该业务是平台自营还是第三方经营。因此，趣某公司应当承担服务提供者的法律责任。对趣某公司在本案中仅承担平台责任的答辩意见，法院不予采纳。

在预订环节，趣某公司不能确定杨某的订单是否得到了酒店的确认，其也没有举证证明该订单得到了酒店的确认，却向杨某发送了预订成功的信息；在取消订单环节，自始未见酒店作出的意思表示，也没有证据证明取消订单的请求是酒店提出的，这无疑将杨某置于巨大的消费风险之中。对趣某公司关于取消订单是由于商户原因造成的答辩意见，法院不予采纳。

综上所述，趣某公司未尽到服务提供者的义务，已构成违约，应当赔偿取消订单给杨某造成的损失。根据当事人陈述以及趣某公司提供的电话录音可以证实，趣某公司在取消订单前已经向杨某提供了赔偿方案，杨某也明确表示接受该赔偿方案并同意取消订单。因此，双方已经就违约赔偿问题达成协议，应当按照协议约定履行，即杨某在向趣某公司提供水单和发票后，趣某公司赔偿杨某实际差价，该差价不高于764元。

［**案例解析**］

本案的争议焦点为趣某公司是否构成违约。该案发生时，我国《电子商务法》并未生效，显然第37条第1款不可直接适用，但其背后的法理可成为该案说理的关键——电商平台经营者显著标示平台内经营者身份是否是其义务之一。电子商务平台经营者是电子商务平台的所有者，对自己建设的电子商务平台享有占有、使用、收益、处分的权利，其既为经营者，又为所有者。① 电子商务平台经营者作为第三方，为平台内经营者提供发布信息、撮合交易的服务，其还是电子商务平台交易活动的管理者，负担对交易规则的制定和交易秩序的管理。因此，电子商务平台经营者其实是典型的电子商务交易法律关系中的第三方，是提供服务的法人或者非法人组织，原则上不可亲自在自己提供的平台上进行交易。② 实践中常有两种情况发生，第一，“自营”业务经营者与电子商务平台经营者不是同一家公司，但两者具有一定的

① 参见杨立新：《电子商务平台经营者自营业务的民事责任》，载《求是学刊》2019年第1期。
② 参见杨立新：《电子商务平台经营者自营业务的民事责任》，载《求是学刊》2019年第1期。

关联关系；第二，平台经营者未区分或未显著区分自营业务和平台内经营者开展的业务，是消费者误认为某商品或服务为“自营”（实际经营者为第三方卖家）。

在第二种情况中，消费者会面临信息不对称的问题，这直接影响到消费者是否选择商品或服务、选择哪种商品或服务等基本权利。电子商务平台经营者具有强大的平台监控能力和技术水平，拥有平台中交易的全部信息，故其应当尽可能公开披露除商业秘密、个人信息等外的其他信息，以帮助消费者解决此等信息不对称的问题，保护消费者的信赖利益，这是平台经营者的义务之一。本案中，趣某公司未以显著方式区分自营业务和平台内经营者开展的业务，在预订成功后，其运营的某网站所发送的确认短信中才提到“服务由艺某住提供”，此提示不仅未达到“显著”标准，且不足以让杨某理解其准确含义（包括趣某公司与艺某住的关联），无法判断该业务是平台自营还是第三方经营，导致杨某被误导，因此，趣某公司构成违约。在后续的取消订单环节，自始至终未见酒店作出的意思表示，被告方也没有证据证明取消订单的请求是酒店方发出的。因此，被告的行为将原告置于巨大的消费风险之中。因此，对被告提出的关于取消订单是由于商户原因造成的答辩意见，法院不予采纳。综上所述，被告在酒店预订订单的服务预订、服务确认、订单取消的各个环节中，都存在过错，并未尽到服务提供者的义务，已构成违约，应当对原告受到的经济损失承担相应的责任。

[规范指引]

《中华人民共和国电子商务法》（2018 年 8 月 31 日）

第三十七条第一款 电子商务平台经营者在其平台上开展自营业务的，应当以显著方式区分标记自营业务和平台内经营者开展的业务，不得误导消费者。

《中华人民共和国民法典》（2020 年 5 月 28 日）

第五百八十四条 当事人一方不履行合同义务或者履行合同义务不符合约定，造成对方损失的，损失赔偿额应当相当于因违约所造成的损失，包括合同履行后可以获得的利益；但是，不得超过违约一方订立合同时预见到或者应当预见到的因违约可能造成的损失。

82. 在 App 未对实际运营主体进行公示的情况下，App 的开发者和供应商应当认定为 App 的经营者，承担经营者责任

——刘某与京某世纪公司网络购物合同纠纷案

[案号]

(2022) 京 04 民终 43 号

[案情简介]

2020 年 4 月 2 日，京某商城发布商品（茅台飞天酱香型白酒 53 度 500ml）抢购信息，显示：仅限正式 PLUS 会员预约享抢购资格，4 月 2 日 11 时开启预约，4 月 3 日 10 时开始抢购（京某 App 需更新至 8.5.6 版本及以上），购买规则，请点击进入查看。原告于 2020 年 4 月 2 日浏览到该商品（茅台飞天酱香型白酒 53 度 500ml）的抢购信息，确认自身符合《预约和抢购规则》（以下简称《规则》）的购买资格，并遵循《规则》，在预约成功后于 2020 年 4 月 3 日 10 时 0 分 4 秒下单成功，并于 10 时 0 分 12 秒支付货款 2996 元。付款后，京某商城手机 App 遂跳转至支付成功页面，同时被告也向原告邮箱发送了邮件，显示收到原告的订单。之后，被告未与原告沟通、未经原告同意，于 2020 年 4 月 3 日 10 时 04 分，单方面取消并删除原告已经支付完成的订单。原告与客服人员沟通，其称被告不存在违约行为，订单取消是京某商城系统审核自动拦截的行为，客服无法干预及恢复。原告向 12315 举报被告的违约行为后，被告仍坚持上述主张，并建议原告关注后期该商品的相关活动，重新预约抢购。原告认为，被告在商品抢购的《规则》中规定，“只有完成实名认证的 PLUS 正式会员才有预约和抢购飞天茅台的资格”，《规则》属于京某商城向特定人群发布的商品预约抢购信息，体现了买家按《规则》下单付款，京某商城即可发货的意思表示，应当视为要约。对被告违背诚信原则，单方面取消并删除原告已经支付完成订单的行为，应当视为违约。虽然被告在给原告发送的邮件下方附有说明，“本网站上销售商展示的商品和价格等信息仅仅是要约邀请，您下单时须填写您希望购买的商品数量、价款及支付方式、收货人、联系方式、收货地址（合同履行地点）、合同履行方式

等内容；系统生成的订单信息是计算机信息系统根据您填写的内容自动生成的数据，仅是您向销售商发出的合同要约；销售商收到您的订单信息后，只有在销售商将您在订单中订购的商品从仓库实际直接向您发出时（以商品出库为标志），方视为您与销售商之间就实际直接向您发出的商品建立了合同关系”，但根据《电子商务法》第49条规定：“电子商务经营者发布的商品或者服务信息符合要约条件的，用户选择该商品或者服务并提交订单成功，合同成立。当事人另有约定的，从其约定。电子商务经营者不得以格式条款等方式约定消费者支付价款后合同不成立；格式条款等含有该内容的，其内容无效。”上述条款赋予了被告单方决定是否发货的权利，并免除了被告不予发货的违约责任，属于格式条款，依法应予无效。综上，被告未经原告许可，单方面终止合同履行，侵犯了原告的合法权益，构成违约。

京某世纪公司辩称，京某世纪公司既不是京某商城网络平台经营者，也不是产品的销售商，不是适格被告。根据工信部网站及京某商城网站最下方公示的信息可以看出，网站的经营者为北京京某叁佰陆拾度电子商务有限公司，原告的起诉没有事实和法律依据。

一审法院经审理认为，依照《电子商务法》第37条第2款规定，电子商务平台经营者对其标记为自营的业务依法承担商品销售者或者服务提供者的民事责任。经法庭现场勘验，苹果手机端京某App的开发者、供应商为Beijing Jing× Century Trading Co.，Ltd.，应为被告的英文名称。虽然被告书面辩称其既不是京某商城的平台经营者，也不是涉案产品的销售商，但在本案中，并无证据显示京某App对于其实际运营主体进行了公示，对于消费者而言，获知京某App运营主体的方式主要通过查看App的开发者和供应商，在被告未出庭提供相反证据的情况下，应当认定被告为京某App的运营者，应当对通过京某App进行的交易承担电子商务平台经营者的责任。原告通过京某App在“J×贵州茅台京某自营旗舰店”购买涉案商品，该店铺标记为自营，被告作为平台经营者应对该店铺经营的业务承担商品销售者的责任。本案中，根据原告提交的商品详情页面中涉案商品的预约和抢购规则，原告为京某商城实名认证的PLUS会员，有预约和抢购涉案商品的资格并实际抢购成功，亦提交订单并支付了相应的款项，原告与被告之间成立信息网络买卖合同关系，该合同系当事人真实意思表示，不违反法律行政法规的强制性规定，应为有效，当事人应当按照约定履行自己的义务，不得擅自变更或者解除合同。在原告付款后，被告应当向原告履行交付标的物的义务，被告无正当理由单方取消订单拒绝发货，构成违约。依照《合同法》第107条[①]规定，当事人一方不履行合同义务或者履行合同义务不符合约定的，应当承担继续履行、采取补救措施或者赔偿损失等违约责任，故原告要求被告继续履行发货义务的诉讼请求，有事实基础和法律依据，一审法院予以支持。

二审法院经审理认为，本案二审争议焦点包括：（1）京某世纪公司是否系适格被告；（2）京某世纪公司是否应当承担相关违约责任。

关于京某世纪公司是否系适格被告。本案中，刘某通过京某App在“J×贵州茅台京某自营旗舰店”购买涉案商品，该店铺标记为“自营”。刘某已提供证据证明苹果手机端京某App的开发者、供应商为京某世纪公司。虽然京某世纪公司辩称其既不是京某商城的平台经营者，也不是涉案产品的销售商，但是在现有销售模式下，刘某在销售者未开具发票的情形下，没有有效途径得知自营商品销售者的真实情况，进而明确责任主体。京某世纪公司与其关联公司对“自营”销售主体的信息披露不充分、不显著容易导致“自营”销售主体的模糊。对于消费者而言，查看京某App的开发者和供应商系获知京某App运营主体的方式，因此，京某世纪公司为京某App的开发者和供应商，应当对通过京某App进行的交易承担电子商务平台经营者责任。京某世纪公司应对涉案自营店铺经营的业务承担商品销售者的责任。关于京某世纪公司是否应当承担相关违约责任。依照《合同法》第107条规定，当事人一方不履行合同义务或者履行合同义务不符合约定的，应当承担继续履行、采取补救措施或者赔偿损失等违约责任。根据涉案商品的预约和抢购规则，刘某为京某商城实名认证的PLUS会员，有预约和抢购涉案商品的资格并实际抢购成功，亦提交订单并支付了相应的款项，刘某与京某世纪公司之间成立信息网络买卖合同关系，该合同系当事人真实意思表示，不违反法律行政法规的强制性规定，应为有效，当事人应当按照约定履行自己的义务，不得擅自变更或者解除合同。在刘某付款后，京某世纪公司应当向刘某履行交付标的物的义务，京某世纪公司无正当理由单方取消订单拒绝发货，构成违约。故刘某要求京某世纪公司继续履行发货义务的诉讼请求，有事实基础和法律依据，一审法院予以支持并无不当。关于刘某主张的赔偿损失的问题。依照《合同

① 现对应《民法典》第577条。

法》第 112 条[①]规定，当事人一方不履行合同义务或者履行合同义务不符合约定的，在履行义务或者采取补救措施后，对方还有其他损失的，应当赔偿损失。虽刘某未提供证据证明其实际受到损失的确切情况，但涉案商品为需要预约和抢购的紧俏商品，刘某亦当庭述称其曾经尝试多次抢购但未成功，就涉案订单而言，刘某为缔约必然要投入相应的时间成本。同时，在京某世纪公司违约的前提下，刘某与其客服人员协商，后又向相关部门进行投诉，京某世纪公司仍未及时、主动地解决涉案纠纷。考虑到保护消费者权益，督促京某世纪公司诚信守约、积极履行合同义务，京某世纪公司应对其违约行为进行一定的赔偿，刘某主张经济损失 1 元，在合理范围内，法院亦予以支持。综上，驳回上诉，维持原判。

［**案例解析**］

本案的争议焦点包括：（1）京某世纪公司是否系适格被告；（2）京某世纪公司是否应当承担相关违约责任。

第一，京某世纪公司系适格被告。本案中，京某世纪公司与其关联公司对“自营”销售主体的信息披露不显著，其行为违反了《电子商务法》第 37 条第 1 款之规定。在无提示或可靠查询途径下，大众对“自营”的理解应当包含“京某 App 开发者直接负责营业”，本案中，刘某除查看京某 App 的开发者和供应商系获知京某 App 运营主体的方式，无其他有效明确责任主体的途径，因此，刘某诉京某 App 的开发者和供应商（京某世纪公司）的行为符合“一般人标准”，无论是从“保护权利人”的角度出发还是“一般人标准”出发，都应当认定京某世纪公司对通过京某 App 进行的交易承担电子商务平台经营者责任，即为本案适格被告。

第二，京某世纪公司应当承担违约责任。《电子商务法》第 49 条规定：“电子商务经营者发布的商品或者服务信息符合要约条件的，用户选择该商品或者服务并提交订单成功，合同成立。当事人另有约定的，从其约定。电子商务经营者不得以格式条款等方式约定消费者支付价款后合同不成立；格式条款等含有该内容的，其内容无效。”本案中，被告在给原告发送的邮件下方附有说明：“……只有在销售商将您在订单中订购的商品从仓库实际直接向您发出时（以商品出库为标志），方视为您与销售商之间就实际直接向您发出的

① 现对应《民法典》第 583 条。

商品建立了合同关系。”该说明显然与《电子商务法》规定的“合同成立时间”相悖，应当认定该说明无效，故刘某在提交订单并支付了相应的款项后，即与被告之间成立信息网络买卖合同关系，该合同系当事人真实意思表示，不违反法律行政法规的强制性规定，应为有效。依照《民法典》第577条规定，当事人一方不履行合同义务或者履行合同义务不符合约定的，应当承担继续履行、采取补救措施或者赔偿损失等违约责任。京某世纪公司理应在合同生效后履行相关义务，不得擅自变更或者解除合同，京某世纪公司无正当理由单方取消订单拒绝发货，构成违约。

[**规范指引**]

《中华人民共和国电子商务法》（2018年8月31日）

第三十七条 电子商务平台经营者在其平台上开展自营业务的，应当以显著方式区分标记自营业务和平台内经营者开展的业务，不得误导消费者。

电子商务平台经营者对其标记为自营的业务依法承担商品销售者或者服务提供者的民事责任。

第四十九条 电子商务经营者发布的商品或者服务信息符合要约条件的，用户选择该商品或者服务并提交订单成功，合同成立。当事人另有约定的，从其约定。

电子商务经营者不得以格式条款等方式约定消费者支付价款后合同不成立；格式条款等含有该内容的，其内容无效。

《中华人民共和国民法典》（2020年5月28日）

第五百七十七条 当事人一方不履行合同义务或者履行合同义务不符合约定的，应当承担继续履行、采取补救措施或者赔偿损失等违约责任。

83. 电商平台在消费者未收到货物时即向商家支付预售货款，应承担连带清偿责任

——陈某与某科技公司等信息网络买卖合同纠纷案①

［案情简介］

某科技公司系某电商平台的运营商，于2018年1月与某商贸公司签订《预售服务协议》《委托收款协议》，约定某科技公司代为收取某商贸公司在某电商平台销售的货款，在扣除货款6%作为平台服务费后，将剩余货款转给某商贸公司。同年3月14日至4月15日，陈某通过某电商平台向某商贸公司下单购买14单摆件、吊坠等预售产品，共支付货款12万余元。某科技公司在相关产品未发货的情况下，将扣除服务费后的货款支付给某商贸公司。因某商贸公司未按时发货，陈某诉至法院，请求判令解除网络购物合同，某商贸公司、某科技公司等连带返还货款及利息。

一审法院认为，某商贸公司收到货款后未按时发货，构成根本违约，陈某有权解除网络购物合同并要求某商贸公司返还货款及利息。某科技公司作为某电商平台运营商和货款收款方，在消费者未收到货物时即向商家支付预售货款，导致消费者利益受损，应承担连带清偿责任。故判决解除网络购物合同，某商贸公司、某科技公司等连带向陈某返还货款12万元及利息。珠海市中级人民法院二审维持原判。

［案例解析］

本案争议焦点有二：一为电商平台经营者是否应该在消费者确认收货前即向商家支付预售货款；二为被告电商平台经营者是否应该承担连带清偿责任。

（1）电商平台经营者应当在消费者确认收货后向商家支付预售货款。随着网络技术的不断发展和消费者购物理念的逐渐改变，网络预售这一新型交

① 《一案入选！广东省高级人民法院发布10宗消费者权益司法保护典型案例》，载珠海市中级人民法院微信公众号，https：//mp. weixin. qq. com/s？ src = 11&timestamp = 1725335800&ver = 5483& signature = yd1gERD7CqoPaZCubrbKnB69DU6HuRm478pNmTMFUA5B * roCwctOM092JQaB * vpDzPcjREvIQE01uo3lhznltyeMkbRGPRaR5Sc4kF – tas6JQa6GNWgRRoGDgUNILkVc&new = 1，最后访问日期：2024年9月3日。

易方式因其可以满足消费者个性化需求而迅速崛起。网络预售模式相较于传统的电子商务模式有很大的差异，传统的模式是现货现卖，而后者本质上是一种定制交易，因此要求消费者先期交付一定比例的定金或全部款项，待商家按照消费者的个性化需求生产该商品后交付消费者，消费者交付余款，此时该笔交易才完成。实践中，对“淘宝”“京东”“抖音商城”等交易富集、流水密集的电商平台进行调研发现，消费者在平台商家下单后，将定金或全部货款交付给电商平台经营者，“淘宝”“天猫”“京东”等大部分平台经营者在与商家签订的《预售服务协议》《委托收款协议》等协议中约定，在消费者确认收货后才会将定金或全部货款交付给商家，但“唯品会”“抖音商城”等部分平台经营者在消费者确认签收货物之前就会将该笔款项交付给商家。

《电子商务法》第9条第2款规定：“本法所称电子商务平台经营者，是指在电子商务中为交易双方或者多方提供网络经营场所、交易撮合、信息发布等服务，供交易双方或多方独立开展交易活动的法人或非法人组织。”可见电商平台经营者除了能够通过网络提供产品交易所需的场所之外，通常还具备撮合产品提供者与产品消费者实现交易的功能。《电子商务法》第38条第1款规定：“电子商务平台经营者知道或者应当知道平台内经营者销售的商品或者提供的服务不符合保障人身、财产安全的要求，或者有其他侵害消费者合法权益的行为，未采取必要措施的，依法与该平台内经营者承担连带责任。”该规定进一步明确了电商平台经营者应具备确保其平台内经营者不会侵害消费者权益的功能，以及当平台内经营者实施侵害消费者合法权益的行为时，电商平台经营者具有采取必要措施阻止其行为的义务。可见，电商平台经营者不仅是“中介”，还应充当起“管理者”的角色，不仅要对商家入驻、上架商品负有审核监督责任，也要对商家的预售行为加强监管，对商品及交易具备一定的控制力，进而在一定程度上保障交易的安全及规范。

无论是向经营者直接支付货款还是向平台经营者支付货款，网络消费者都面临经营者不按时履行交货义务的风险，平台经营者有义务降低该风险，而本案中被告的行为与该义务的履行背道而驰，导致消费者面临的风险进一步扩大。不能因为网络预售的新型交易方式就损害消费者的合法权益，转移分散平台的监管义务，丧失其“监管性”。电商平台经营者应通过其后台对商家是否发货以及消费者是否收货的实际情况监测后再向商家支付货款，消费者确认收货后平台经营者再转交货款不仅是传统“现货交易”习惯在网络预售交易中的实现，也是电商平台经营者对平台内经营者的监管、对交易安全和交易双方当事人合法权益的保障。

（2）被告电商平台经营者应承担连带清偿责任。《民法典》第1197条规定：“网络服务提供者知道或者应当知道网络用户利用其网络服务侵害他人民事权益，未采取必要措施的，与该网络用户承担连带责任。”作为一般侵权条款，同样能够适用于网络预售交易之中。当电商平台中的商家实施侵权行为时，若平台未采取必要措施阻止该侵权行为致他人损害，应与该商家一同承担连带责任。本案中，基于对争议焦点一的分析，被告电商平台经营者对侵权商家的违约行为有预见的义务，现有的互联网技术也足以支撑电商平台经营者具备预见的能力，因此其在消费者未确认收货的情况下即将货款转交商家，存在过错，故原告主张平台承担返还所付货款的连带责任有事实和法律依据。

此外，《民法典》第6条规定：“民事主体从事民事活动，应当遵循公平原则，合理确定各方的权利和义务。”电商平台经营者的主要获利方式是通过提供平台服务收取服务费，理应承担提供平台服务过程中所产生的不利益，对平台内经营者的侵权行为承担必要注意义务，方符合公平原则的基本要求。

[规范指引]

《中华人民共和国电子商务法》（2018年8月31日）

第九条第二款　本法所称电子商务平台经营者，是指在电子商务中为交易双方或者多方提供网络经营场所、交易撮合、信息发布等服务，供交易双方或者多方独立开展交易活动的法人或非法人组织。

第三十八条第一款　电子商务平台经营者知道或者应当知道平台内经营者销售的商品或者提供的服务不符合保障人身、财产安全的要求，或者有其他侵害消费者合法权益行为，未采取必要措施的，依法与该平台内经营者承担连带责任。

《中华人民共和国民法典》（2020年5月28日）

第六条　民事主体从事民事活动，应当遵循公平原则，合理确定各方的权利和义务。

第一千一百九十七条　网络服务提供者知道或者应当知道网络用户利用其

网络服务侵害他人民事权益，未采取必要措施的，与该网络用户承担连带责任。

84. 网络平台已尽到警示告知义务的，不承担赔偿责任

——田某某诉北京搜某士信息技术有限公司网络购物纠纷案

［案号］

（2014）一中民终字第0894号

［案情简介］

2013年8月31日，田某某因在网络上看到“全新原装摩托车只卖千元”的文字链广告，遂点击该文字进入销售摩托车的网站，选中了一款为“本田CBR250RR”型号的摩托车，其与网上所称的“腾某摩托车经营部”联系，该型号的价格为2400元。田某某表示愿意购买上述型号的摩托车，并按规定先支付了300元运费，余款货到付款。当天晚上，田某某通过建设银行的网上银行向收款人为刘某某的账号汇入了300元。田某某称付款后自己未收到摩托车，但就此并未向法院提交相应证据。田某某还表示自己是通过北京搜某士信息技术有限公司（以下简称搜某士公司）的网站上的文字链广告进入上述销售摩托车的网站的，为此向法院提交了一份上网时登录过程的录像，该录像无其他证据相互印证。由于无法找到实际的卖家，田某田遂以不能提供经营者姓名，致其无法维护自己的权益为由将搜某士公司起诉至法院，要求该公司赔偿经济损失300元。

被告搜某士公司辩称：我公司对所有访问和使用我们网站的用户尽到了警醒、告知等相应义务，并对免责事由进行了提醒。我方网站也并不存在对方所称的“全新原装摩托车只卖千元”的文字广告链接，对方说我们是“广告发布者”更是毫无事实依据。对方的经济损失与我方无关，故不同意赔偿。

一审法院经审理认为：在互联网技术中，网络服务提供者的行为一般可以分为两类：一类是为网络用户提供信息通道服务或者信息平台服务的行为；另一类是为网络用户提供内容服务的行为，即直接向网络用户提供信息、产品以及其他服务。这两类行为有着本质区别。在前一种行为中，网络服务提供者只是提供通道或者平台，本身并不对传输或存储的信息进行主动编辑、

组织或者修改，全部内容都是由网络用户提供。在后一种行为中，网络服务提供者自身直接向网络用户提供内容或者产品服务，其提供的内容和产品是该网络服务提供者自己主动编辑、组织、修改或提供的。对于提供网络接入或者平台服务的网络服务提供者的权利义务，应适用《侵权责任法》第36条第2款和第3款①的规定，即"网络用户利用网络服务实施侵权行为的，被侵权人有权通知网络服务提供者采取删除、屏蔽、断开链接等必要措施。网络服务提供者接到通知后未及时采取必要措施的，对损害的扩大部分与该网络用户承担连带责任。网络服务提供者知道网络用户利用其网络服务侵害他人民事权益，未采取必要措施的，与该网络用户承担连带责任"。由此可认定作为此类网络服务提供者的主要作用在于为主信息交流提供技术支撑，提供的是一种平台或者通道服务，对于信息的传送、信息内容以及信息的接收通常并不进行主动组织、筛选和审查。且对于网络上大量的信息而言，筛选和审查在客观上也超出了网络服务提供者的能力范围。具体到本案而言，田某某的现有证据无法证明自己确实存在300元的经济损失。而田某某所主张的上网登录情况又系孤证，无法认定。况且即便其所称事项全部成立，但搜某士公司也已在网站中尽到了警示、告知的义务。该公司只是信息发布平台的提供者，并不是广告经营者或广告发布者。故对田某某以搜某士公司系摩托车广告的发布者为由，要求该公司赔偿其经济损失的诉请不予支持。据此判决：驳回田某某要求搜某士公司赔偿300元的诉讼请求。

二审法院经审理认为，本案二审争议焦点在于搜某士公司是否应承担侵权民事赔偿责任。首先，田某某所述其网络购物过程，从查询、联系到付款均系个人操作完成，现并未提供充分有效证据证实最终履行结果，即田某某所主张的损失已实际发生。其次，搜某士公司也已在网站中尽到了警示、告知的义务，且其作为网络服务提供者主要提供的是一种平台或者通道服务，不具备对网络上大量的信息进行筛选和审查的能力，本身不存在过错。田某某二审提交的证据属一审有条件提交而未按期举证，不足以证实其所主张内容；其申请调取证据，未明确调取内容、调取单位，亦不符合当事人申请人民法院调查收集证据的条件，故法院不予采纳。终审判决驳回了田某某的上

① 现对应《民法典》第1195条第1款、第2款。《民法典》对原《侵权责任法》条文内容作了一定修改。

诉，维持了一审判决。

［案例解析］

按照法不溯及既往的原则，分析本案不应适用本案发生时尚未施行的法律，但由于本文写作目的在于希望能为类似案件的认定提供理论依据和参考，并非对当时案件判决结果是否正确进行评判，故笔者将当前我国现行法律相关规定作为本案分析的法律依据，对本案展开分析。

本案争议焦点为被告搜某士公司是否应承担赔偿责任。《消费者权益保护法》第44条第1款规定："消费者通过网络交易平台购买商品或者接受服务，其合法权益受到损害的，可以向销售者或者服务者要求赔偿。网络交易平台提供者不能提供销售者或者服务者的真实名称、地址和有效联系方式的，消费者也可以向网络交易平台提供者要求赔偿；网络交易平台提供者作出更有利于消费者的承诺的，应当履行承诺。网络交易平台提供者赔偿后，有权向销售者或者服务者追偿。"可见，一方面，消费者可以要求无法披露侵害其合法权益的平台内经营者相关信息的电商平台经营者承担赔偿责任；另一方面，该条的适用前提是消费者合法权益遭受损害。本案中，虽然被告搜某士公司未能提供卖家真实名称、地址和有效联系方式，致使原告田某某无法对涉案卖家提起诉讼，但因为原告田某某无充分证据证明其损失客观存在，因此原告要求被告搜某士公司承担赔偿责任不具有事实和法律依据。

另外，《电子商务法》第38条第1款规定："电子商务平台经营者知道或者应当知道平台内经营者销售的商品或者提供的服务不符合保障人身、财产安全的要求，或者有其他侵害消费者合法权益行为，未采取必要措施的，依法与该平台内经营者承担连带责任。""未采取必要措施"实质上是平台违反法定作为义务方式的侵权行为，但如何准确认定"未采取必要措施"是理论研究和司法实践中长期存在的一个难题。有学者认为，"必要措施"是指电子商务平台经营者对平台内经营者采取删除、屏蔽、断开链接、暂时中止服务等足以控制违法行为和阻止损害发生的有效措施，还包括提醒消费者注意等附随义务；也有学者认为，"必要措施"的认定应以一个一般理性人的视角或者以一般行业水平来审视平台的裁判和处理结果。"必要措施"的认定标准应随着互联网技术的发展而不断更新，就本案而言，本案发生于2014年，当时的算法技术和数据处理能力只能支持网络服务提供者对其平台内经营者提供的信息进行简单的过滤和形式的审查，因此被告搜某士公司只需尽到警示、告知义务即属于“采取必要措施”，因此不需要对原告的损失承担赔偿责任。时至今日，过滤算法和识别算法迅速崛起，随着技术的发展，“必要措施”的标准较2014年也应有较大的发展，在现有技术背景下，网络服务提供者通过算法和大数据处理手段，应当承担诸如主动监控、信用评析、投诉举报机制建设、风险预防机制建设等保障义务，以预防或削减可能侵害消费者合法权益的商品和服务。

[**规范指引**]

《**中华人民共和国消费者权益保护法**》（2013年10月25日修正）

第四十四条第一款　消费者通过网络交易平台购买商品或者接受服务，其合法权益受到损害的，可以向销售者或者服务者要求赔偿。网络交易平台提供者不能提供销售者或者服务者的真实名称、地址和有效联系方式的，消费者也可以向网络交易平台提供者要求赔偿；网络交易平台提供者作出更有利于消费者的承诺的，应当履行承诺。网络交易平台提供者赔偿后，有权向销售者或者服务者追偿。

《**中华人民共和国电子商务法**》（2018年8月31日）

第三十八条第一款　电子商务平台经营者知道或者应当知道平台内经营者销售的商品或者提供的服务不符合保障人身、财产安全的要求，或者有其他侵害消费者合法权益行为，未采取必要措施的，依法与该平台内经营者承担连带责任。

85. 电商平台未告知真实理由，限制其会员账户下单功能，构成违约

——顾某诉北京京某叁佰陆拾度电子商务有限公司网络服务合同纠纷案

[**案号**]

（2020）京04民终455号

[案情简介]

原告顾某曾以129元的价格向北京京某叁佰陆拾度电子商务有限公司（以下简称京某公司）购买会员服务，系被告京某公司PLUS会员，并于2018年7月19日开具发票。顾某主张其账户于2018年6月至2019年2月无法使用，并提交购物截屏、通话记录等，截屏显示：顾某在京某App上下单，提交订单页面显示“亲爱的客户，系统检测到您的账号存在异常，建议您更换时间再操作”；通话记录显示，于2018年6月至10月期间其与电话尾号为0618的多次通话记录。

一审法院经审理认为，当事人对自己提出的主张，有责任提供证据。在作出判决前，当事人未能提供证据加以证明或证据不足以证明其事实主张的，由负有举证证明责任的当事人承担不利后果。现顾某主张其在2018年6月至2019年2月无法使用京某账户下单，并造成PLUS会员服务费损失和其他损失。根据顾某截屏情况，可初步证明其账号曾存在不能下单的情况，但单个截屏无法证明其账户存在持续不能下单的情况，亦不能证明该情况造成相应的电话费和时间损失，故一审法院对其关于延长会员服务时间和赔偿损失的相关主张不予支持。判决驳回顾某的诉讼请求。

二审法院认为，本案二审期间双方争议焦点为京某公司限制顾某“京某PLUS会员”账户使用的行为是否构成违约，以及是否承担违约责任。根据庭审查明的事实，顾某为京某平台用户，与京某公司之间存在网络服务合同关系。顾某因购买“京某PLUS会员”服务，双方自2017年11月11日起至2018年11月10日止，存在有偿网络服务合同关系。在“京某PLUS会员”期间，顾某的账户被限制下单144天。京某公司作为网络服务合同提供方应当为会员提供其承诺的相应服务，其限制会员账户下单的行为违反了《合同法》第107条[①]之规定，应当承担继续履行、采取补救措施或者赔偿损失等违约责任。本案中，顾某请求继续履行合同，对其PLUS会员期限进行延期处理，符合法律规定，二审法院予以支持。延长期限应为京某公司限制其PLUS会员使用的期限。《合同法》第112条[②]规定，当事人一方不履行合同义务或者履行合同义务不符合约定的，在履行义务或者采取补救措施后，对方还有

① 现对应《民法典》第577条。
② 现对应《民法典》第583条。

其他损失的，应当赔偿损失。顾某主张违约损失为投诉电话费用和时间等损失共计3000元，对此，并未提供相应证据予以证明上述损失存在，考虑2018年6月至10月期间双方确有较多的电话沟通记录，二审法院对电话费等损失酌情予以考虑。鉴于京某公司已将已收取的129元退还，该费用完全能够覆盖上述损失。故对其要求赔偿3000元损失的诉讼请求不予支持。关于诉讼费的负担。依照法律规定，诉讼费的负担由法院根据案件具体情况决定，不属于上诉请求的范畴。本案纠纷系被上诉人未及时告知上诉人限制账户的真实理由引起，虽然上诉人存在一审期间举证不足的情形，但纠纷发生的主要责任在被上诉人。故本院判决一审、二审诉讼费用均由被上诉人负担。故判决：一、撤销北京互联网法院（2019）京0491民初564号民事判决；二、京某公司于本判决生效之日起十日内向顾某提供连续144日的京某PLUS会员服务；三、判决驳回顾某的其他诉讼请求。

［**案例解析**］

本案争议焦点有二：一为京某公司是否构成欺诈；二为京某公司是否存在违约行为并承担违约责任。

（1）京某公司的行为不构成欺诈。根据《民法典》第148条规定："一方以欺诈手段，使对方在违背真实意思的情况下实施的民事法律行为，受欺诈方有权请求人民法院或者仲裁机构予以撤销。"可见，构成欺诈应符合以下要件：①行为人故意告知虚假事实或者隐瞒事实；②相对人因此陷入错误认识；③相对人基于该错误认识作出不真实的意思表示。本案中，现有证据无法证明京某公司存在故意告知虚假事实或隐瞒事实的行为，此外，原告购买"京某PLUS会员"并正常使用7个月后才出现被限制使用的情形，其购买"京某PLUS会员"的意思表示并非因京某公司虚构或隐瞒事实、诱使其作出的，故京某公司的行为不构成欺诈。

（2）京某公司的行为构成违约，应承担违约责任。根据《民法典》第509条第1款、第2款规定："当事人应当按照约定全面履行自己的义务。当事人应当遵循诚信原则，根据合同的性质、目的和交易习惯履行通知、协助、保密等义务。"本案中，原告与京某公司之间建立了网络服务合同法律关系，该合同未违反法律、行政法规的强制性规定，合法有效，双方均应依约履行各自的义务。根据《民法典》第577条规定："当事人一方不履行合同义务或者履行合同义务不符合约定的，应当承担继续履行、采取补救措施或者赔偿损失等违约责任。”本案中，京某公司作为平台服务的提供者，负有确保用户在其开发的操作系统及平台上能够正常购买商品的合同义务，且其作为电子商务经营者通常来说相较用户具有更强的技术优势，其应当从技术手段上确保用户在其平台上顺利开展交易活动，因此，在用户账户发生未知异常时，京某公司负有积极利用技术手段排查问题、通知用户并尽快采取必要措施使用户账户恢复正常之义务。因此京某公司未通知原告即对原告的会员账户进行限制的行为属于违约行为，损害了原告的合法权益，应当承担违约责任。

［规范指引］

《中华人民共和国民法典》（2020年5月28日）

第一百四十八条 一方以欺诈手段，使对方在违背真实意思的情况下实施的民事法律行为，受欺诈方有权请求人民法院或者仲裁机构予以撤销。

第五百零九条第一款、第二款 当事人应当按照约定全面履行自己的义务。

当事人应当遵循诚信原则，根据合同的性质、目的和交易习惯履行通知、协助、保密等义务。

86. 电商平台以可能存在滥用会员权利会员为由限制会员账户下单功能，但提示页面显示为“网络设置”等其他原因，违反诚信原则，侵害消费者知情权

——郑某某诉北京京某叁佰陆拾度电子商务有限公司网络服务合同纠纷案

［案号］

（2021）京0491民初45487号

［案情简介］

原告郑某某系京某商城上名为2016××m、jd_ e××WnAsaOYez、jd_ B××OOtTOkmfW、P××er2020等四个账户（以下简称涉案账户）的实际注册人，其中2016××m账户为京某PLUS会员账户，PLUS会员账户的购买日

期为 2021 年 8 月 22 日。原告郑某某提交的订单截图显示，自 2021 年 9 月 22 日起，原告在登录涉案账户后无法下单，下单操作时京某商城提示“抱歉，网络请求失败，请检查您的网络设置，稍后再试”。庭审中，原告当庭卸载并重新安装京某商城 App，演示上述京某账户的登录、实名验证，并进行下单操作，京某商城提示“抱歉，网络请求失败，请检查您的网络设置，稍后再试”。原告诉至法院，请求判令被告北京京某叁佰陆拾度电子商务有限公司（以下简称京某公司）解除对原告京某账户的限制措施；判令被告京某公司延长原告 PLUS 账户会员一年期限。

被告京某公司提交的《京某用户注册协议》载明，第八点违约责任部分第 1 条约定：“如果京某发现或收到他人举报投诉您违反本协议约定或存在任何恶意行为的，京某有权不经通知随时对相关内容进行删除、屏蔽，并视行为情节对违规账号处以包括但不限于警告、限制或禁止使用部分或全部功能、账号封禁、注销等处罚，并公告处理结果。”第 3 条约定：“您理解并同意，因您违反本协议或相关服务条款的规定，导致或产生第三方主张的任何索赔、要求或损失，您应当独立承担责任。”

法院经审理认为，《民法典》第 465 条规定，依法成立的合同，受法律保护。《民法典》第 502 条第 1 款规定，依法成立的合同，自成立时生效。本案中，被告京某公司为京某商城的网络运营商，通过信息网络技术为买卖双方的交易而提供相关服务。原告为京某商城上的注册用户，通过京某商城购物，双方成立网络服务合同关系，应当受该合同的约束，履行合同义务。本案的争议焦点为：（1）被告封禁原告的京某账户是否合法合规。（2）被告是否应向原告延长 PLUS 会员一年期限。

关于第一个争议焦点。用户可以在被告经营的京某商城上注册成为会员，从而取得京某账号在商城上购物。根据本案的证据，京某会员分为普通会员和 PLUS 会员。对于普通会员，用户无须支付相应对价，即可注册成为会员并取得京某账号。对于 PLUS 会员，用户需要支付一定的会员费而取得 PLUS 会员资格。被告作为京某商城的网络运营商，在网络平台发布的《京某用户注册协议》，并未违反法律的强制性规定，对注册成为京某普通会员和 PLUS 会员均有约束力。用户取得会员资格后，被告对违反上述协议约定的用户，有权按约定采取相应的处理措施。原告作为京某商城的注册会员，应当遵守《京某用户注册协议》的约定，不得滥用会员权利，即滥用购买商品或服务、评价、申请退款、申请售后服务、发起投诉或索赔、滥用京某所提供或赋予的工具等权利，损害他人合法权益，妨害平台运营秩序。本案中，首先，虽然被告认定原告违反上述协议及规则，并根据约定封禁了原告的京某账号，但被告封禁原告的账户时，页面显示是“网络设置”原因，被告并没有明确告知原告因违反协议约定滥用权利，被告采取封禁其账户的措施。其次，被告京某公司作为电子商务经营者，相较用户具有更强的技术优势，被告京某公司对注册用户账号实质上采取“限制措施”却利用技术手段在用户使用页面上显示因“网络设置”导致账户未能正常使用，被告京某公司所采取的措施不能认定为具有正当性。最后，被告京某公司在《京某用户注册协议》第八点违约责任第1条约定：“如果京某发现或收到他人举报投诉您违反本协议约定或存在任何恶意行为的，京某有权不经通知随时对相关内容进行删除、屏蔽，并视行为情节对违规账号处以包括但不限于警告、限制或禁止使用部分或全部功能、账号封禁、注销等处罚，并公告处理结果。”可见，即使注册用户存在违反注册协议的行为，《京某用户注册协议》亦规定了不同情节的违约行为对应不同的后果并需要公告处理结果。但现在无论是从原告郑某某自身还是通过被告京某公司的公告途径，均无从得知原告郑某某因何种行为及行为的程度导致其账号被封禁。被告京某公司亦未遵守《京某用户注册协议》约定。即使被告京某公司认为原告郑某某滥用会员权利需实施相应措施，也应当根据双方约定进行。

关于第二个争议焦点。原告郑某某为京某的PLUS会员，已经支付了一定的会员费，基于与被告的网络服务合同关系取得了京某的PLUS会员资格，PLUS会员期限为2021年8月22日至2022年8月21日。而上述协议及规则仅约定对于用户因滥用权利而被封禁京某账号时，被告不进行任何赔偿或补偿。对于已经支付会员费的PLUS会员，上述协议及规则并没有明确约定被告因PLUS会员滥用权利而被限制其京某账号时，有权不予返还PLUS会员已支付的会员费或者补偿PLUS会员期限。因此，被告在封禁原告京某账号的同时，应当同时延长2016××m账户相应的PLUS会员服务期限。在庭审过程中，经法院询问，被告的代理人表示需要核实涉案账户封禁措施的起止时间，但未向法院提交核实结果。结合现有证据，法院认定2016××m账户PLUS会员期限受限制时间为2021年9月22日至2022年7月21日，共303日。被告作为网络服务合同提供方违反了合同约定，应当承担继续履行、采取补救措施或者赔偿损失等违约责任。

因此，被告京某公司在未明确告知原告滥用权利违反相应规则，以及未向原告延长 PLUS 会员服务期限的情况下，直接以网络设置为由封禁原告的京某账户，不符合协议约定，构成违约。

关于解除账户限制。庭审结束后，经原告郑某某核实，其涉案京某账户已经能够正常下单使用，法院对原告此项诉讼请求不再回应。关于延长 PLUS 会员期限。被告应当在原告享受 PLUS 会员服务期间，将原告的京某账号恢复正常使用，延长期限应为被告限制原告 PLUS 会员使用的期限。关于诉讼费的负担。依照法律规定，诉讼费的负担由法院根据案件具体情况决定，不属于诉讼请求的范畴。综上所述，判决：京某公司向郑某某提供连续 303 日的京某 PLUS 会员服务，驳回郑某某的其他诉讼请求。

[案例解析]

协议约定是平台经营者进行平台治理的权利基础和主要依据。平台经营者进行自治管理的边界是不能侵害消费者、平台用户的合法权益。被告京某公司以原告可能存在滥用会员权利会员为由限制其 PLUS 会员账户下单功能，但提示页面显示为“网络设置”等其他原因，违反诚信原则，侵害消费者知情权。且双方协议中并未约定因 PLUS 会员限制账号时，被告有权不予返还 PLUS 会员已支付的会员费或者不予补偿 PLUS 会员期限。因此，被告构成违约应承担违约责任。

该案是规范平台经营者自治的典型案件，明确了平台与消费者间的协议约定是平台经营者进行平台治理的权利基础和主要依据。平台经营者行使管理权不能违反或超出双方的协议协定，亦不能侵害消费者的知情权、选择权。

[规范指引]

《中华人民共和国民法典》（2020 年 5 月 28 日）

第四百六十五条　依法成立的合同，受法律保护。

依法成立的合同，仅对当事人具有法律约束力，但是法律另有规定的除外。

第五百零二条第一款　依法成立的合同，自成立时生效，但是法律另有规定或者当事人另有约定的除外。

《中华人民共和国消费者权益保护法》（2013 年 10 月 25 日修正）

第八条第一款　消费者享有知悉其购买、使用的商品或者接受的服务的真实情况的权利。

第二十六条第一款 经营者在经营活动中使用格式条款的，应当以显著方式提请消费者注意商品或者服务的数量和质量、价款或者费用、履行期限和方式、安全注意事项和风险警示、售后服务、民事责任等与消费者有重大利害关系的内容，并按照消费者的要求予以说明。